Paralelo Benet Rossell

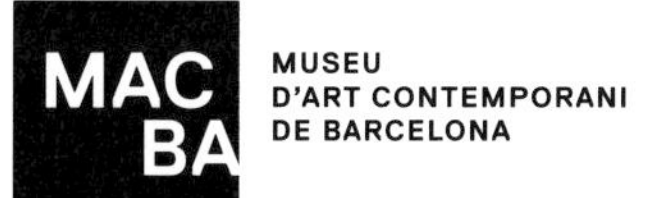

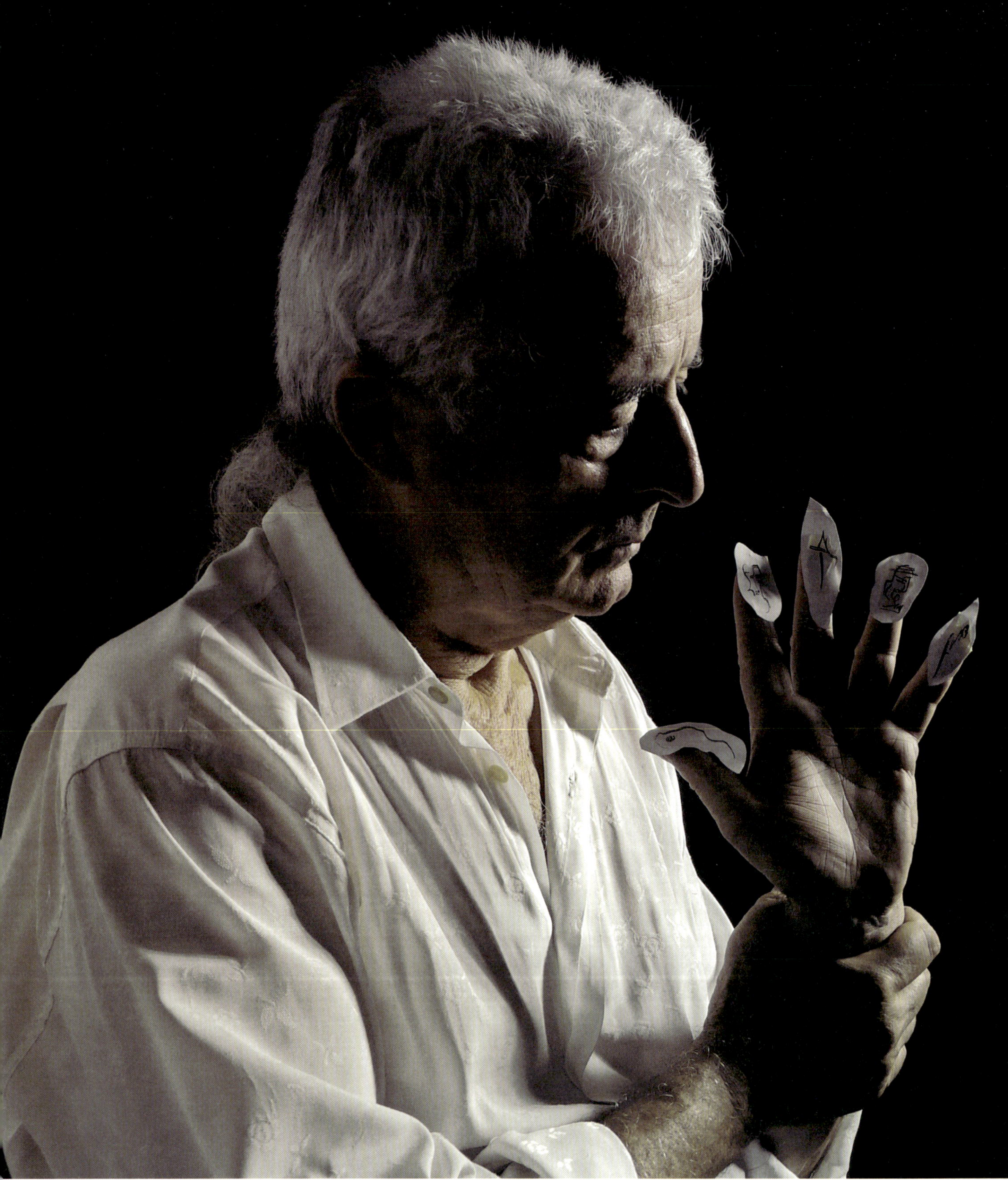

Llum a l'ull, 2009, vídeo HD, color, sonido, 4' 14"

BARTOMEU MARÍ
Paralelo Benet Rossell

Lo que ocurre cuando se crea una nueva obra de arte, le ocurre simultáneamente a todas las obras de arte que la precedieron. Los monumentos existentes conforman un orden ideal entre sí que se modifica por la introducción de la nueva obra de arte (verdaderamente nueva) entre ellos.

[...] Que el pasado deba verse alterado por el presente tanto como el presente deba dejarse guiar por el pasado.

[El poeta, el artista] debe tener plena conciencia del hecho obvio de que el arte nunca mejora, pero que la materia del arte no es exactamente la misma en todos los casos.

T. S. Eliot, «La tradición y el talento individual», 1920[1]

Ni la producción de un artista ni la colección de un museo ni la historia misma —el relato escrito del acontecer de las cosas— son inmóviles o inmutables. Y eso no se debe a que las materias que los artistas han manipulado o trasladado o mutado estén en constante movimiento, sino a que el modo en el que se perciben, se leen y se relacionan las unas con las otras y con nosotros está en elaboración constante, en movimiento.

Si el artista es Benet Rossell, el asunto se complica todavía más. A principios de siglo pasado, T. S. Eliot formulaba una idea propia de la cultura clásica de los griegos (suponiendo que para los griegos existiera lo que nosotros denominamos arte). El arte del siglo XX, ¿es una colección de obras maestras en sucesión que van mejorándose unas a otras? Yo creo que no, porque en el arte no existe ni la mejora (¿una superación del precedente?) ni la sustitución que aniquila el precedente; existe, sin embargo, una acumulación casi genética, una mezcla que no es corrupción, y una invención que no surge de la nada. Cuando Benet Rossell incorpora a la historia del arte los «microgestos» que explican el desarrollo de su obra, no pretende cambiar esa historia, pero sí que trata de añadirle complejidad y densidad. Rossell es como un artista renacentista de finales del siglo pasado que cultiva técnicas, disciplinas y materias muy diferentes entre ellas que, en sus manos, se vuelven complementarias. No parte de ninguna definición previa de la obra de arte, sino que la inventa constantemente. En cierto modo, ahora podemos advertir que la aportación más relevante de Benet Rossell a las vanguardias de la segunda mitad del siglo XX que conducen al XXI, son de naturaleza discreta. A fuerza de ser discreto, ha corrido el riesgo de pasar desapercibido, de que lo confundan con las obligaciones que conllevan ciertas convenciones sociales. Aquí, en Cataluña, ser artista significaba «ser pintor». Y la pintura era abstracta, gestual y matérica. «La artisticidad del gesto» explicaba la calidad de las obras, traducciones del genio individual de algunos.

En este paisaje emerge un Benet Rossell que no se forma como artista, sino como abogado/economista/sociólogo que no tardará en convertirse en artista. Por eso deberá inventarse un lenguaje y una gramática propios. En París, donde viaja como representante de los estudiantes de Economía de Madrid, hallará espíritus hermanos e investigará las reglas de medios afines como el cine y la música. De la escritura al teatro, el cine y la música, Benet Rossell

1 T. S. Eliot: «La tradición y el talento individual», *Lo clásico y el talento individual.* México: UNAM, 2004, pp. 66-69.

buscaba, en una época de afirmación monumental, la discreción de lo indefinido, pues son las materias principales del cine —la imagen y el tiempo— las que animan las primeras décadas de su práctica. Primero, la imagen se convierte en palabra; más tarde, el tiempo se convierte en narración. Entre una y otro hallamos el habla, de donde proviene y adonde va a parar toda escritura viva. Las lenguas y las culturas no habladas están muertas. Por eso, la obra de Benet Rossell es un constante autorretrato ampliado, constantemente reelaborado. Y también por eso Rossell se hace cantante de música kirana (del norte de la India) y precede las actuaciones en directo de Pandit Pran Nath a mediados de los años setenta. Y también por eso Rossell es actor, aunque permanezca callado. Envuelto en la película en la entrevista videográfica-retrato a cuatro manos que realiza con Eugeni Bonet titulada *No Comment*.

Rossell inventa el guión poético que se vuelve autónomo al comprobar que no puede depender de otras técnicas o materiales: desde el celuloide hasta la página del cuaderno, cualquier herramienta resulta adecuada mientras esté al servicio del artista, y no a la inversa. Rossell exige y acata una libertad de elección, de medida, de materia y de formato. Lo vemos en París investigando las gramáticas del cine documental con Jean Rouch mientras, al mismo tiempo, colabora con sus colegas artistas (Jaume Xifra, Joan Rabascall, Antoni Miralda y Dorothée Selz) filmando los rituales y las acciones que realizan colectivamente. Acompañará a Miralda en la realización, primero, de *París La Cumparsita* —un esperpento antimilitarista, urbano y antimonumental—, y más tarde con otras realizaciones conjuntas como el film *Boum! Boum! En avant la musique!*, recientemente montado y editado en tecnología digital. Lo veremos también al lado de Joan Rabascall en la realización de *Biodop*, una sátira de los primeros anuncios publicitarios de la televisión. Paralelamente, realiza dibujos de humor e inventa los personajes y los signos de un universo gráfico y animado, con gramática propia y métrica precisa. Signo, personaje y palabra en un teatro de la microacción.

La obra de Benet Rossell es frágil y se asienta en la fragilidad con la misma discreción con la que trata de existir en un espacio de recepción del arte difuso, donde a menudo se confunden las obras de los artistas con su comportamiento. Se trata de algo que heredamos de Salvador Dalí y que Andy Warhol interpretó a la perfección. La obra de Rossell nos interesa hoy por la indeterminación que introduce en un sistema tan propenso a buscar reglas que nos proporcionen solidez y permanencia. Por eso, en la misión del museo de volver constantemente la vista hacia el pasado reciente, nos interesa mostrar lo «indefinidor», lo que busca nombre sin avenirse a tener uno solo. Mirar la obra de Benet Rossell es mirar al mismo tiempo muchas cosas distintas, incongruentes a veces, pero siempre necesarias y, a menudo, geniales.

Paralelo Benet Rossell es un intento de buscar lugares desde los que aproximarnos a una obra escrita y declamada, a una poética sin rimas y con metros irrepetibles. Tiene una voluntad más prospectiva que retrospectiva aunque se sumerja en el tiempo y en los diferentes momentos del pintor. Nos habla de una pintura que es escritura y que mira en la distancia todos los intentos de convertir la imagen en palabra y la palabra en imaginación.

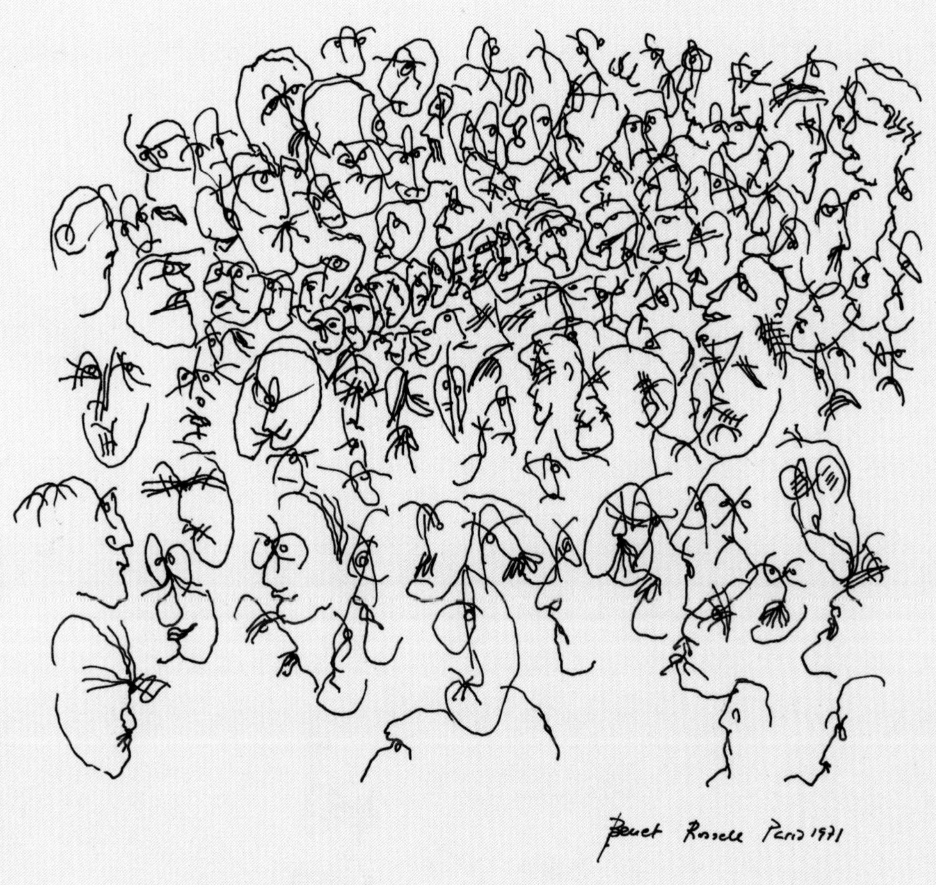

Gent, 1971, tinta china sobre papel, 32,2 × 24,2 cm

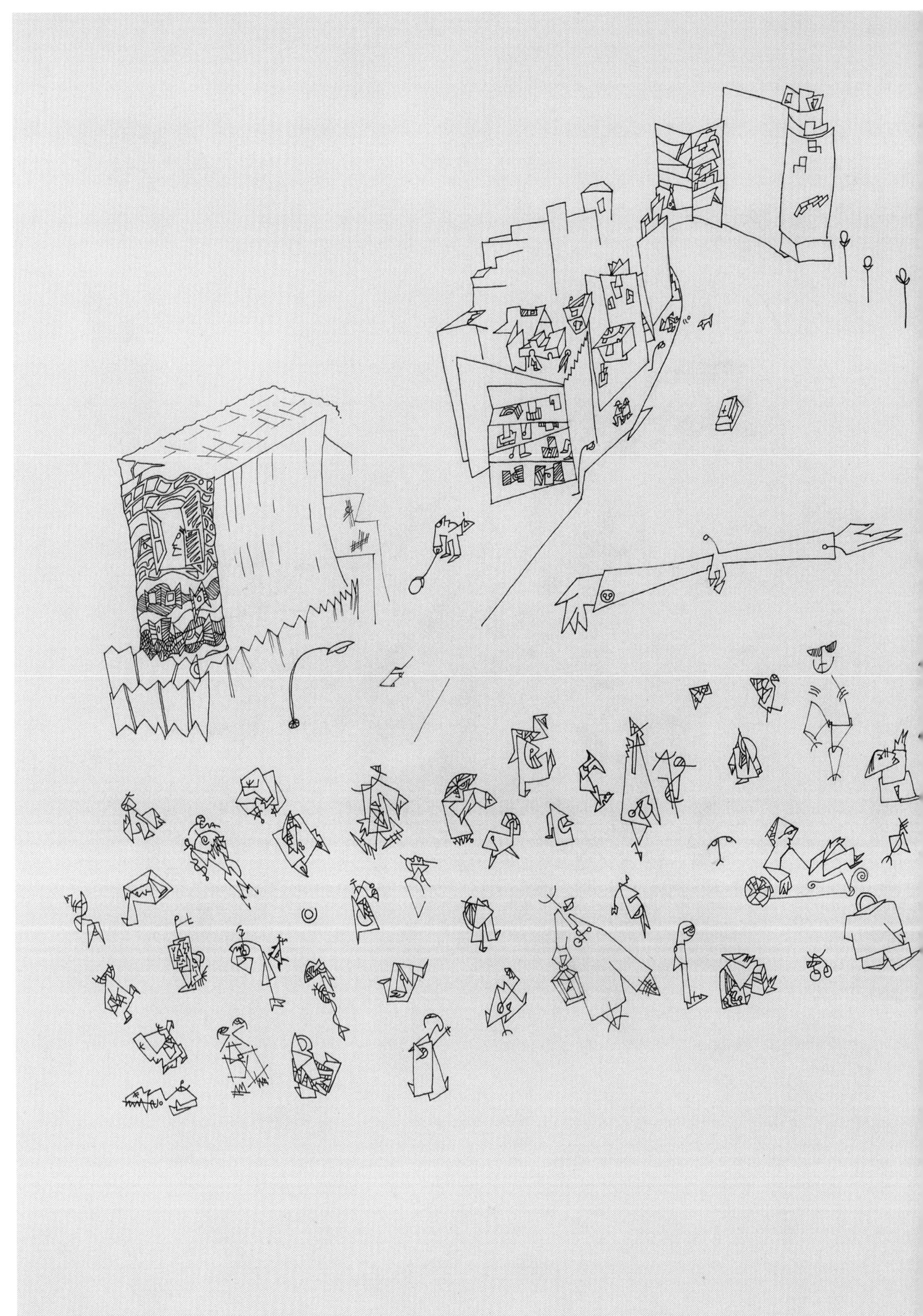

Carrer, 1967, tinta china sobre papel, 50 × 77,5 cm

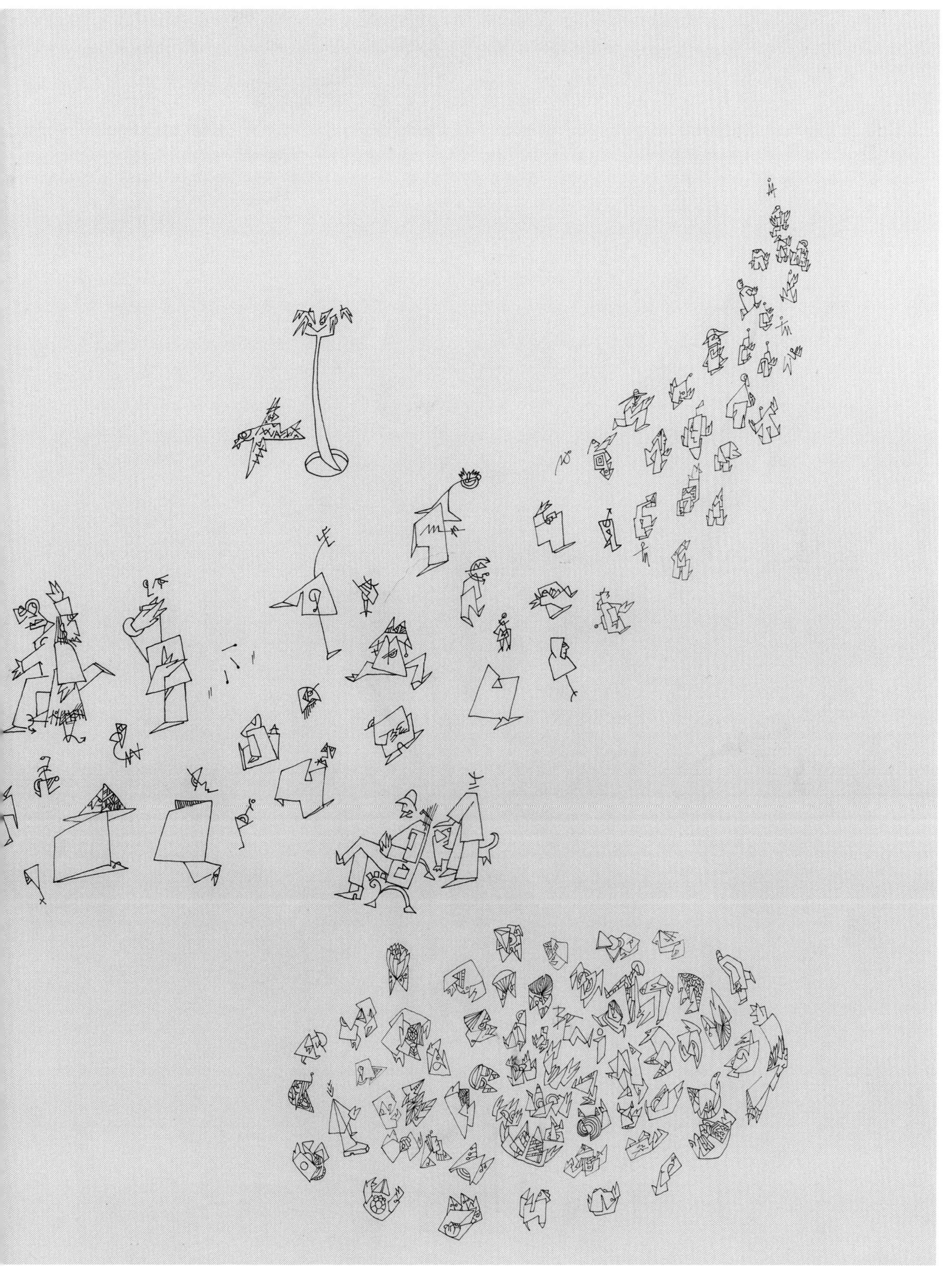

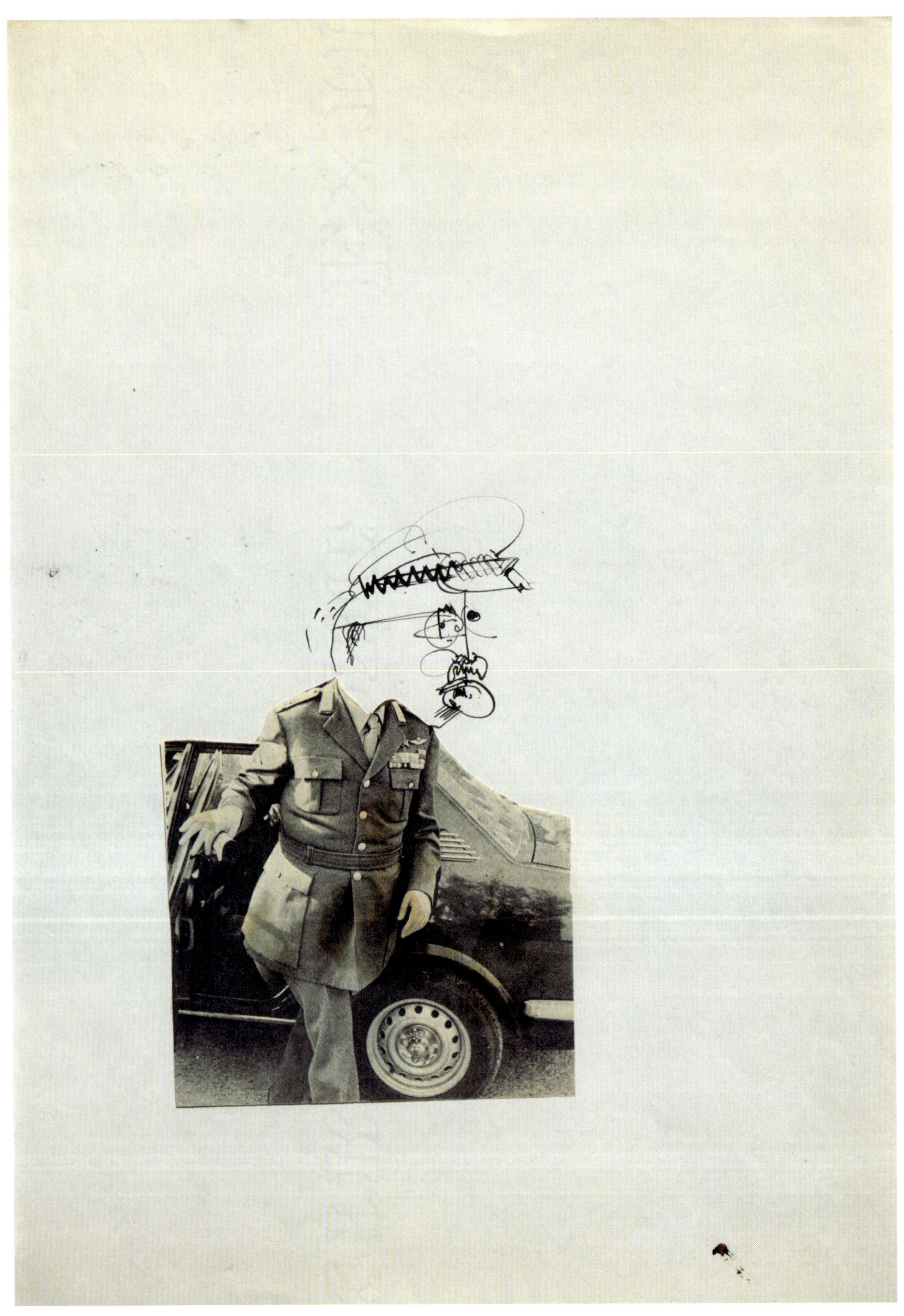

Sin título (de la serie **«L'âge du collage»**), 1969-1970, tinta china y collage sobre papel, 29,7 × 21 cm (3 unidades), 21 × 29,7 cm (1 unidad)

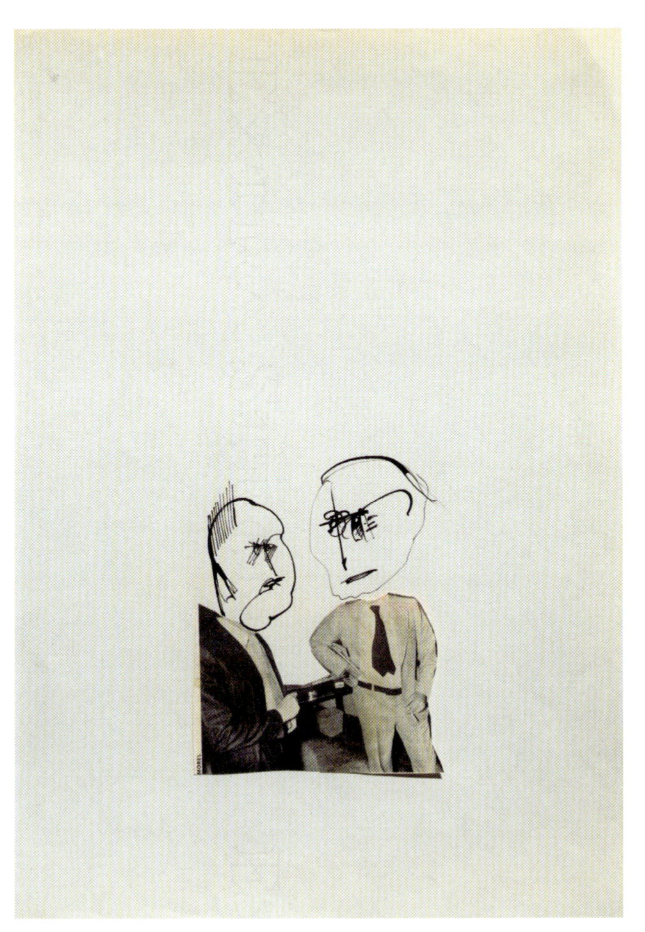 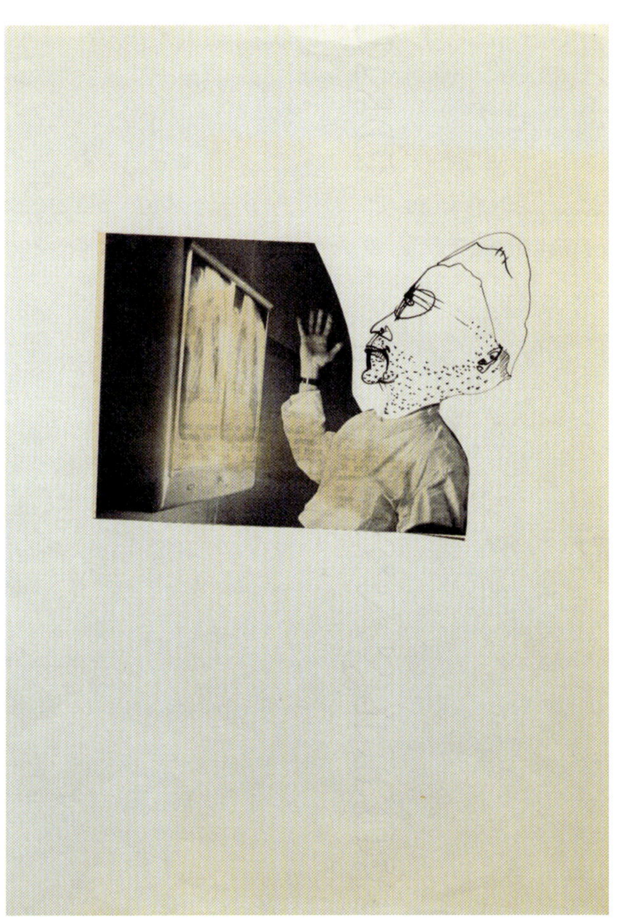

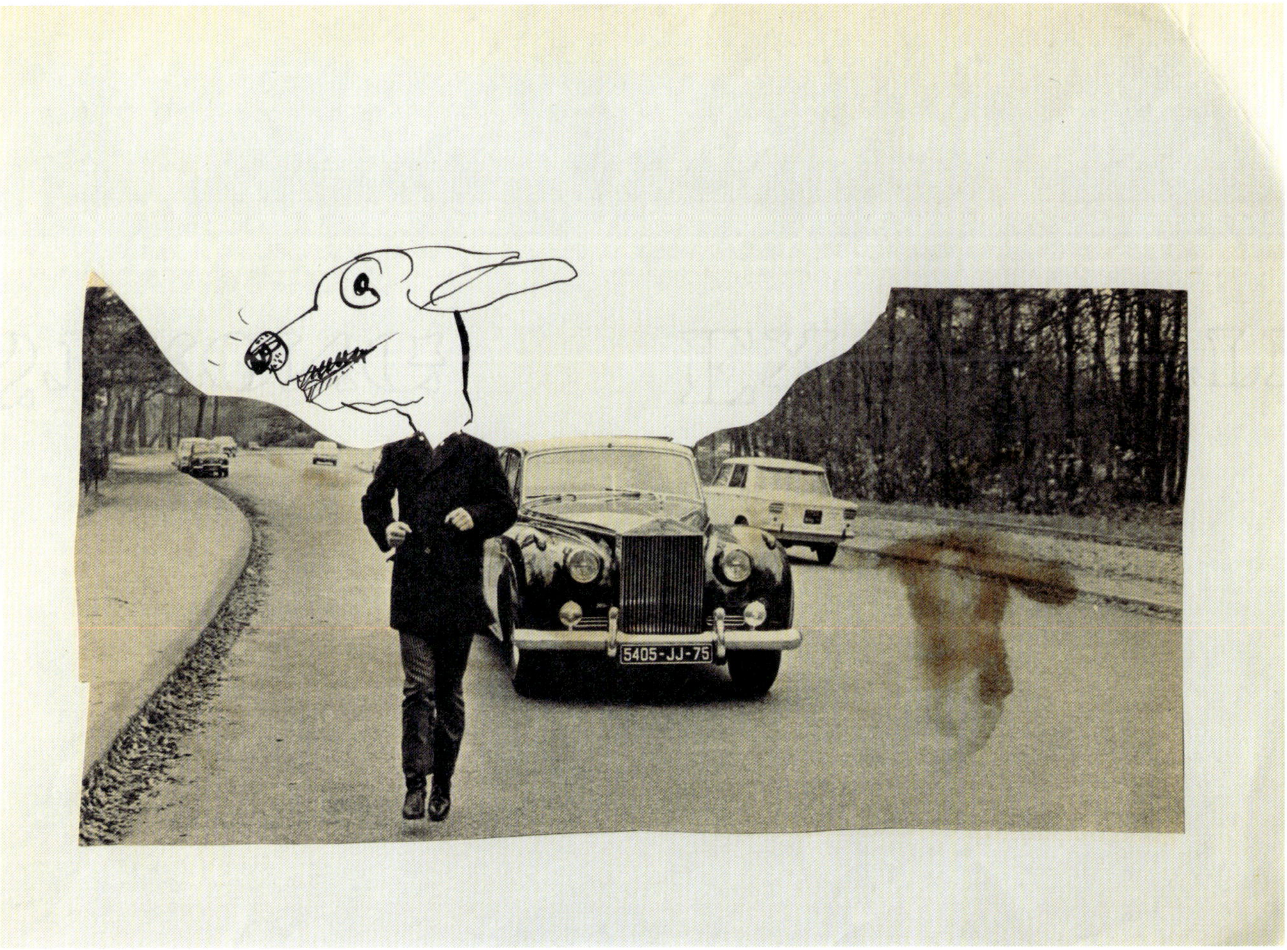

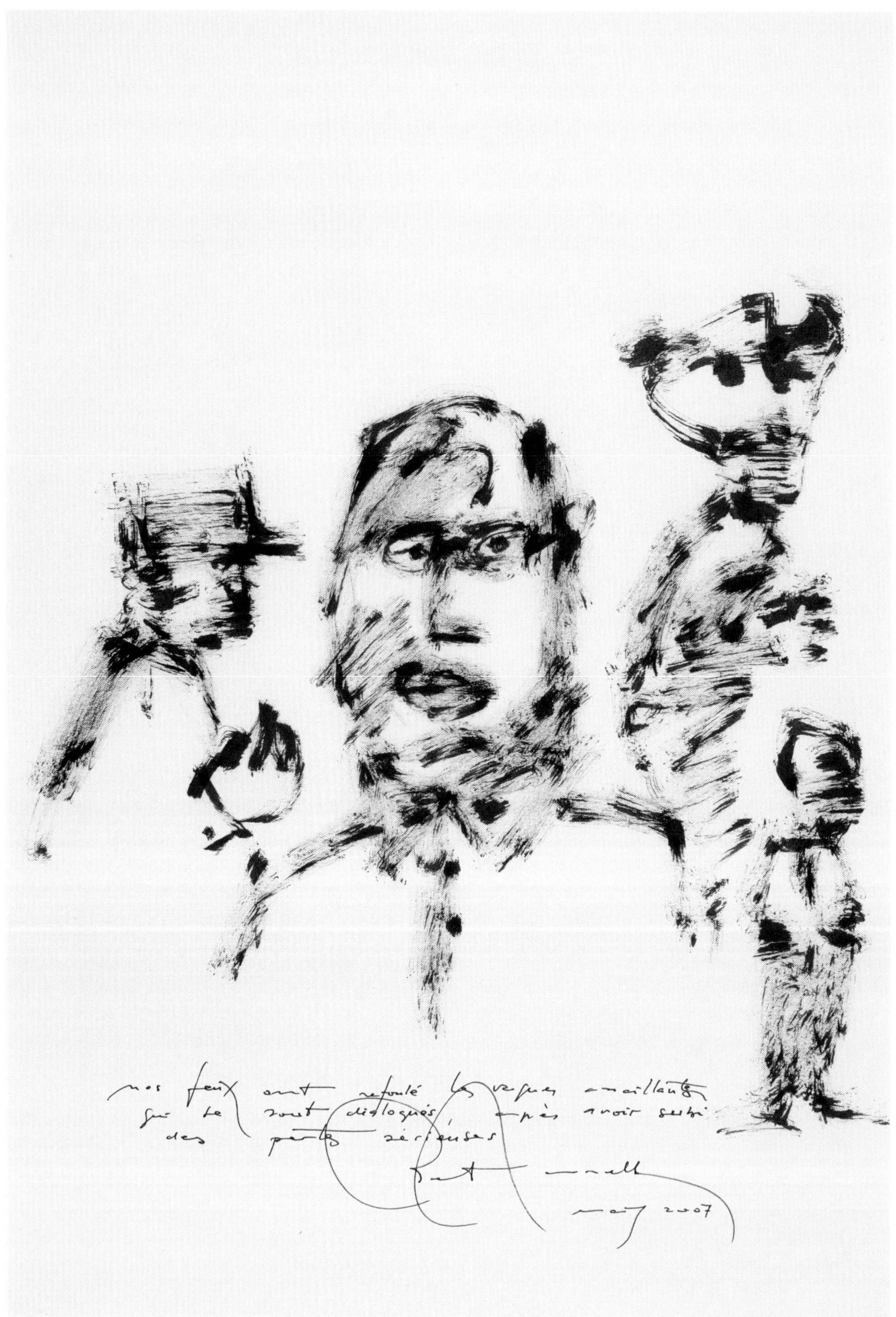

Sin título (de la serie «**Poilus**»), 2007, tinta china y rotulador sobre papel, 42 × 29,7 cm c/u

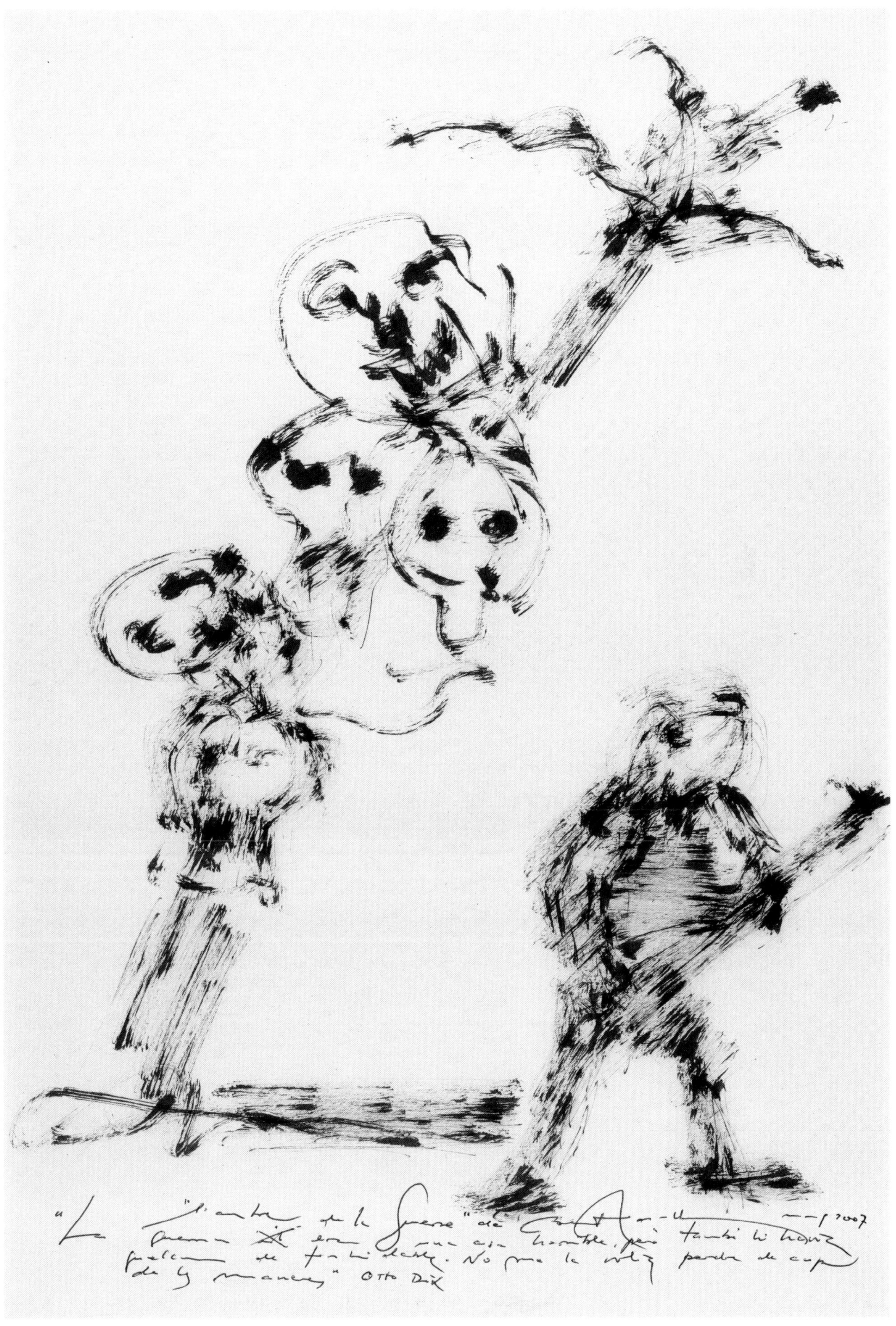

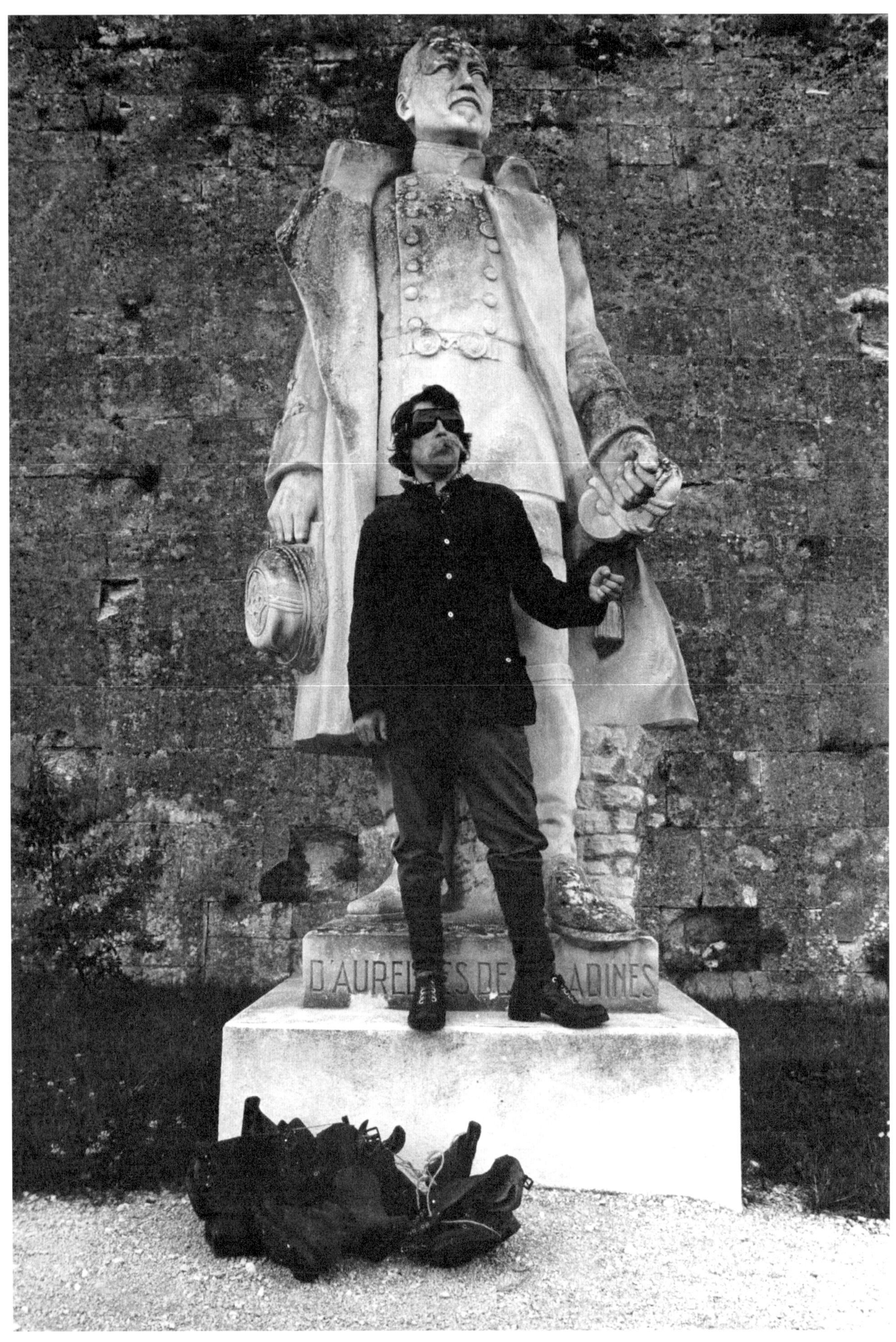

Miserere (coautor Antoni Miralda), 1979, película 16 mm, b/n y virado, sonido, 11' 18"

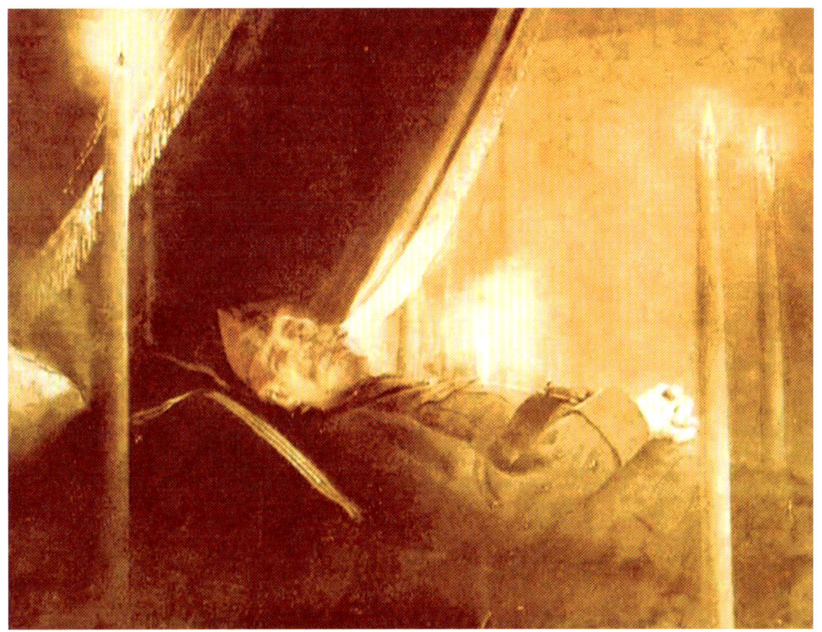

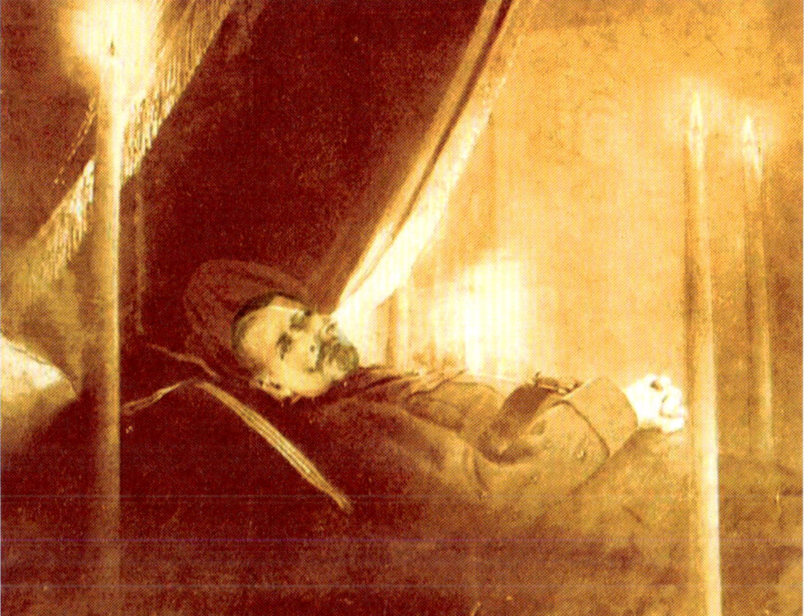

En los años setenta Miralda y yo hicimos tres
películas antimilitaristas que parodiaban
las dos grandes guerras: *París, la Cumparsita*
(París, 1972), *Boum! Boum! En avant la
musique!* (París, 1974, interpretada por Jaume
Xifra y Pierre Restany) y *Miserere* (París, 1979,
interpretada por Jaume Xifra).

Vetlla es una instalación que hice en 2008,
coincidiendo con la presentación de *Boum!
Boum! En avant la musique!*, en la Galeria Palma
Dotze de Vilafranca del Penedès, para recordar
que todos estos milhombres suelen morir
confortablemente en su cama.

Vetlla, 2007, videoinstalación: sillas, recordatorio
y vídeo digital, color, sin sonido, 3' 25"

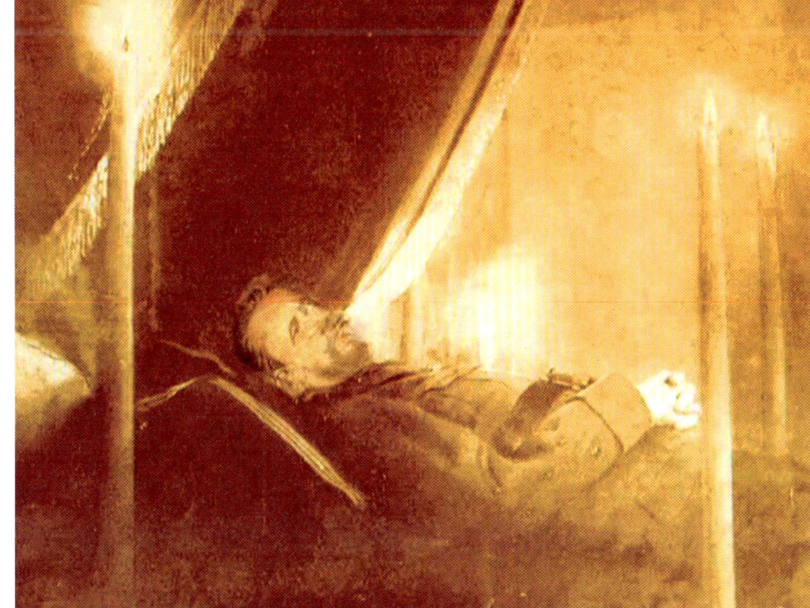

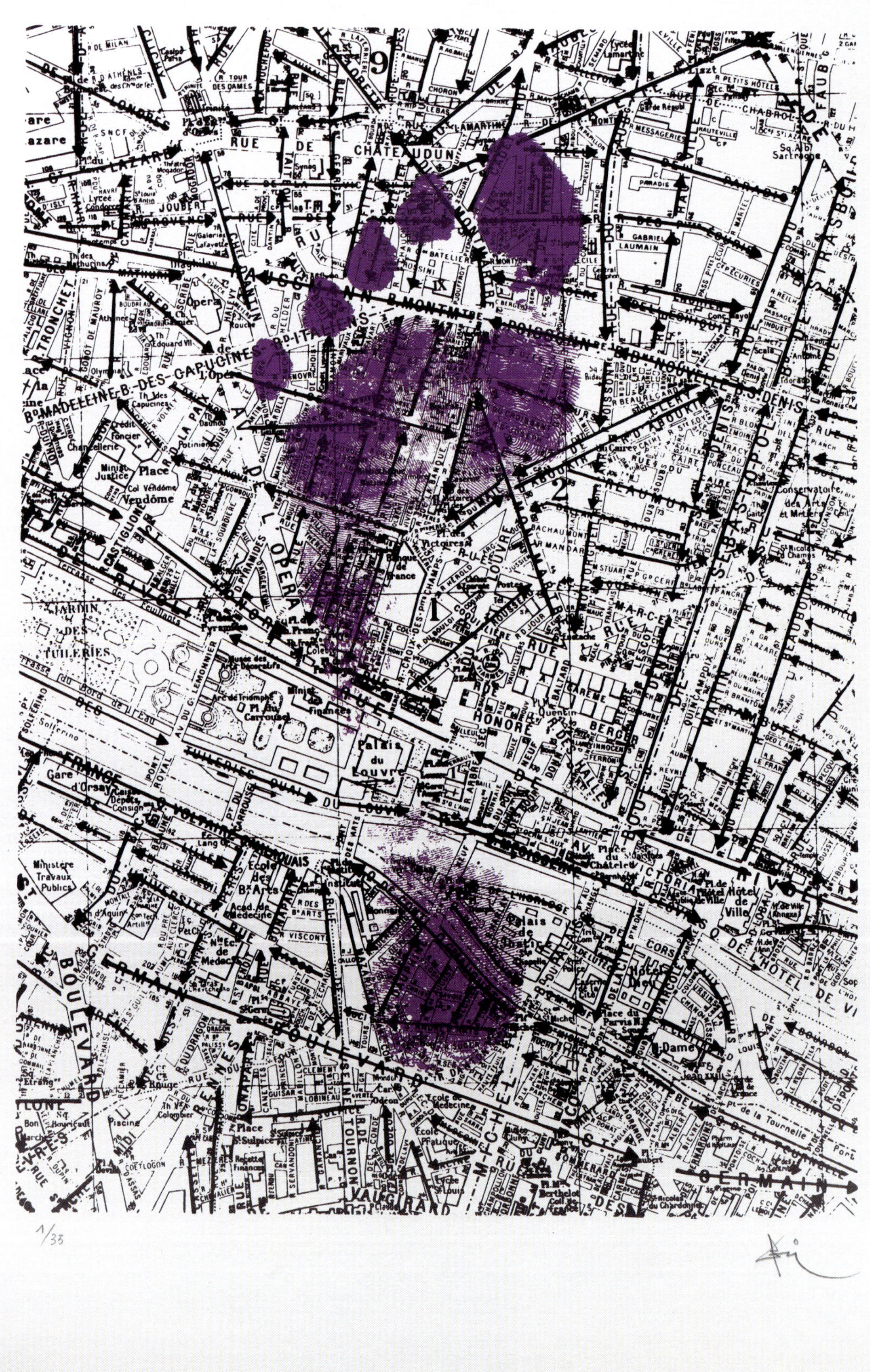

Empremta del peu de Benet Rossell sobre plànol de París (itinerari quotidià de l'artista), 1972, serigrafía (20/35), 65 × 50 cm

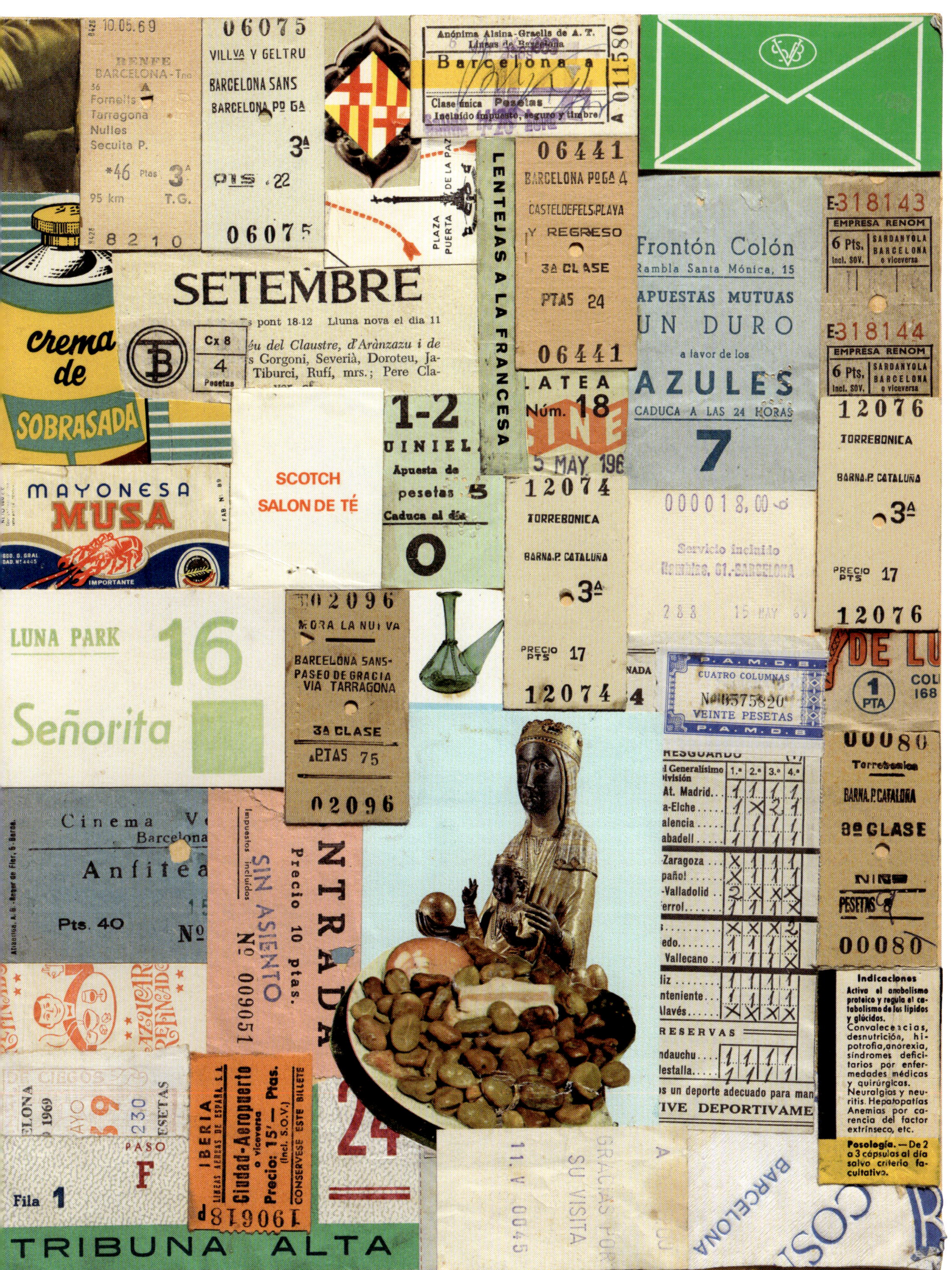

Hoja del **Journal Résiduel**, 1969, collage sobre papel, 31,4 × 23,4 cm

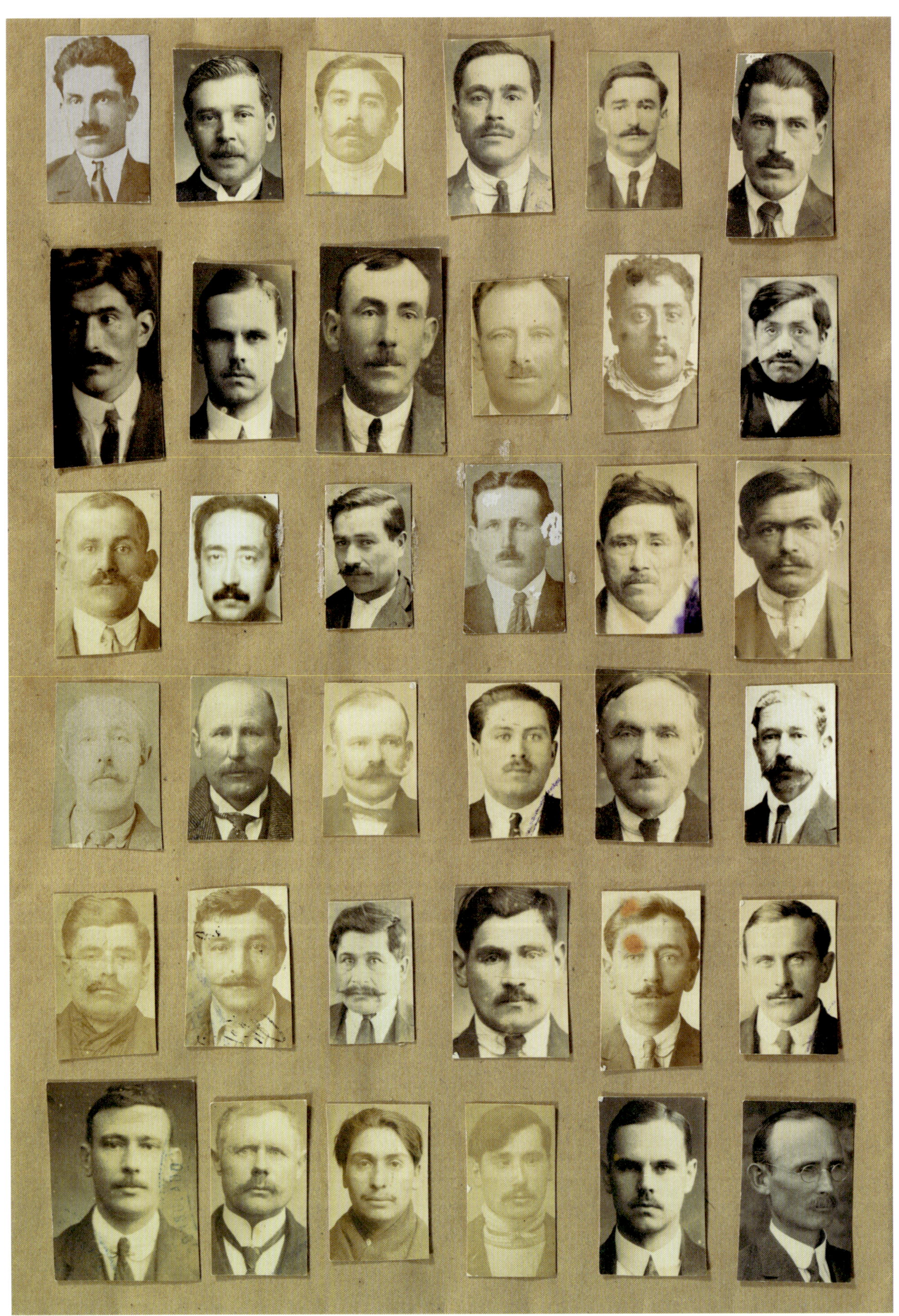

Hoja del **Journal Résiduel**, 1965, collage sobre papel, 25 × 17,6 cm

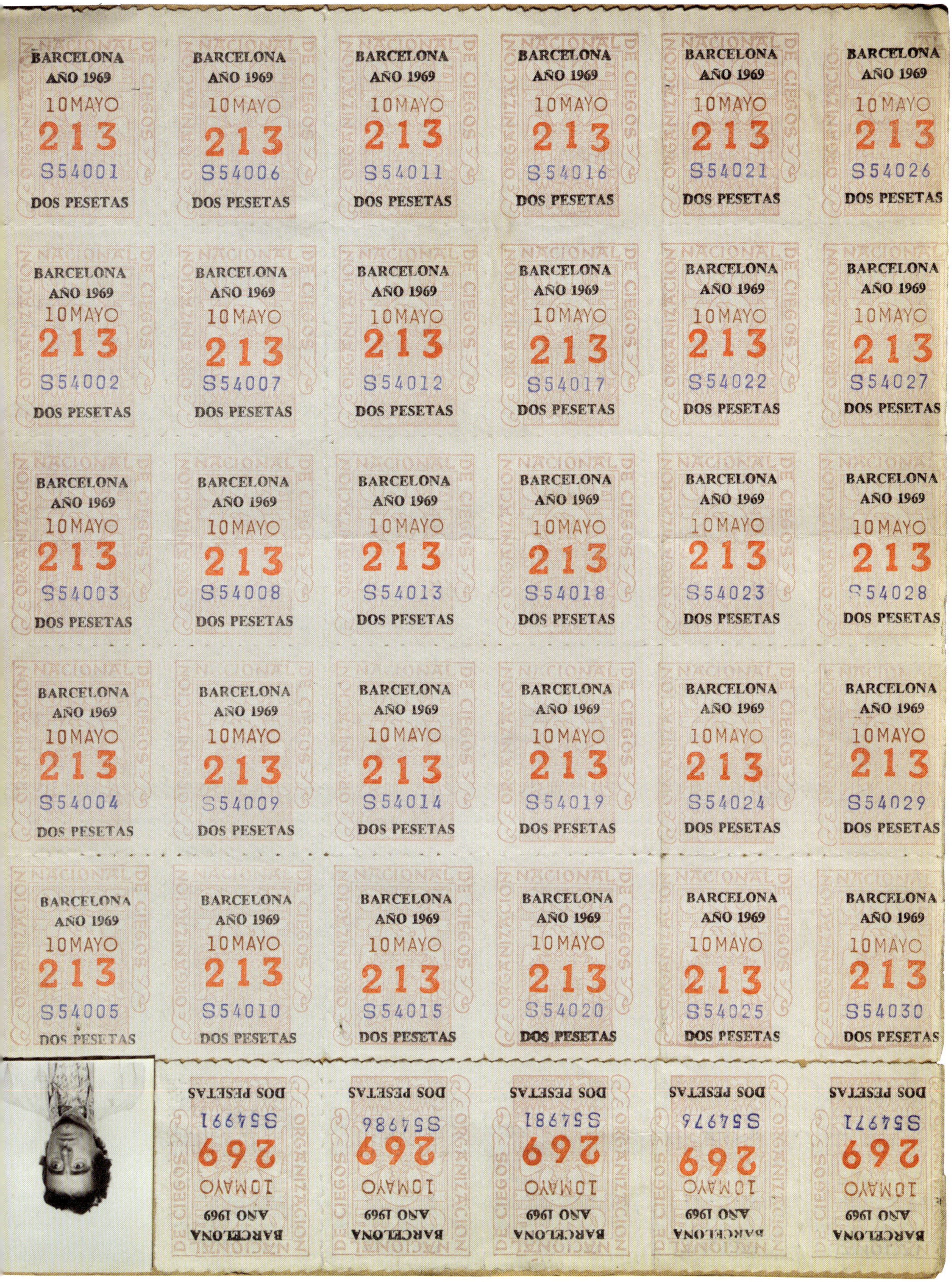

Hoja del **Journal Résiduel**, 1969, collage sobre papel, 30,7 × 24 cm

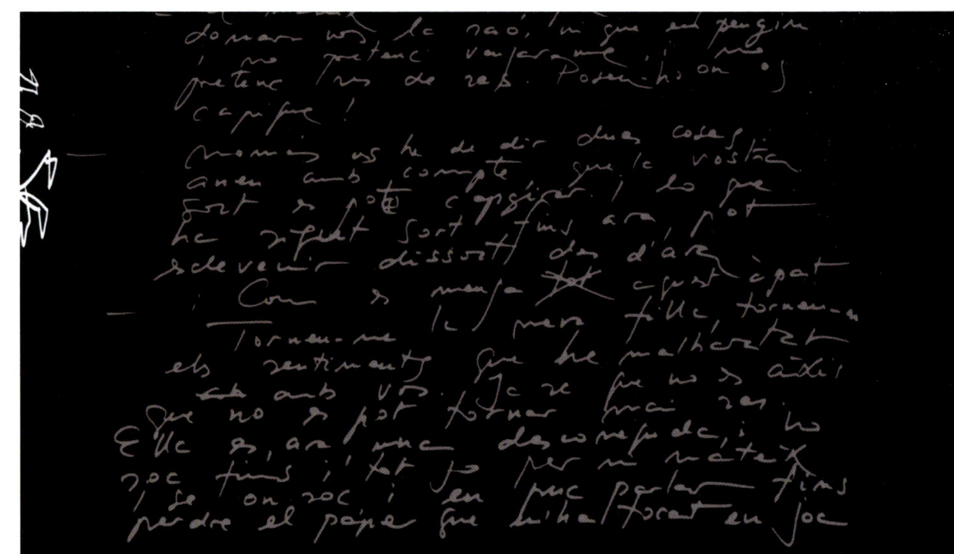

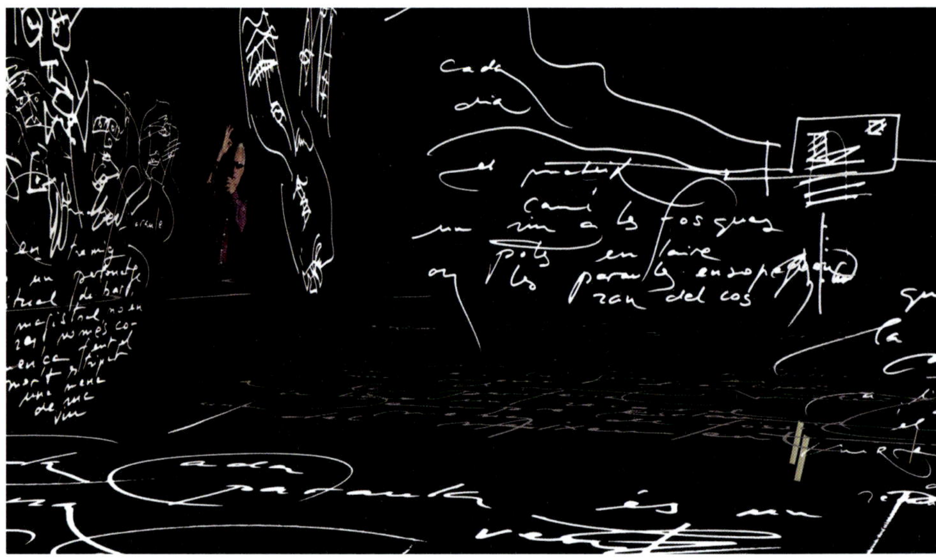

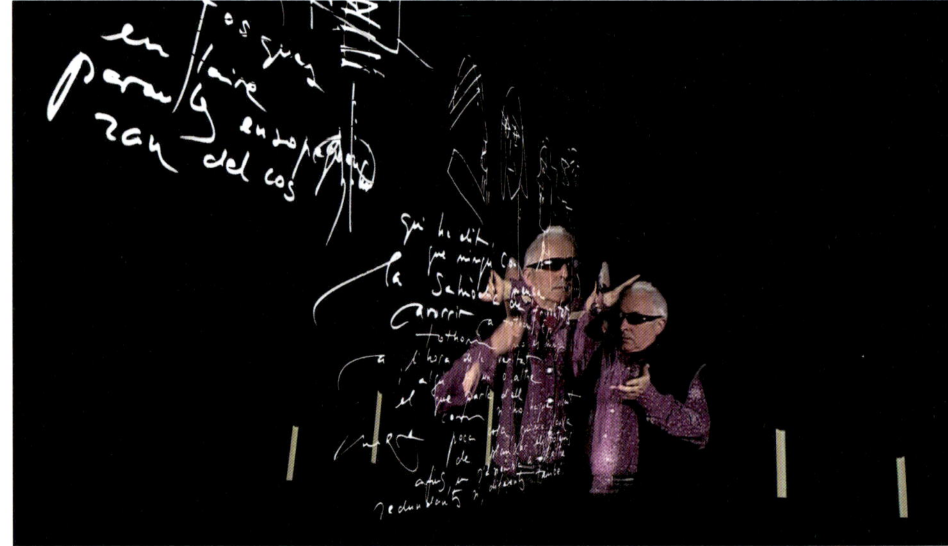

La escritura como arquitectura orgánica. La letra
es dibujo y personajes urbanos que hacen ciudad.
El *artor* interpreta y dirige este concierto visual.

Nocturnal U, 2009, vídeo 3D y vídeo digital, color, sonido, 4' 8"

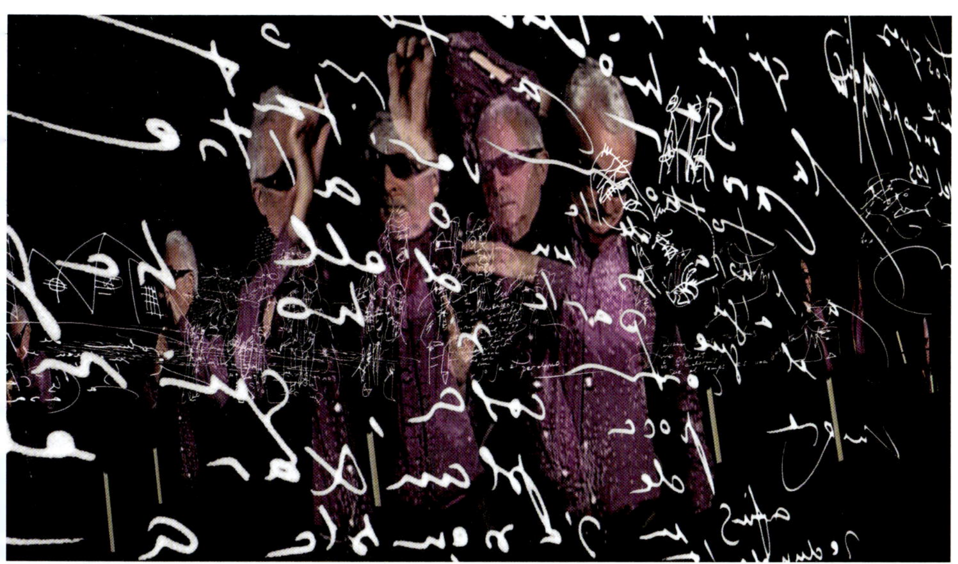

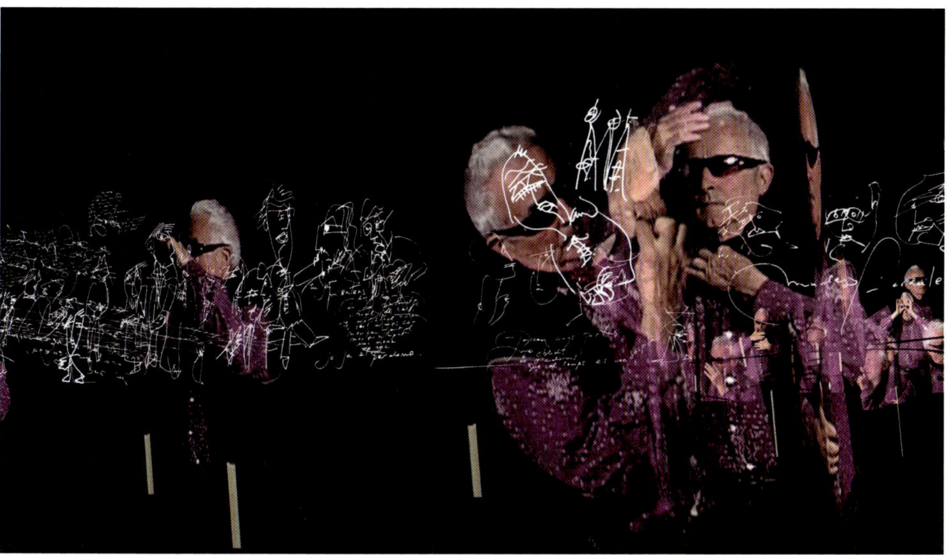

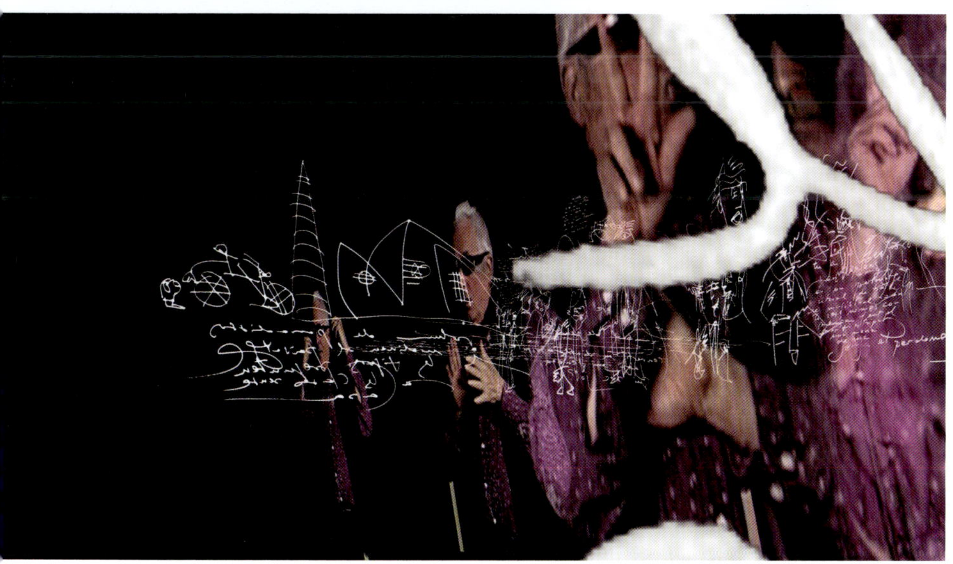

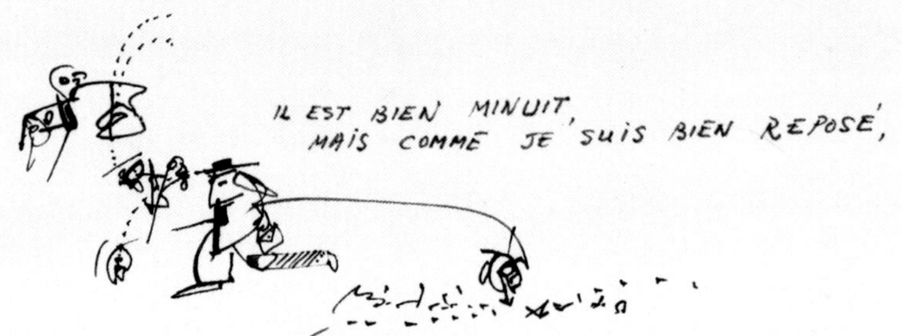

CE NE SERAIT LÀ UNE EXCUSE
QUE SI JE N'AVAIS RIEN ÉCRIT DU TOUT
DE LA JOURNÉE

L'AMPOULE ALLUMÉE,
APPARTEMENT SILENCIEUX,
L'OBSCURITÉ DEHORS,
LES DERNIERS INSTANTS
DE VEILLE

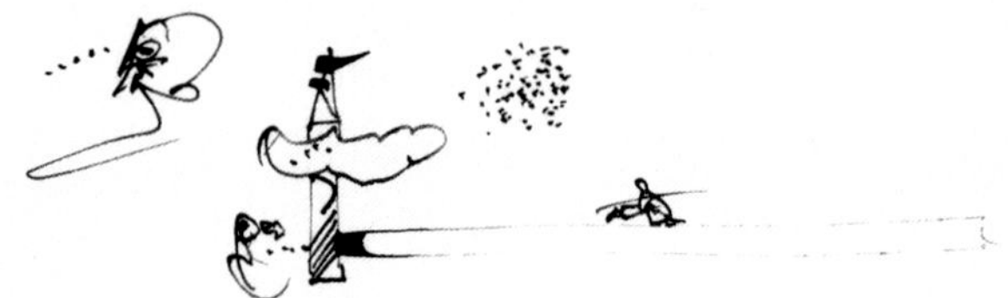

ILS ME DONNENT LE DROIT D'ÉCRIRE
ET FÛT-CE LES CHOSES LES
PLUS MISERABLES

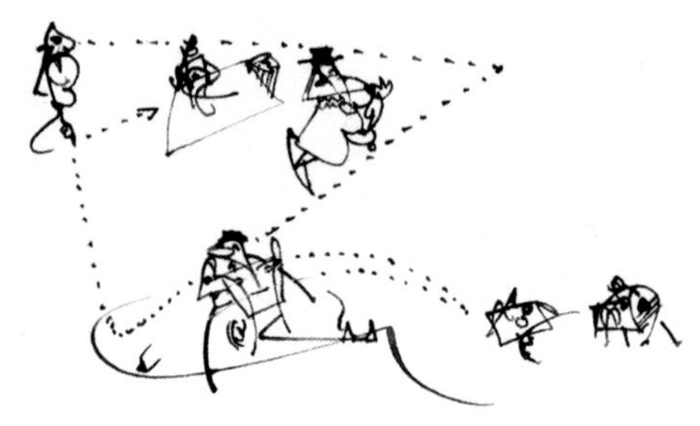

ET CE DROIT,
J'EN USE
HÂTIVEMENT

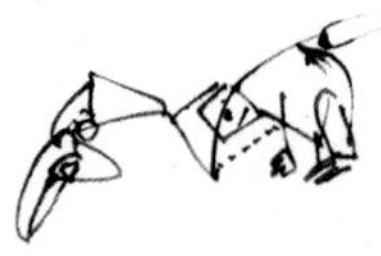

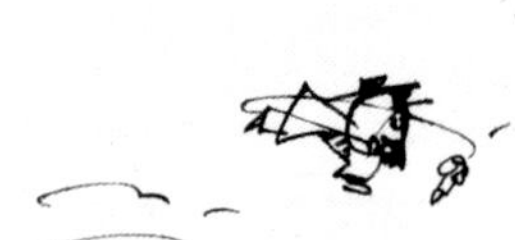

VOILÀ DONC
CE QUE JE SUIS

Sin título (de la serie «**Les pas perdus**»), 1974-1975, tinta china y rotulador sobre papel, 29,7 × 21 cm c/u

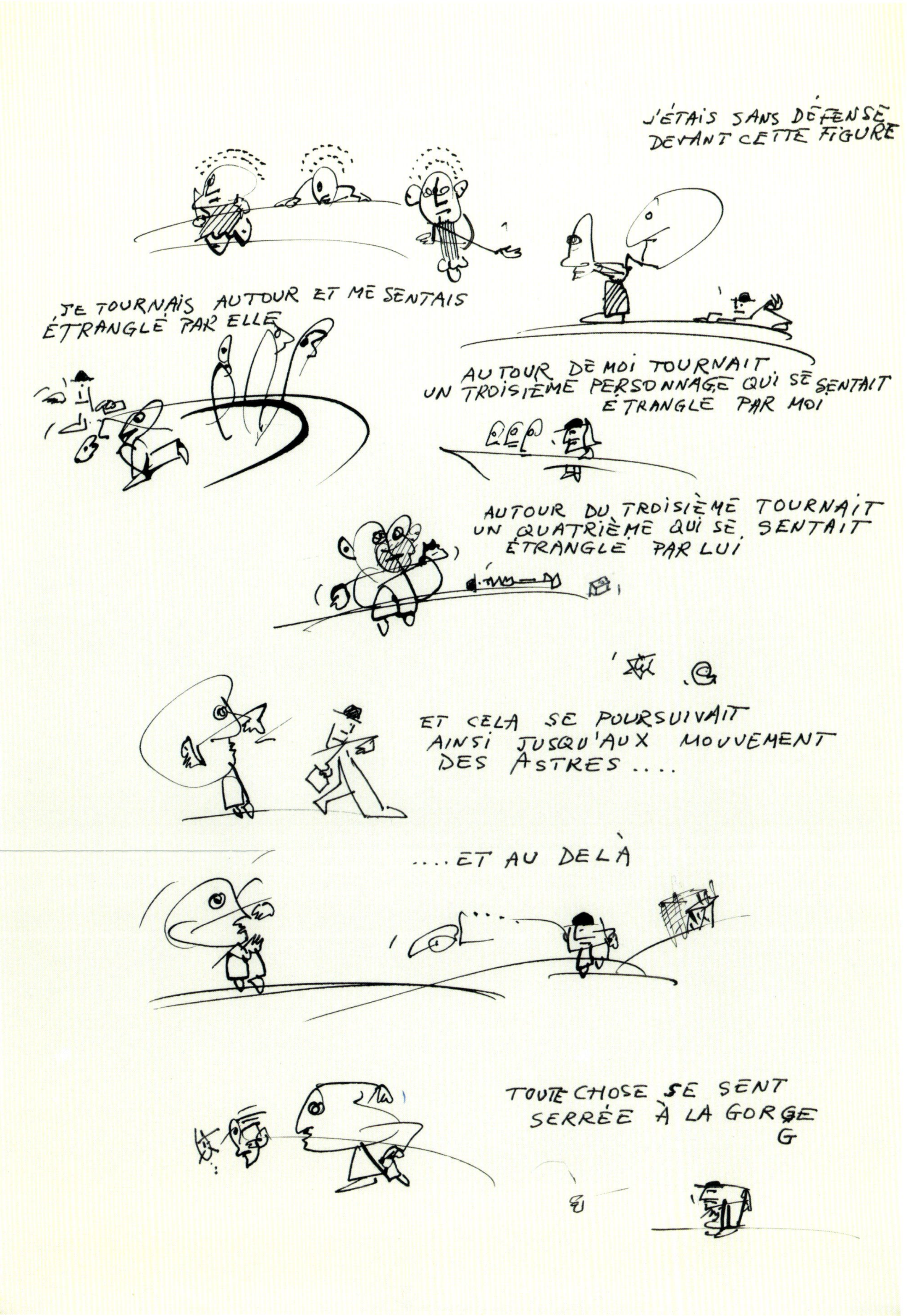
J'ÉTAIS SANS DÉFENSE
DEVANT CETTE FIGURE
JE TOURNAIS AUTOUR ET ME SENTAIS
ÉTRANGLÉ PAR ELLE
AUTOUR DE MOI TOURNAIT
UN TROISIÈME PERSONNAGE QUI SE SENTAIT
ÉTRANGLÉ PAR MOI
AUTOUR DU TROISIÈME TOURNAIT
UN QUATRIÈME QUI SE SENTAIT
ÉTRANGLÉ PAR LUI
ET CELA SE POURSUIVAIT
AINSI JUSQU'AUX MOUVEMENT
DES ASTRES....
....ET AU DELÀ
TOUTE CHOSE SE SENT
SERRÉE À LA GORGE
G

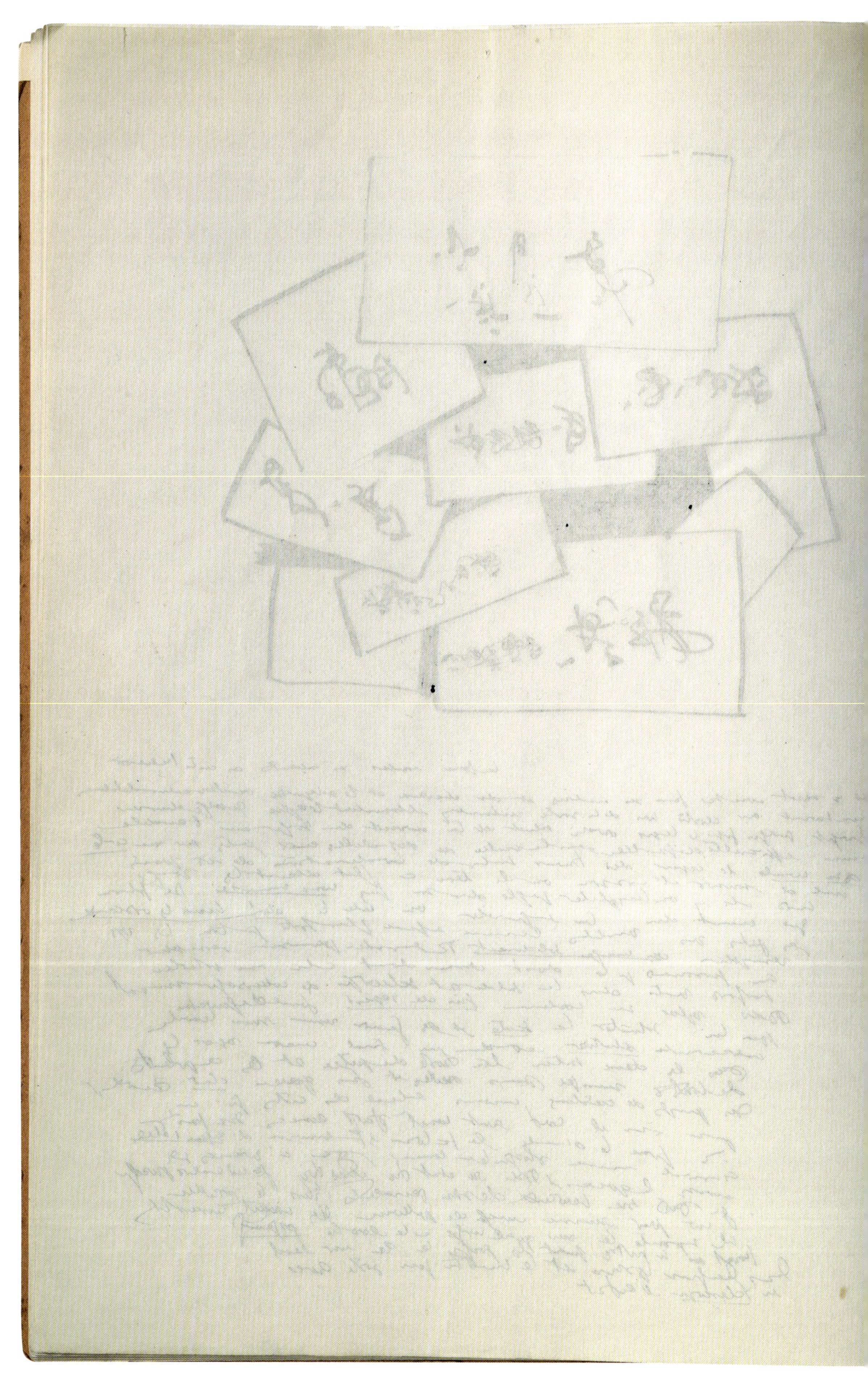

Página del cuaderno **La mort est hors de prix**, 1975, técnica mixta sobre papel, 29,7 × 21 cm

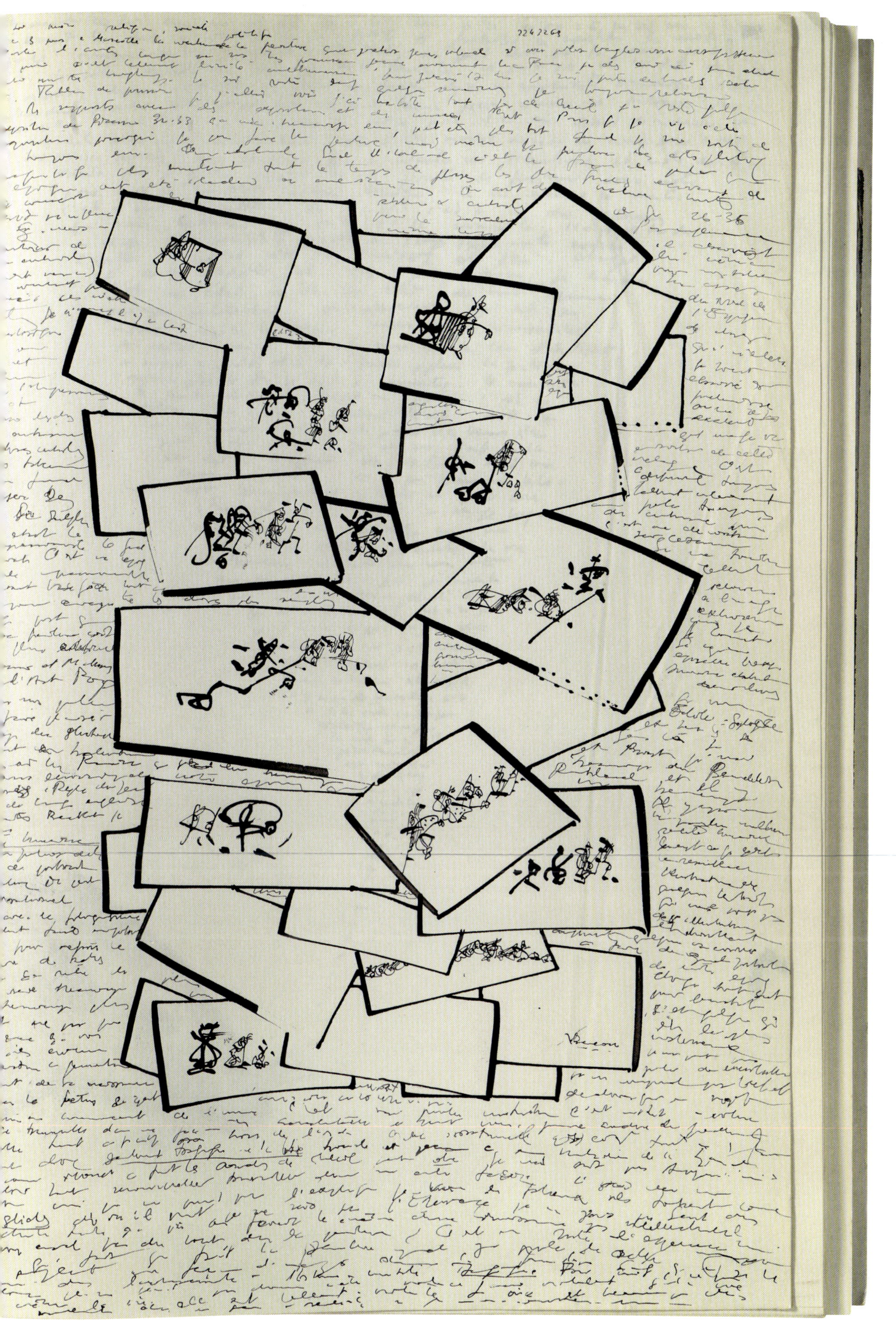

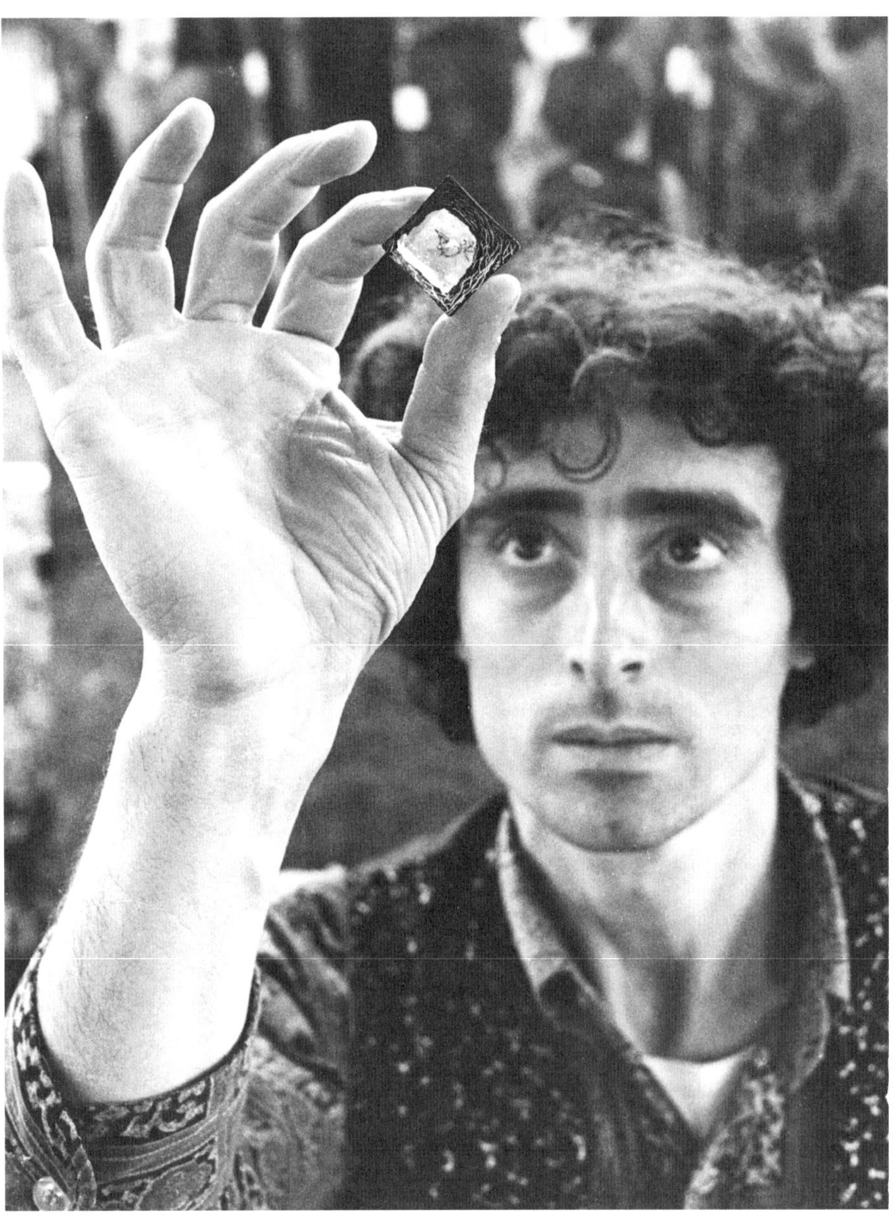

La mínima expresión: un contenedor transparente
–¿invisible?– contiene objetos, cortometrajes,
fotografías, huellas de dedos y seres mínimos.
En París, me los ponía en el bolsillo de la
gabardina, dentro de un pañuelo, y allí donde iba
improvisaba una exposición. Lo hice en la Cité
des Arts de París, en el Pavillon Baltar de Les Halles
y en el Music Circus de John Cage, delante
del propio Cage. Después he dejado reposar cada
cubito dentro de su copa.

Benet Rossell durante la acción *Glaçons, sabata i calidoscopi*, Festival de Kürten, Colonia, 1971

Glaçó-alter ego, 1971, fotografía dentro de resina de poliéster y copa de cristal, 3,5 × 2 × 2,5 cm
Glaçó-*promenade*, 1973, micrografías dentro de resina de poliéster y copa de cristal, 2 × 4,2 × 4,2 cm
Glaçó-curtmetratge *Doble camí*, 1970, película 16 mm dentro de resina de poliéster y copa de cristal, 2 × 4,2 × 4,2 cm
Glaçó-*sauvage*, 1971, texto dentro de resina de poliéster y copa de cristal, 2,5 × 2,5 × 1,5 cm

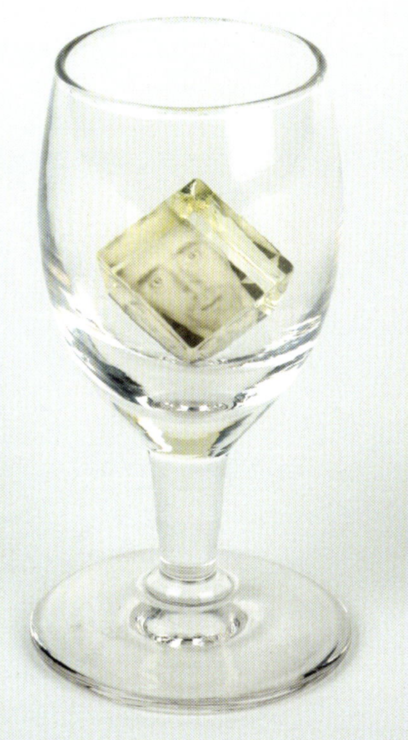
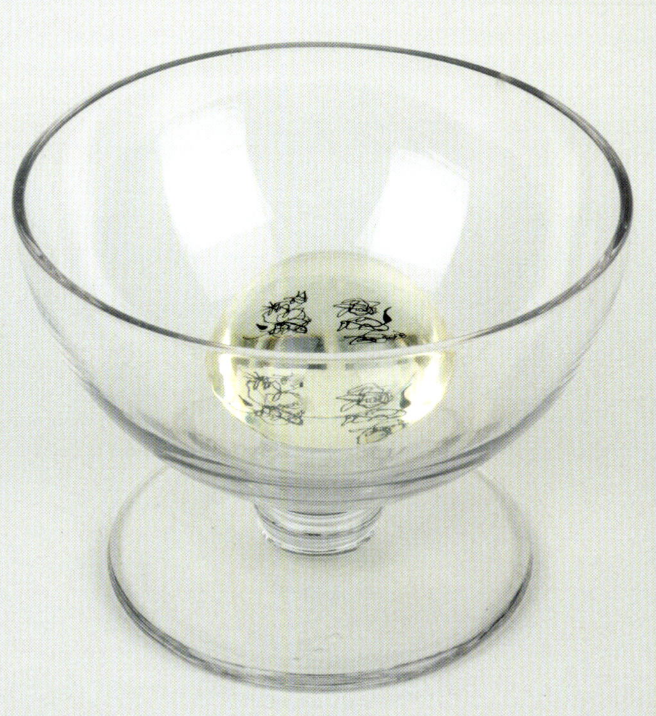
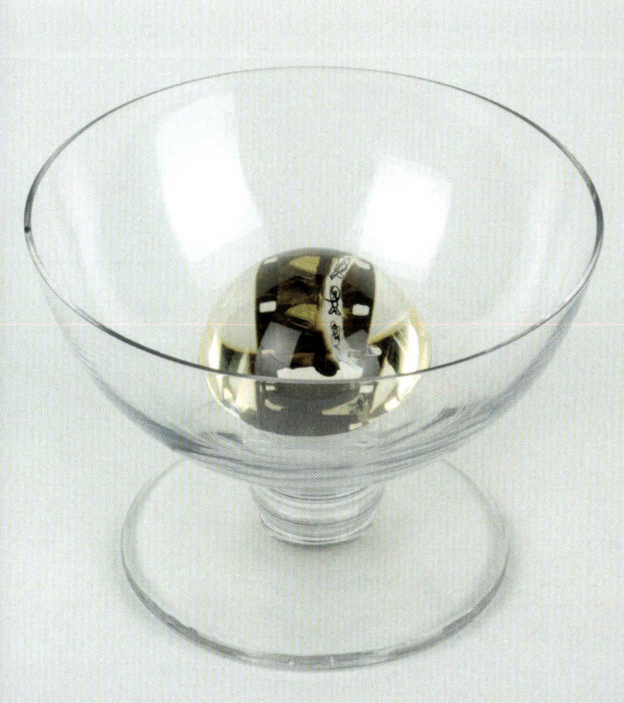
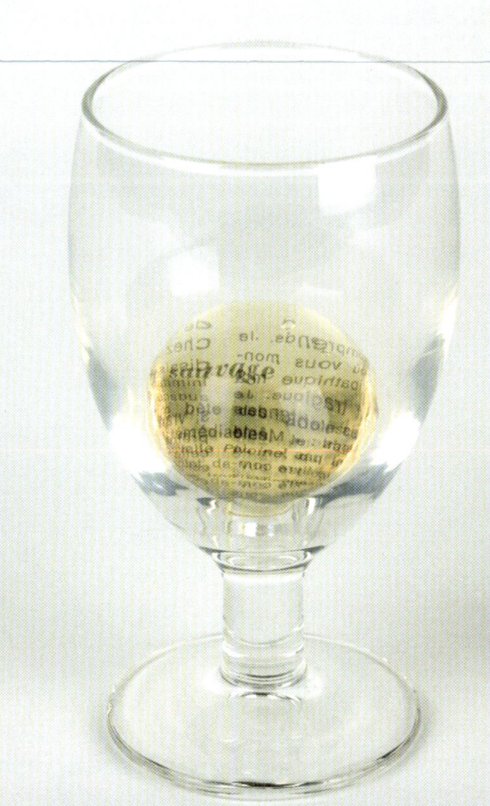

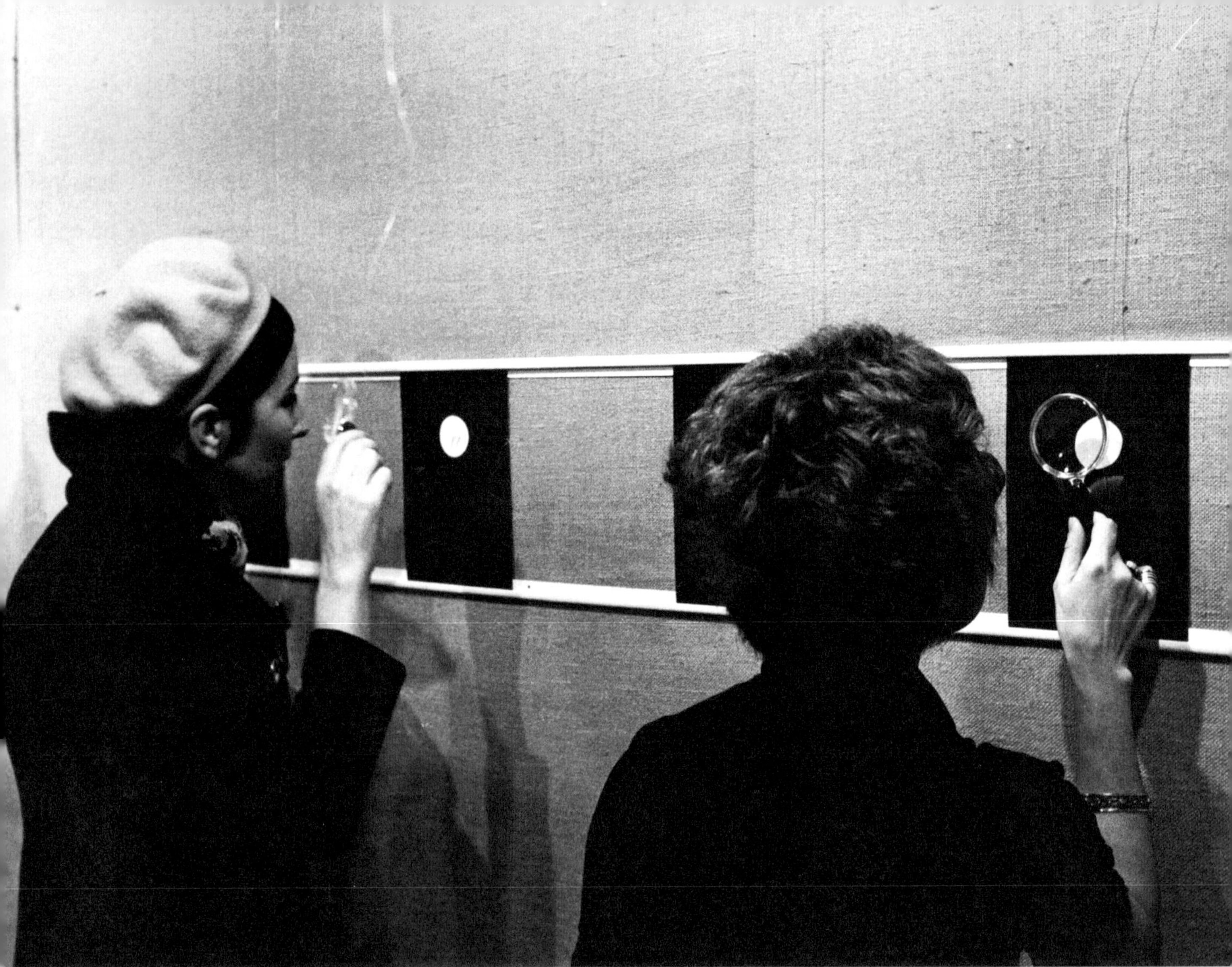

La Galerie Bazarine, situada bajo las arcadas
de la Place des Vosges, era una galería
especializada en dibujos de humor. Por allí
pasaron los mejores dibujantes de humor
franceses (Siné, Reiser...) y allí hice mi primera
exposición individual en París. Presenté unos
dibujos tan pequeños que era necesario mirarlos
con una lupa. Yo los llamaba «dibujos de ciego»,
porque cualquiera que los quisiera ver
con detalle podía terminar perdiendo la vista.

Exposición de Benet Rossell en la Galerie Bazarine, París, 1970

Página del libro *Micro-ópera*. Barcelona: Àmbit, 1984

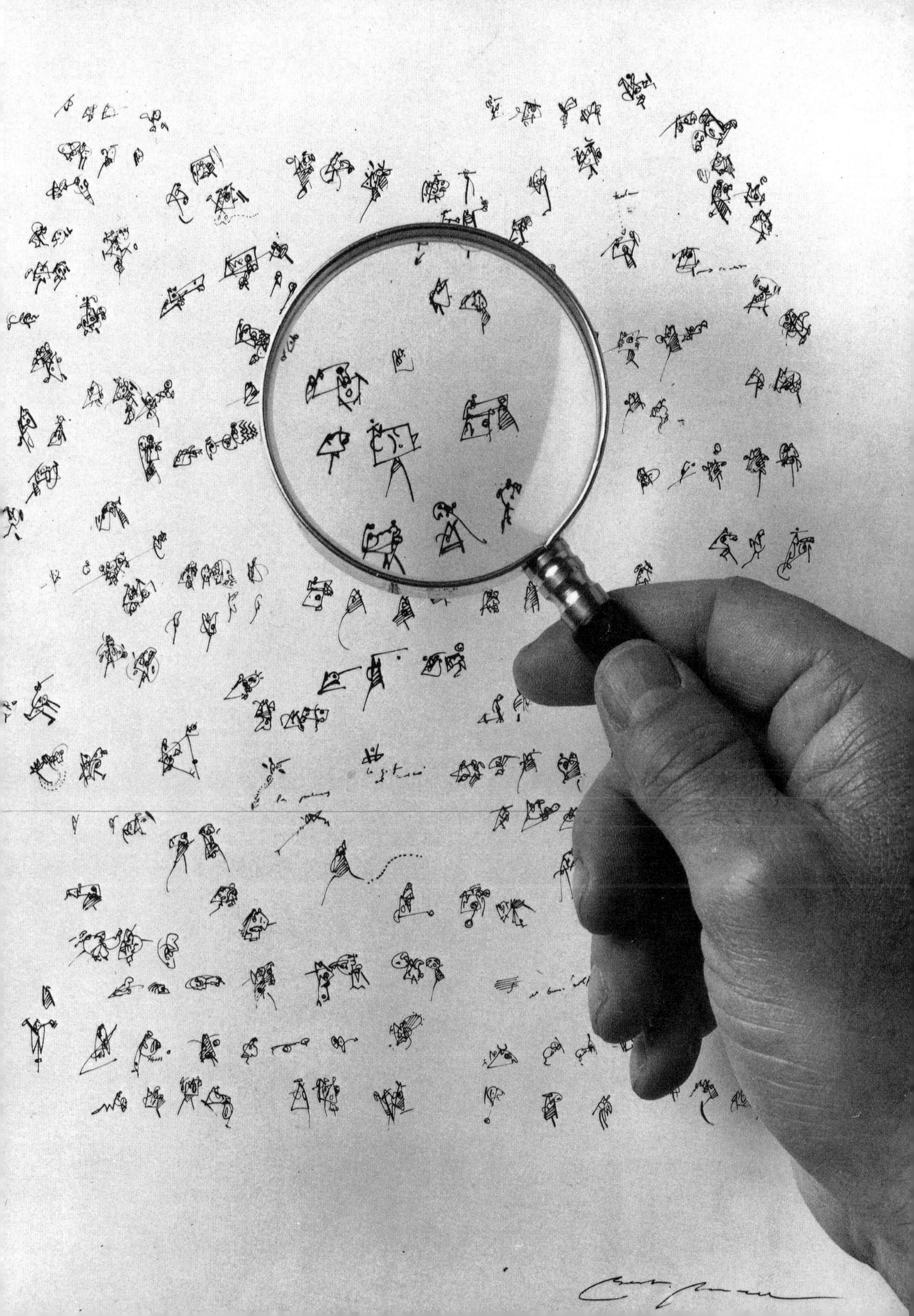

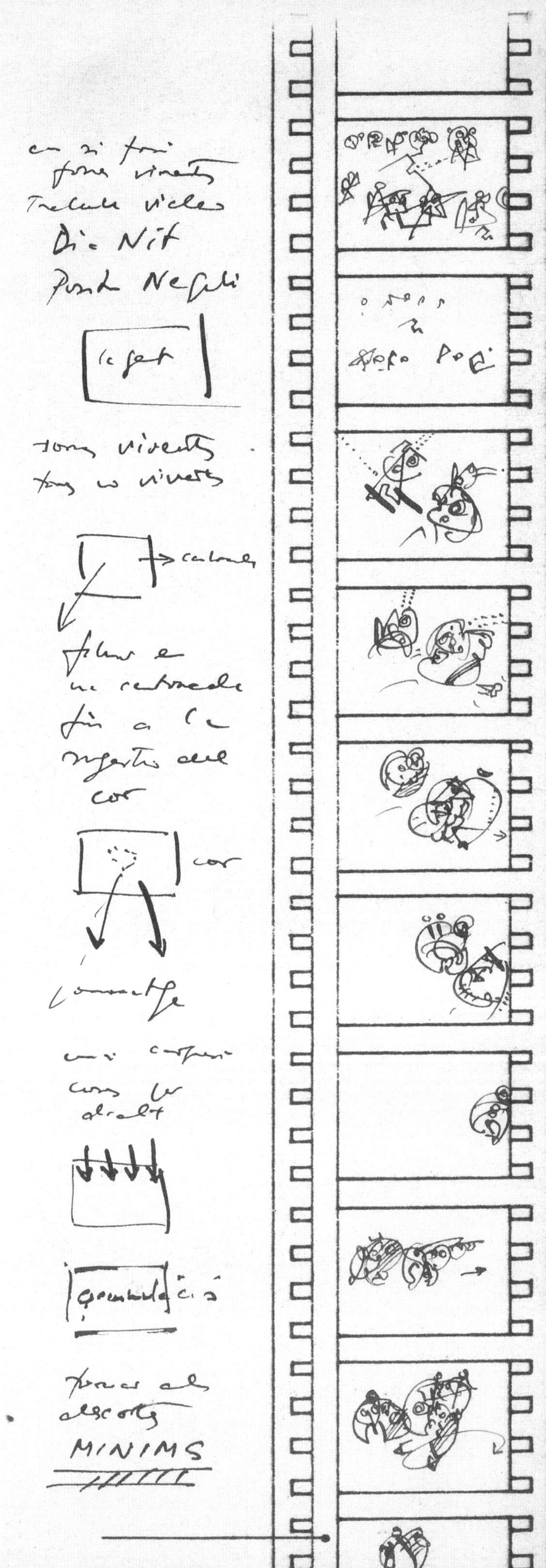

A priori, 1965-1979, *storyboard* (dibujo, fotocopia y fotografía), dimensiones variables (detalle)

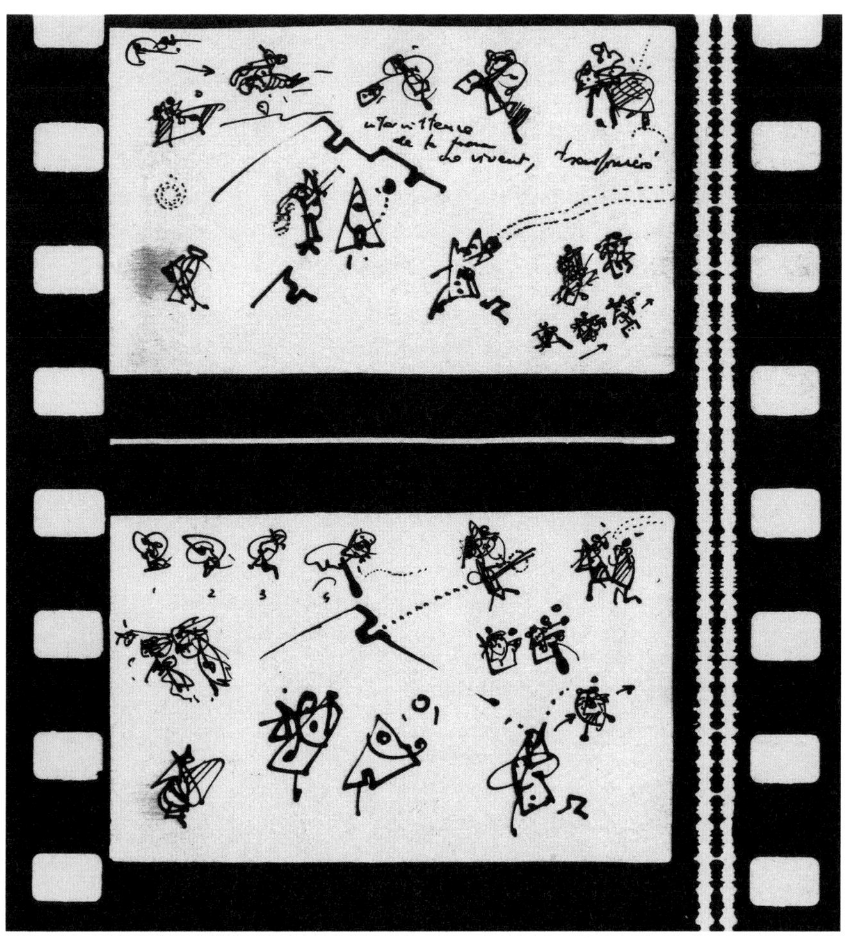

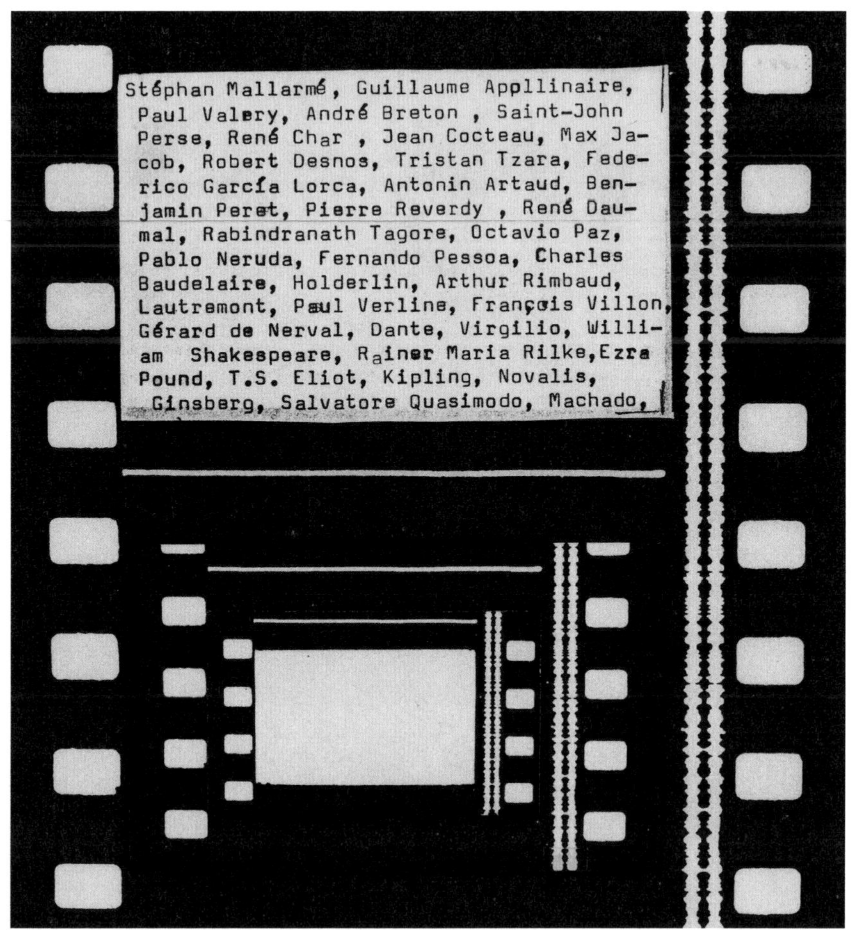

Stéphan Mallarmé, Guillaume Appllinaire,
Paul Valery, André Breton , Saint-John
Perse, René Char , Jean Cocteau, Max Ja-
cob, Robert Desnos, Tristan Tzara, Fede-
rico García Lorca, Antonin Artaud, Ben-
jamin Peret, Pierre Reverdy , René Dau-
mal, Rabindranath Tagore, Octavio Paz,
Pablo Neruda, Fernando Pessoa, Charles
Baudelaire, Holderlin, Arthur Rimbaud,
Lautremont, Paul Verline, François Villon,
Gérard de Nerval, Dante, Virgilio, Willi-
am Shakespeare, Rainer Maria Rilke,Ezra
Pound, T.S. Eliot, Kipling, Novalis,
Ginsberg, Salvatore Quasimodo, Machado,

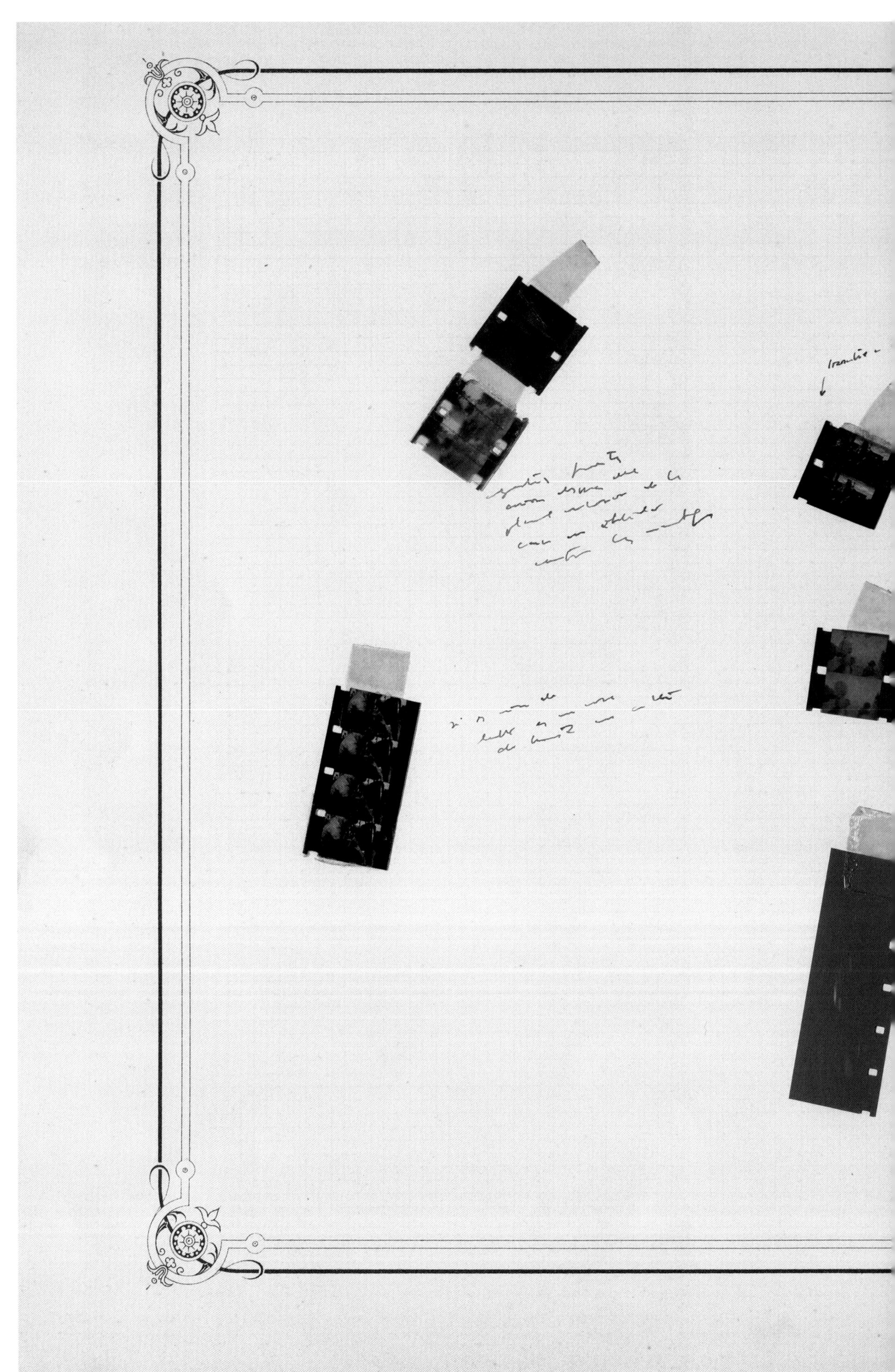

Comme toujours, 1977, tinta china y collage sobre papel, 24,5 × 34,5 cm

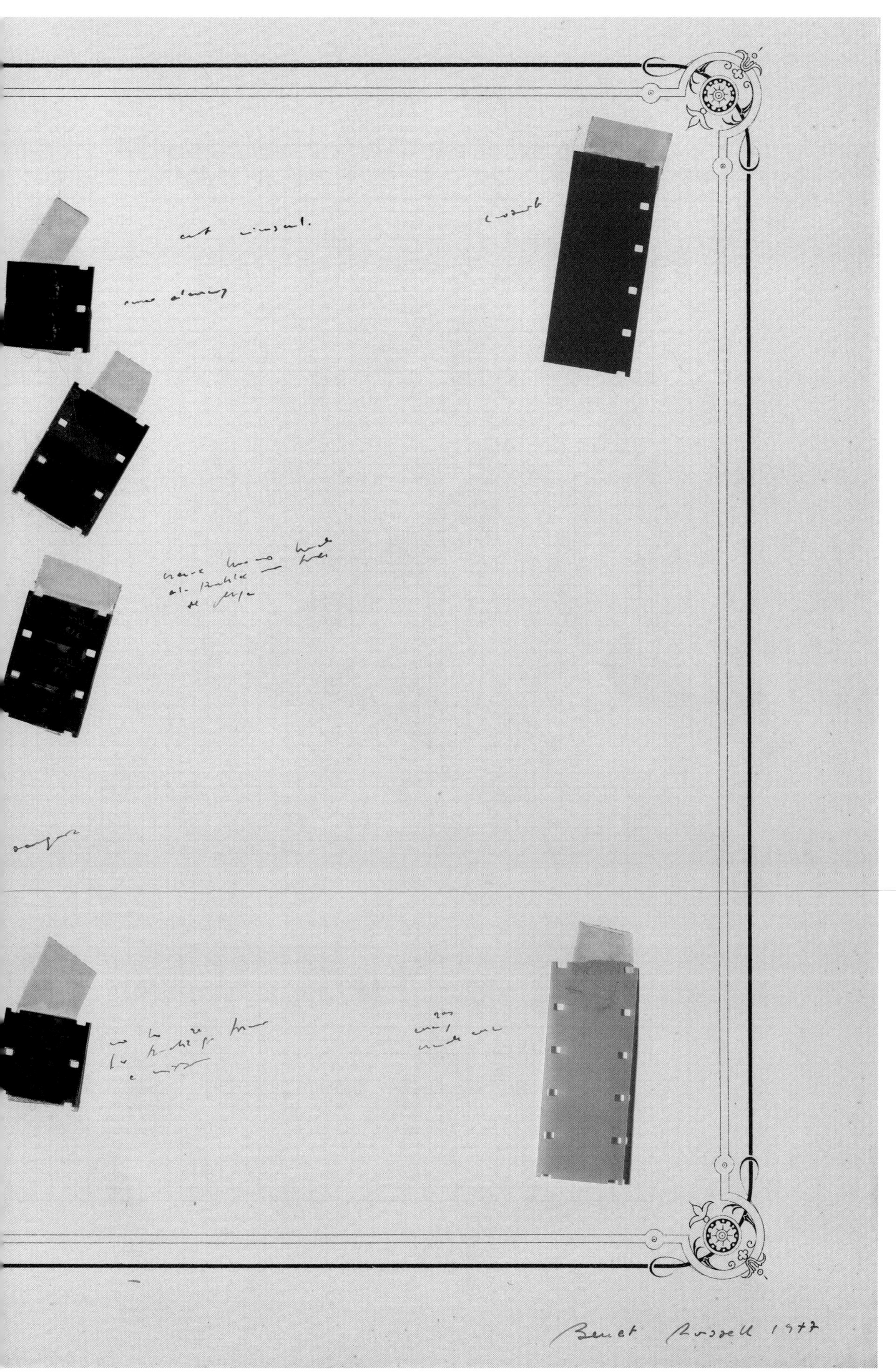

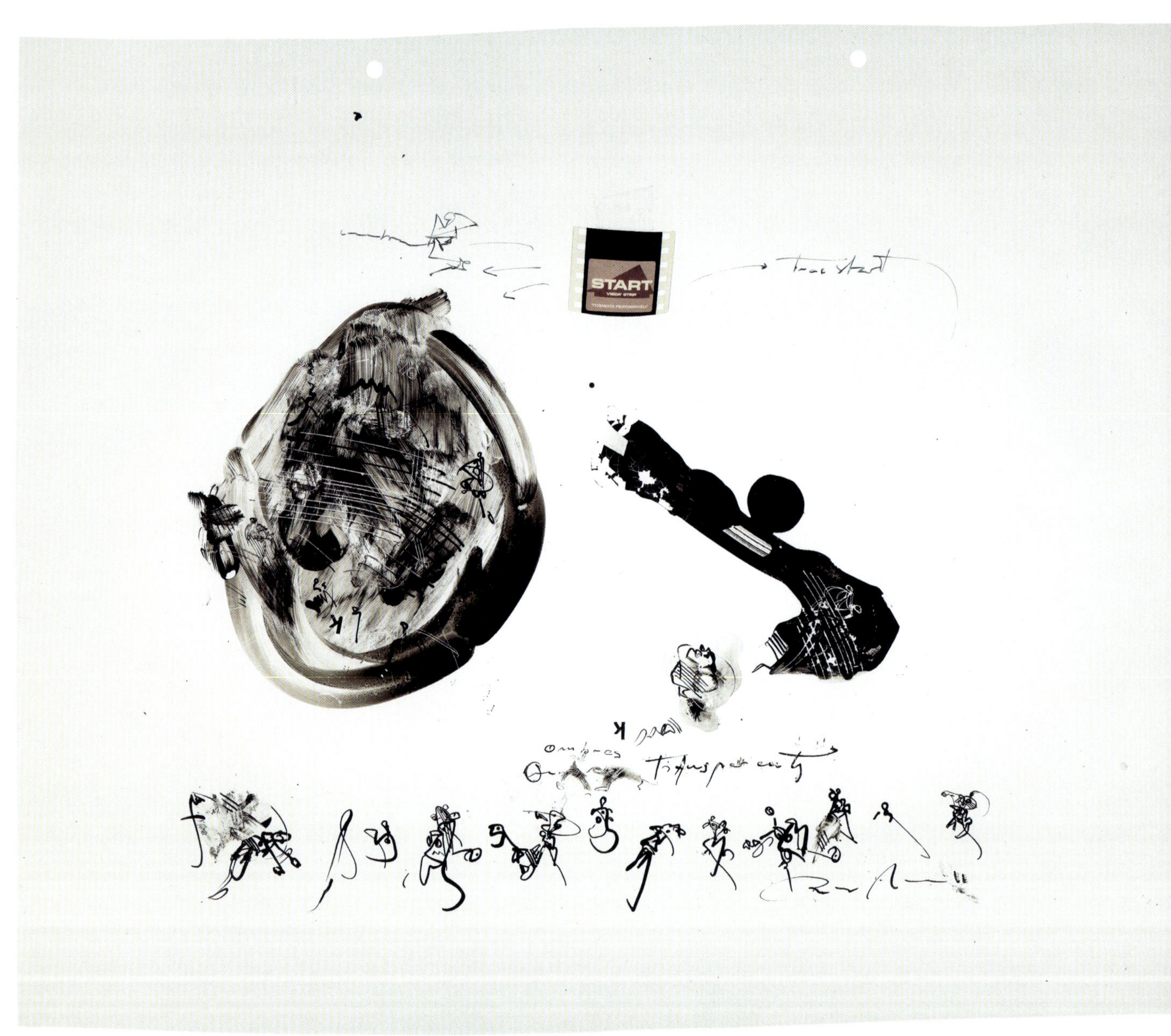

Ombra transparent (1), 1986, tinta china y collage sobre acetato, 32 × 38,5 cm

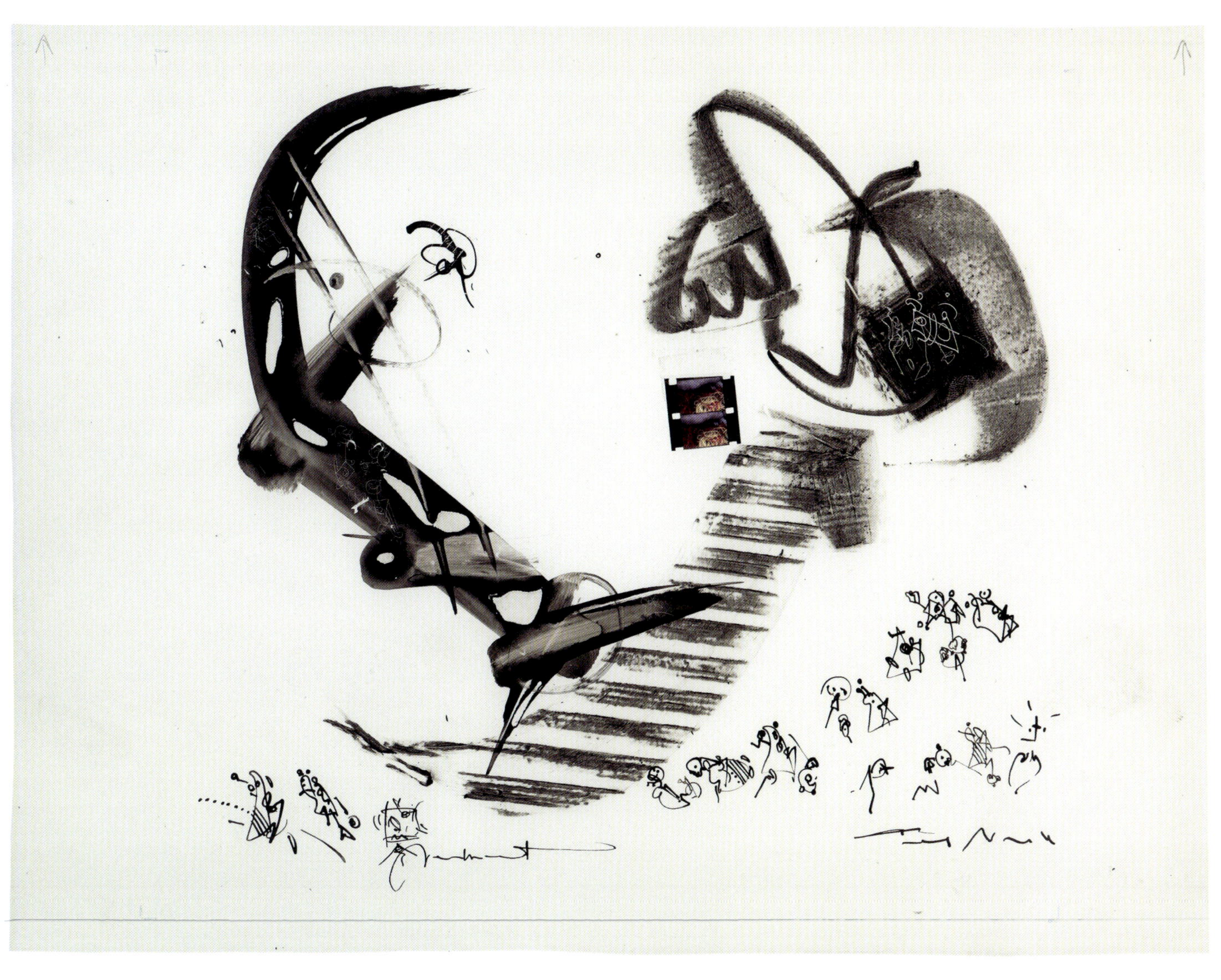

Ombra transparent (4), 1986, tinta china, frottage y collage sobre acetato, 20 × 27 cm

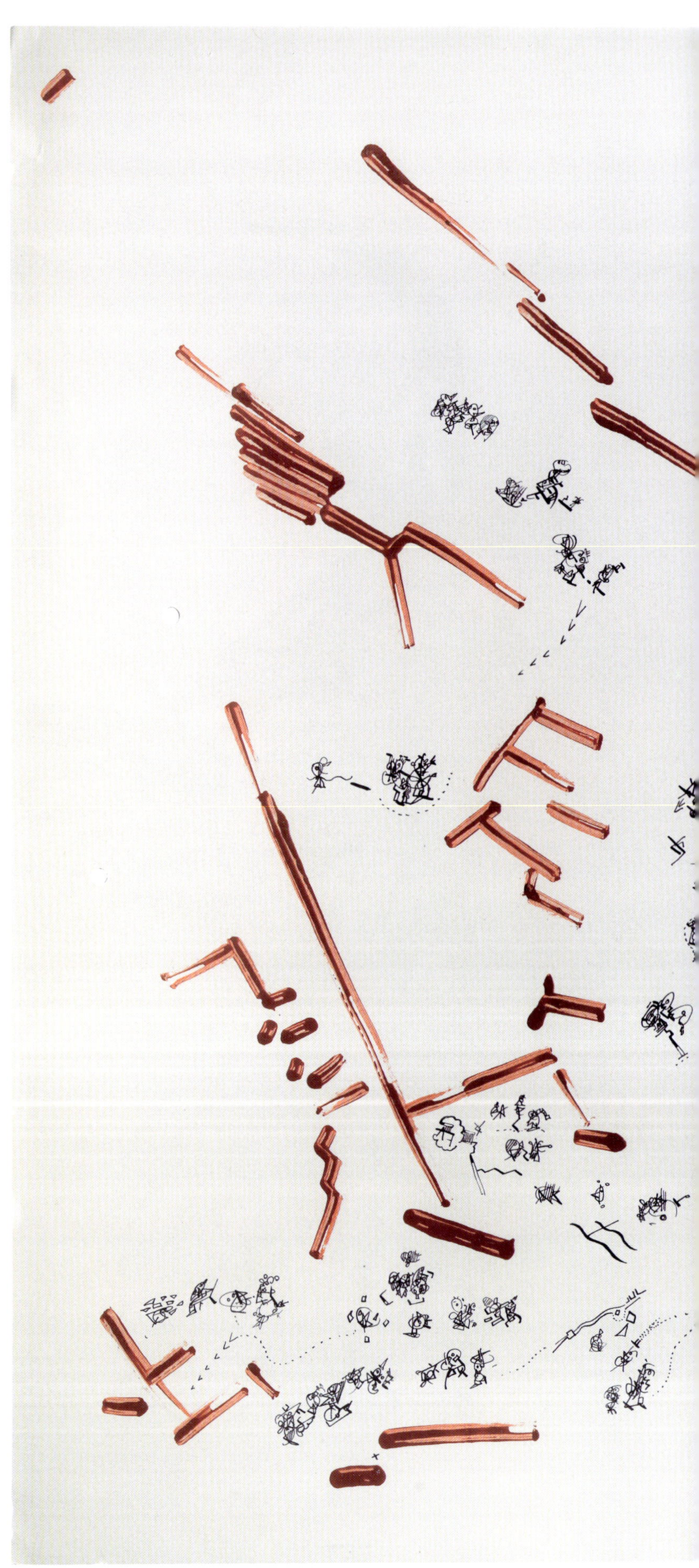

Entre lignes, 1972, tinta china y percloruro sobre papel, 50 × 65 cm

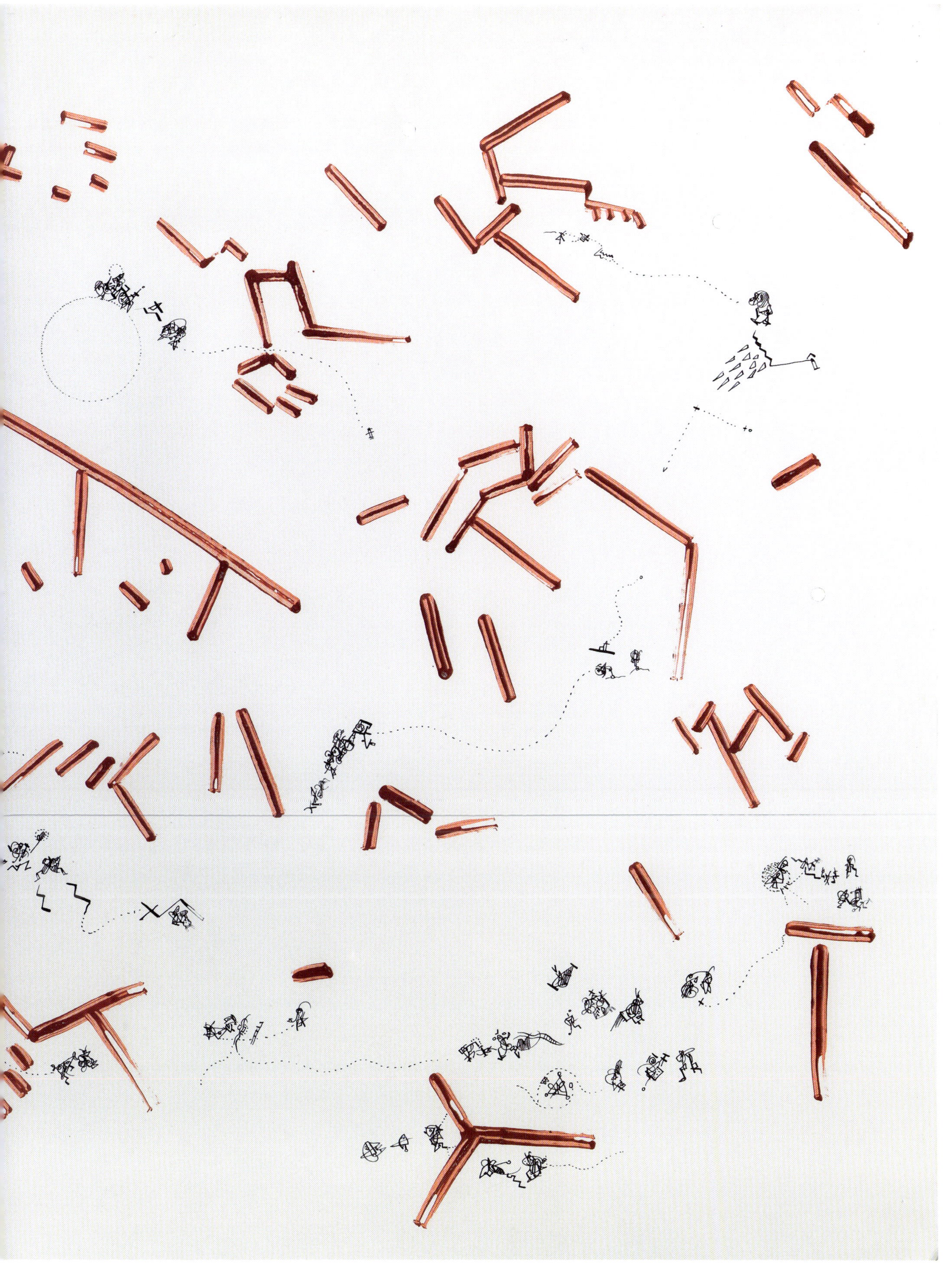

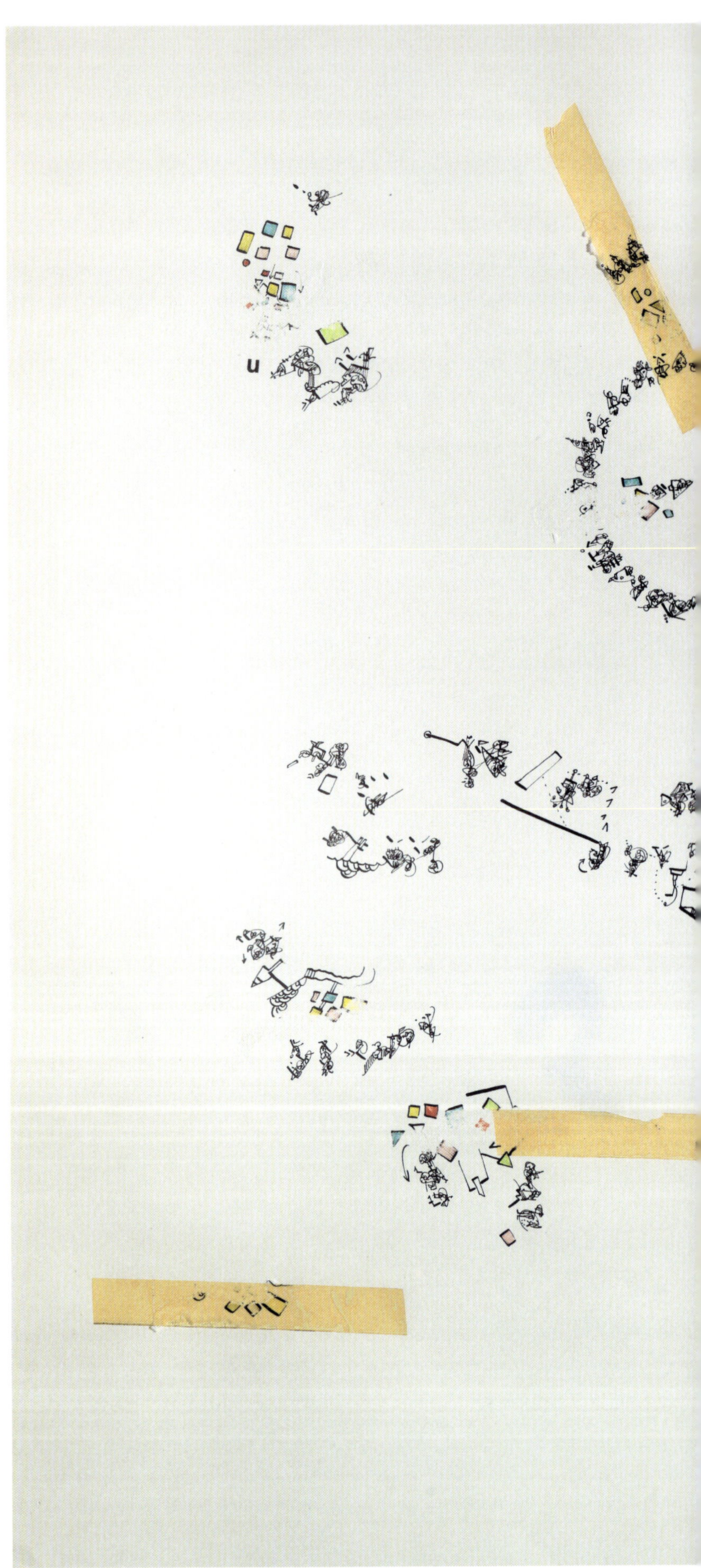

Scotch, 1973, técnica mixta y collage sobre papel, 50 × 65 cm

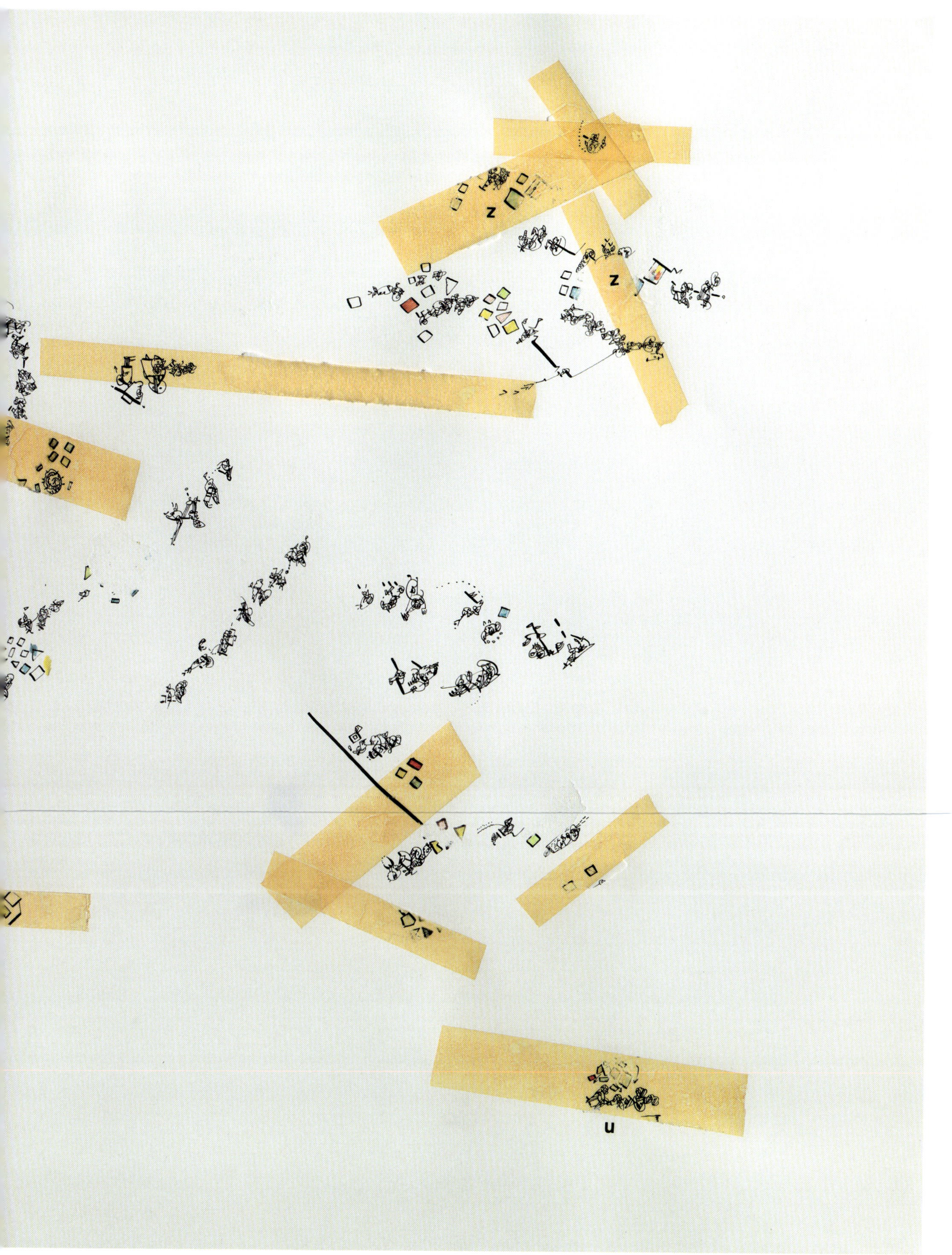

Benet Rossell con un caleidoscopio en su estudio de París, 1971 >

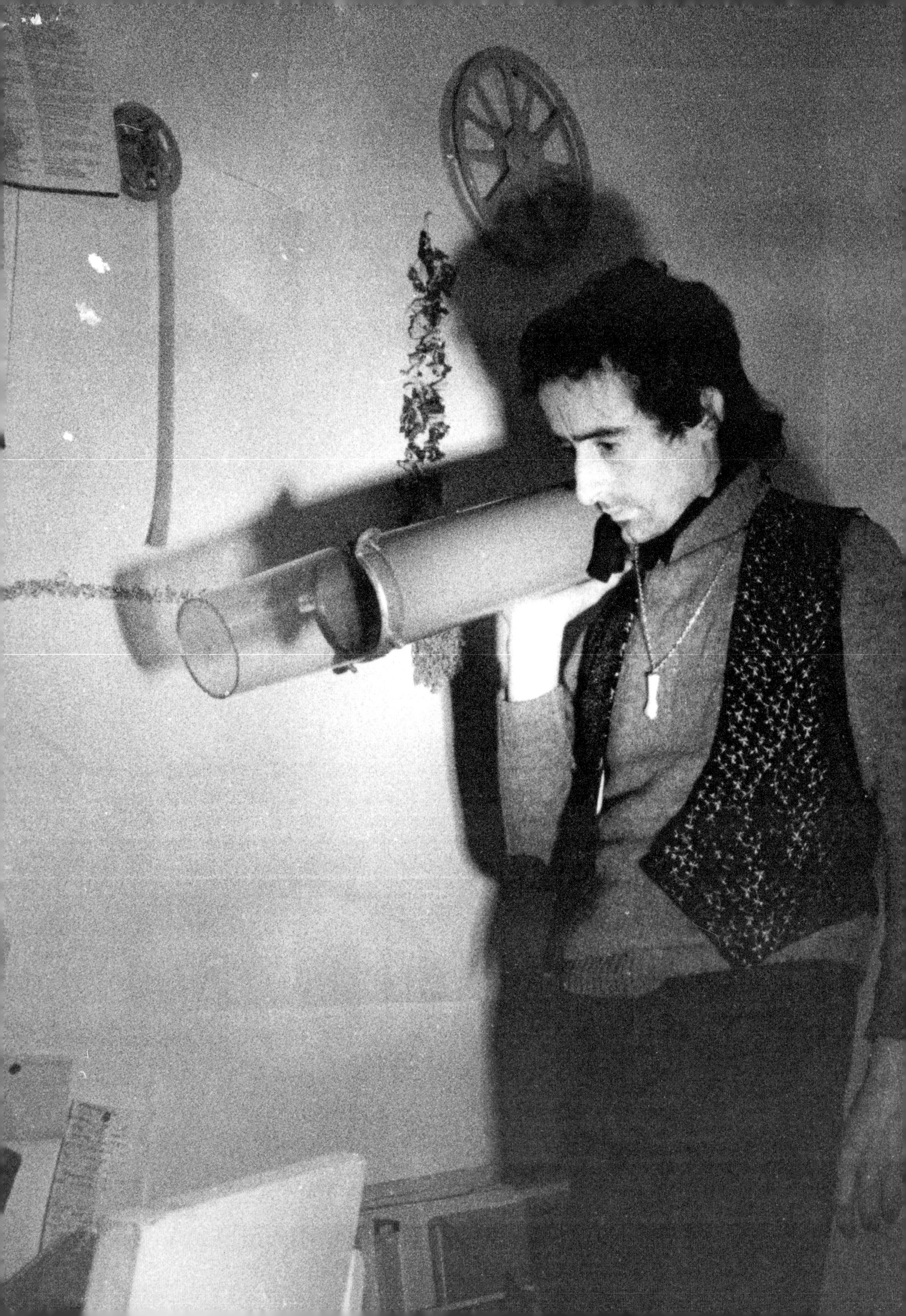

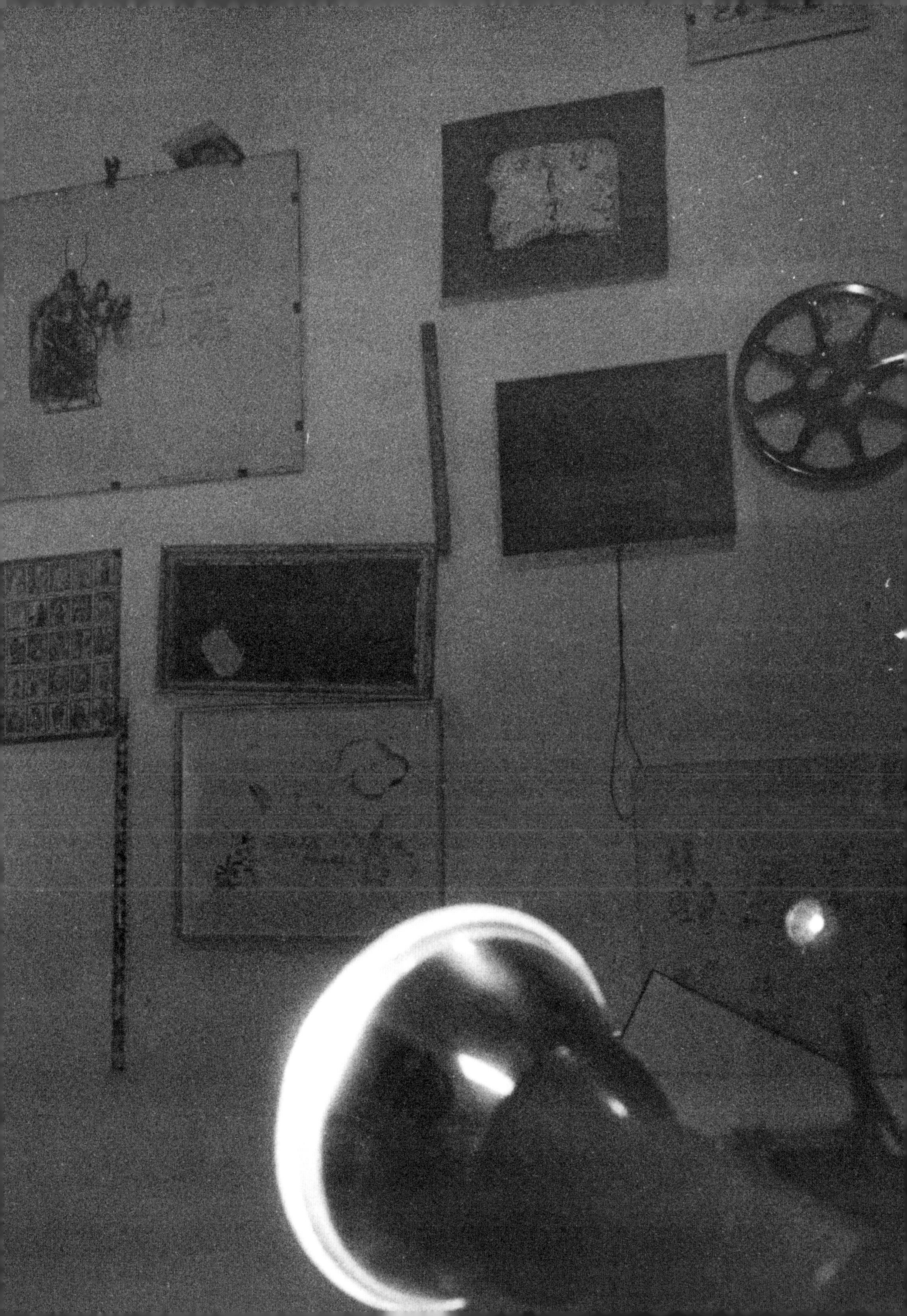

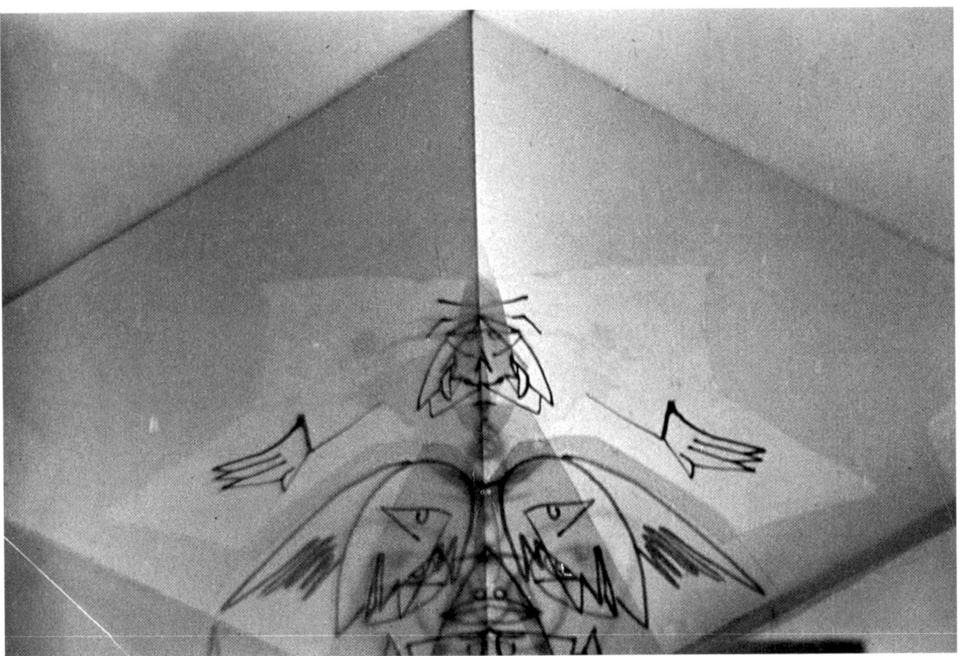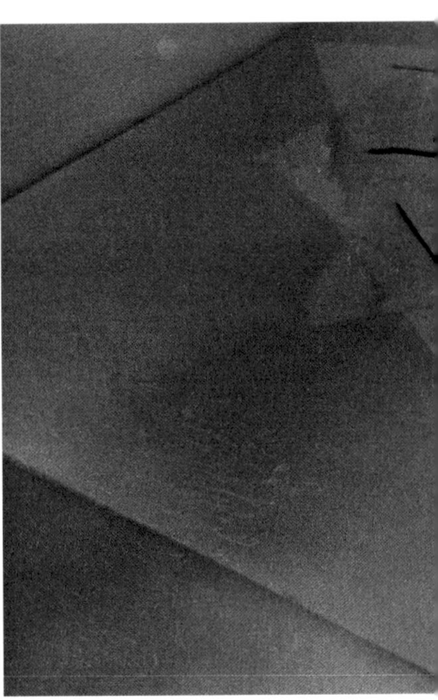

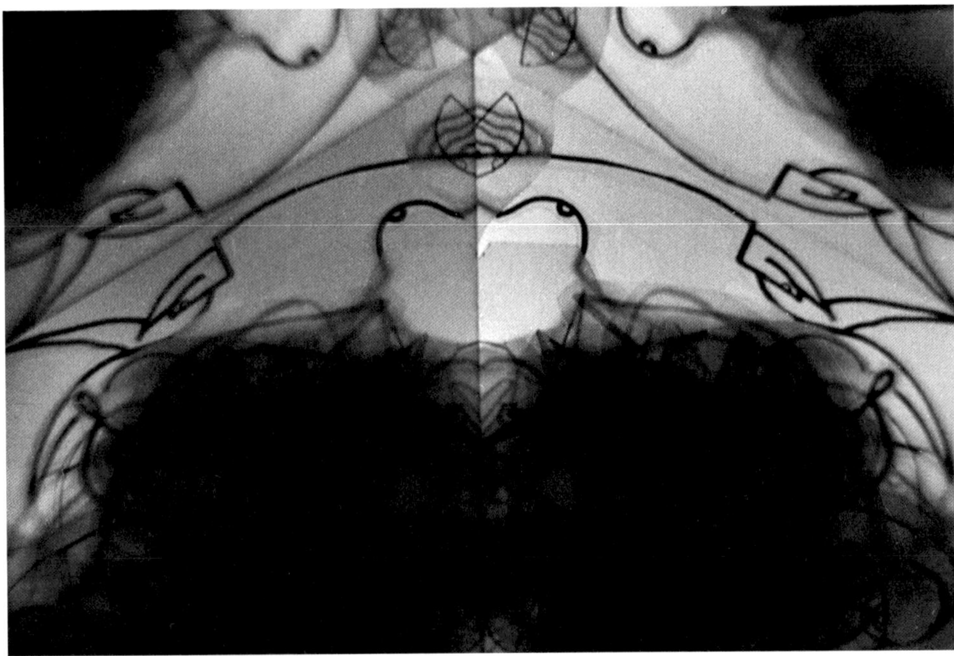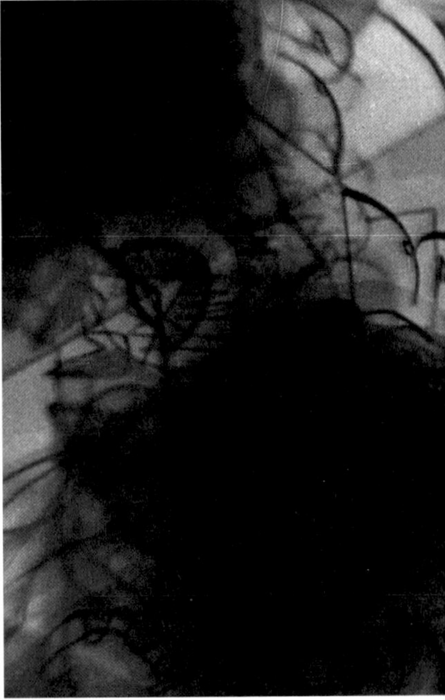

Los caleidoscopios han sido una constante de mi primera época, por lo que cabía esperar que alguna de mis películas llevara este título.

El efecto caleidoscopio lo conseguí filmando con zoom un eje de simetría de un caleidoscopio, en el que unos grafismos se combinaban y se acumulaban siguiendo el ritmo de un guión, para crear una única metáfora: las formas son las formas, siempre mandan y llegan en el momento justo. Para la realización de este film fue fundamental Jaume Xifra, quien concibió y construyó «la máquina» de visión en su taller de invenciones, y la aportación musical de Carles Santos.

Calidoscopi (coautor Jaume Xifra), 1971, película 16 mm, b/n, sonido, 10'

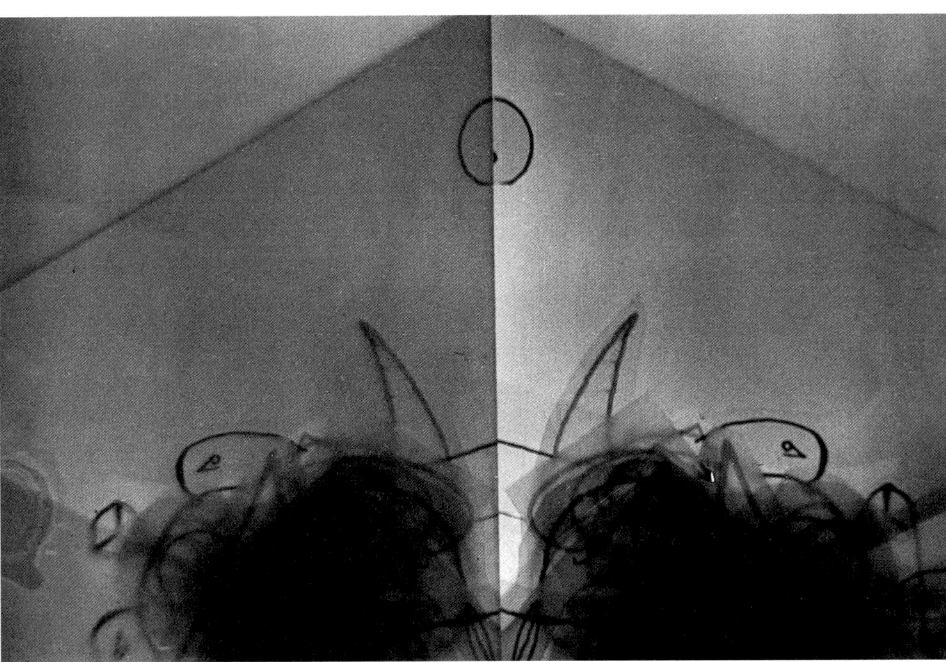
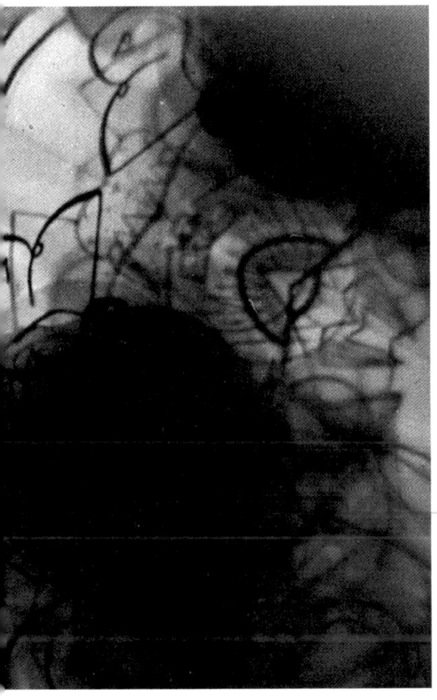
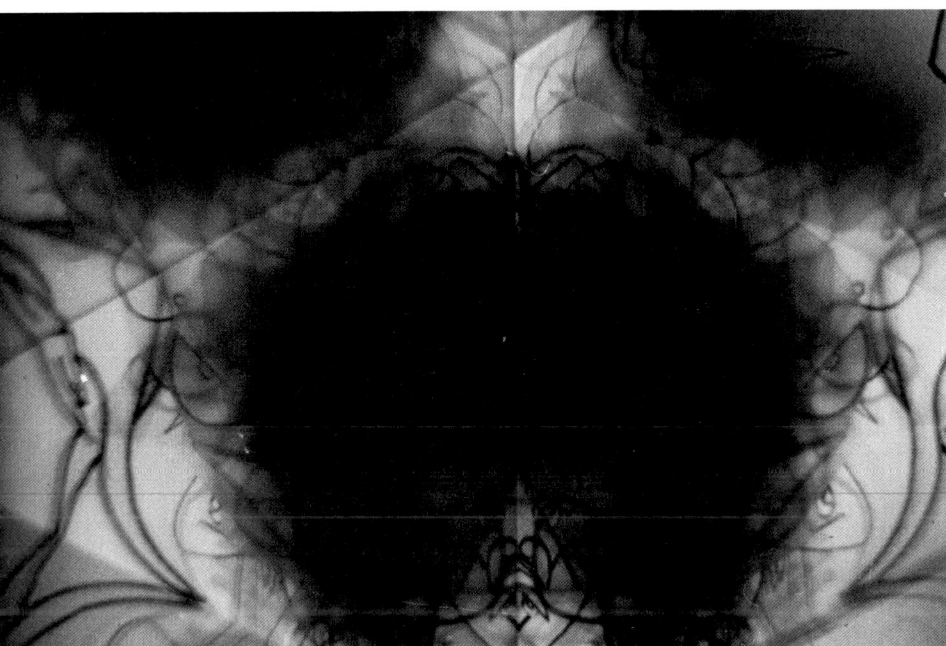

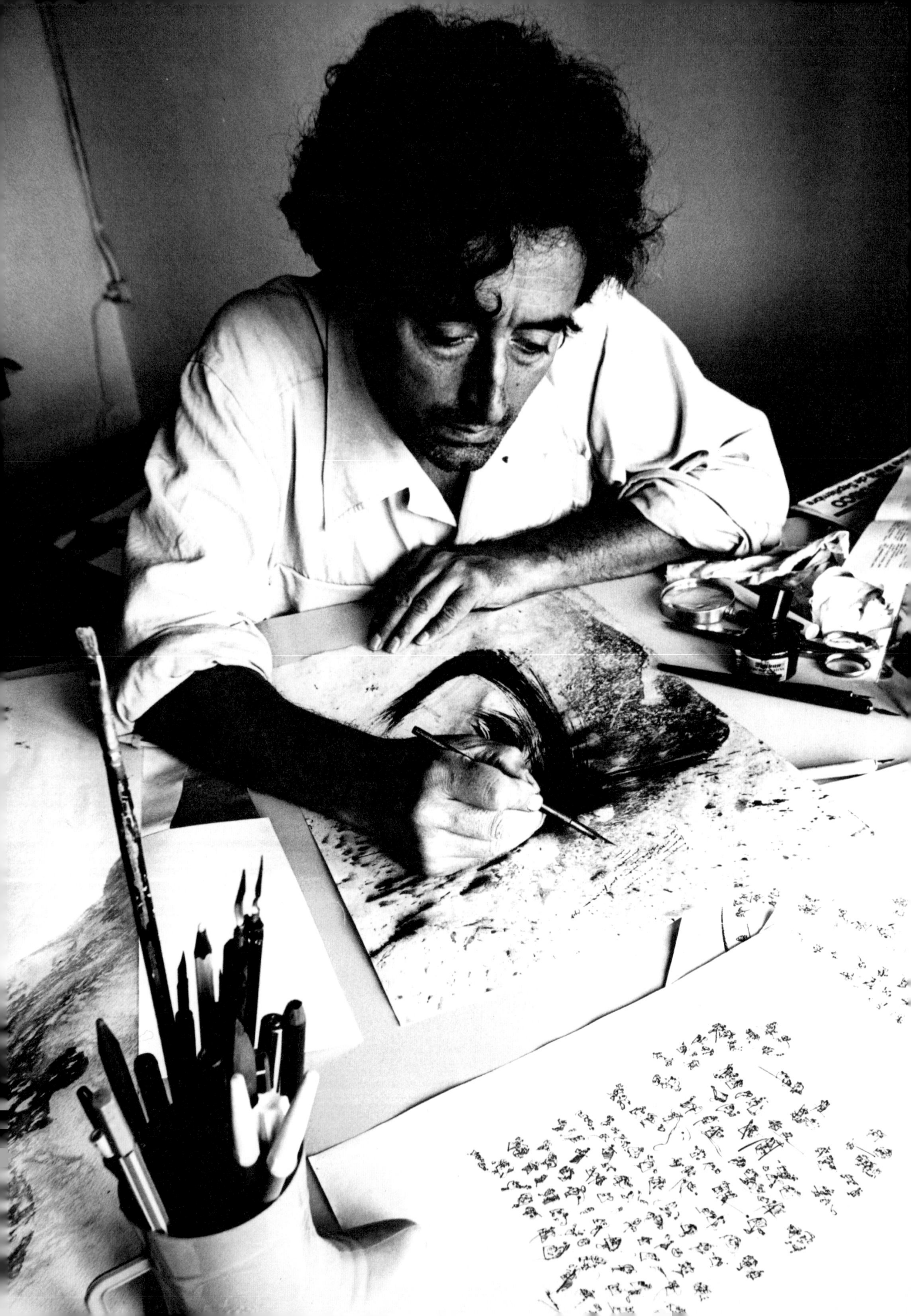

Taxonomías imposibles y ficciones inciertas en la obra de Benet Rossell

1 De sus microlenguajes podemos citar, entre muchos otros, la microópera, la microperformance y el microteatro. El 1 de agosto de 1996, con la incineración ritual de la escultura *L'ametlla com balla*, crea el «cendrisme» [literalmente, el «cenicismo»], el último *ismo* del arte contemporáneo, que define: «¡Venga, hombre! ¡Ceniza al simio, y presta atención!», como parte del «proceso creativo del arte y la transformación incesante de las formas y las cenizas». (Edición especial de la revista *Cave Canis*, Barcelona [febrero de 1997], 600 ejemplares.) También inventa el «teatrot»: fragmentos, diálogos, monólogos que son irre/presentables; la «PATATA»: un género literario que «no tiene mucho contenido, pero tiene mucho argumento, es decir, mucha fécula. Todo el mundo puede entenderlo con unos mínimos parámetros abstractos bien consolidados». (Benet Rossell: *Road Poetry*. Lérida: Pagès Editors, 2001, p. 61.)

2 Centre Vieille Charité, Marsella, 1993. Exposición comisariada por Bernard Blistène. Referencia al juego de palabras de Marcel Broodthaers sobre un mapa político del mundo, cuyo encabezamiento transformó tachando dos letras de la palabra «Politic» (li) y sustituyéndolas por «e» para convertirlo en un mapa «poetic» (poético) del mundo.

3 Benet Rossell: «París signo a signo» (2001). Ponencia para el Coloquio Jacques Lacan, organizado por la Escuela Lacaniana de Psicoanálisis del Campo Freudiano en España con la colaboración del Instituto Francés de Barcelona. Publicada en *Coloquio Jacques Lacan 2001*. Buenos Aires, Barcelona, México: Paidós, 2002, pp. 122-123.

Hablar del trabajo de Benet Rossell significa hablar de un artista que cultiva gran cantidad de lenguajes y medios de expresión desde los años sesenta, y que tiene intención de seguir cultivándolos durante las próximas décadas, como mínimo: poesía, dibujo, pintura, música y canto, teatro, grabado, acción, performance, cerámica, tapiz, poesía visual, poemas-objeto, escultura pública, cómic, dibujo de humor, instalación e instalación retrospectiva; cine comercial, experimental, documentales desde las distintas vertientes de guionista, cámara, dirección artística, actor... Y cultiva no solo estos medios de expresión, sino también los que él inventa: los microlenguajes de todo tipo, el «cendrisme», el «teatrot» o la «PATATA», por poner algunos ejemplos.[1] Con todo, este seria un inventario sesgado si no dijéramos que cada uno de estos lenguajes existe por sí mismo pero se interrelaciona con los demás dificultando la tarea de distinguir entre uno y otro en la obra de Rossell. En este sentido, podríamos aplicar al trabajo de Benet Rossell el juego de palabras que daba título a una exposición: *Poésure/Peintrie «d'un art, l'autre»*.[2] El nombre en francés jugaba con las palabras «poésie» (poesía) y «peinture» (pintura) intercambiando sus terminaciones y formando unas palabras inexistentes que se imbrican remitiéndonos al mestizaje entre el campo poético y el plástico. El entrecruzamiento y el juego de palabras pueden trasladarse fácilmente a la obra de Benet Rossell: su trabajo oscila constantemente entre el dibujo, la escritura y la imagen en movimiento, con todos los recursos que el cine le ofrece, enlazando la caligrafía, el proceso y el elemento secuencial. La constante transformación, la interrelación de los géneros y las contaminaciones entre los medios utilizados son claves en el trabajo de este artista. Su obra traspasa las nociones de cine o pintura más allá de la imagen y la poesía como algo que no puede reducirse únicamente al texto. Si el calígrafo hace «benigramas», el poeta hace «benifonemas». Y así como su trabajo busca constantemente la complicidad del espectador, debemos acercarnos a la polisemia de una obra que, en diferentes soportes y medios, trata de cultivar un lenguaje único que se enriquece a cada paso. Como etnógrafo de la sociedad que lo rodea, Rossell le toma el pulso a la realidad, a los gestos y a los comportamientos. Cada rincón y cada personaje son una excusa para iniciar historias, puesto que Benet Rossell es un narrador infatigable.

Estudiante de mil cosas, su paso por la Université du Théâtre des Nations de París resultó determinante; allí oyó hablar por primera vez de un «teatro total, como teatro que aportaba el concepto de fiesta y ritual a la dramaturgia», de experiencias «más cerca de la representación sígnica que de la textual. Aquel contacto con unos lenguajes cuyos códigos me eran totalmente desconocidos, por lo tanto lenguajes sin códigos para mí, me fascinaron y posiblemente fueron el origen del lenguaje que he cultivado durante toda mi trayectoria de artista plástico, y que parte de una infinidad de signos, de iconos, de micrografías o caligramas o benigramas sin código, irrepetidos e irrepetibles que conviven, se articulan y se manifiestan de una forma siempre única, siempre reinventada, y acaban conformando un microteatro o representación caligráfica del gran microteatro del mundo [...].»[3]

En la obra de Benet Rossell, la caligrafía está estrechamente relacionada con una pulsión vital, con la respiración, con el ritmo o la notación musical.

< Benet Rossell en su estudio de Barcelona, 1982

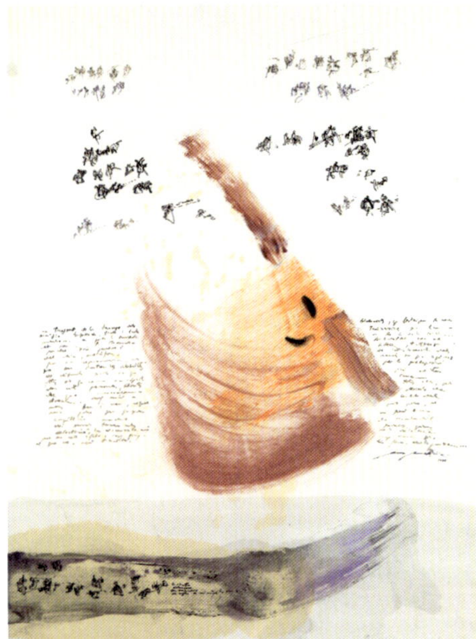

Original del libro **Micro-òpera**, 1983, tinta china, acrílico, aceite de oliva y sal sobre papel, 56 × 43 cm

Sus dibujos y escrituras están ligados al gesto, a una especie de coreografía sígnica o tango que se baila en el papel, son una *action writing*, como él mismo dice. Nombradas de modos muy diferentes —micrografías, ideogramas, benigramas, antropogramas, etc.—, estas escrituras no pertenecen a ningún código lingüístico pero inventan un tipo de lenguaje escrito. En cierto modo, evocan los juegos lingüísticos y tipográficos o los caligramas de los primeros vanguardistas como Apollinaire, Mallarmé o los dadaístas, de quienes Rossell absorbe el elemento lúdico y lúcido. En el caso de Benet, muestran cómo el artista juega con el margen, con el paso de un detalle representable hacia lo abstracto; en oposición a la abstracción, sin embargo, denotan la fascinación por la forma, una narrativa articulada fuera de los convencionalismos tradicionales. La escritura, el dibujo de Benet Rossell, tanto en tinta como en sonido, «es más una aventura de la propia raya hacia lo desconocido que una ilustración», una aventura que también nos puede llevar a músicas, partituras de sonidos que ya existían. Si bien muchos de sus primeros dibujos eran de humor —una fuente atenta y poética de la realidad— o cómics sin palabras, pronto la fusión con un lenguaje más cinematográfico dará lugar a dibujos secuenciales como los de *Carob Bean, an American Dream* (1986). Hay muchos tipos de dibujos: los dibujos escondidos y los de ciego, que no pueden terminar de verse o que requieren una lupa para ser vistos; o los papeles plegados o «teatrins», en los que los pliegues del papel nos impiden ver si contienen otra caligrafía.

En el año 1964 Jacques Lacan dictó el seminario sobre los cuatro conceptos fundamentales del psicoanálisis, en el que destaca la preexistencia de la mirada. «Lo que miro nunca es lo que quiero ver»,[4] nos dice Lacan, y nos habla del juego que se establece entre el pintor y el espectador, un juego de *trompe l'oeil* que siempre engaña. La seducción que ejerce lo que está oculto, lo que se esconde, o bien lo que es muy visible pero no se percibe —como en el caso de la carta robada de Edgar Allan Poe—, es uno de los elementos característicos del trabajo de Benet Rossell. Existe una exhibición deliberada del micromundo (gesto o dibujo), pero eso no significa que todo se vea. Juega con el desconcierto que provoca la simplicidad; con la complejidad del gesto más sencillo; con la ironía de lo que hay detrás, en los rincones o en las esquinas; con ese arte tímido que se empeña en practicar y en vivir. A lo largo de su trayectoria, investiga las posibilidades de la imaginación en la reconstrucción de significados a través de la visión o la ceguera. El «no-ver», en su caso, no puede entenderse únicamente en sentido literal: puede consistir en ver parcial o fragmentariamente; en ver lo que se esconde o lo que se halla donde normalmente no centraríamos la mirada; o en lo minúsculo («lo pequeño es grande», dice), pero también puede consistir en mostrar lo que está escondido. Nos ayudan gafas de todo tipo, caleidoscopios, lupas, etc., una serie de instrumentos ópticos que aparecen en muchas de las obras de Rossell. Todos ellos muestran la debilidad de la vista y al mismo tiempo ayudan tanto a ver mejor, de un modo diferente, como a dejar de ver cosas. El caleidoscopio es la primera máquina que utiliza para poner la imagen en movimiento, poco antes de la cámara cinematográfica. «[...] Su caleidoscopio,

4 Jacques Lacan: El seminario XI. *Los cuatro conceptos fundamentales del psicoanálisis*. Cap. 6: «La esquicia del ojo y la mirada». Buenos Aires, Barcelona, México: Ediciones Paidós, 1987, p. 109.

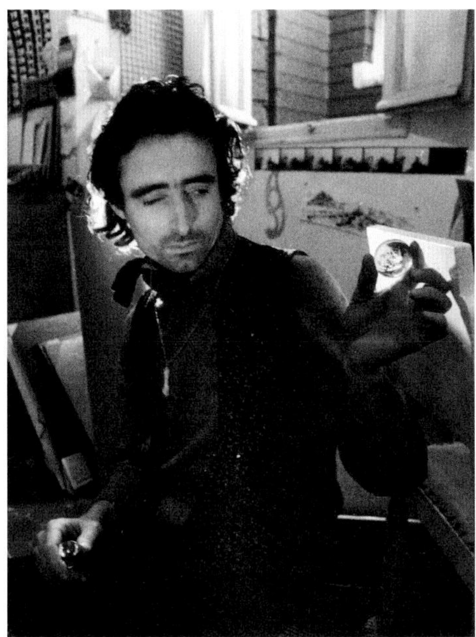
Benet Rossell con un «cubito» en su estudio
de París, 1970

5 Joan Brossa: *L'Espiral*. Barcelona:
Galeria G, 1976.
6 *Benet Rossell. An American Exhibition*,
Anthology Film Archives, Nueva York,
mayo de 1990. Entrevista entre Benet
Rossell y Annemieke Van de Pas,
Barcelona, abril de 1990.
7 «[...] un glaçat glaçó / que té el rostre
ràpid / a l'aigua es fon / al si del Sena.»
Benet Rossell: «Resina de glaçó», *Road
Poetry*, op. cit., p. 38.

[d]el número ilimitado de dibujos cambiantes y simétricos que la disposición
de los espejos permite.»[5]

Iconoclasias

Su obra es una construcción poliédrica y polifónica, a la manera de las
imágenes fragmentadas que vemos en los espejos del caleidoscopio; una serie
de medios que se entrecruzan y se alternan pero que nos conducen a
ideas comunes. «Creo que el arte es un modo de pensar, sentir y vivir. Me gusta
combinar las artes, unirlas. Considero el arte una forma de conciencia y
de conocimiento, un instrumento muy útil contra la contaminación de la realidad
y la información [...].»[6]

Pero esta forma de hacer y entender el arte no elude las imágenes a la
manera de la iconoclasia tradicional, sino que, como dice el mismo artista,
se basa en la combinación de los medios, en la ruptura de los dogmas y las
convenciones de los lenguajes. Y es precisamente en este sentido figurado
más trasgresor y cercano a Benet Rossell en el que abordamos un pequeño
inventario de sus iconoclasias.

Los cubitos de hielo se deshacen cuando pierden el frío: «[...] un cubito
de hielo helado / que tiene el rostro rápido / en el agua se derrite / en el seno
del Sena.»[7] Pero los cubitos de hielo que Benet Rossell ha hecho desde sus
inicios no se funden: son contenedores de objetos e imágenes, están hechos
de resina de poliéster, son transparentes, con las formas y medidas típicas de
los cubitos de hielo. El artista subvierte el orden natural y el objeto efímero se
convierte en perdurable. Si en los últimos años hemos visto los cubitos de hielo
dentro de copas con agua, en los años sesenta Benet los llevaba en los
bolsillos de la gabardina, los sacaba y los mostraba en una exposición que
itineraba con él mismo. Un museo portátil, como aquella *Historia abreviada
de la literatura portátil* de Enrique Vila-Matas en que, entre otros requisitos,
la obra tendría que caber dentro de una maleta. A Benet le gustaría hacer una
historia de la literatura en un palmo cuadrado, compendio de síntesis absoluta
y mínima expresión. No solo tiene sus maletas llenas de cenizas de obras de
arte: tiene, incluso, obras en un cubito. Pero a Vila-Matas lo une la imposibilidad
de creer en la verosimilitud de la historia o en el carácter metafóricamente
histórico de la narrativa. Benet traslada el aspecto performático, en este caso
muy literal, a cualquier insignificancia o pequeño detalle que pueda encontrar:
de un dibujo, Benet Rossell puede hacer una microópera, una representación de
teatro, una acción o una instalación. Del mismo modo que juega con la
descontextualización, también lo hace con la polisemia que genera.
Las microperformances de los cubitos de hielo *Grand Guinyol* en la 24, Rue
Chaptal, o en la Cité des Arts, dan fe de ello.

Un trabajo interesante, que Benet califica de «microautoetnográfica»,
es *Micro-òpera 2* (1984). Consiste en la narración detallada del proceso
y la escritura de una obra: la utilización de su propio cabello como pincel, la
preparación manual de las herramientas, la descripción paso a paso de
la elaboración de los benigramas a través de su filmación. Se trata del diario
de una acción y la filmación de los gestos, la manufactura y la técnica; es la

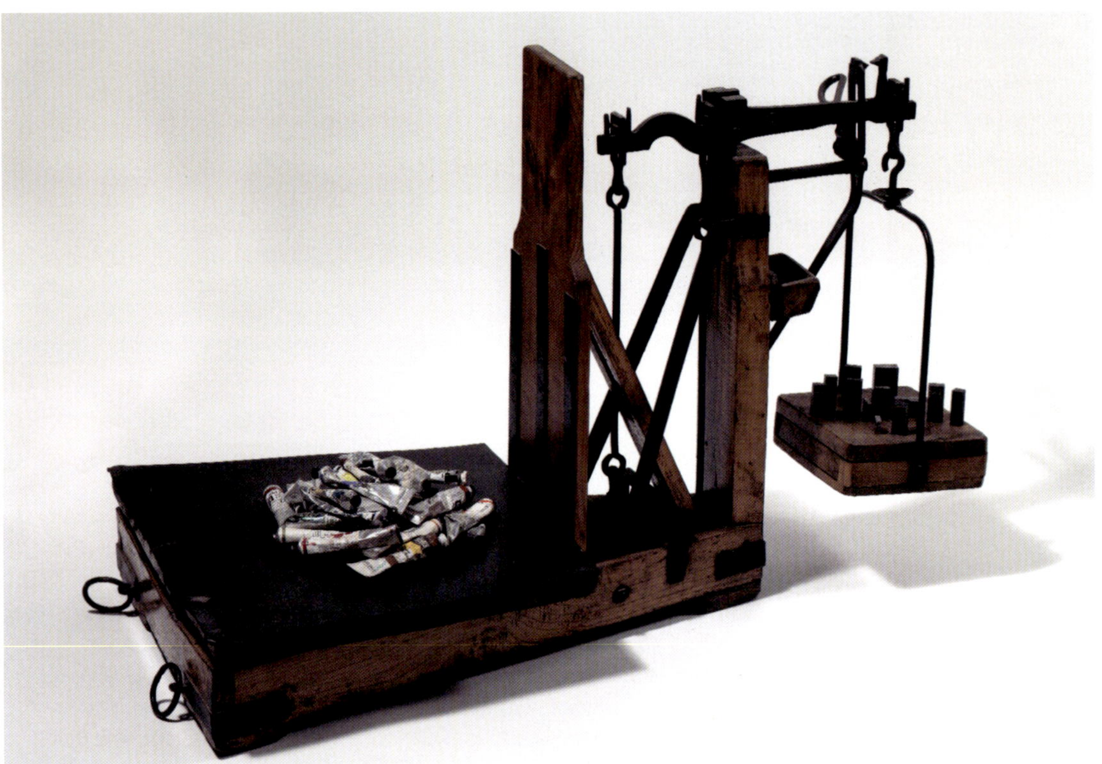

No pintar-hi res, 1984, balanza, letras de imprenta
y tubos de pintura, 68 × 106 × 56 cm

historia de una miniatura, una reflexión sobre el teatro, el proceso y el resto o
residuo. Pero también presenta una dualidad: el proceso de filmar el dibujo y,
a la vez, de dibujar o pintar el film.

Benet Rossell es el inventor de la «plastomaquia», que consiste en una
pintura como acción en directo, en la pintura aplicada a la palabra y al espacio,
sin voluntad alguna de crear una obra «acabada» o perdurable. «[...] Poesía
y plastomaquia en la escena / ¡vamos, hombre!, / que las tertulias en voz
alta / provienen de un no-sé-dónde poético / y la plastomaquia la he inventado
yo / mientras la campana se deshace / a toque de ceniza y de olvidos
desmenuzados / antaño / para poner cuidado gráfico / de color, gesto y
chirridos / a las ansias de los ecos.»[8] La plastomaquia culmina en la acción
realizada en el año 1997 en el Teatre del Sol de Sabadell, que consistió en una
intervención pictórica ligada a una lectura de poemas de Lu Chun por parte
de Rosa Novell, Mingo Ràfols, Ramón Vila y Oriol Broggi. En este caso,
la delimitación temporal y espacial es importante, pues la obra es lo que se
está produciendo en una sala y en un momento precisos; pero también
es importante en obras que sí perduran en el tiempo como las instalaciones
retrospectivas. Se trata de contenedores de dibujos, objetos o pinturas en los
que Benet establece relaciones entre todos los elementos por el hecho de
haberlos reunido formando una instalación en un espacio acotado y un tiempo
concreto: un paréntesis que incluye un tiempo cíclico compuesto por dos varas
que marcan los márgenes de la pieza.

La pintura es la caligrafía del color y de la luz, es, según Benet Rossell,
un instrumento de pensamiento. *1.000 a Miró* (1993) es un vídeo que sintetiza
su idea de pintura en movimiento. Es una performance pictórica en la que
mil dibujos e imágenes en homenaje a Miró son manipulados por el artista
y se transforman a partir de su filmación; es una pintura en movimiento en
la que el trazo es la expresión mínima de la pintura. Pero la pintura también se
puede dar por su negación, como es el caso del objeto *No pintar-hi res* (1984),
en el que una balanza sopesa, a un lado, tubos de pintura usados y, al otro,
un conjunto de letras de imprenta que forman la frase que da título a la obra.

En este sentido, la apuesta más radical es la instalación *Penso amb
la punta del pinzell* (2010). Concebida para la exposición en el Museu d'Art

8 «[...] Poesia i plastomàquia a l'escena /
au vinga va / que les tertúlies en veu alta /
provenen d'un no sé on poètic / i la
plastomàquia l'he inventada jo / mentre
la campana es desfà / a toc de cendra /
i oblits esmicolats / d'antuvi / per posar
esment gràfic / de color, gest i garranyics /
a les ànsies dels ressons.» Rossell:
«Un bri de plastomàquia», *Road Poetry*,
op. cit., p. 45.

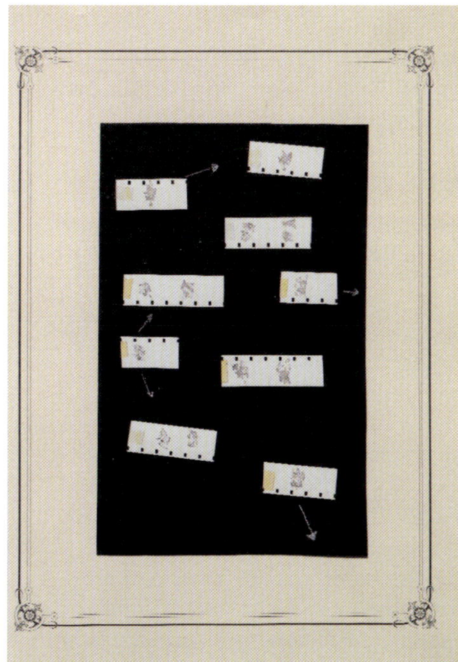

Les films suivants, 1977, tinta china y collage
sobre papel, 34,5 × 24,5 cm

Contemporani de Barcelona (MACBA), consiste en presentar todas sus pinturas subvirtiendo el dispositivo convencional de presentación: las obras no cuelgan de las paredes como habitualmente sucede en los museos, sino que se muestran tal y como las conserva el artista en su almacén: embaladas en estanterías e identificadas con un número de inventario que permite hacer una consulta en la base de datos del ordenador. El resultado de la consulta nos proporciona los datos técnicos de la pieza, pero la imagen no está disponible. La paradoja de exhibirla sin que sea visible cuestiona el rol de la pintura en el arte contemporáneo, el papel de la pintura en los museos. Más que una conclusión, es una propuesta abierta de reflexión en la que «confrontado con la ausencia de imágenes, el espectador se transforma en una especie de *voyeur* del procedimiento, hecho que incide en la idea por encima del objeto, en el pensamiento por encima del consumo».[9]

Benet Rossell se autodefine calígrafo de la cámara. Para él, el cine es una manera personal de caligrafiar el movimiento; le permite un acercamiento al elemento humano y requiere una recepción atenta. Pero el cine también es un campo de experimentación concebido para ser proyectado o no (*Micro-cinema*, compilado el 2007), sin cámara o sin soporte; es el trabajo ejecutado directamente sobre el soporte fílmico, es decir, la pintura sobre el película o los dibujos directos sobre el celuloide; una película continua o fotogramas sueltos; una película con agujeros (*Holes*, 1969); o el *Film blanc* (1970) en el que vierte gotas de agua en un bucle en blanco y se proyectan las formas que se van creando aleatoriamente. Es importante mencionar *Calidoscopi* (1971), realizado en colaboración con Jaume Xifra y con banda sonora de Carles Santos, en el cual se filman dibujos que se despliegan y muestran sus múltiples caras en un caleidoscopio: «Visión a través de un caleidoscopio de una serie de transparencias con dibujos lineales de formas orgánicas. La cámara gira con el caleidoscopio de tal forma que el sistema de espejos es el que parece quieto, y los dibujos, los que se mueven. El movimiento giratorio, los resbalones parciales y la caída final de cada dibujo aparece básicamente unida a su simétrica. El resultado es un ritmo irregular de carga nerviosa ascendente, de una sensualidad impresionante a pesar de la abstracción de la temática gráfica liberal. La representación viene dada únicamente por el movimiento y el ritmo, no por la imagen.»[10] En el caso de *Pound* (1985) es, según el artista, una aproximación y divertimento de boxeador sobre el personaje contradictorio del escritor (Ezra Pound) en el que combina fotografías con dibujos y pinturas, grafitos y signos realizados en la película.

En el cine, Rossell destaca la «influencia de los artistas que hablan de ellos mismos y a partir de los cuales la conciencia del ser propio enriquece la realidad. [...] No defiendo a los "maudits" solamente, también defiendo un hallazgo expresivo determinado en una película de Mizogushi o de Rossellini, o de clásicos que trabajan más en los límites del cine como un Ozu o un Welles».[11] Sobre algunos de sus referentes cinematográficos, tiene una serie de dibujos-homenaje a cineastas que él denomina de cámara oscura. El lenguaje y los recursos técnicos del cine los utiliza en otros medios: el montaje, en los collages; el *travelling*, en los recorridos o las líneas de grafismos;

9 Benet Rossell: «Pienso con la punta del pincel», texto inédito de octubre de 2009 cuya versión revisada se ha publicado en la página 144 de este volumen.
10 Alexandre Cirici: «Metallenguatges de Santos, Portabella, Beni», *Serra d'Or*, núm. 134 (noviembre de 1970), p. 62.
11 *Idees i actituds. Entorn de l'art conceptual a Catalunya, 1964-1980...* Barcelona: Centre d'Art Santa Mònica, 1992, p. 208, entrevista de Albert Macià.

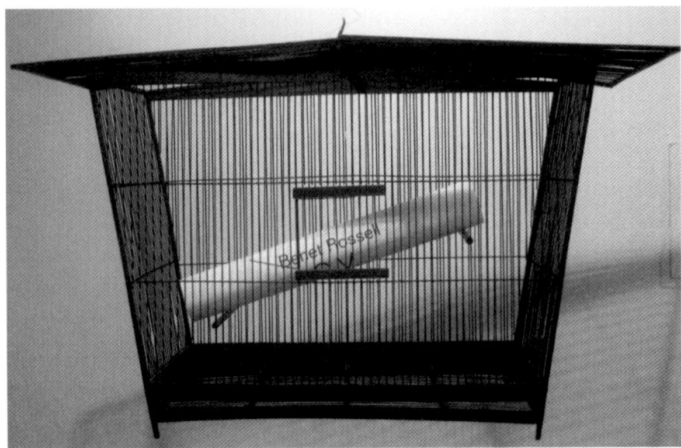

C.V., 2001, jaula y curriculum vitae, 60 × 101 × 41 cm

las secuencias, en la construcción de imágenes, o el zoom, en los dibujos con lupas.

Su afán documentalista ya se había hecho patente durante los primeros años de París, cuando sus amigos organizaban los acontecimientos festivos que conocemos como Ceremoniales y que Benet registraba con su cámara. Además de las películas documentales como las que filmó sobre varios artistas en París, en la École des Beaux-Arts o para el Instituto Hara de Tokio, tiene varios proyectos no realizados, como un proyecto antinuclear comentado por Esther Ferrer en un artículo: «Corto de temática antinuclear, del que solo existen unas pruebas en las que usó dibujo sobre papel, rotuladores y dacs.»[12] En el mismo texto también se menciona lo que en aquel momento todavía era un apunte, *A priori* (1965-1979/2009), una «animación libre sobre dibujos del propio autor, variaciones dibujadas que provienen de formas de la vida real persistentes en la retina y que evolucionan semiabstractamente en el espíritu del espectador». Hasta hace poco solo existían algunos dibujos del *storyboard* realizados desde 1965, que han culminado en la realización de un vídeo.

Self

Benet Rossell también cultiva el género del documental desde otras perspectivas. Documenta su vida cotidiana cuando describe los recorridos diarios en el plano de la ciudad o en sus diarios, o cuando anota la actividad de cada día en la agenda; y también documenta sus exposiciones en el currículum vitae. Pero como sucede con lo que nos muestra o nos deja ver —que es distinto de lo que veremos—, la narración detallada de los hechos no será ni su vida ni su obra. Benet Rossell juega con los límites entre la máxima explicación y la mínima información que nos proporciona, entre la vida que nos narra y las vidas vividas.

Las *promenades*, las rutas, los itinerarios que aparecen en su obra, no dejan de ser un testimonio del día a día, como el *Journal Résiduel* que ha reunido desde finales de los sesenta. Inicialmente consistía en una compilación diversa de referencias cotidianas, páginas con collages, fotografías, sellos, dibujos miniados, escritos del autor y de otros escritores como Kafka o Shakespeare, etc., una auténtica constatación de la cronología de la cotidianidad a través de la acumulación de elementos, un *travelling* sin cámara. Unos años más tarde Rossell utilizaría este nombre para la exposición en el Palau de la Virreina del año 1996 *Diari residual*.

Agenda (2007) es una filmación página a página de la agenda de un año. Una especie de partitura musical de una composición de 365 movimientos con infinitas notas a tocar. Pero lo que anotamos en la agenda es una selección subjetiva de lo cotidiano, y el hecho de mostrarlo tiene un elemento impúdico, irreverente: «el autorretrato de un farsante, de un mentiroso», dice el autor. Juego de verdad y mentira, de lo no-dicho, es un autorretrato de alguna de las posibles historias vividas. El vídeo *Auto di ritratto* (2008) es un recorrido en macro por distintas partes del cuerpo del artista que quedan enmascaradas por la proximidad exagerada de la lente al objeto de la filmación. En el verso que recita está la clave: «Los espejos no dan nunca la cara.»

12 Esther Ferrer: «Los signos gráficos de Benet Rossell», *El País* (19 de febrero de 1980).

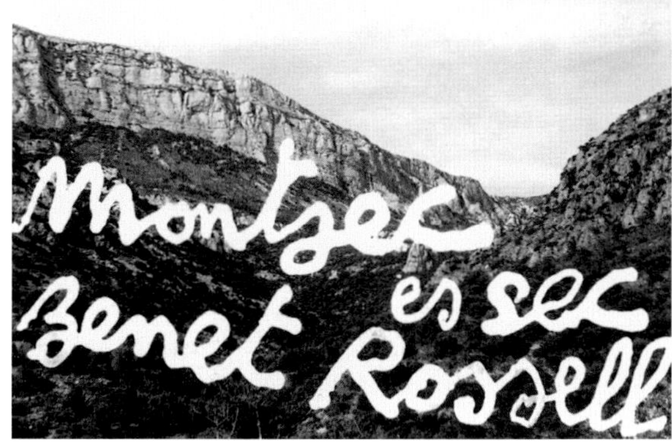 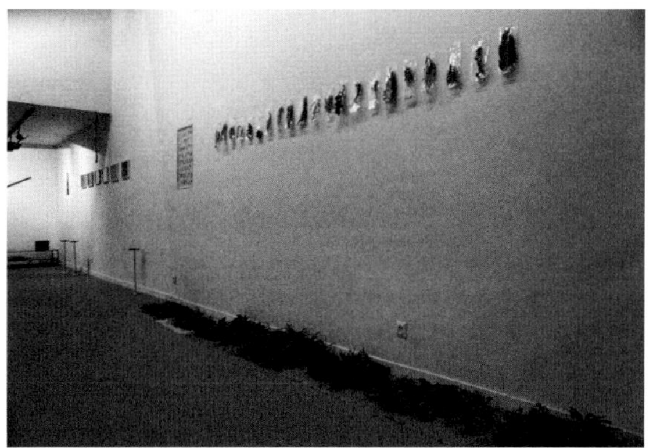

Montsec és sec, 1982, impresión fotográfica,
10,8 × 17 cm

Montsec és sec, instalación en la Galeria Trece,
Barcelona, 1982

En la exposición muy explícitamente titulada *I'm*[13] se presentó *C.V.* (2001).
El currículum del artista está enjaulado. Aunque aparentemente nos ofrece un
relato completo de su actividad artística, no deja de ser un papel donde se
pierden los matices y la riqueza de las vivencias, y, sobre todo, donde no
se recoge su trabajo real. Algunas de sus obras van acompañadas de actas
notariales que dan fe legal de su constitución, de sus diferentes estadios y
localizaciones. A modo de currículum vitae de la obra, pero con el lenguaje
y requisitos legales que obligan a levantar acta ante notario. Las actas son
una mezcla del lenguaje jurídico con el artístico, constatan la historia —aunque
parcial— de una pieza; son tanto un elemento documental como un elemento
constitutivo de la obra.

Desde hace unos quince años, Benet Rossell trabaja con resonancias
magnéticas de su propio cerebro, los *Memogrames*, haciendo una exploración
sígnica y gestual. El cerebro es la cáscara, «la nuez pensante», dice jugando
con el parecido de las formas. También relaciona su investigación sobre el
cerebro con los semitonos de la música; lo que, según afirma, es ir al semitono
perdido y olvidado, gráfico y gestual. «El cerebro del artista como metáfora
que destierra cualquier fantasía alrededor de posibles orígenes mágicos u
ocultos de la actividad creativa», explica en el proyecto *Ressonàncies*.

En el trabajo de Benet Rossell no existe una dicotomía entre el mundo urbano
y el campo, sino una simbiosis que refleja las dos raíces y fuentes de expresión.
Con sus cultivos de arte o sus cultivos cinematográficos ha emprendido una
tarea, la de cultivar el arte. La suya es una obra estratigráfica con diferentes
niveles de lectura, como las capas de la tierra a la que tan a menudo se remite.
La tierra y sus frutos (la algarroba, la nuez, la almendra, la sal, el azúcar, la patata,
etc.) son elementos constantes de su trabajo. También lo son las serigrafías
con microfacias de la geología, o los restos fósiles de una actividad como son
sus cenizas. En este sentido, uno de los ejemplos más paradigmáticos fue la
exposición de la Galería Trece de Barcelona *Montsec és sec* (1982). Se trataba
de una instalación que relacionaba la tierra, su cultivo y el elemento simbólico del
arte, con un recorrido etnográfico por la geología, la botánica, la topografía, la
orografía, etc., de la sierra del Montsec, cerca de Àger, su pueblo. Un repertorio
de referencias a sus raíces que culmina en los cultivos de arte, en los cuales
planta literalmente su trabajo en la tierra: los *Cultius cinematogràfics* (1968), los
cultivos de panes o también los cultivos de champiñones en unos zapatos. Este
arte del cultivo se expresa, más recientemente, en trabajos como *Creu i rostoll*
(1996), un bosque de tallos de rastrojo con un repertorio de caligrafías, rodeadas
por la imagen ampliada del rostro del artista haciendo el juramento gitano con los
dedos; o *Transgènics? Cultius d'art* (1999), cuatro mesas de cultivos de arte con
un repertorio de grafismos realizados con técnicas diferentes: serigrafía, original,
tamponado y gofrado.

Fantasmagorías urbanas

El recorrido de Benet Rossell en el mundo del arte recuerda la historia del
personaje fantasmagórico que «vivía en una institución, centro, espacio... y,
por qué no, ¿tiempo? Su director (aquí el artista), hacía de sus almuerzos

13 Exposición *I'm* en la galería Palma
Dotze, Vilafranca del Penedès,
septiembre-octubre de 2009.

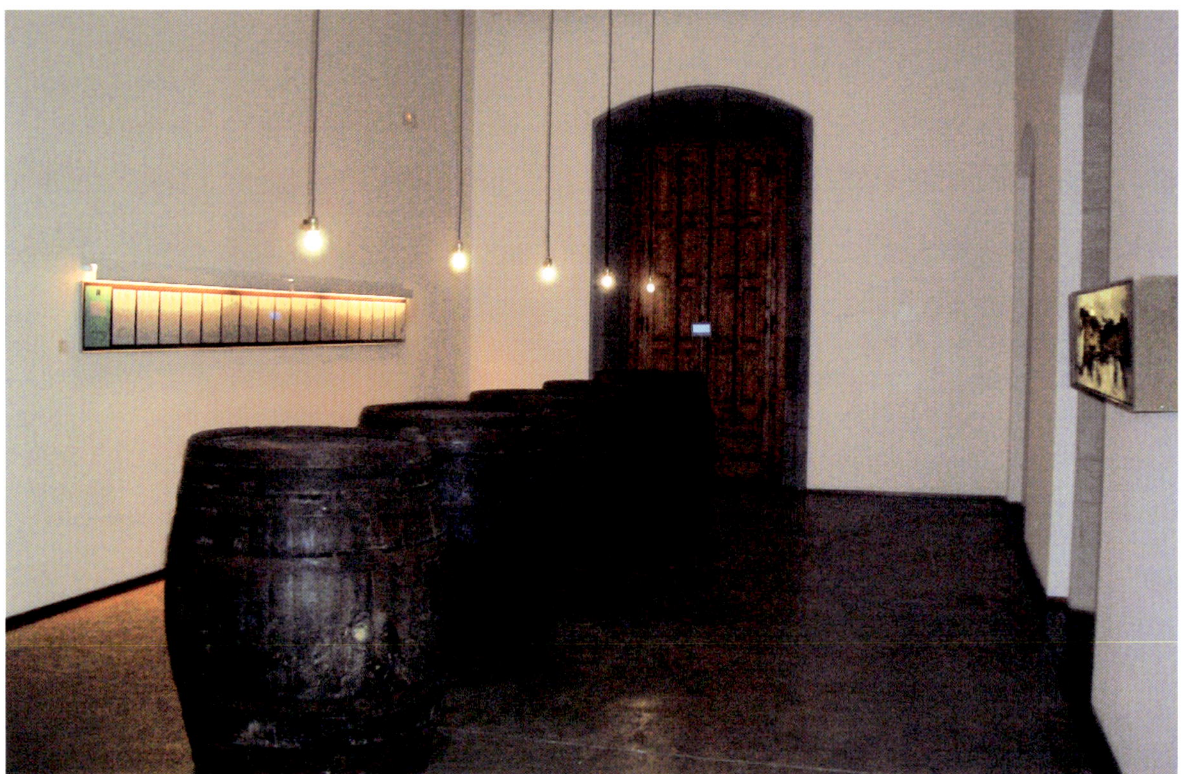

Acta, 1996, instalación: 5 bocoys, 5 portalámparas
con bombillas de 25 W, caja de luz con plancha de
poliéster «Lo rastrejador de racons», acta notarial,
pantalla LCD y vídeo (*The Infinit Trip*), dimensiones
variables

derivas situacionistas que empezaban en los bares de los alrededores, nunca
el mismo, hasta que al final tenían lugar en sitios cada vez más lejanos como
Nueva York...».[14] Existe un paralelismo entre estas derivas situacionistas y el
rastreador de rincones (el personaje que ronda por los bocoys y que, en *Acta*
de 1996, escapa del acta notarial que certifica sus movimientos), el cliente de
los bares, la claque de los cabarés, el clown de los pueblos de la India, el
músico infinito o el «bebedor» de imágenes y de personajes de la calle. Porque
Benet Rossell es todo esto y más, puesto que nunca termina de crearse a
sí mismo.

Carob Way (1986) no solo recoge la influencia del viaje en su obra, sino que
es un juego metafórico a partir del recorrido por diferentes lugares turísticos
de la ciudad de Nueva York. Una mirada transversal del *downtown* de Nueva
York que toma como punto de partida una algarroba recogida en los jardines
de la Fundació Miró de Barcelona, que había sido ilegalmente introducida en
Estados Unidos y tenía que plantarse «clandestinamente» en Roosevelt Island.
Los dibujos secuenciales *Carob Bean, an American Dream* (1986) documentan
lo que Rossell denomina «la bobina que va por dentro uno mismo», la película
que se hace cada cual, a modo de crónica cotidiana de la vida en la ciudad
de Nueva York. El recorrido lúdico, el trayecto azaroso y el elemento de juego
están muy presentes en el trabajo de Rossell. Un proceso de trabajo al azar
perfectamente preestablecido y calculado que nunca lleva al lugar previsto
y que está lleno de trabas enriquecedoras a manera de divertimento, como
sucede en el juego de la oca y en los viajes por Barcelona de las películas
El dau (1990) o *El fòrum de les oques* (2004). Pero el componente sociológico
también puede estar presente. Un grupo de personas que llevan máscaras
con más de un rostro caminan sobre los escombros de edificios mientras se
oye el aria «Vesti la giubba» cantada por Mario Lanza: *Chantier-masques*
(1972). La filmación tuvo lugar en el barrio parisino de Les Halles poco antes
de que concluyera el derribo de los edificios que rodeaban el popular mercado
para reconvertir la zona en un espacio articulado alrededor del Centro
Pompidou, uno de los equipamientos culturales más emblemáticos de París.
Los múltiples rostros de las máscaras desvelan las diversas lecturas que
pueden desprenderse de una operación urbanística de estas características:

14 A partir del relato «In ictu oculi» de
Antonio Molina Flores, leído en Barcelona
el 28 de abril de 2009 con motivo de la
presentación del libro *Archivo F.X.:
La ciudad vacía. Política*, un proyecto del
artista Pedro G. Romero organizado por
la Fundació Antoni Tàpies en el Teatre
Tantarantana.

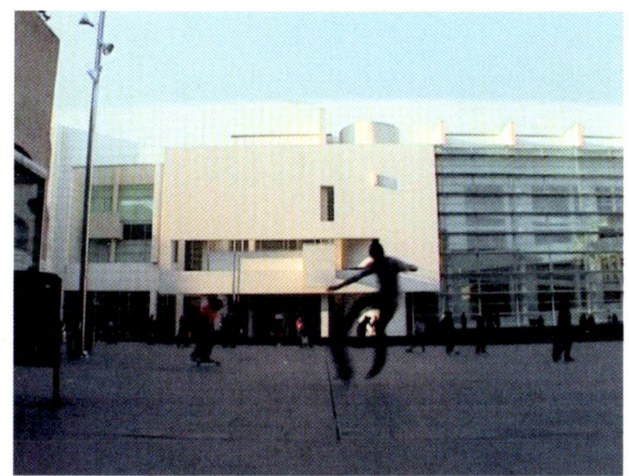

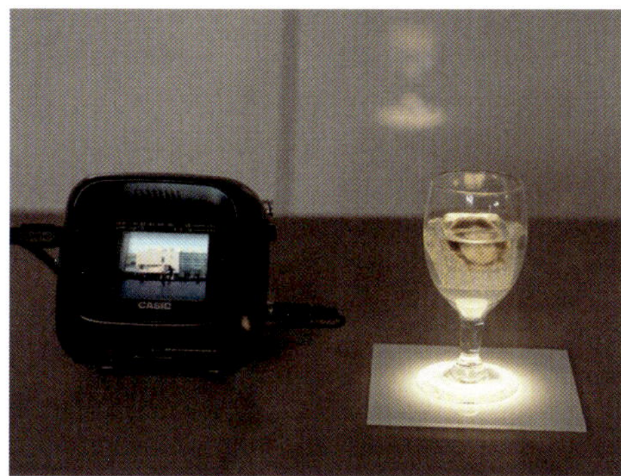

L'equivalent simulacre, 1996/2009, instalación: *Glaçó-tu* y 2 vídeos (filmaciones del Museu d'Art Contemporani de Barcelona realizadas el 17 de enero de 1996 y el 17 de enero de 2009 entre las 15.30 h y las 16.15 h)

15 Comentarios de los artistas al artículo de Teresa Sesé: «La desaparición del "ramblaire"», *La Vanguardia* (29 de septiembre de 2009).

la transformación social del barrio, el traslado de la población a zonas periféricas, la recalificación especulativa del precio de la vivienda, el «saneamiento» de la imagen, etc. Una operación que años más tarde se reproduciría a otra escala en Barcelona con la creación de un núcleo cultural articulado en el antiguo Barrio Chino de la ciudad, rebautizado como barrio del Raval, a través de la ubicación del Centre de Cultura Contemporània en la Casa de la Caritat, la construcción de un edificio de nueva planta para el museo de arte contemporáneo de la ciudad y, ya más recientemente, la instalación en el barrio de facultades de diferentes universidades. *L'equivalent simulacre* (1996), filmado un año después de la inauguración del Museu d'Art Contemporani de Barcelona (MACBA), es un plano fijo de la fachada del museo desde tres ángulos de la plaza; un cubito que contiene la foto del artista con el agua al cuello recrea el incumplimiento de las expectativas del artista por parte de la institución novel y la falta de arraigo ciudadano inicial de un cambio urbanístico de cariz político. El 17 de enero de 2009 Rossell vuelve a filmar el mismo plano como testimonio de la transformación y uso de la plaza. La diferencia de exactamente trece años entre la primera y la segunda grabación evidencia la metamorfosis de la relación de la institución con la ciudad y el cambio de estatus de la relación artista/museo. La ciudad es el espacio de la vida cotidiana, donde se bailan los tangos del quehacer diario por las calles, con los personajes que la habitan y las historias que despuntan en las barras de los bares.

Benet Rossell es un artista etnógrafo, y la ciudad es para él una fuente de estudio constante. Con Muntadas hizo *Rambla 24 h* en 1981, una videoinstalación que se presentó con motivo de la XXIII Semana Internacional de Cine de Barcelona. Entendida como una experiencia de comunicación ciudadana y social, *Rambla 24 h* incidía en la figura del «ramblaire» [ramblero], el *flâneur* barcelonés que paseaba por la Rambla. Inicialmente se componía de las imágenes fragmentadas de los «ramblaires» tipo en diferentes monitores (la cabeza, el cuerpo, los pies que andan), del recorrido calle arriba y calle abajo, y de la filmación de un plano fijo durante 24 horas consecutivas. En septiembre de 2009 Rossell y Muntadas repitieron la filmación a modo de confrontación con la experiencia anterior. Sin relación con las protestas vecinales de aquel momento por la degradación de la zona, y sin ninguna voluntad de «emitir juicios morales o análisis sociológicos. Observamos y mostramos la realidad desde una visión de artista»;[15] es, sobre todo, una constatación de los cambios acontecidos alrededor de esta arteria emblemática de Barcelona: la desaparición del «ramblaire» y de la idea de paseo, y la aparición de nuevas figuras como la población inmigrante, las esculturas vivientes en la calle y el turismo.

Uno de los últimos proyectos de Benet Rossell, concebido especialmente con motivo de esta exposición, es *Paral·lel, paral·lel* (2010). A la vez crónica sentimental y análisis sociopolítico, toma como punto de partida la filmación de la destrucción/reconstrucción de El Molino con el objetivo de realizar un análisis más amplio de la arteria del Paral·lel. Un retrato en tres tiempos de la ciudad alrededor del que antes era el Barrio Chino, el Poble Sec y el Raval, con el elemento humano que vertebra la historia. En primer lugar, la actividad

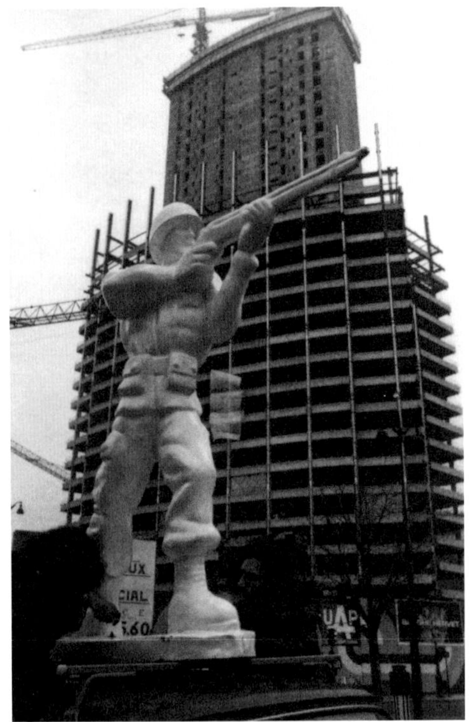

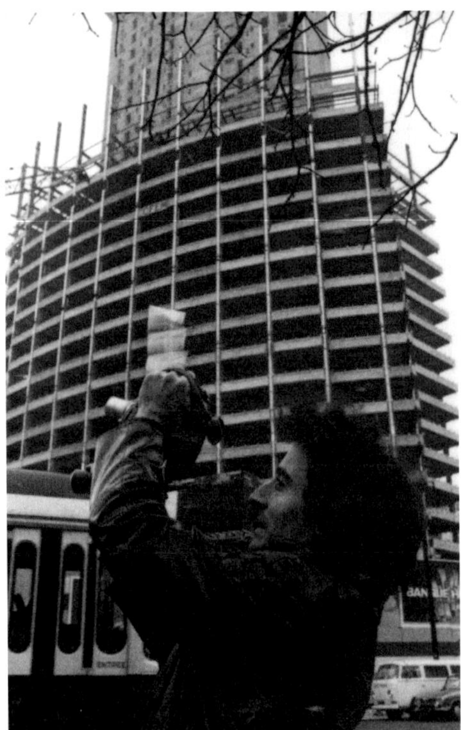

París, la Cumparsita (coautor Antoni Miralda), 1972, película 16 mm, color, sonido, 25'

16 Joaquim Sala-Sanahuja: «Apuntar», texto de presentación de la exposición *I'm*, op. cit.

de varios cabarés, cafés-cantantes, números de circo, bares musicales, vedettes y artistas, el elemento festivo y la «mala vida» de los años cincuenta y sesenta: la Barcelona canalla que sobrevive con la doble moral burguesa y que, como un reducto de libertad, toleraba las «picardías» en el entorno represivo del franquismo y del catolicismo más recalcitrante. Más tarde, ya en los años ochenta, con el progresivo cierre de locales y la diáspora de los artistas. Y la actual voluntad de revitalización de la Barcelona del diseño y la imagen de marca, con la reconstrucción de El Molino por una iniciativa inmobiliaria privada tutelada por el Ayuntamiento de la ciudad, que hace desaparecer el elemento más esperpéntico para sustituirlo por el ocio ligado al consumo. Si *Paral·lel, paral·lel* es un recorrido por un cambio de parámetros (del cabaré y el circo al espectáculo, de la cultura al ocio, del público al turismo cultural) de la vida de la ciudad a través de estos barrios, el vídeo *Nocturnal U* (2009) es un itinerario de gestos de la ciudad. «De las ciudades, Benet Rossell recalca los elementos de la movilidad: los zapatos, pero también los adoquines y una serie de objetos que pisamos, que aplastamos, que apartamos o arrinconamos con el pie sin ni siquiera darnos cuenta. Para Benet Rossell, toda la vida de ciudad es materia poética, *objet trouvé, chef-d'œuvre*. Un taxi, subir a un taxi, y luego salir, desde su punto de vista, podría ser una gran performance.»[16]

Juego y realidad

El elemento esperpéntico que tanto atrae a Benet Rossell, lo grotesco y desatinado, el elemento festivo, ya estaban presentes cuando hizo de mimo, de clown y de cantante durante su estancia en la India, o cuando participó en el Music Circus organizado por John Cage; y también, por supuesto, en las microperformances de los cubitos de hielo. Por otro lado, todos los trabajos alrededor de la imaginería militar, de la parafernalia de los mariscales de la Primera Guerra Mundial, son divertimentos, ejercicios lúdicos sobre un hecho contradictoriamente trágico como la guerra. *París, la Cumparsita* (1972), que inicialmente debía titularse *Peace Is For Love*, o *Miserere* (1979), ambas realizadas en colaboración con Antoni Miralda, inciden en la contradicción del juego y la guerra, y recrean el carácter absurdo de lo militar. *Vetlla* (2007) es una instalación que reúne este espíritu irónico: un film muestra en su lecho de muerte a un difunto cuyo rostro cambia y adopta las caras de diferentes personajes tiránicos, haciendo un collage de rostros de mariscales y dictadores que han muerto confortablemente. Entre los elementos que forman la instalación, el recordatorio «El General morí al llit» con el poema «Monsieur le Président» de Boris Vian, en el que explica su deserción excusándose de manera muy cortés. *Boum! Boum! En avant la musique!* (1974/2007), también en colaboración con Antoni Miralda, es lo que Benet define como cine de trinchera, de camuflaje. Utiliza símbolos y estampas de guerra y juega con la deslocalización y el ridículo que provoca. La iconografía militar y de la guerra, el engalanamiento y parafernalia (frente el drama y la tragedia), quedan magnificados mediante la parodia.

En retórica se afirma lo que no se piensa mediante la ironía o la afectación de ignorancia. Con esta forma se da a entender lo contrario de lo que se dice.

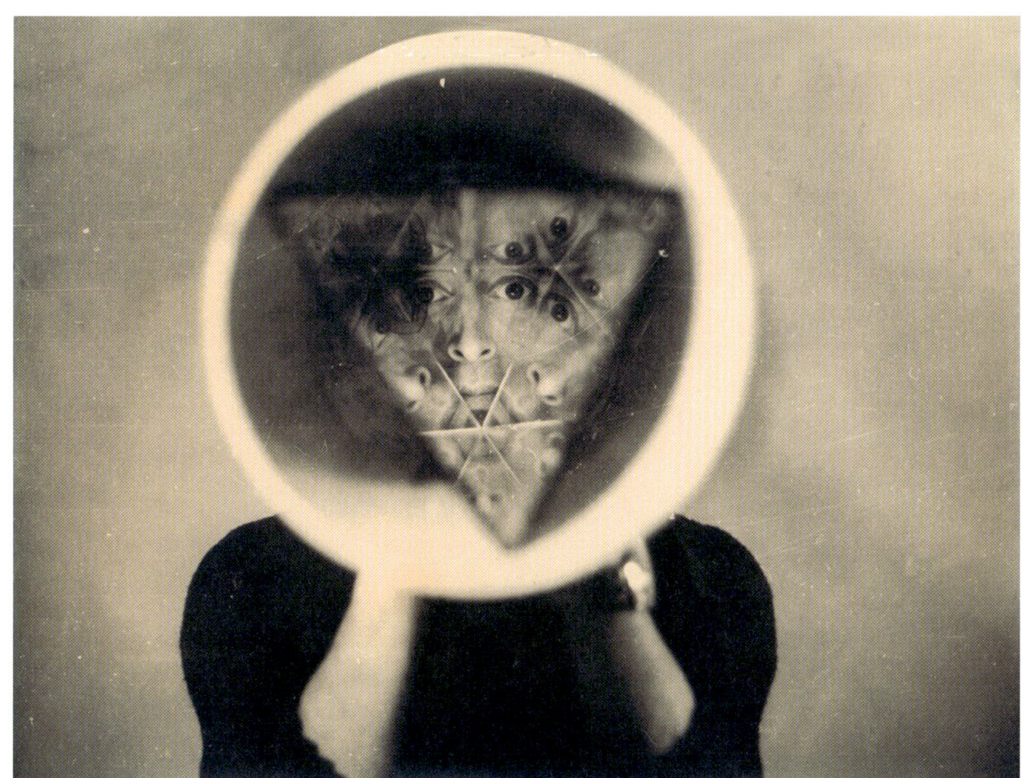

Hoja del **Journal Résiduel**, 1969, fotografía b/n,
21 × 29,7 cm

La obra de Benet Rossell tiene un cierto barroquismo, en el sentido de que se pliega, se despliega y se repliega constantemente. Pero mientras que el pliegue le permite a Leibnitz la percepción clara de las cosas a partir de los márgenes más oscuros, Benet aprovecha la luz para hacer infinitos pliegues creando esas redes entrecruzadas que tanto recuerdan a los hipertextos de su amigo Robert Coover. No es extraño que Benet Rossell utilice su cerebro para evocar la relación del individuo y el arte. Existe cierta correspondencia entre la realidad y nuestra percepción subjetiva de aquello que denominamos real. Pero así como no vemos el truco de magia aunque estemos mirando, lo que miramos no es lo que percibimos. Nuestras ilusiones visuales forman parte de nuestra construcción mental de la realidad. Uno de los ejemplos que utiliza Lacan en su seminario es el del apólogo de Zeuxis y Parrasio, dos pintores que competían por la magnificencia: Zeuxis pintó unas uvas tan perfectas que los pájaros intentaron picotearlas, pero fue Parrasio quien ganó con la pintura de un velo: al verlo su compañero, le pidió que lo levantara para ver qué había pintado detrás, engañando al ojo. En cierto modo, es este velo el que nos muestra Benet Rossell, un velo que puede abrirse a historias desconocidas. Una articulación simbólica que rehúye el discurso intelectual convencional y que juega con la posibilidad de manipular o transformar la percepción del espectador y de su entorno. «La magia es ese gran recurso que la cultura presta a individuos y grupos para combatir el desconcierto que origina la sensación de fragmentación en la experiencia del mundo.»[17] Desde una perspectiva antropológica alejada de supersticiones, la magia actúa como una forma de ordenar y controlar lo que es real. A lo largo de la historia ha ayudado al hombre a pensarse a sí mismo y a pensar el universo que lo rodea; en el caso de Benet Rossell, la magia actúa mediante la minimización de los rasgos, la crítica velada, la duda constante o el humor y la ironía, por poner algunos ejemplos. Refiriéndose a los habitantes prehistóricos de las cuevas de Lascaux o El Cogul, el artista nos recuerda que «para ellos la pintura —y yo también soy todos ellos— era una herramienta de pensamiento que les permitía mostrarse como eran: unos seres perfectamente integrados en una naturaleza misteriosa e inexplicable».[18]

17 Manuel Delgado: *La magia. La realidad encantada*. Barcelona: Montesinos, 1992, p. 114.
18 Rossell: «Pienso con la punta del pincel», op. cit.

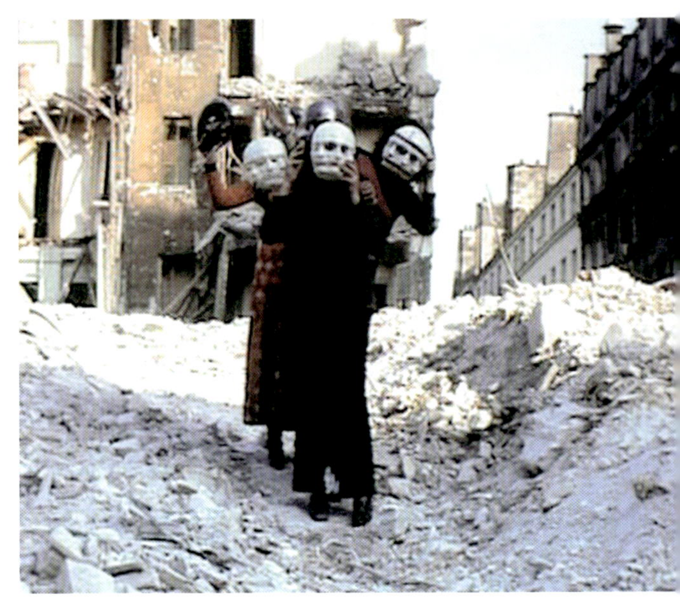

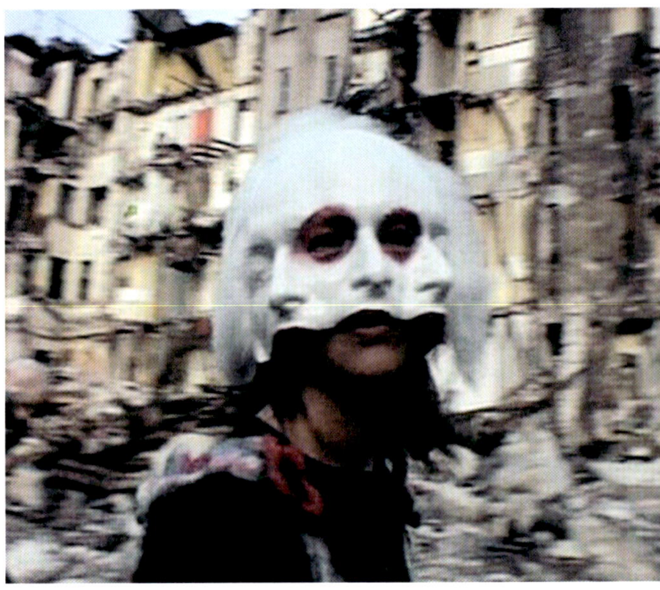

Chantier-masques, 1971 / 2009 (edición digital), película 16 mm, color, sonido, 3' 23"

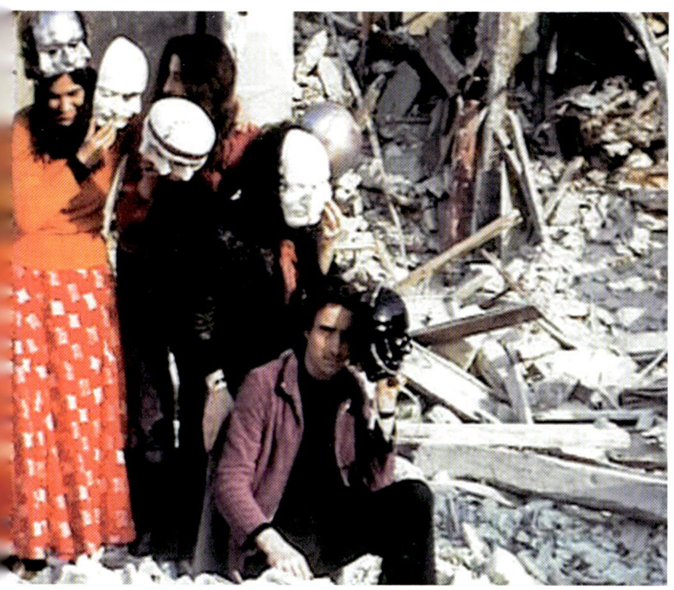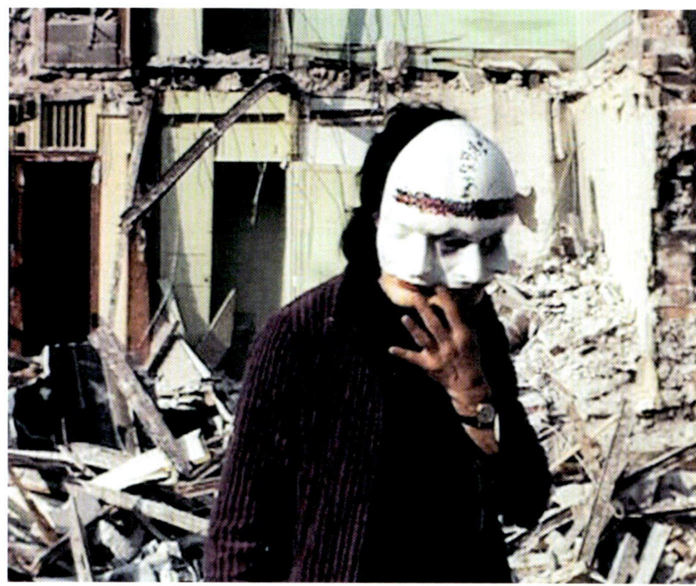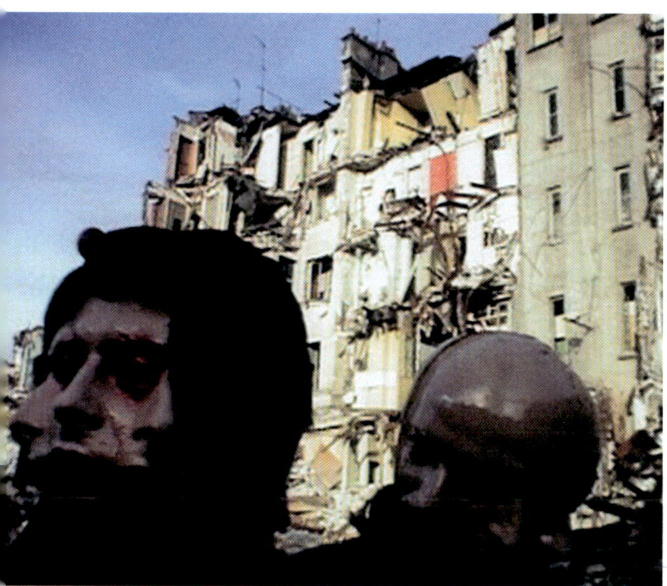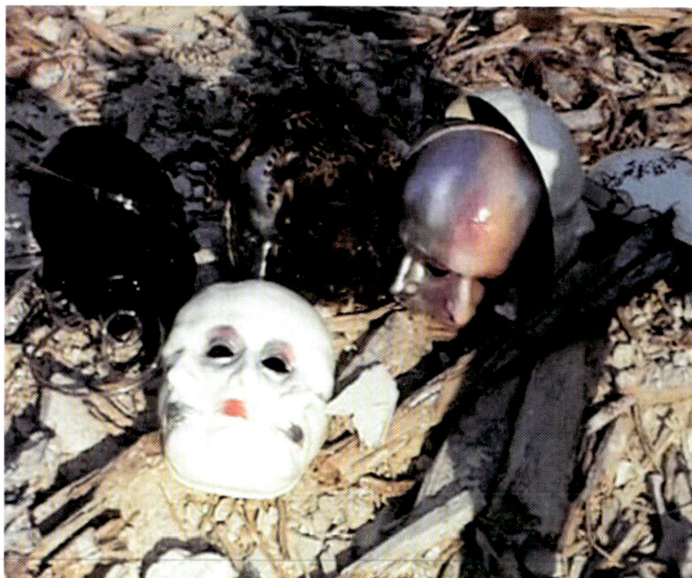

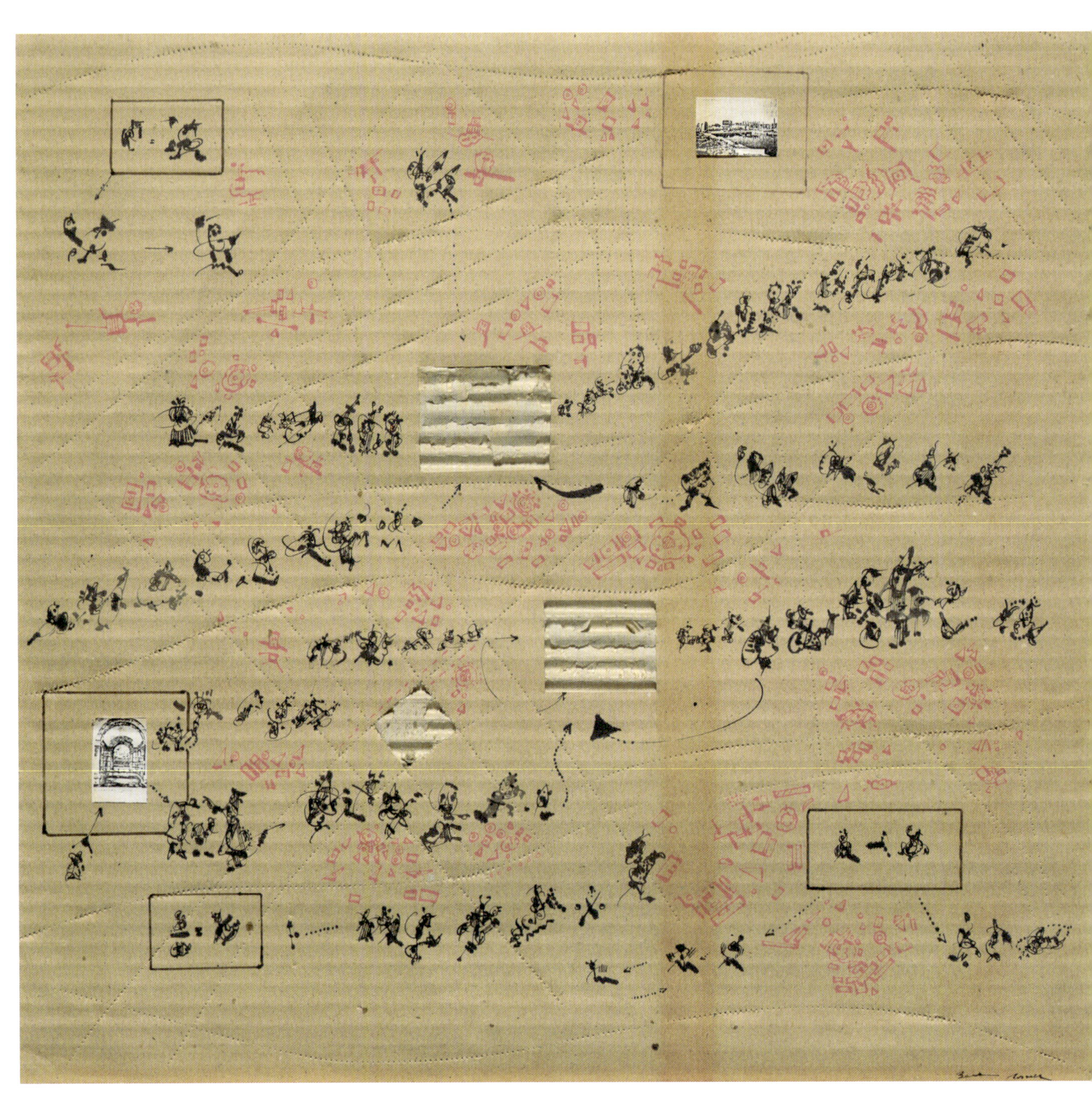

Quête de réalité, 1970, tinta china, collage y troquel sobre cartón ondulado, 48 × 50 cm

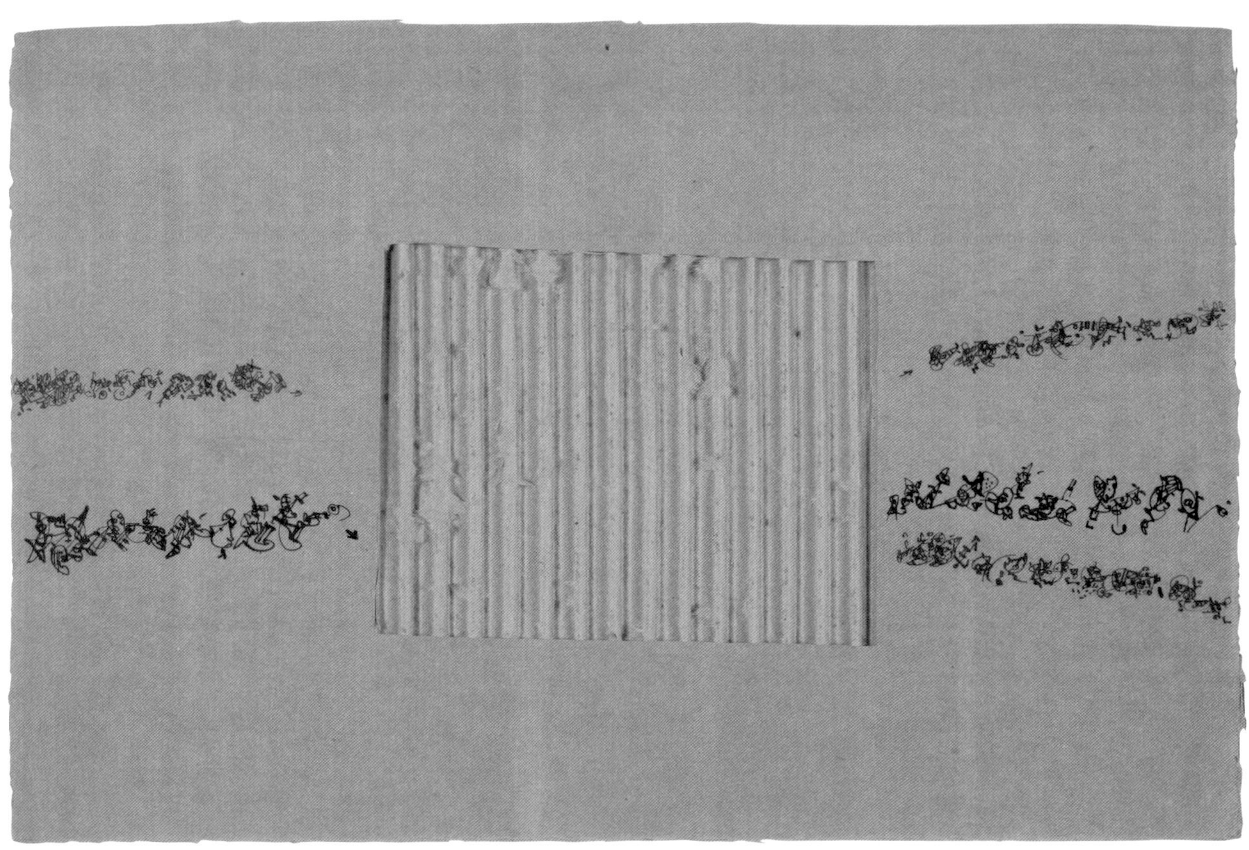

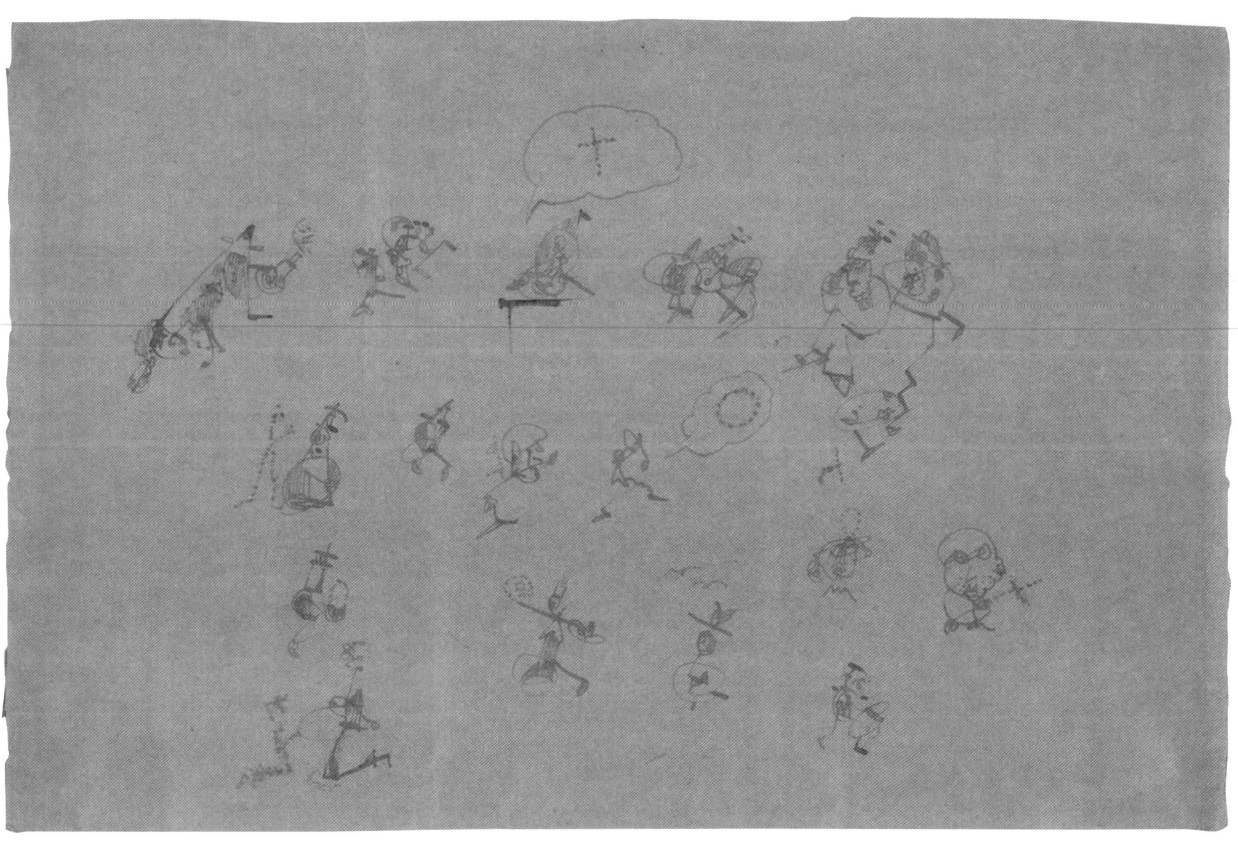

***Off rideau* i societat d'apuntadors**, 1971, tinta china y troquel sobre cartón ondulado (cara y dorso), 19 × 29,5 cm

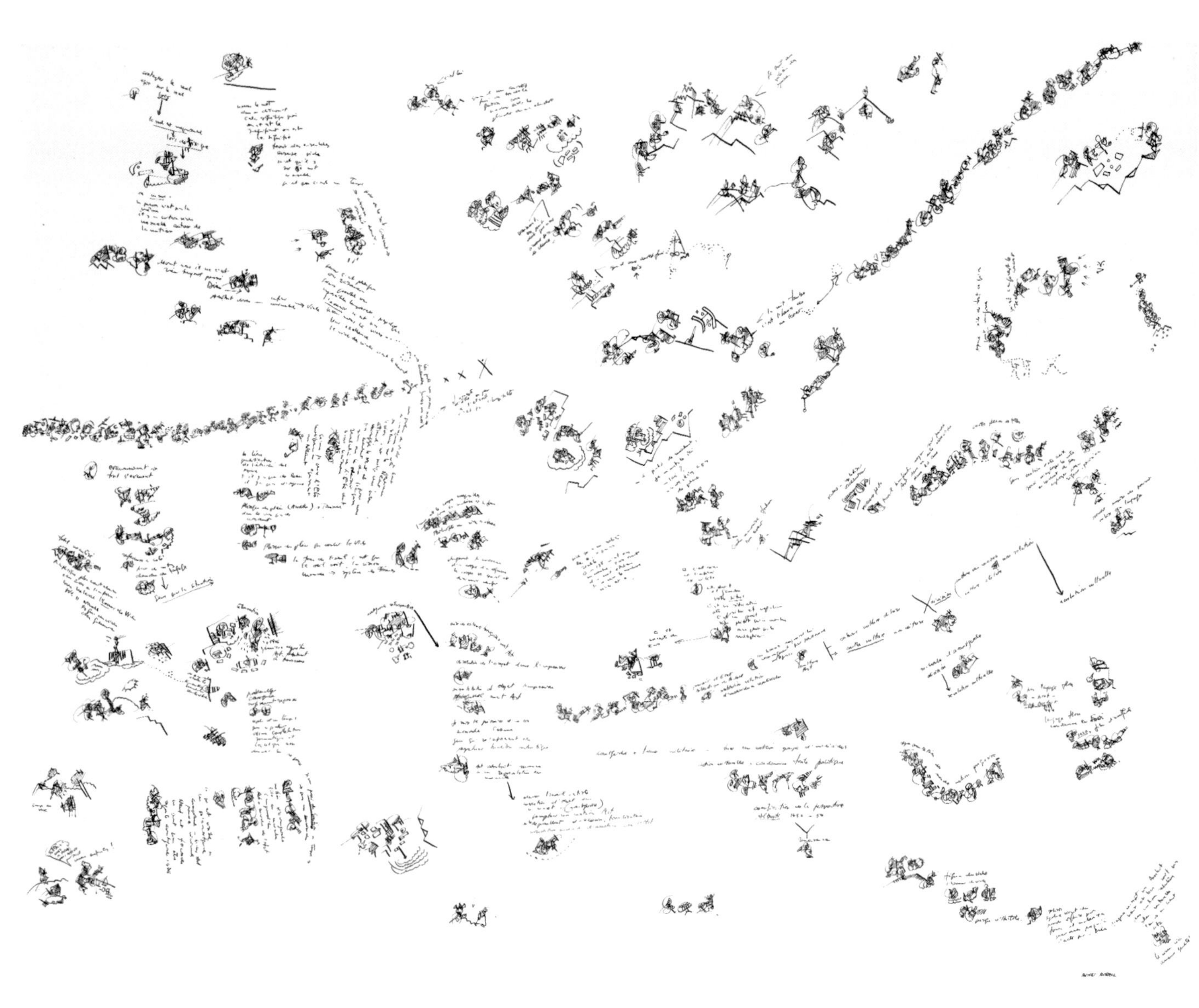

J'accepte d'être un peu à l'étroit, 1973, tinta china sobre papel, 50 × 65 cm

detalle >

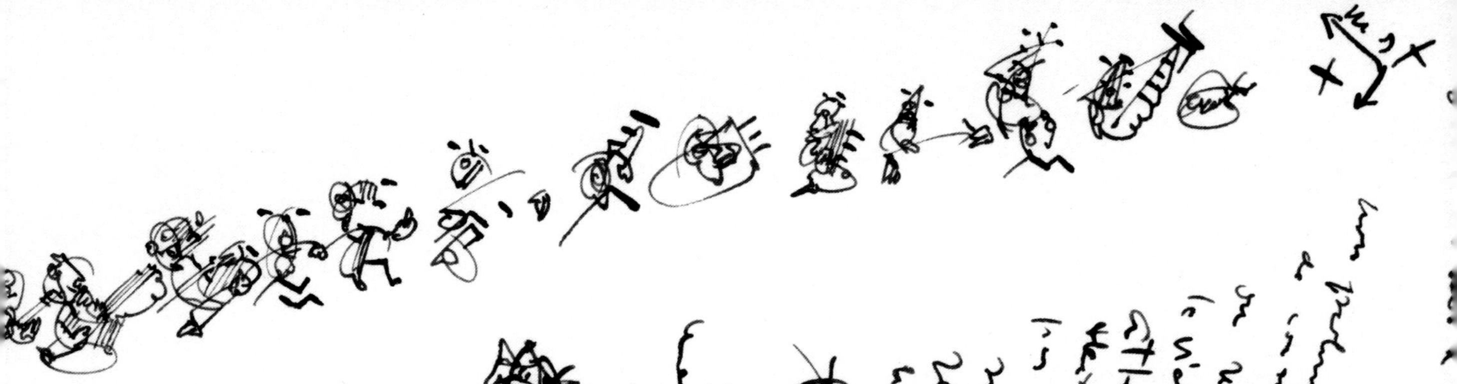

le lieu
multiplication
de l'étendue des
espace
si il y a un de lieu
il y a pas d'espace

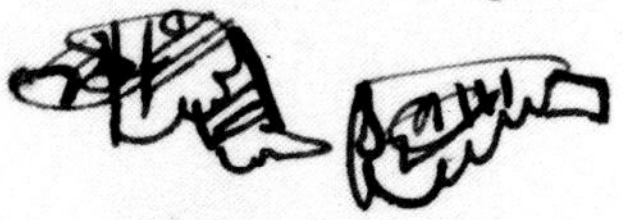

Plonger du plein (Antithèse) → Tournant
dans le vide [...] ce
mouvement

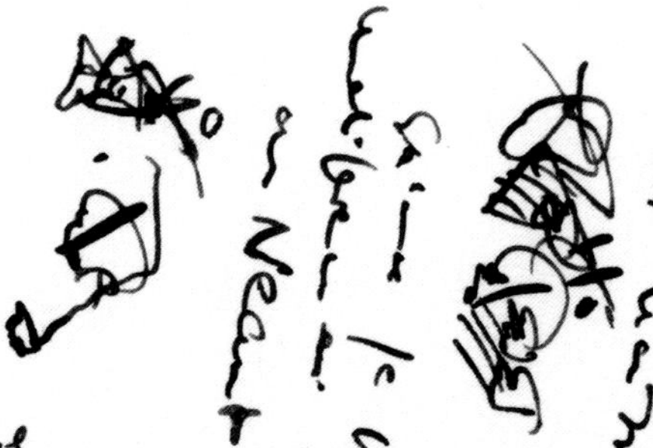

Plonger du plein [...] exclut le vide

la force de l'oeil c'est [...]
le oeil voit, la vision
monde → système de formes

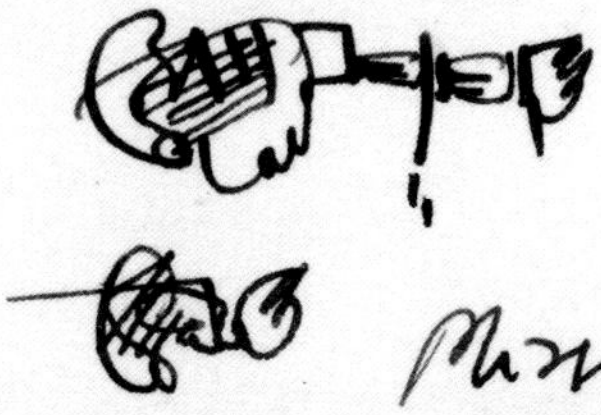

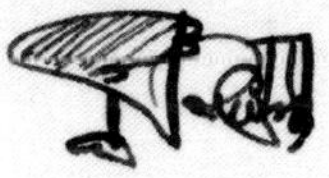

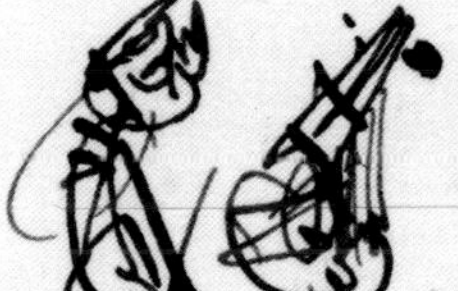

Convention

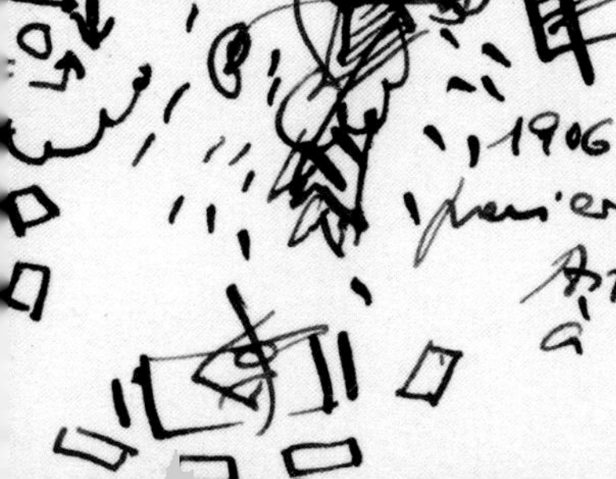

1906
première exposition
Art Abstrait
à Moscou

avant-garde rétrospective

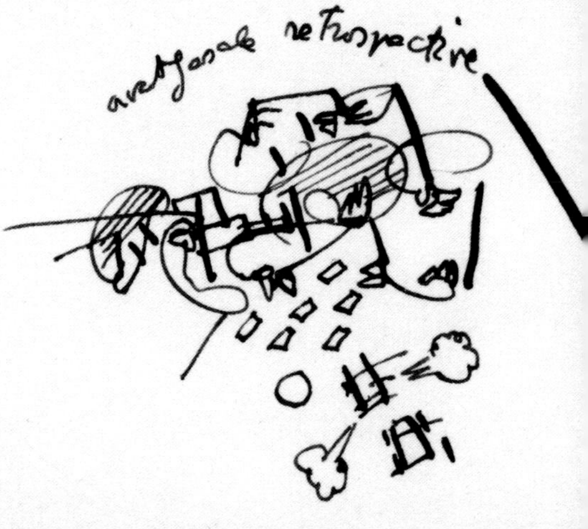

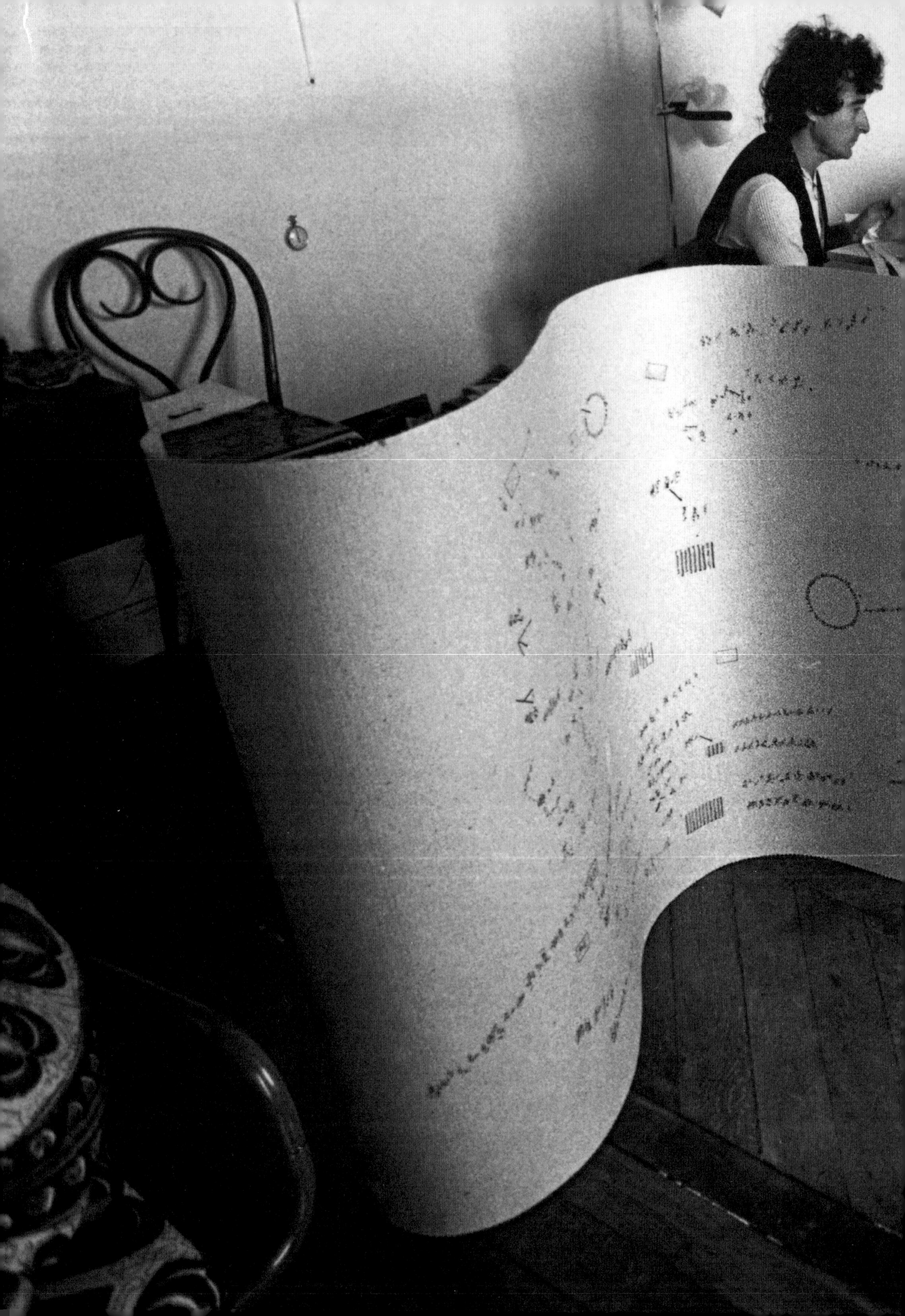

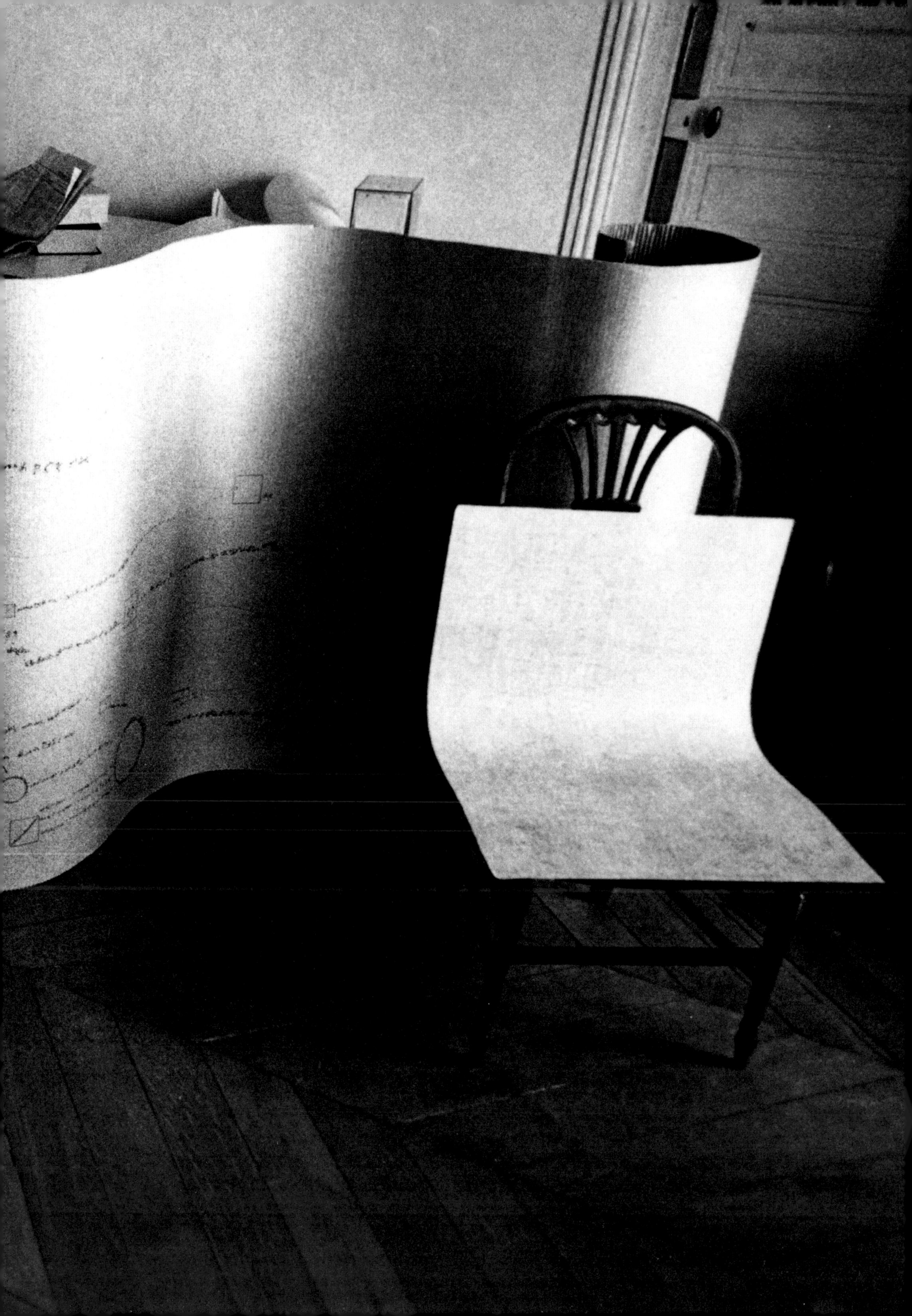

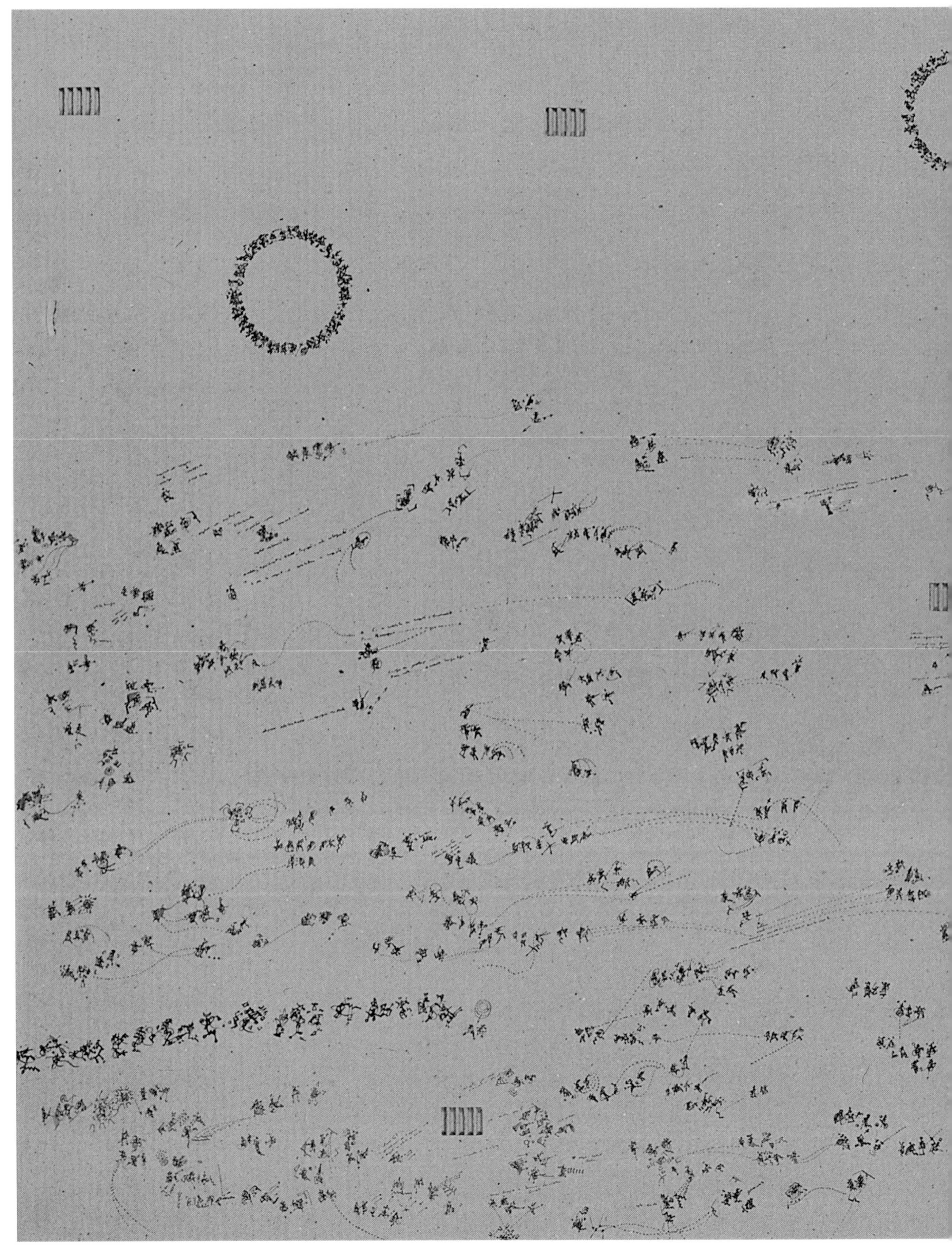

Sin título, 1976, tinta china sobre cartón ondulado, 101 × 165 cm

< Benet Rossell en su estudio de París, 1975

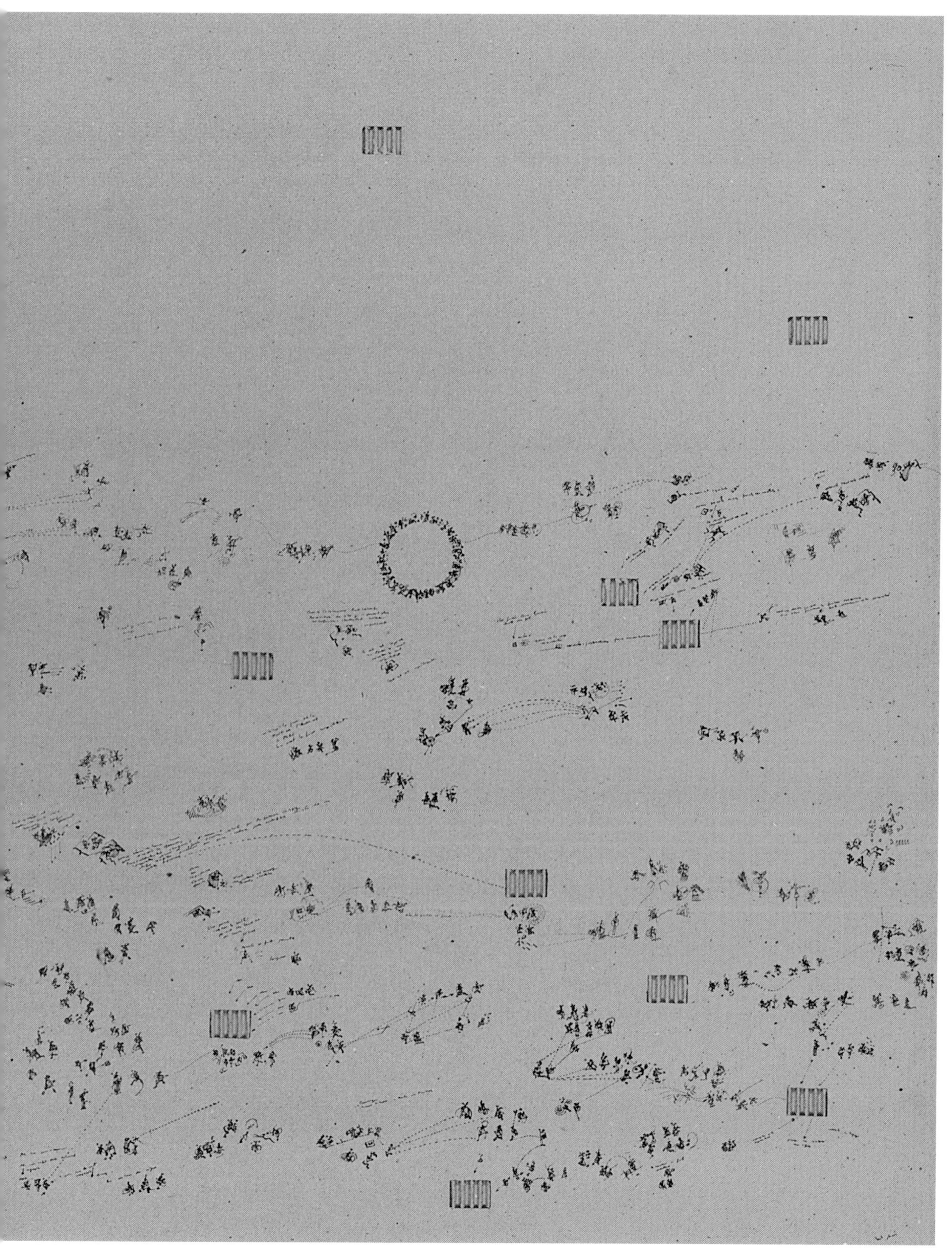

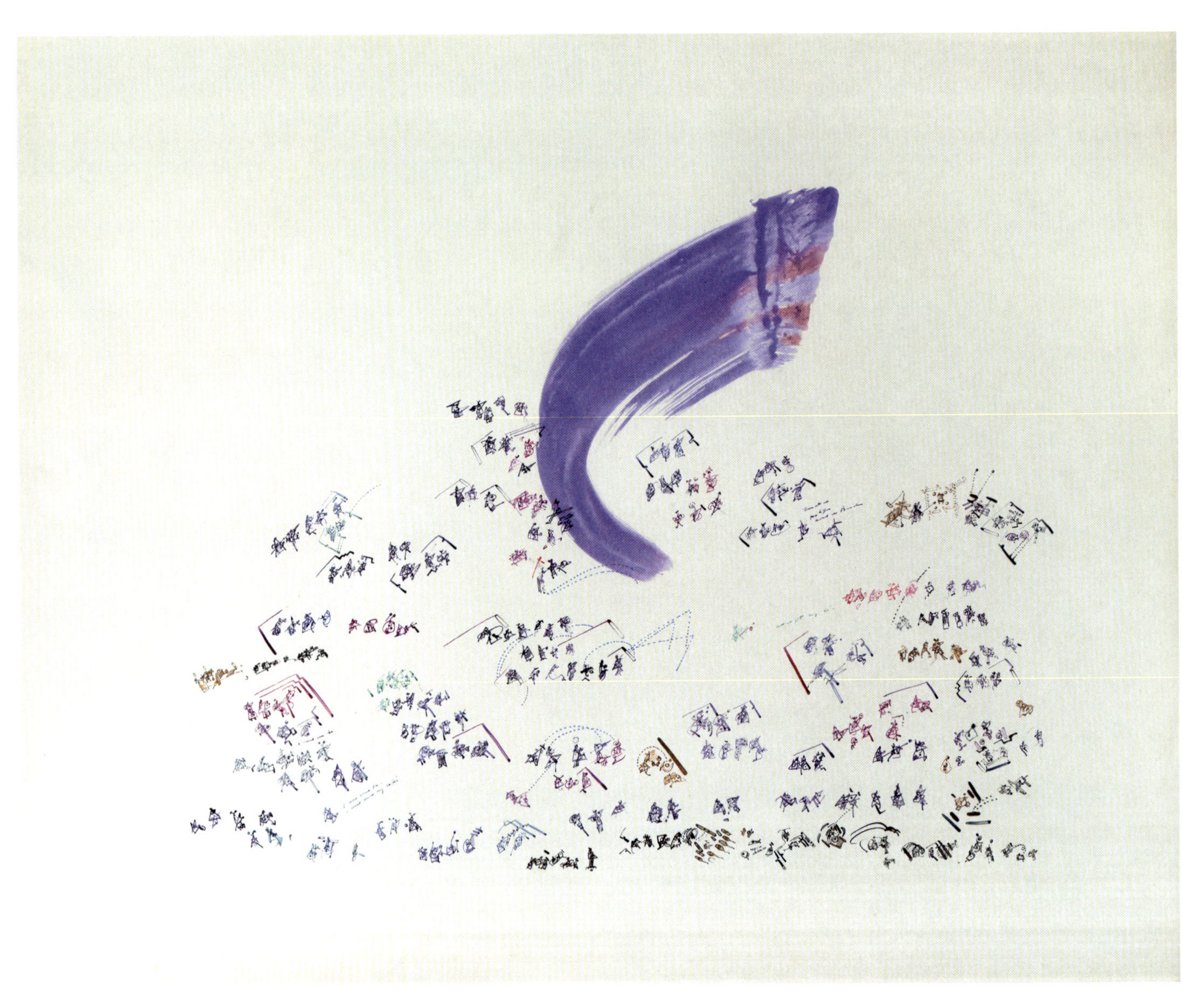

I Don't Want Any Coffee, 1973, tinta y tinta china sobre papel, 52 × 65,4 cm

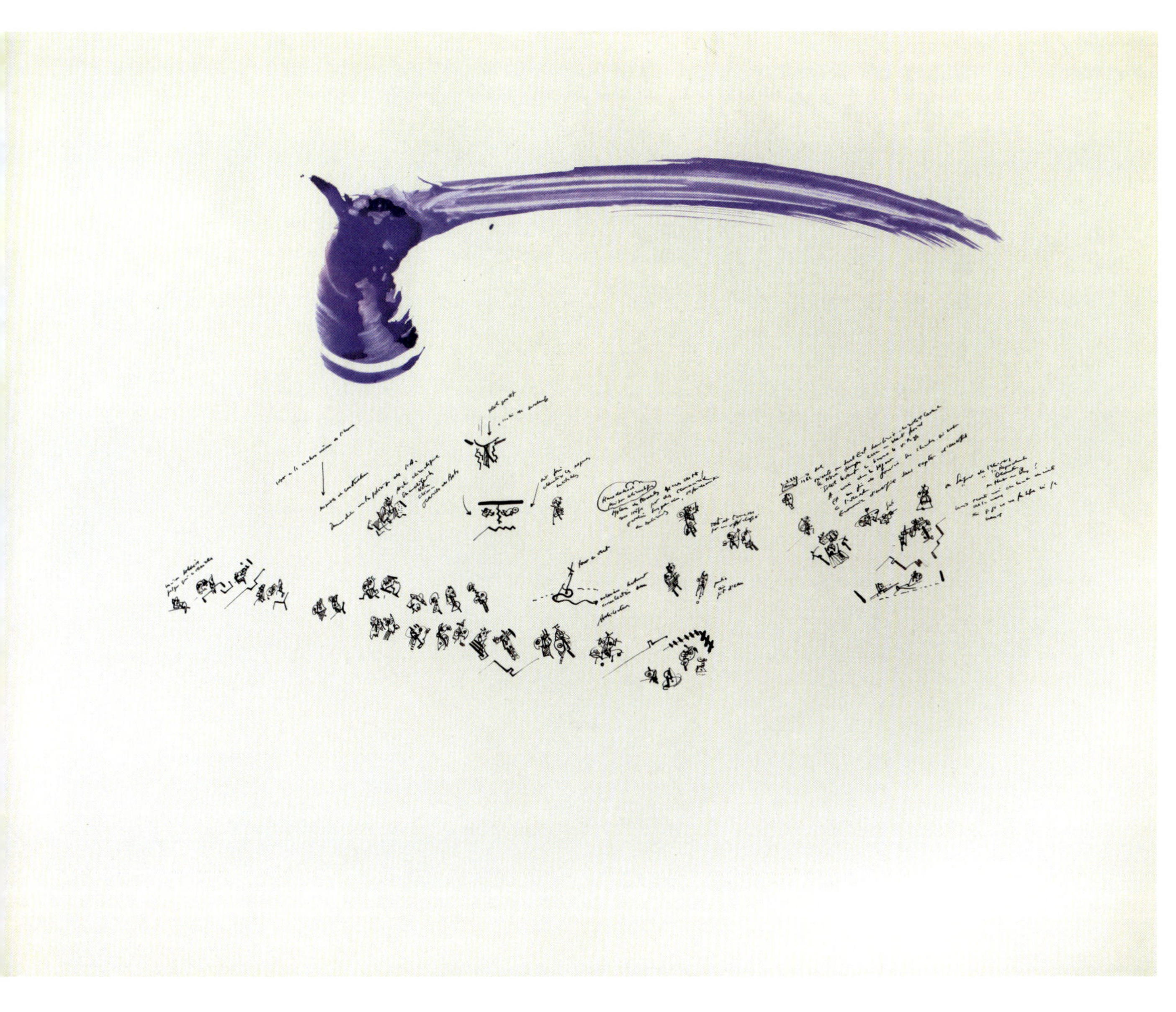

Économie d'énergie, 1973, tinta y tinta china sobre papel, 52 × 65,4 cm

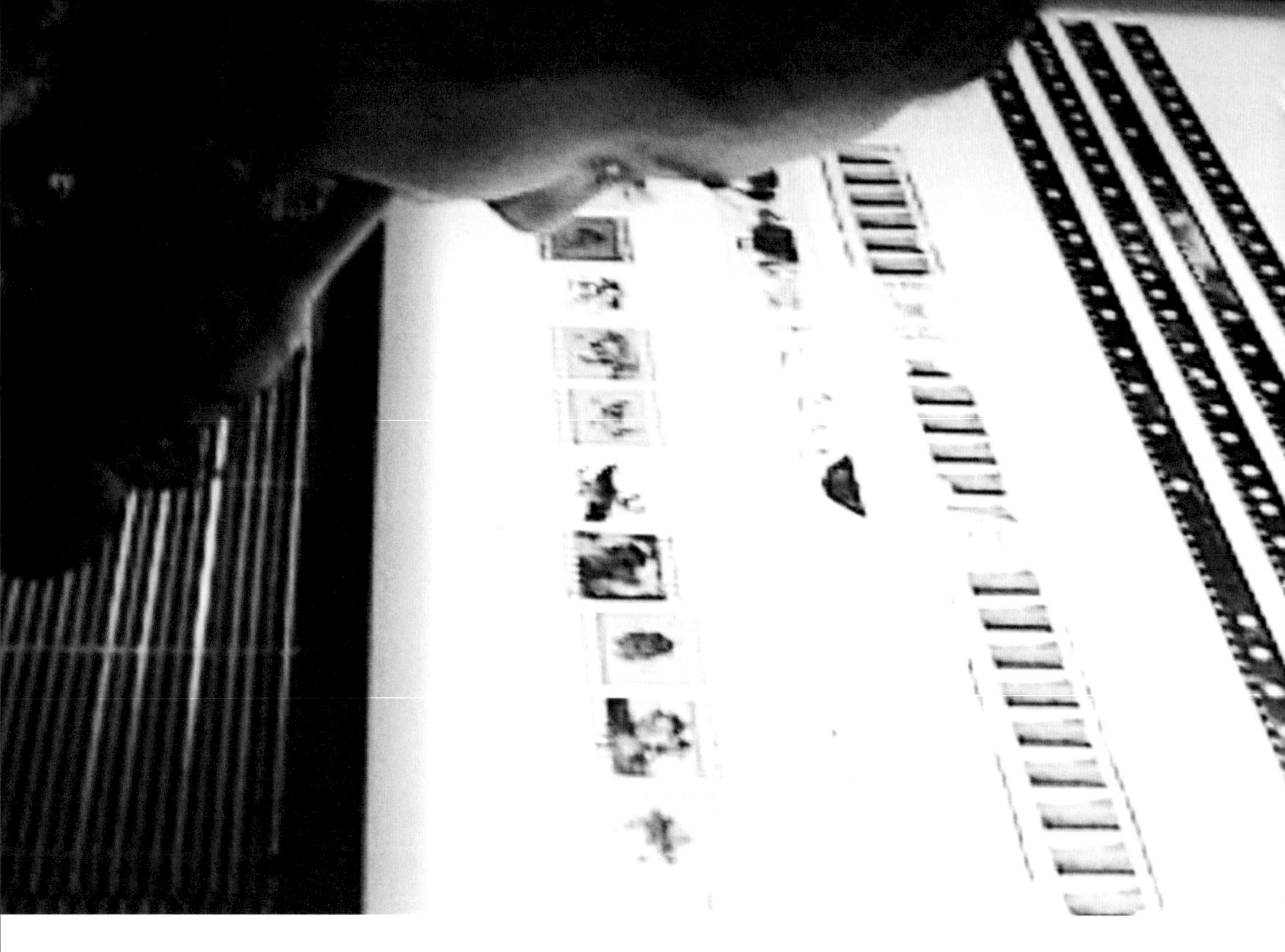

Exposición *That's not Entertainment* en el Centre de Cultura Contemporània de Barcelona (CCCB), 1977

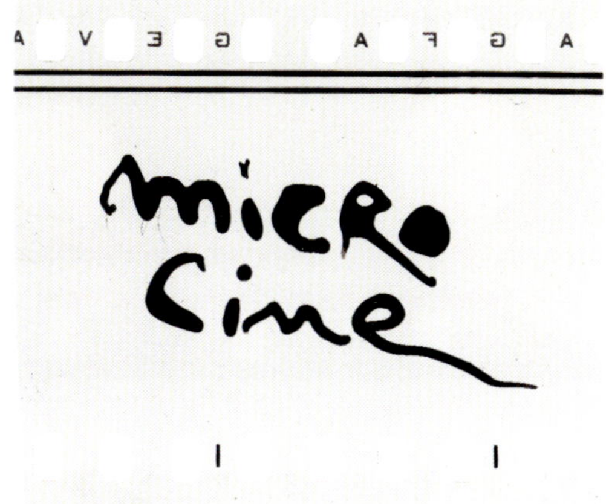
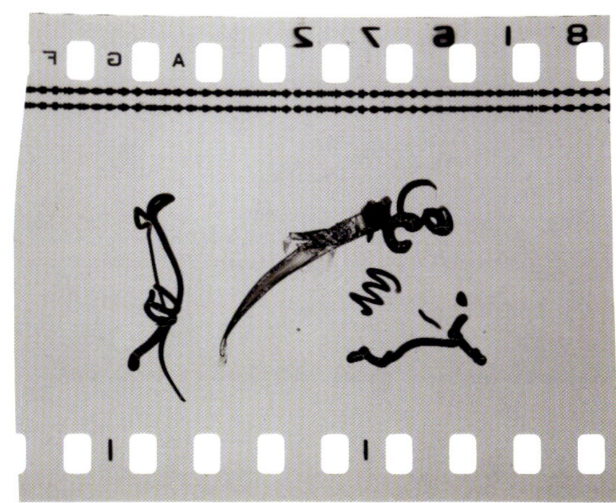
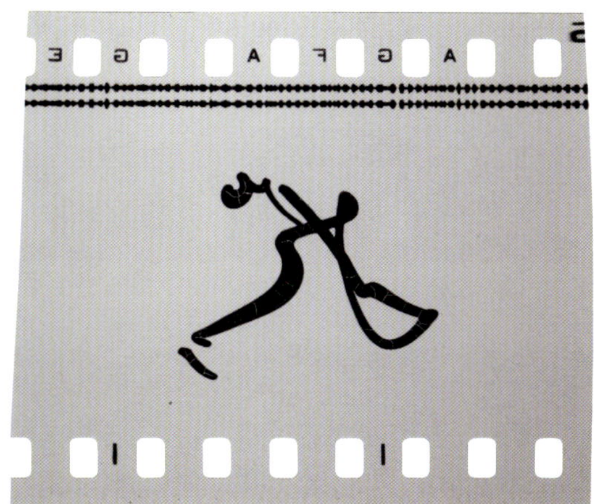
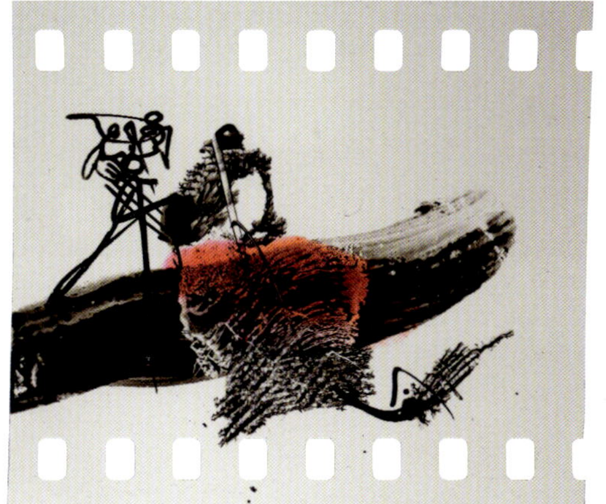
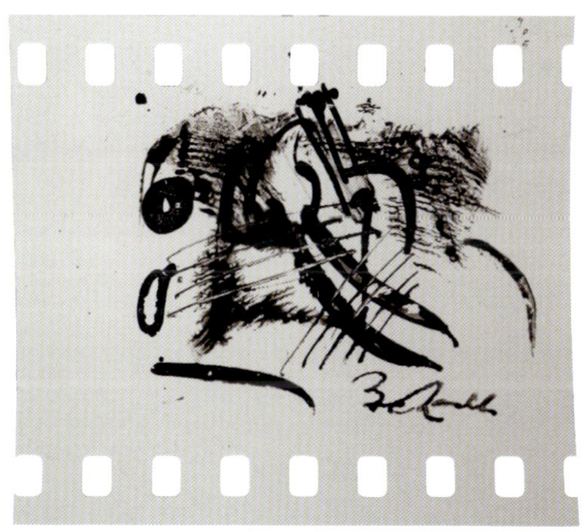
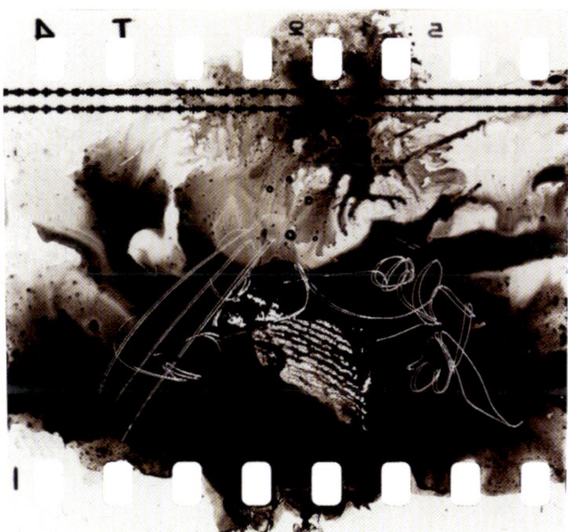

Microcine, 1981, tinta china sobre fotogramas de 35 mm, 24 × 35 mm c/u (detalle)

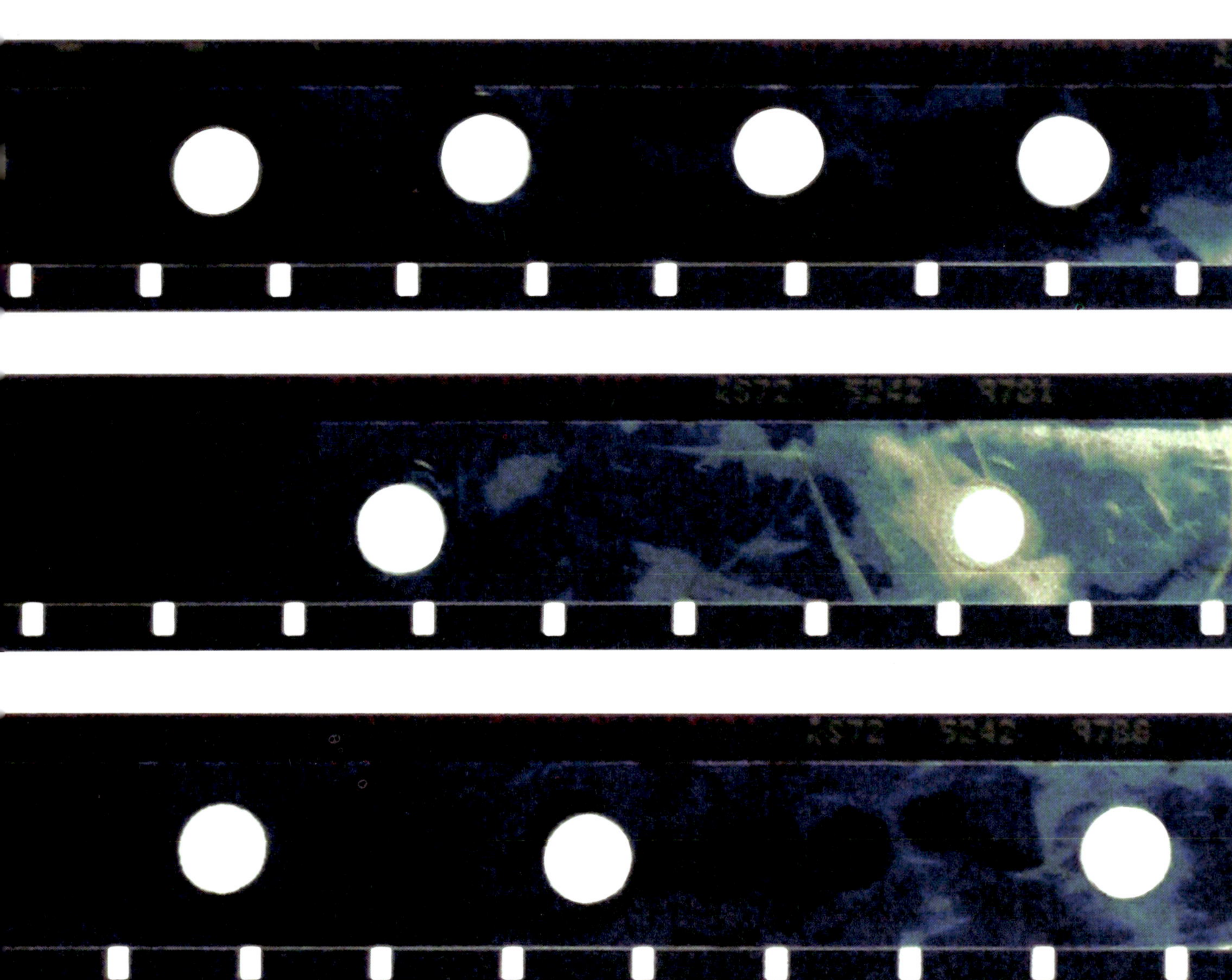

Holes, 1969, 3 tiras de película de 16 mm veladas y perforadas (copia), 107 × 0,16 cm (detalle)

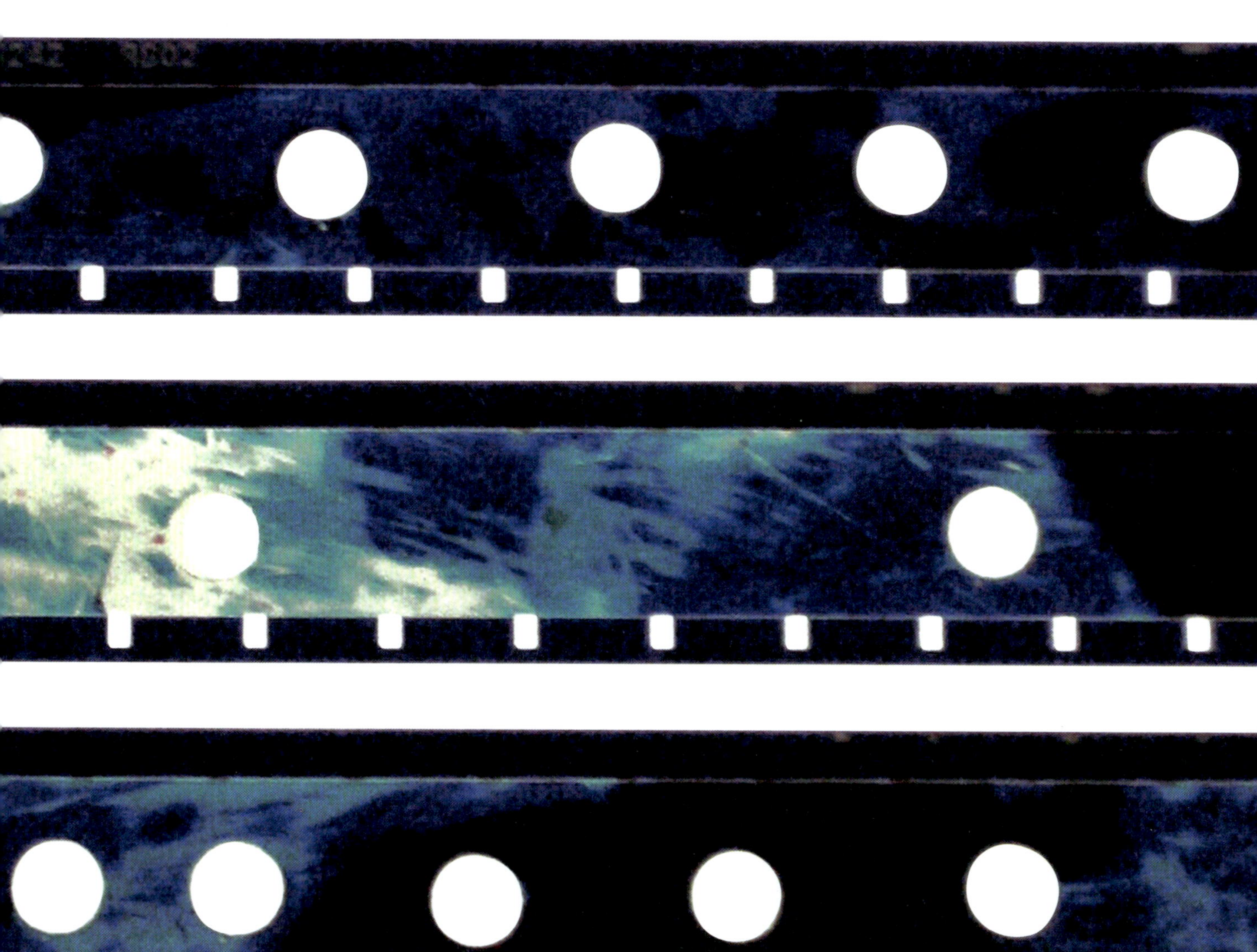

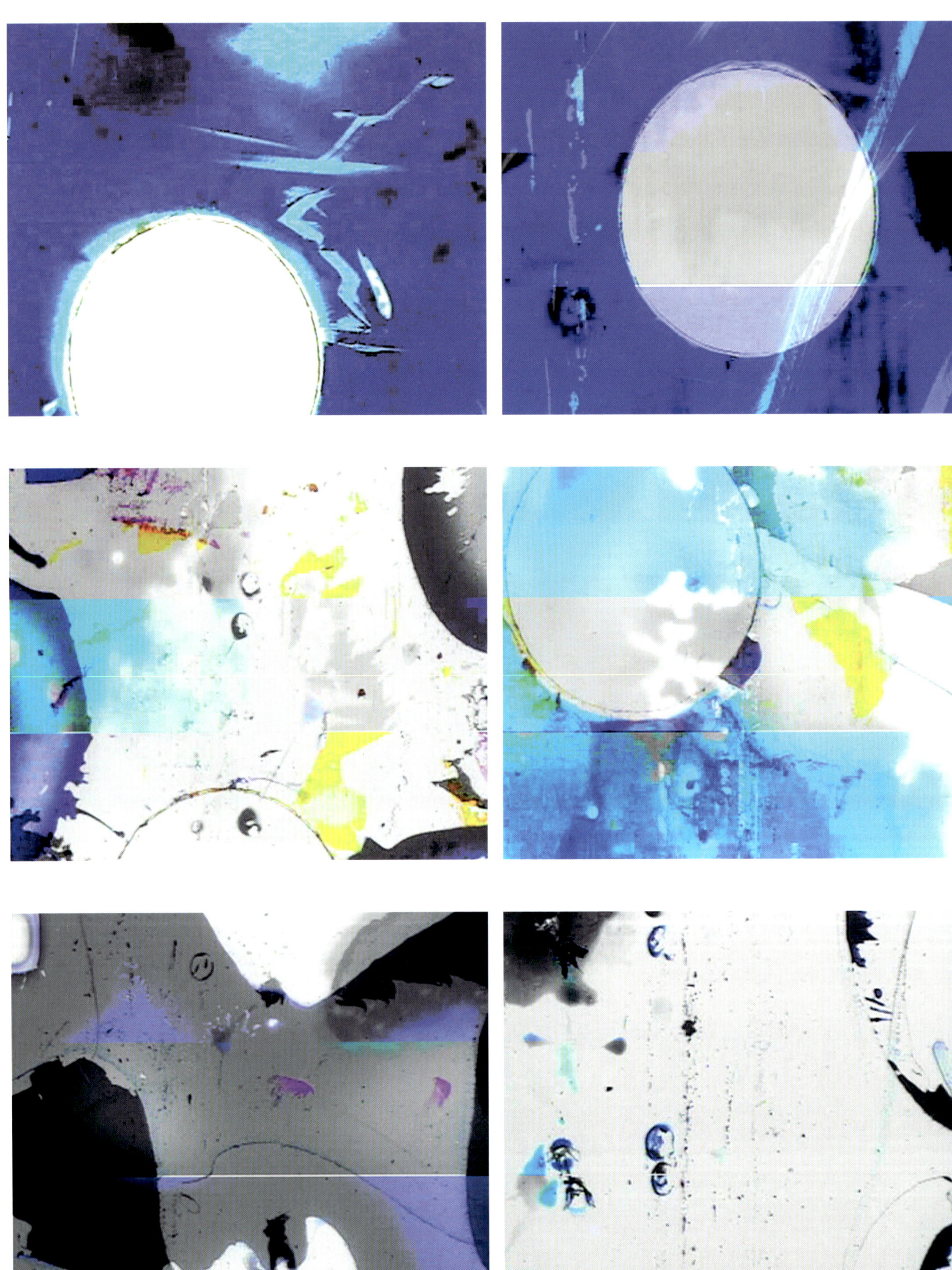

Holes, 2007, película 16 mm, color, sin sonido, 3' 6"

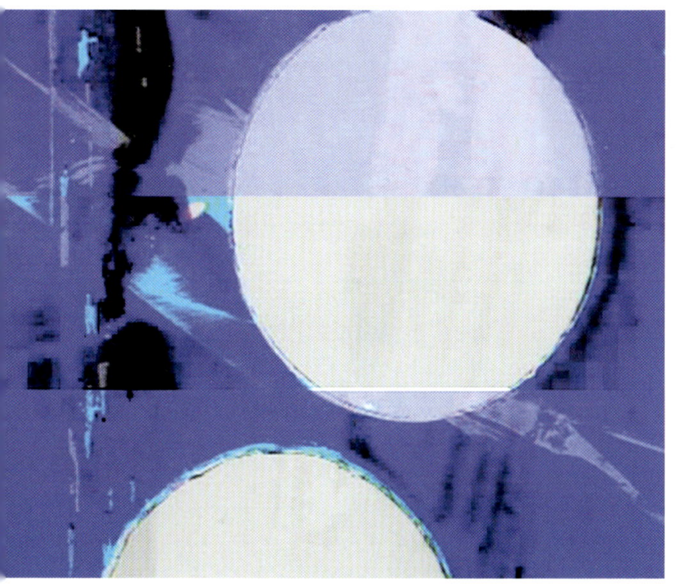
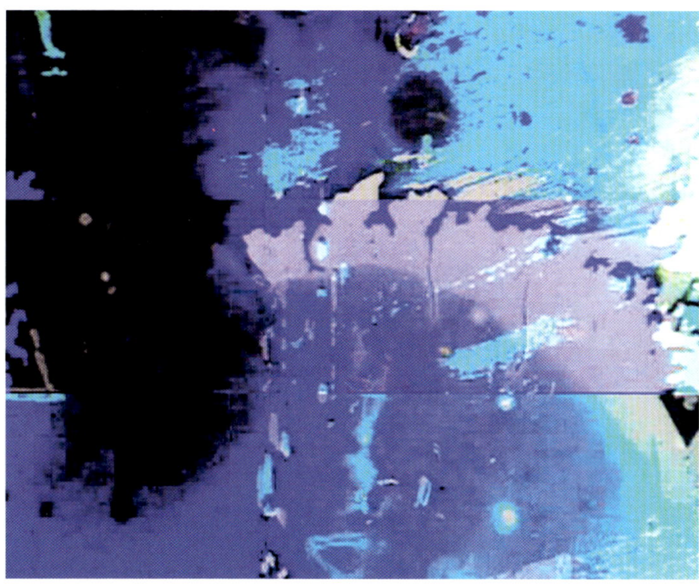
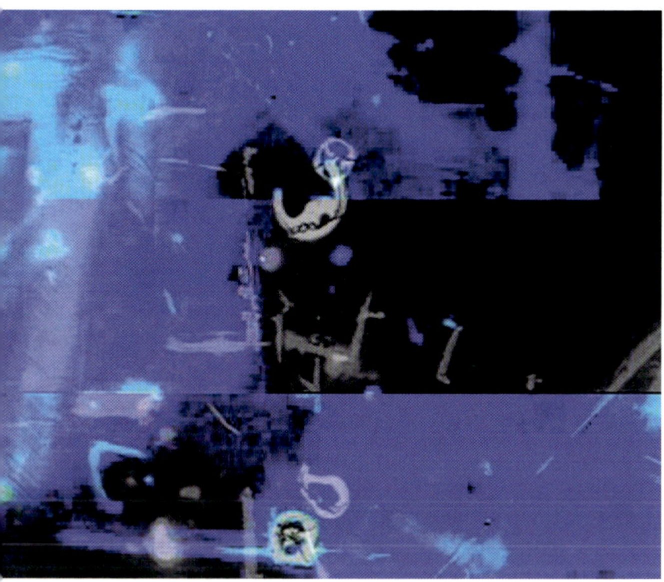
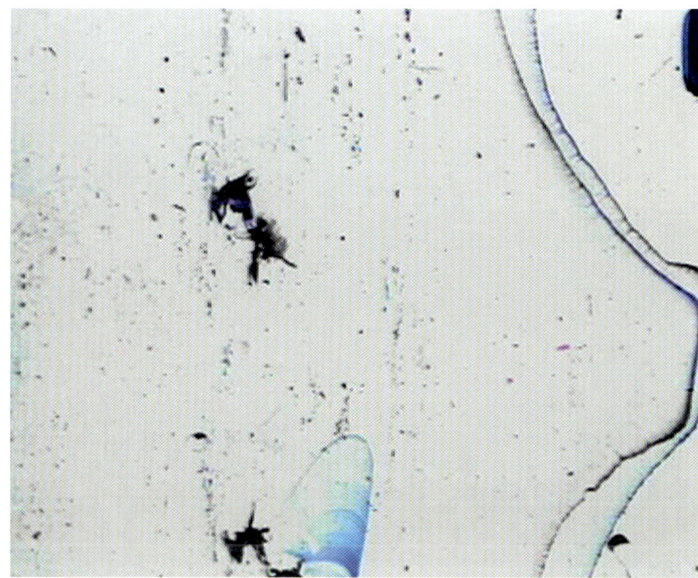
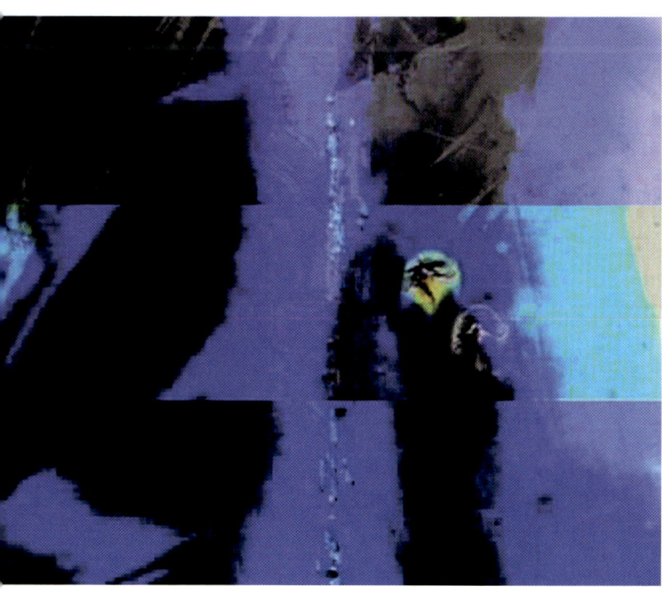
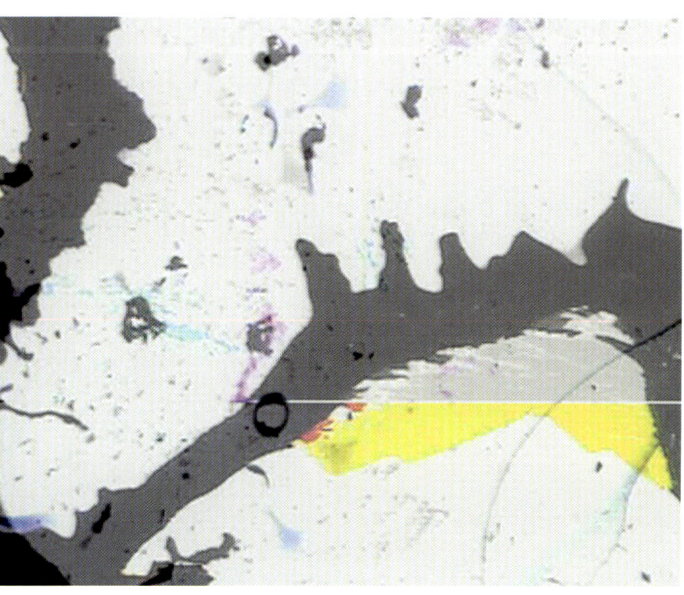

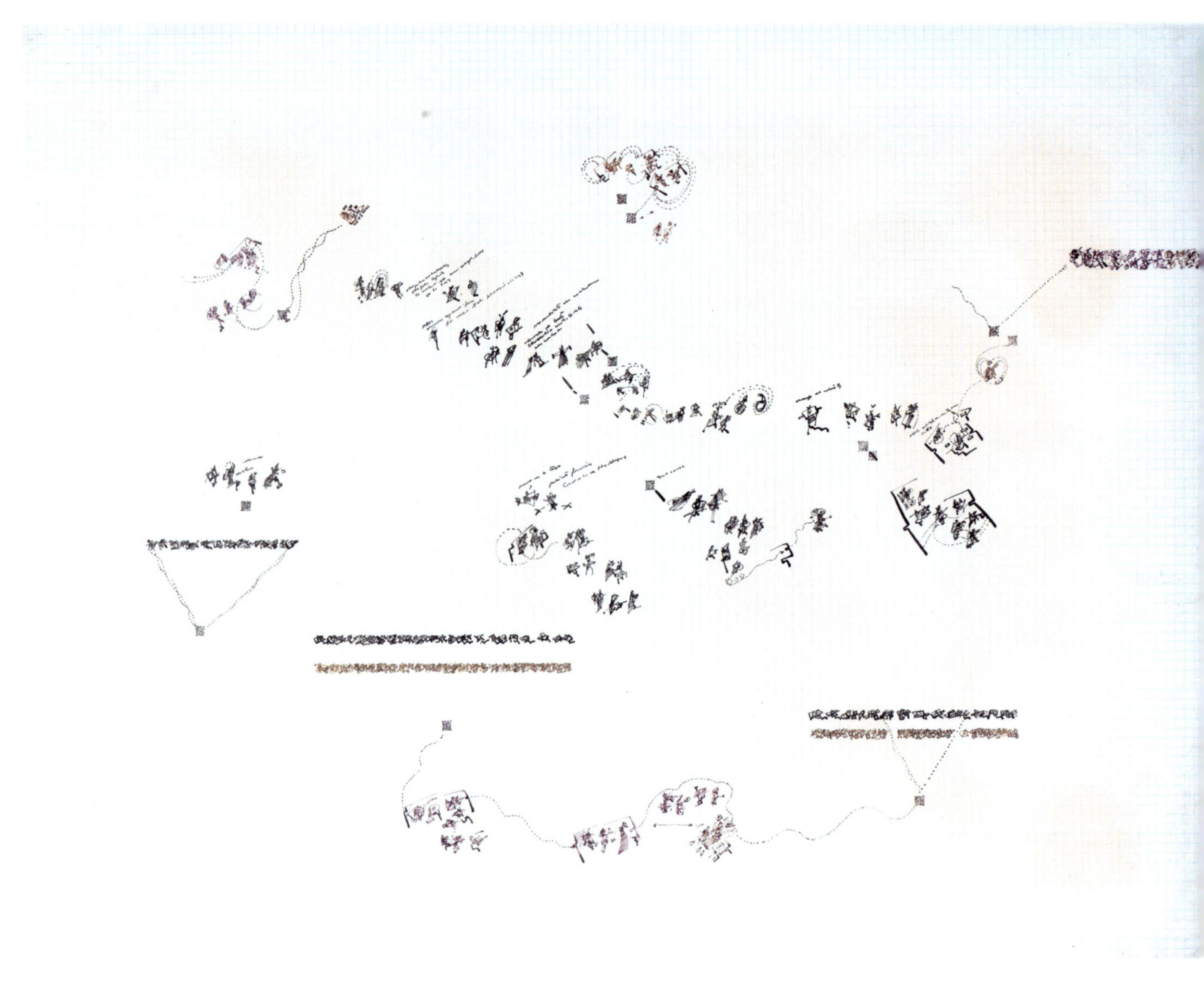

Equilibri determinat, 1974, tinta china sobre papel cuadriculado, 50 × 65 cm

detalle >

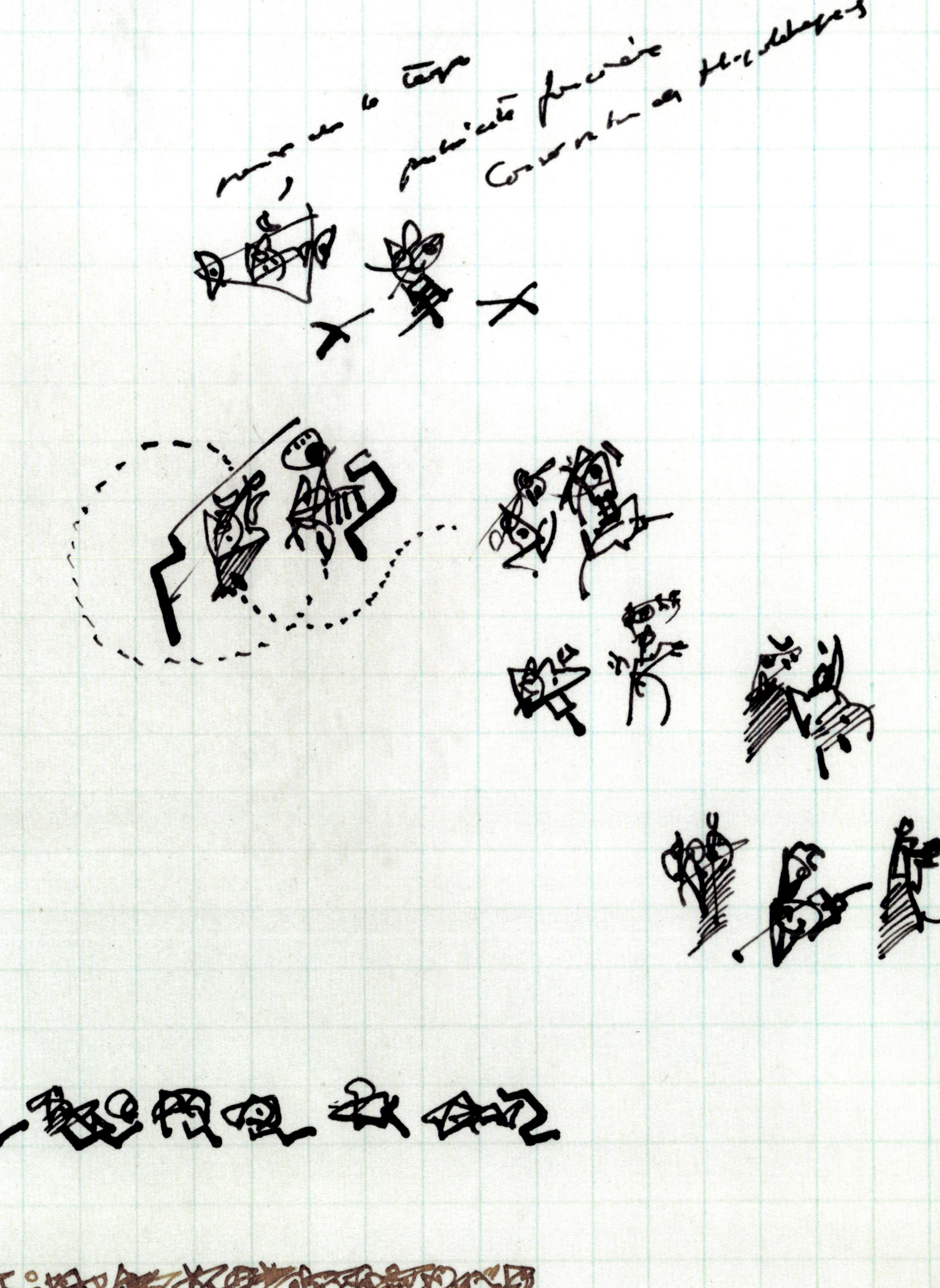

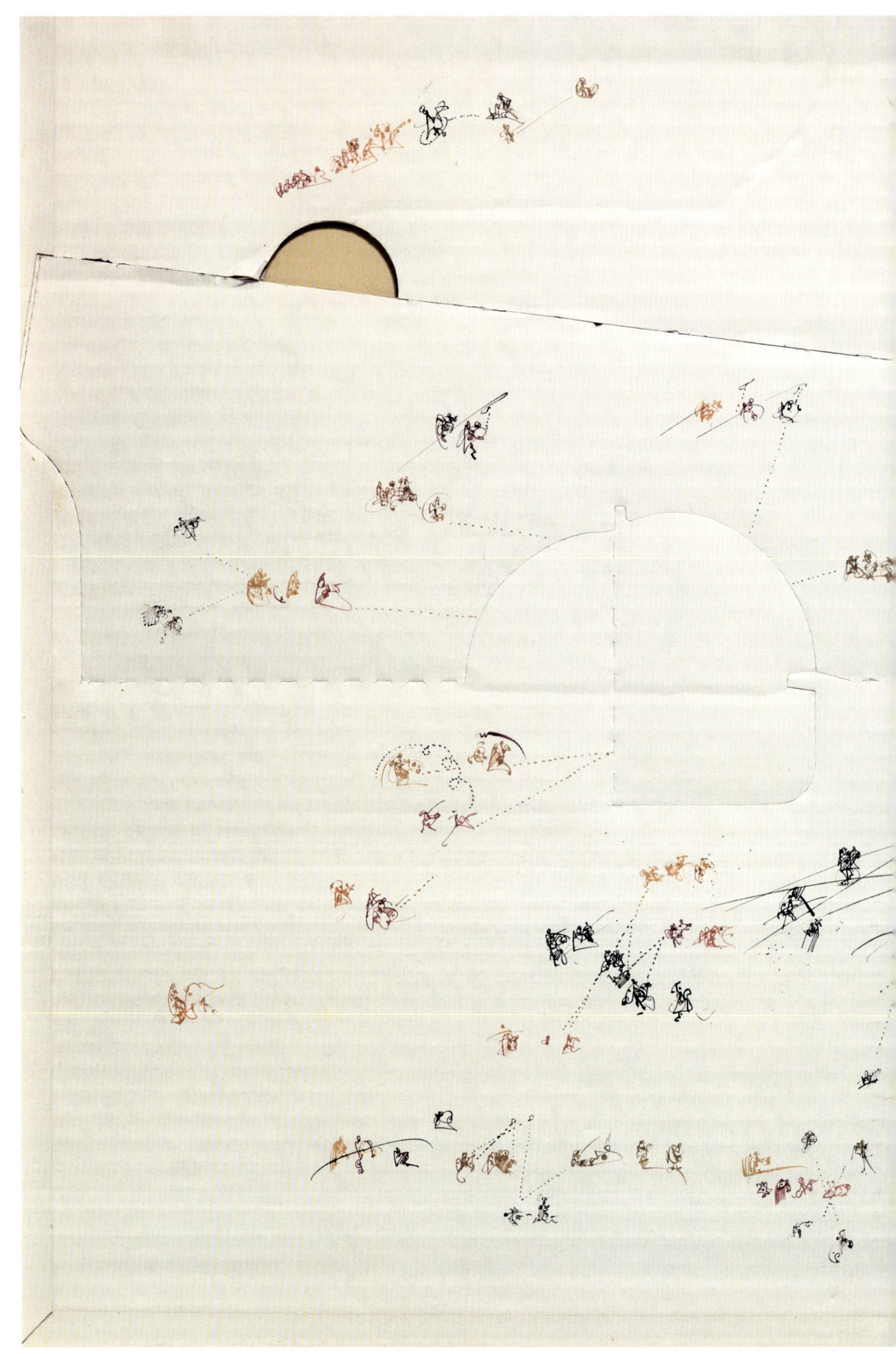

Encuny de dos forats, 1977, tinta china sobre cartón ondulado troquelado, 50 × 75 cm

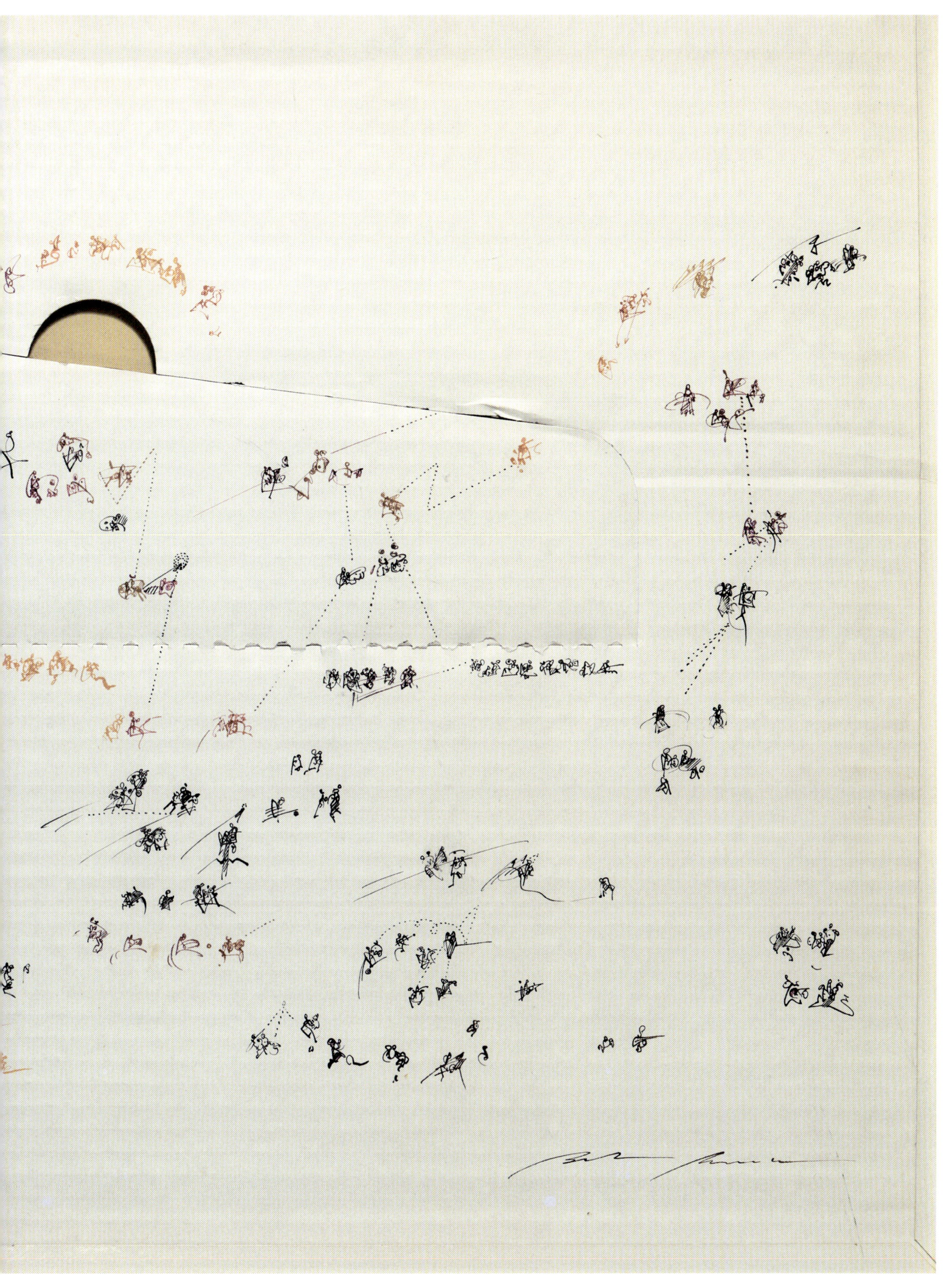

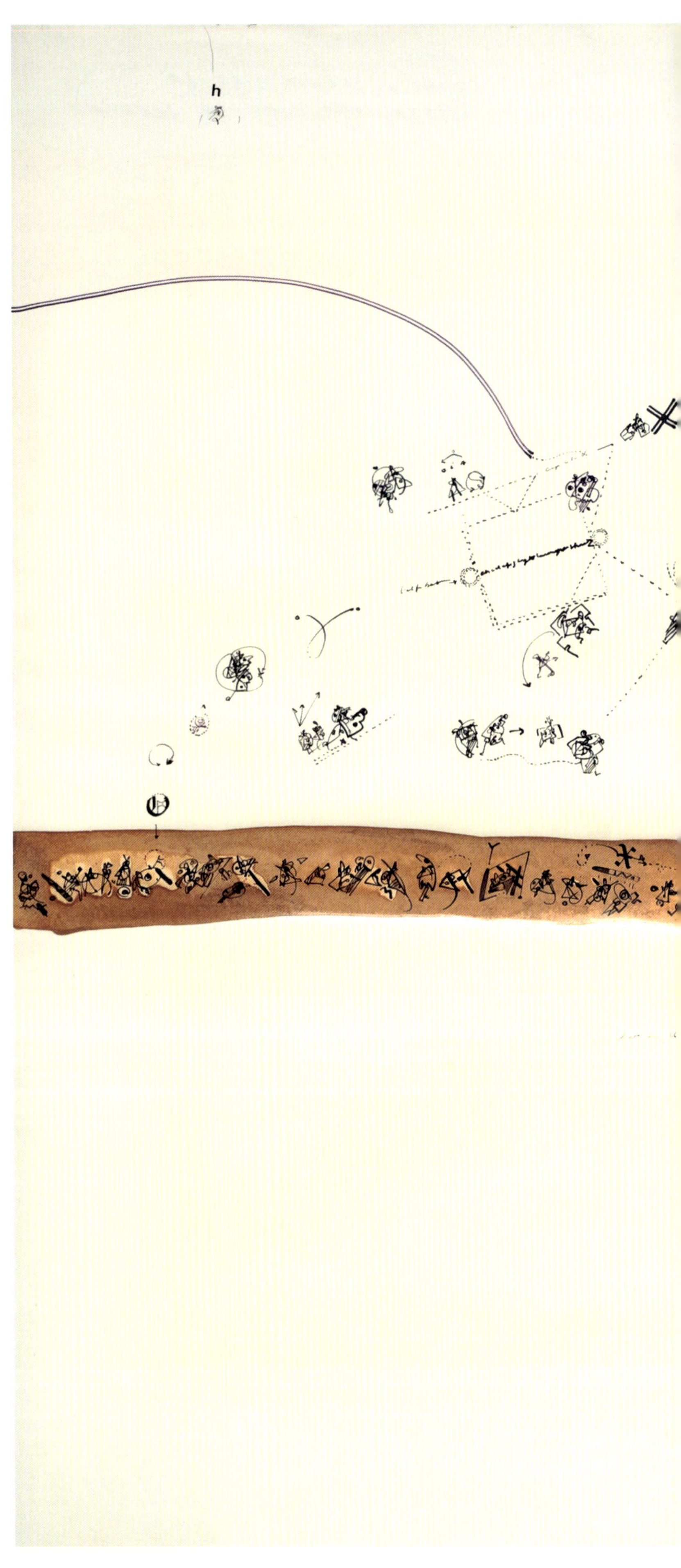

Perclorur punt i seguit, 1977, tinta china y percloruro sobre papel, 50 × 65 cm

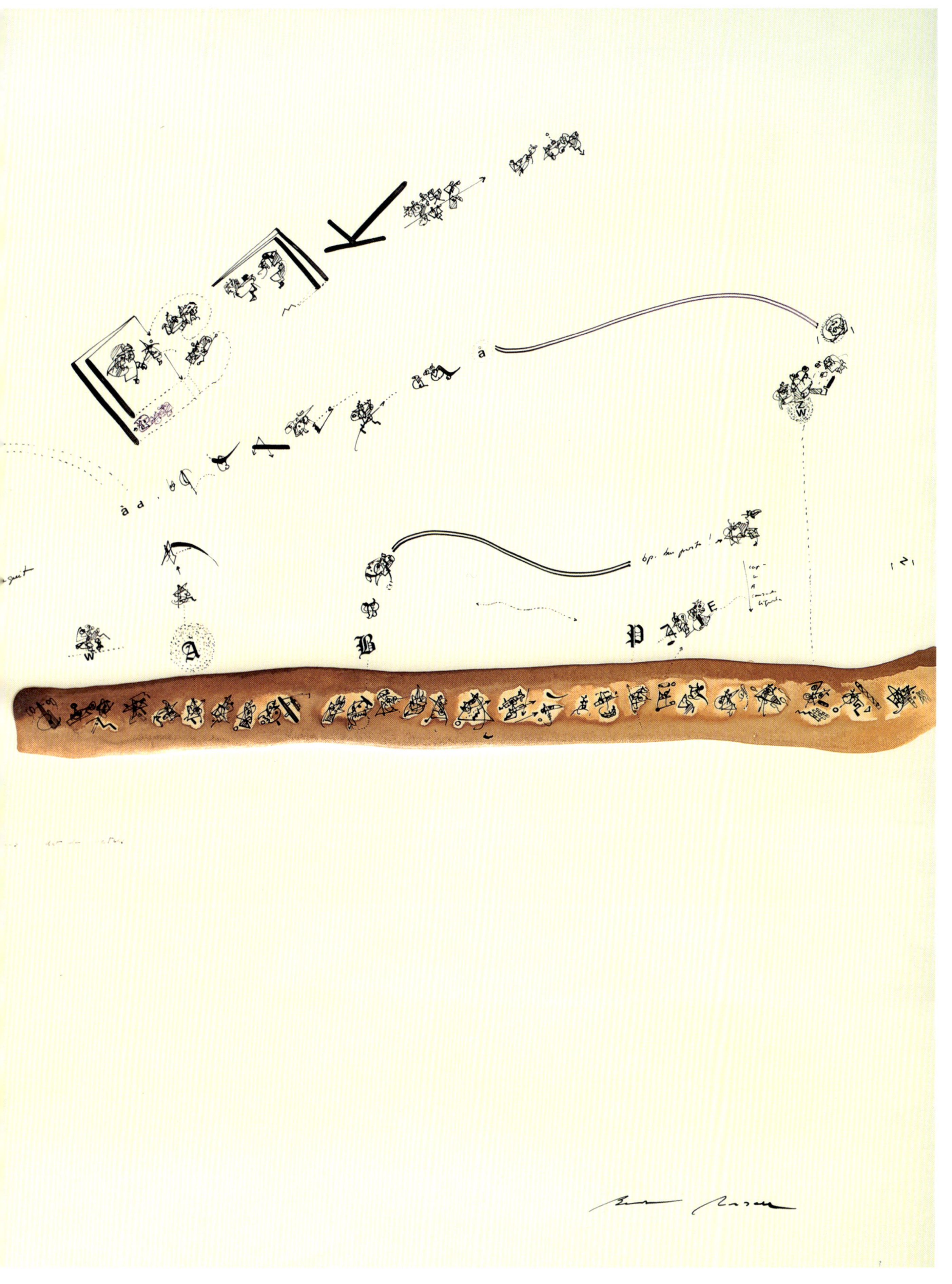

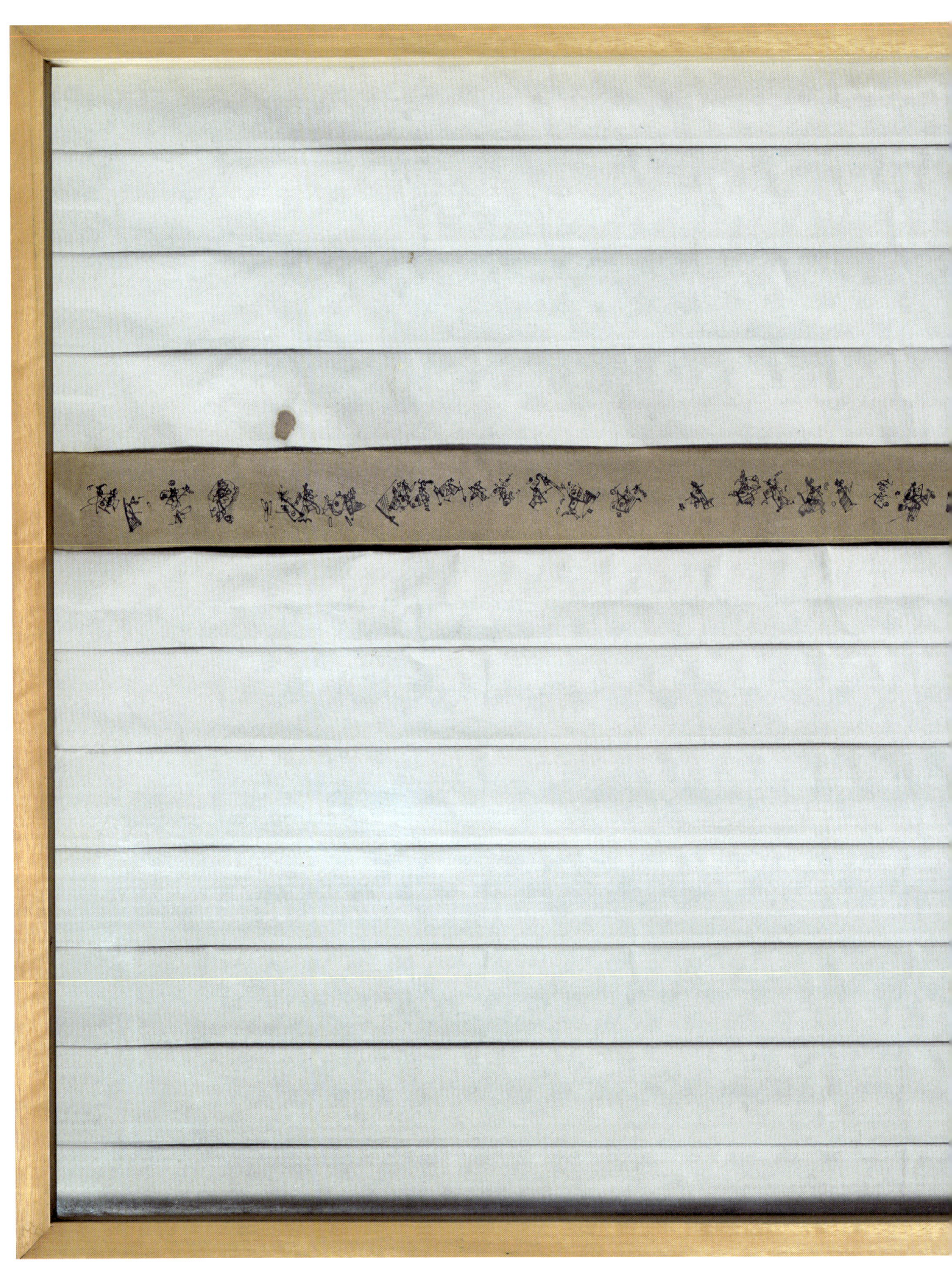

El món de l'aixella, 1976, tinta china y percloruro sobre papel doblado, 48 × 80 cm

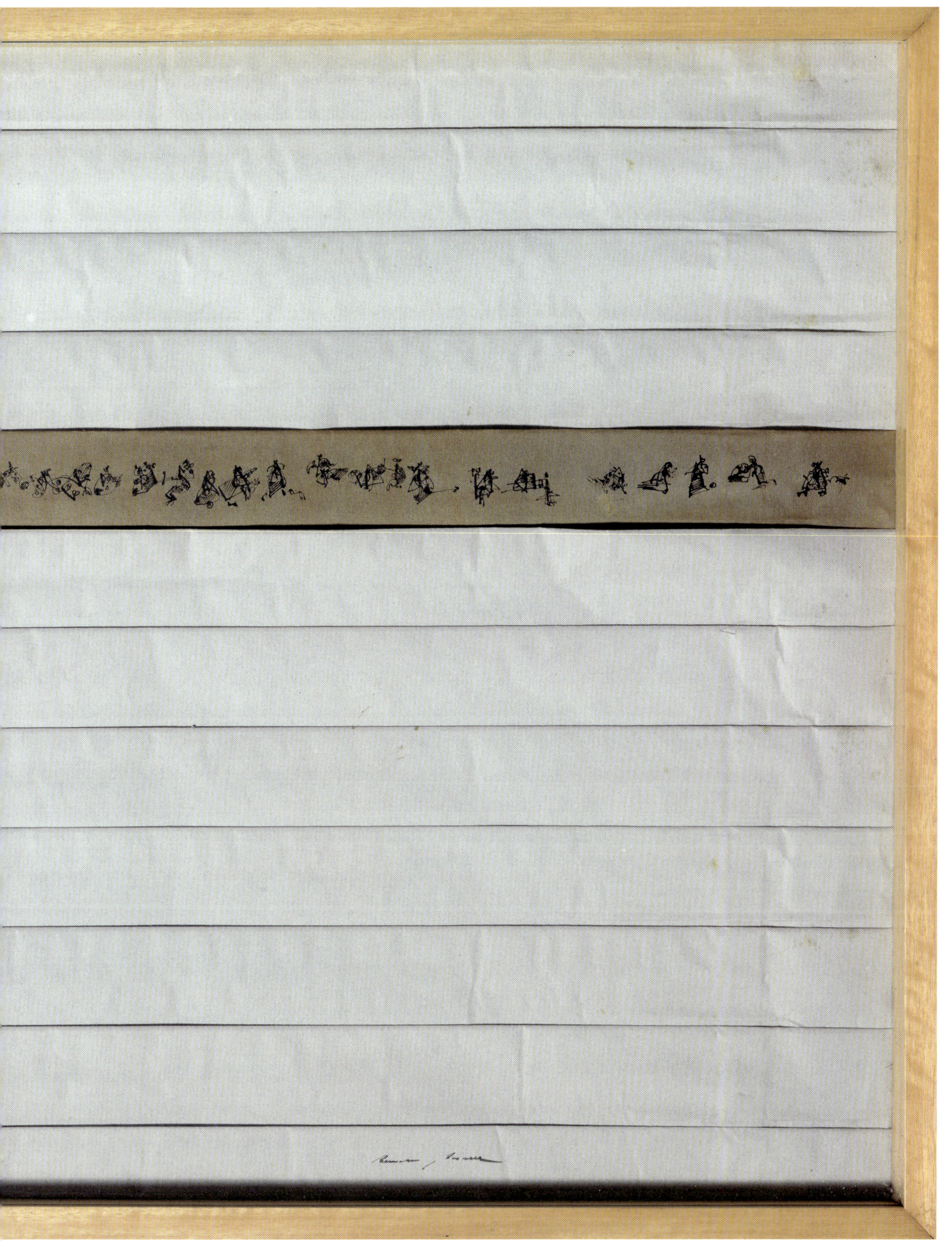

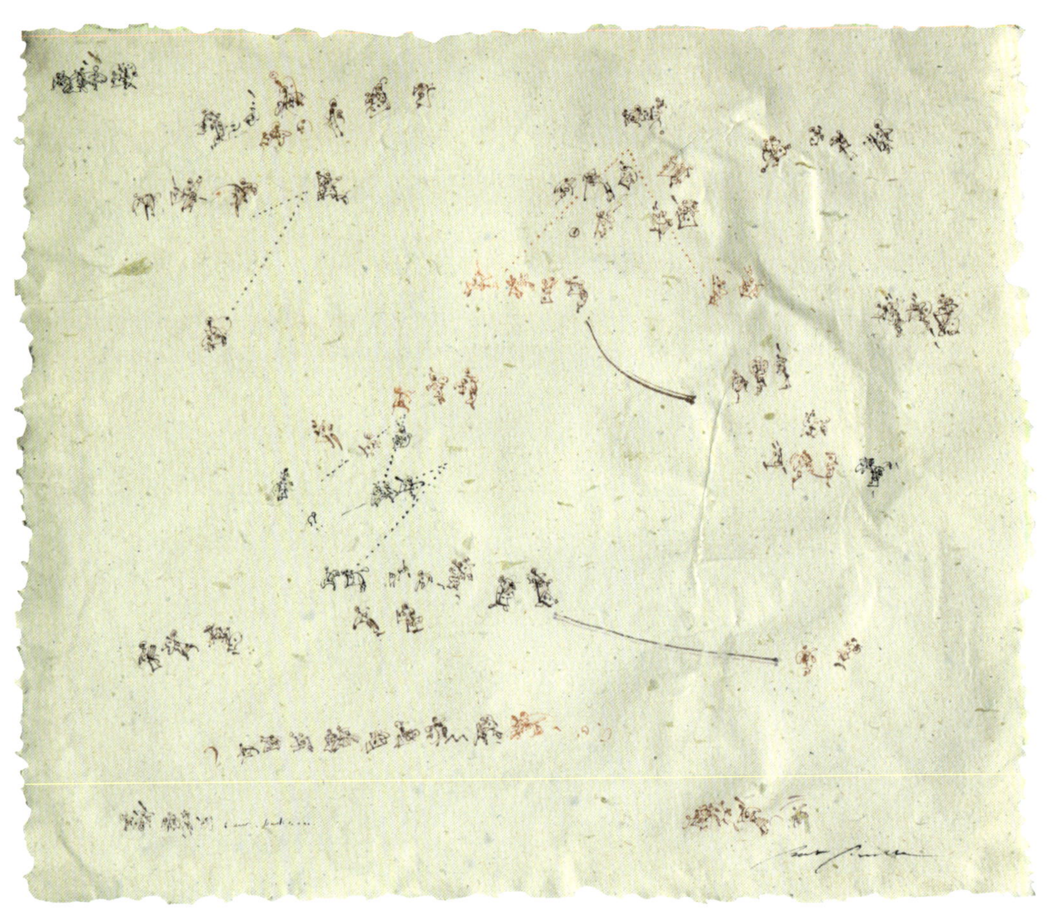

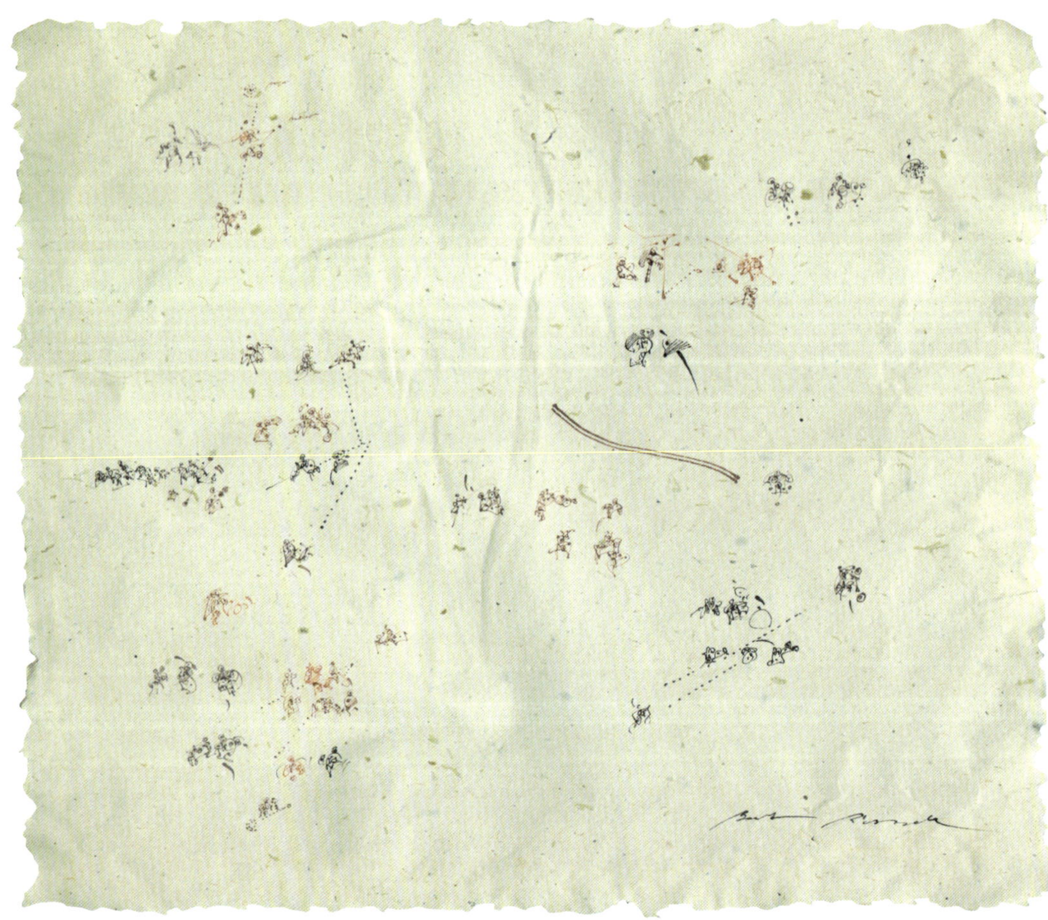

Averany i fumera 1 y 2, 1976, díptico, tinta china sobre papel, 24 × 29 cm c/u

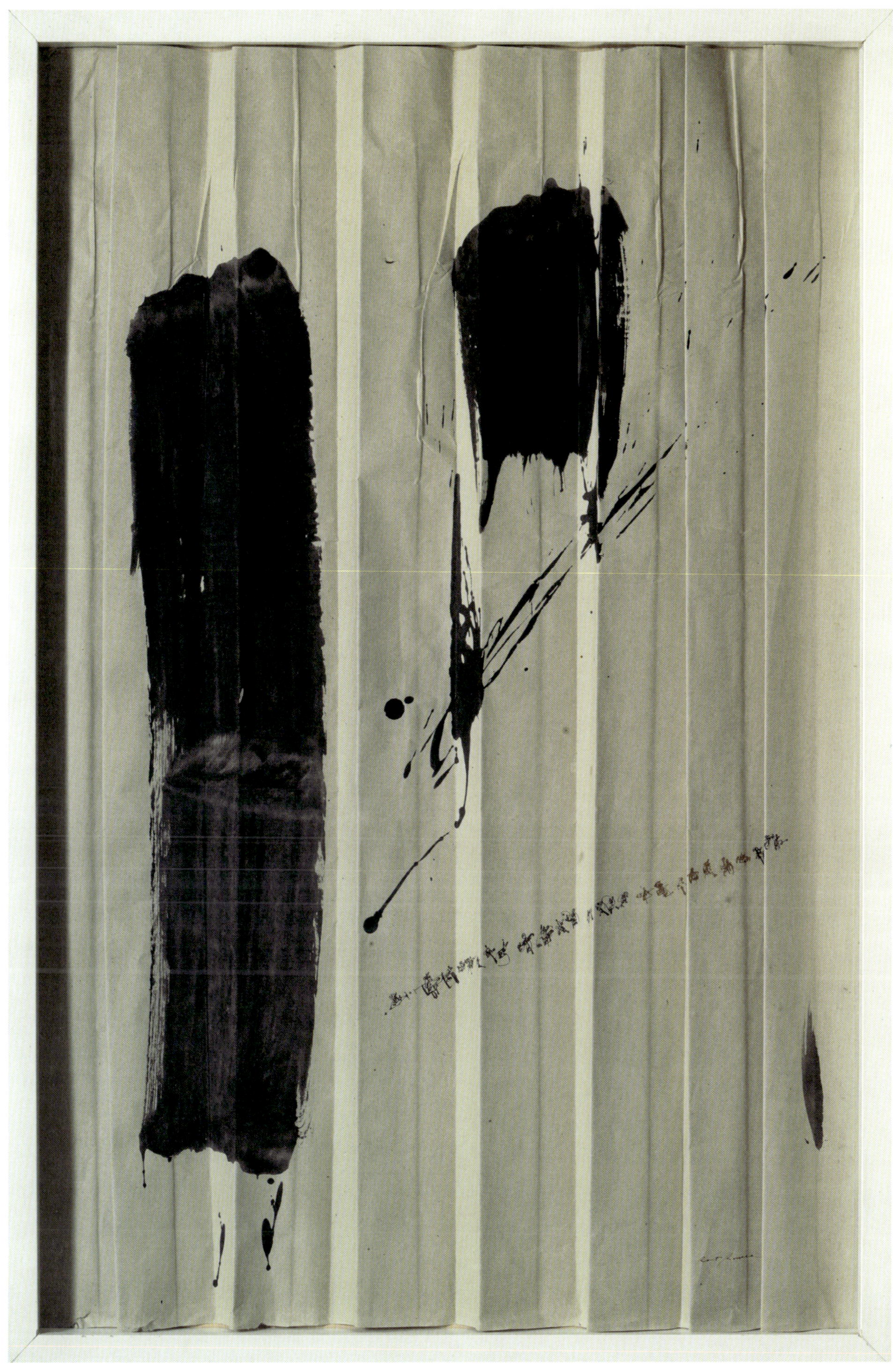

Seguiment tres, 1978, tinta china sobre papel doblado, 79 × 52 cm

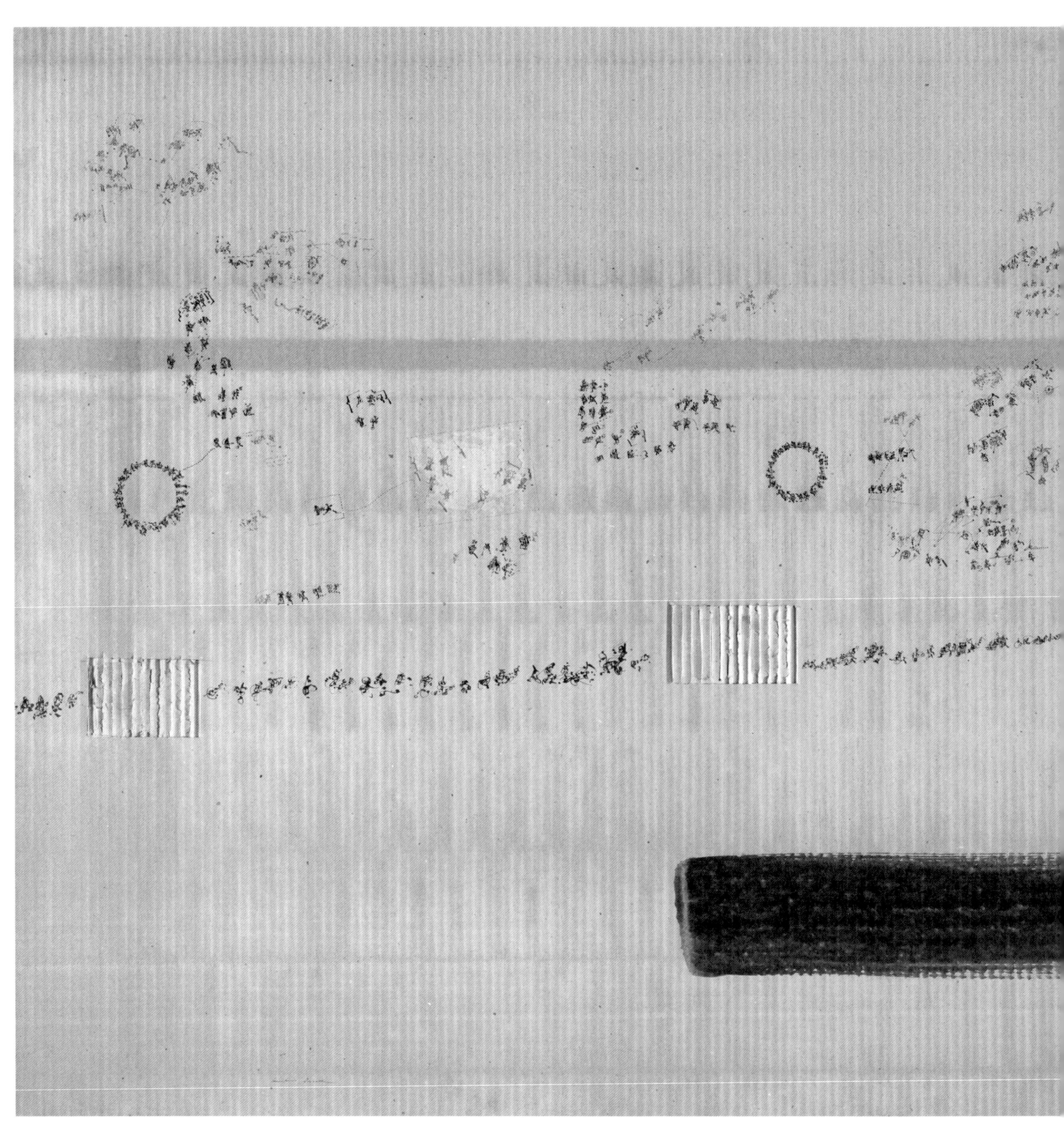

Emocionalment, 1974, tinta china y troquel sobre cartón ondulado, 100 × 205 cm

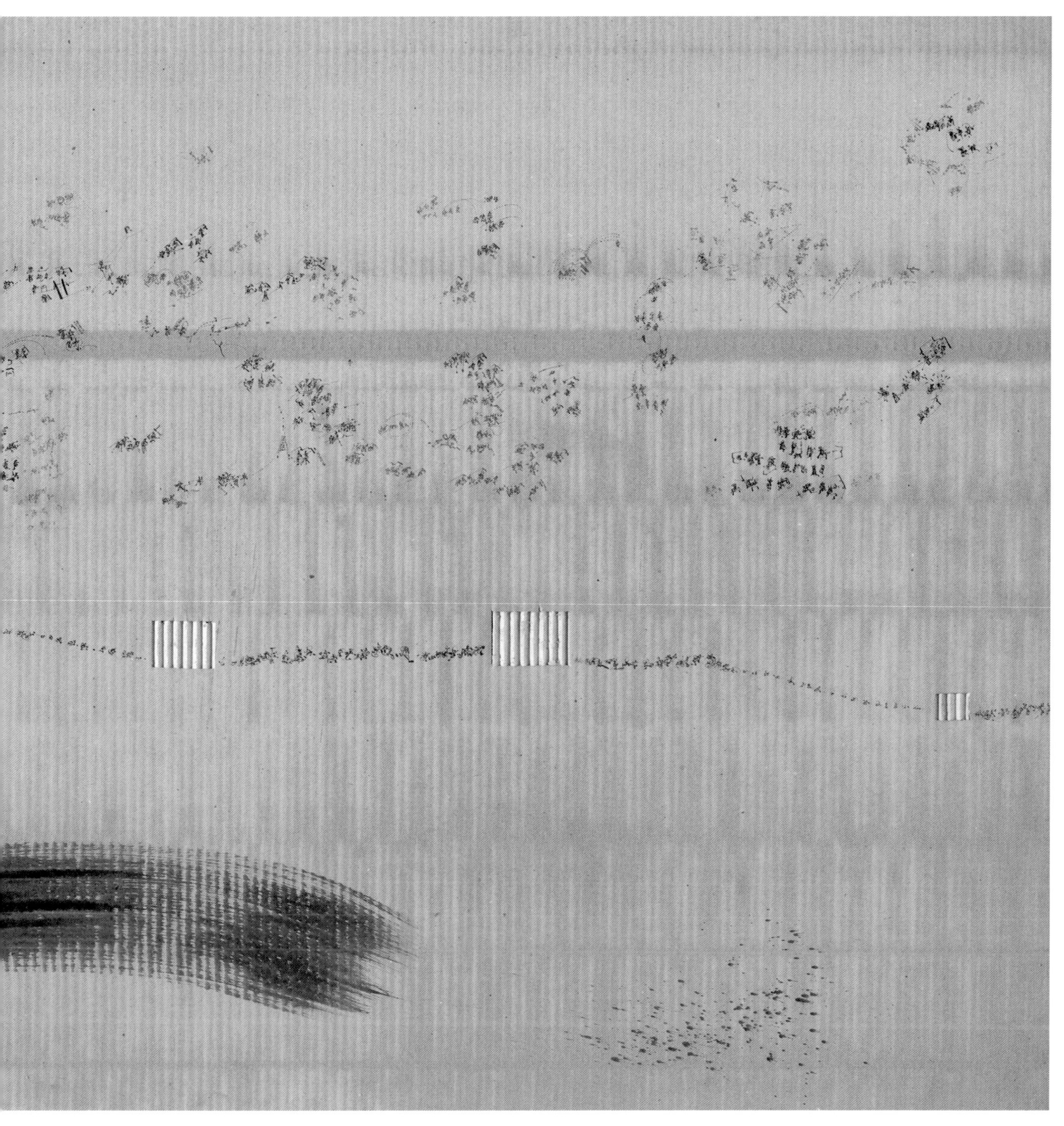

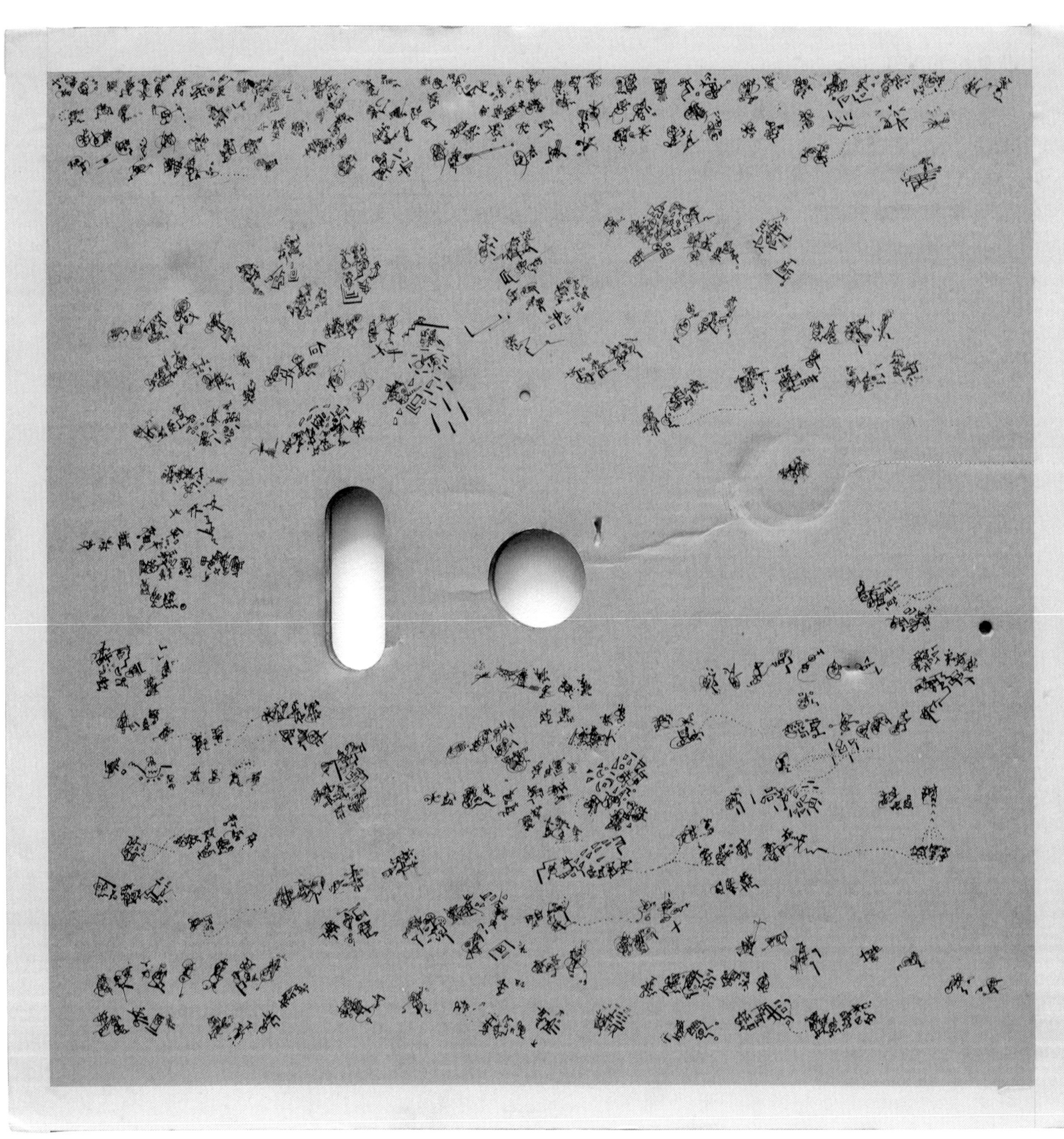

Amortisseur 1 y **2**, 1971-1973, díptico, tinta china y collage sobre cartón ondulado, 54 × 54 × 3 cm c/u

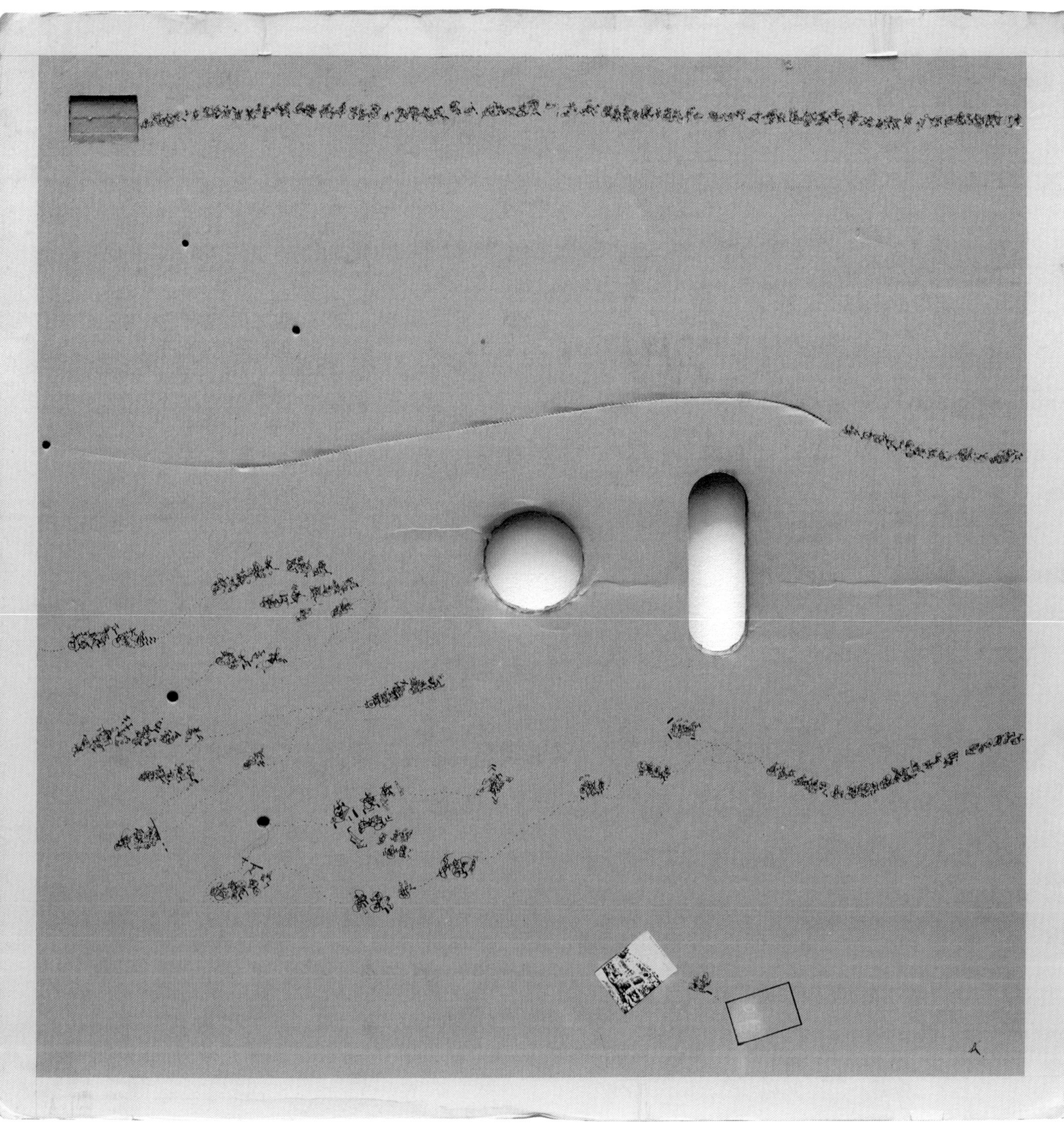

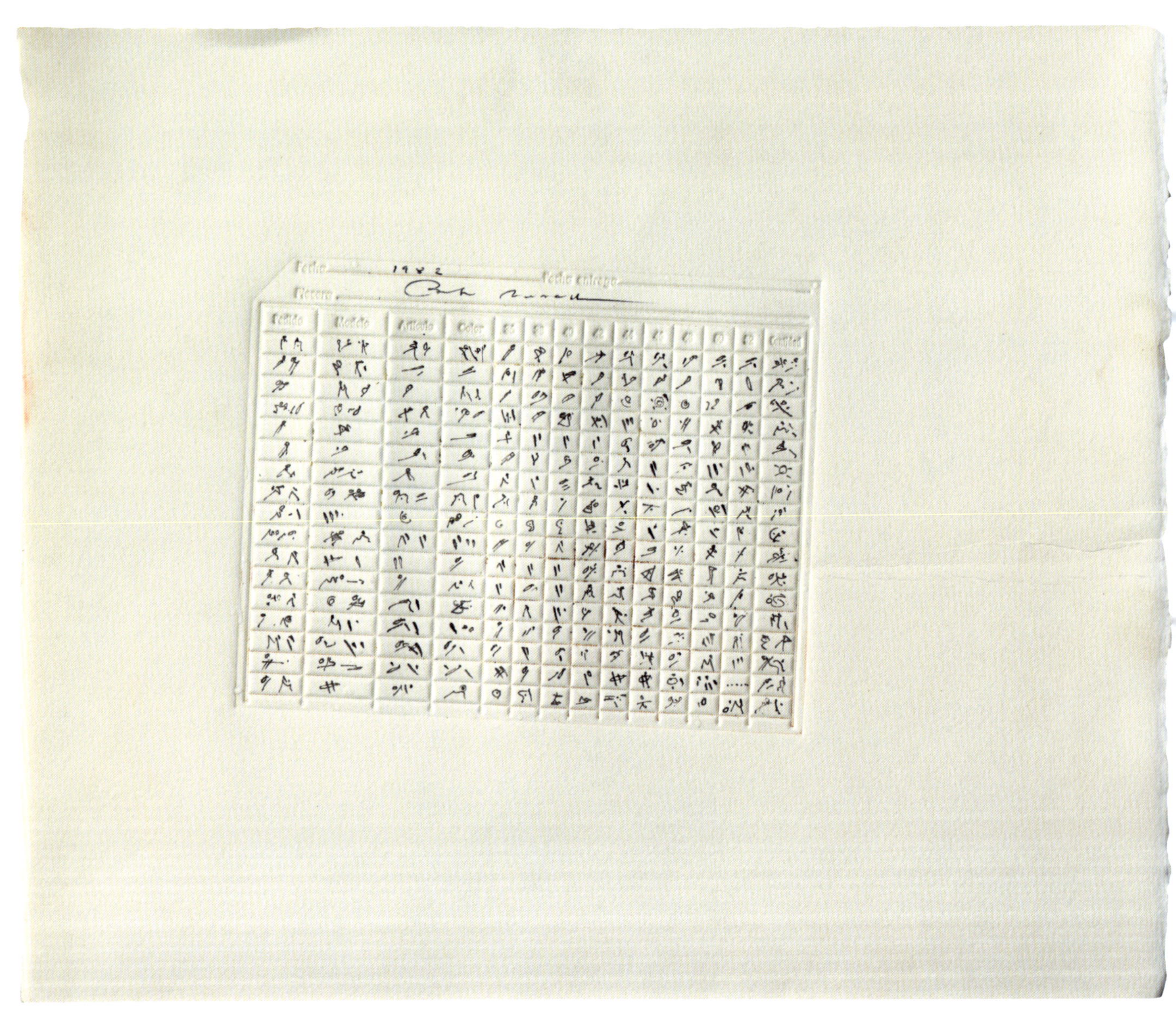

Articles i noms 2, 1982, tinta china y gofrado sobre papel, 31 × 38 cm

detalle >

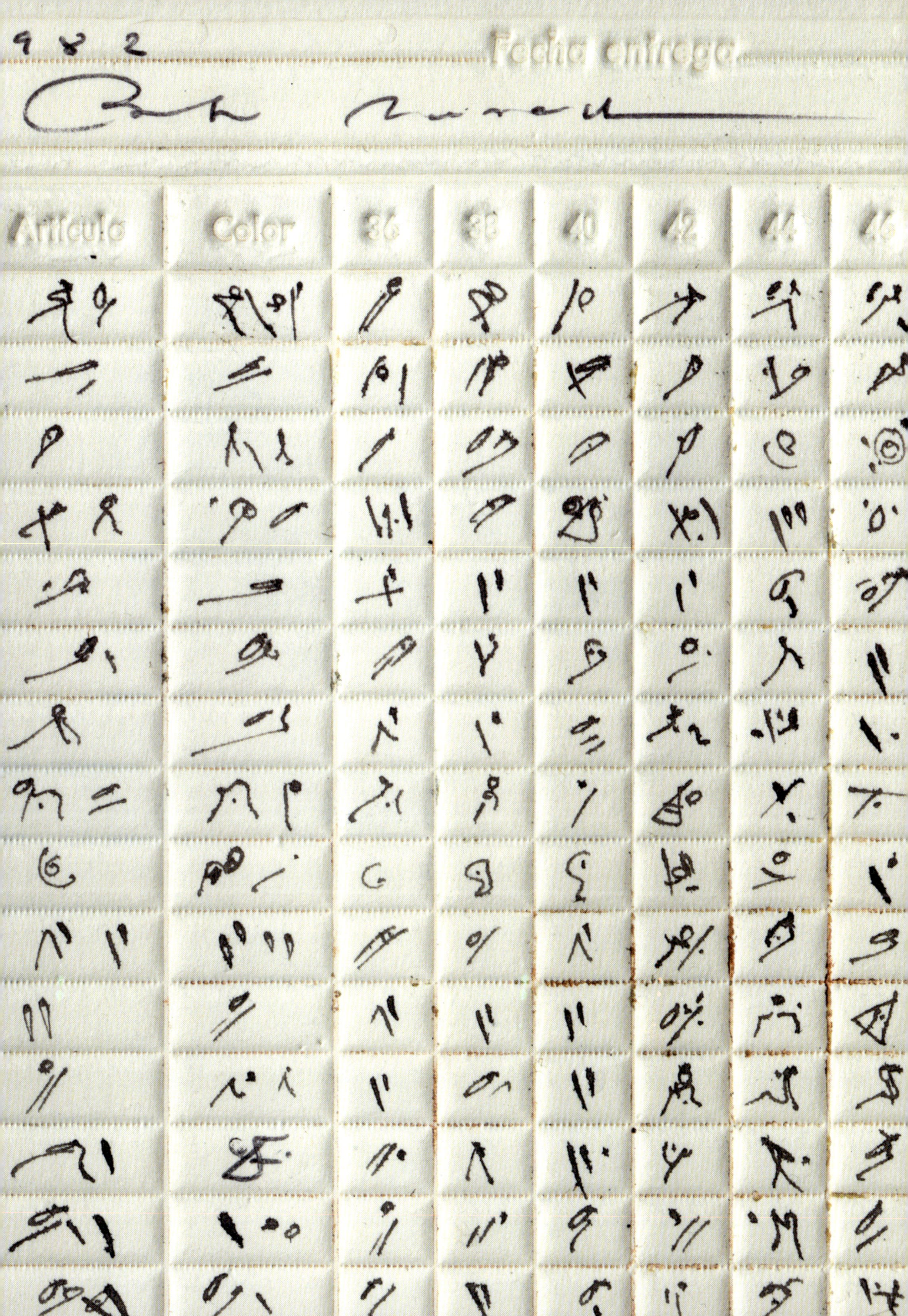
982
Fecha entrega
Artículo   Color   36   38   40   42   44   46

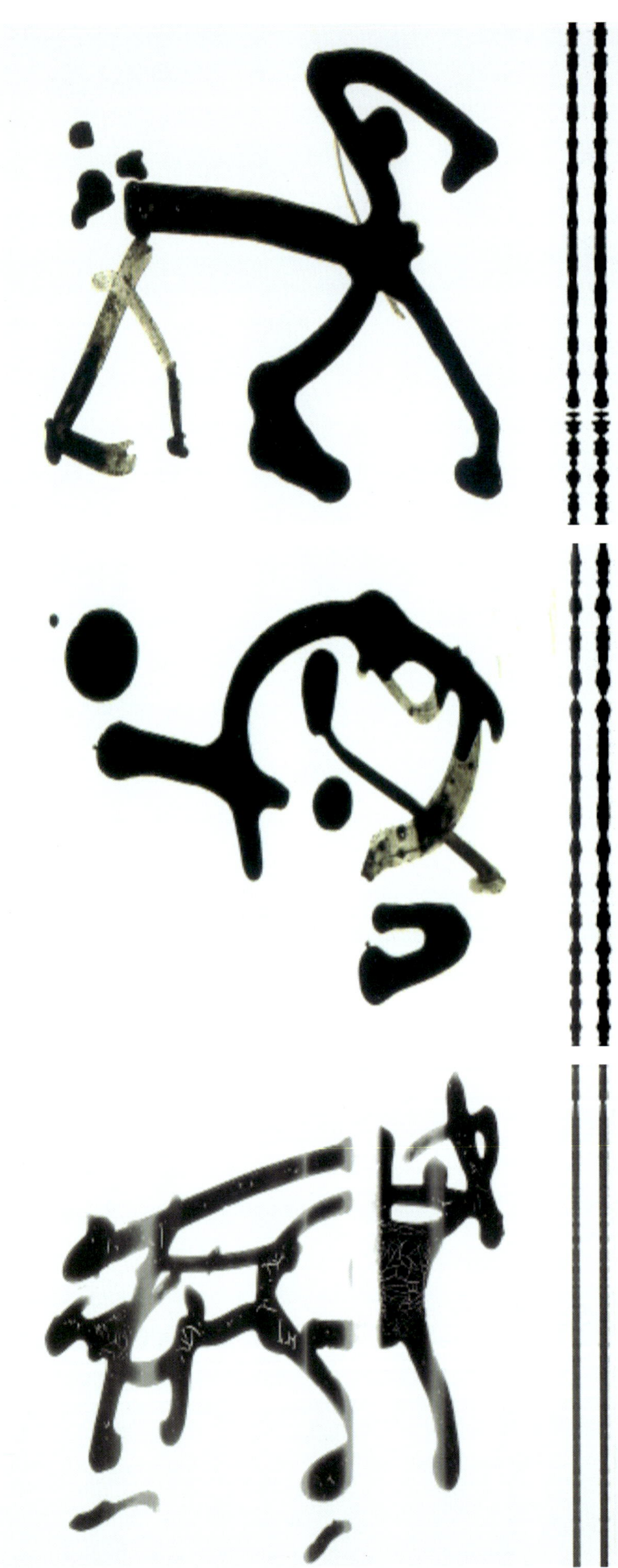

Referents, 1973/2007, vídeo digital, color, sonido, 45"

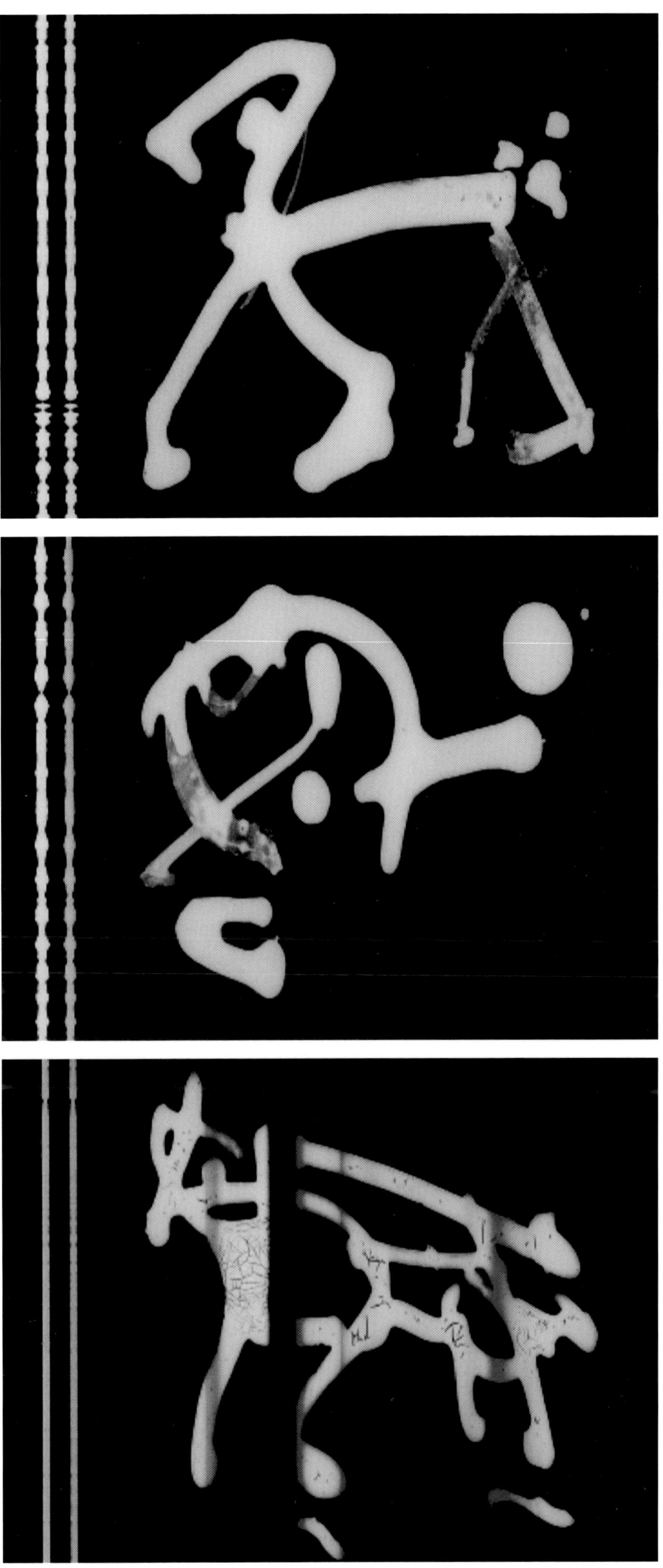

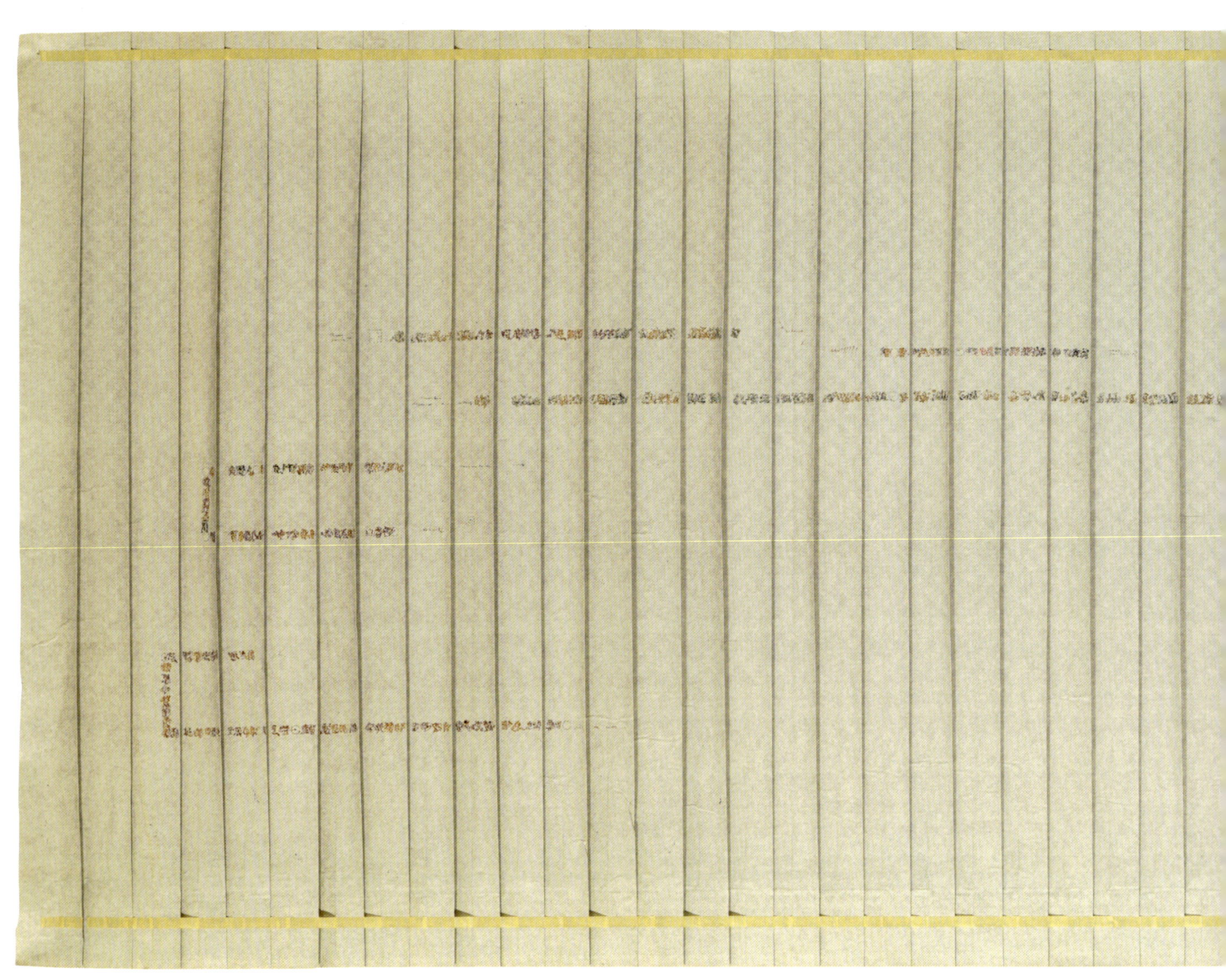

Text context, 1977, tinta china sobre papel doblado, 80 × 212 cm

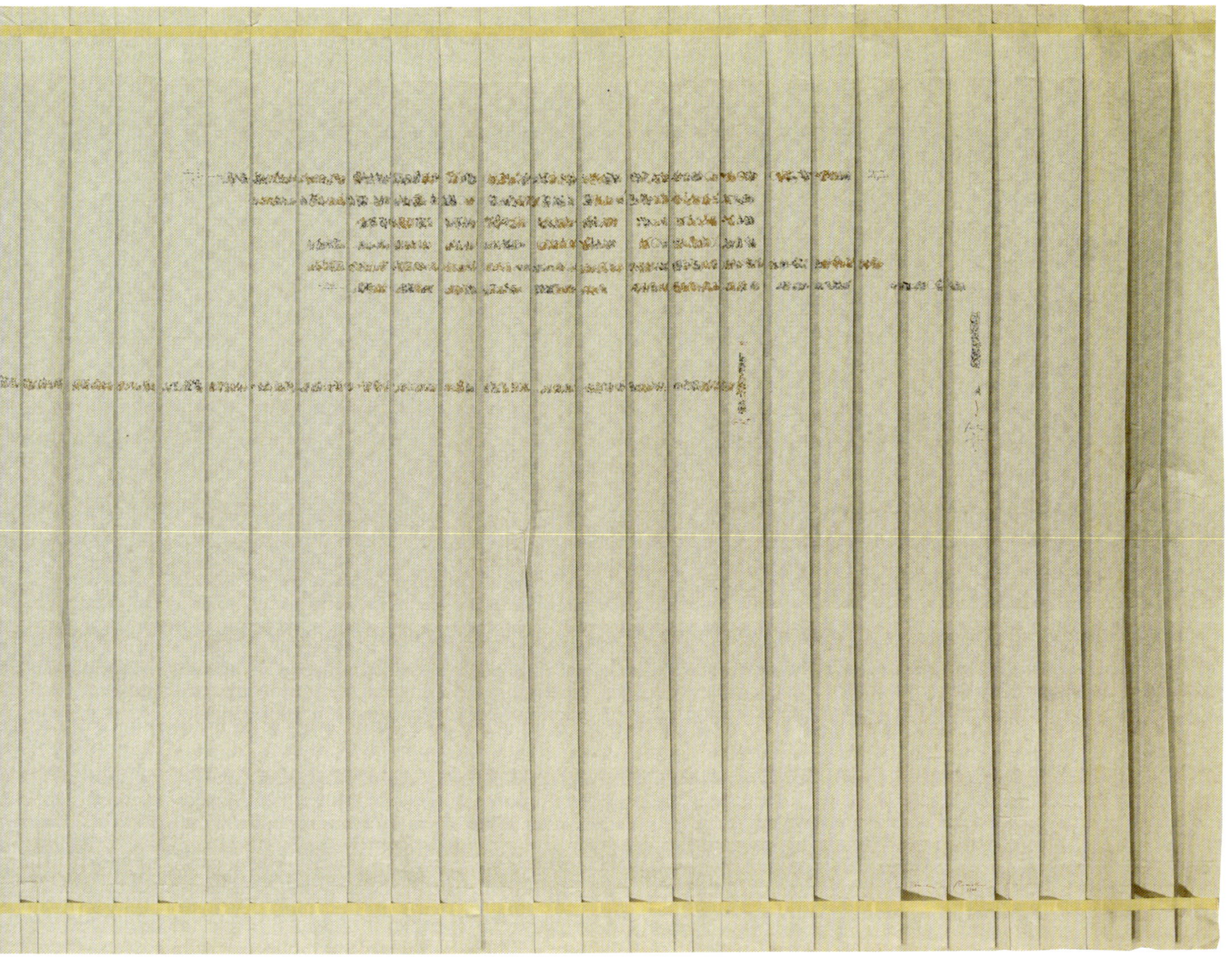

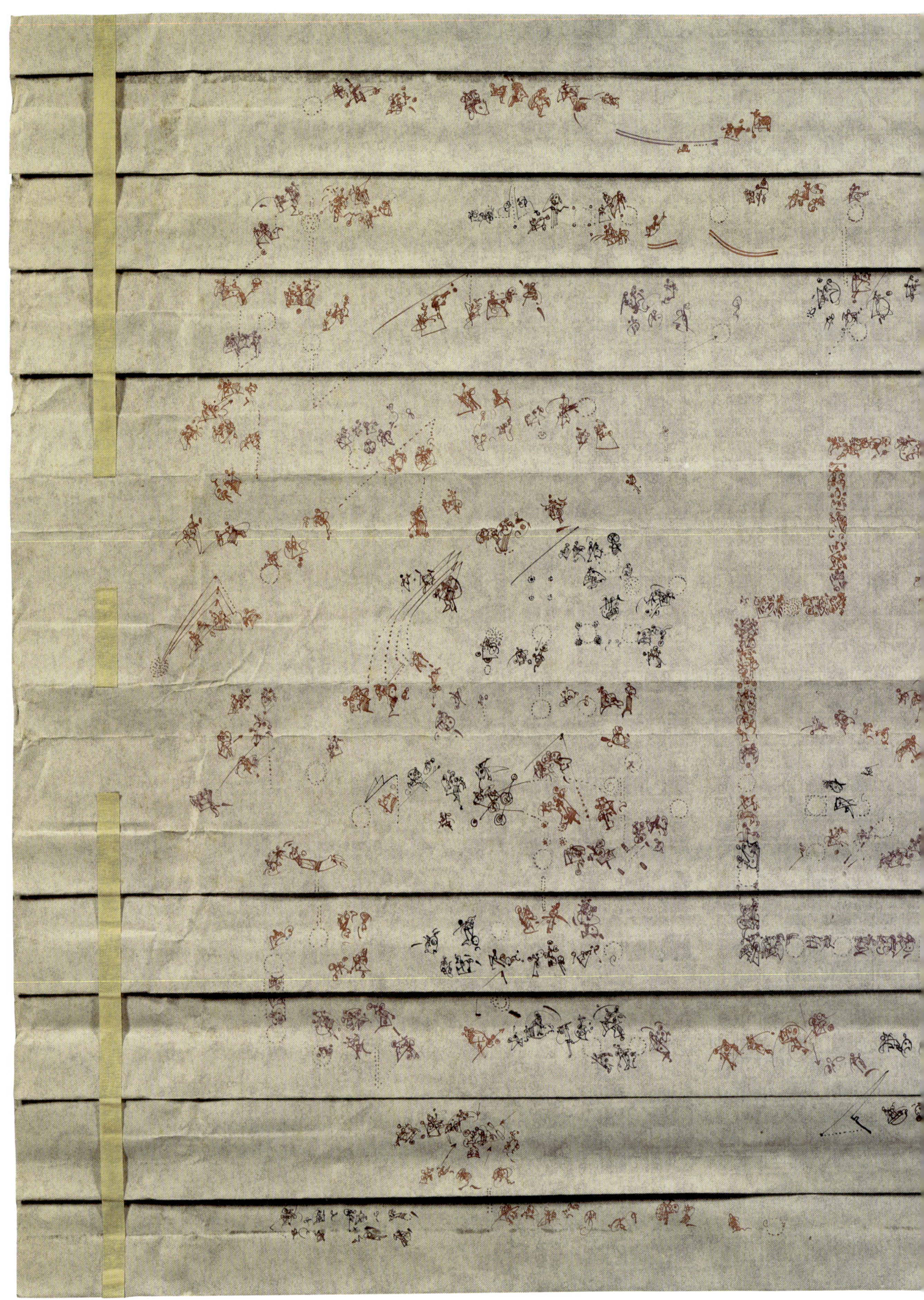

Dibuixos amagats, 1978, tinta china sobre papel doblado, 51 × 80 cm

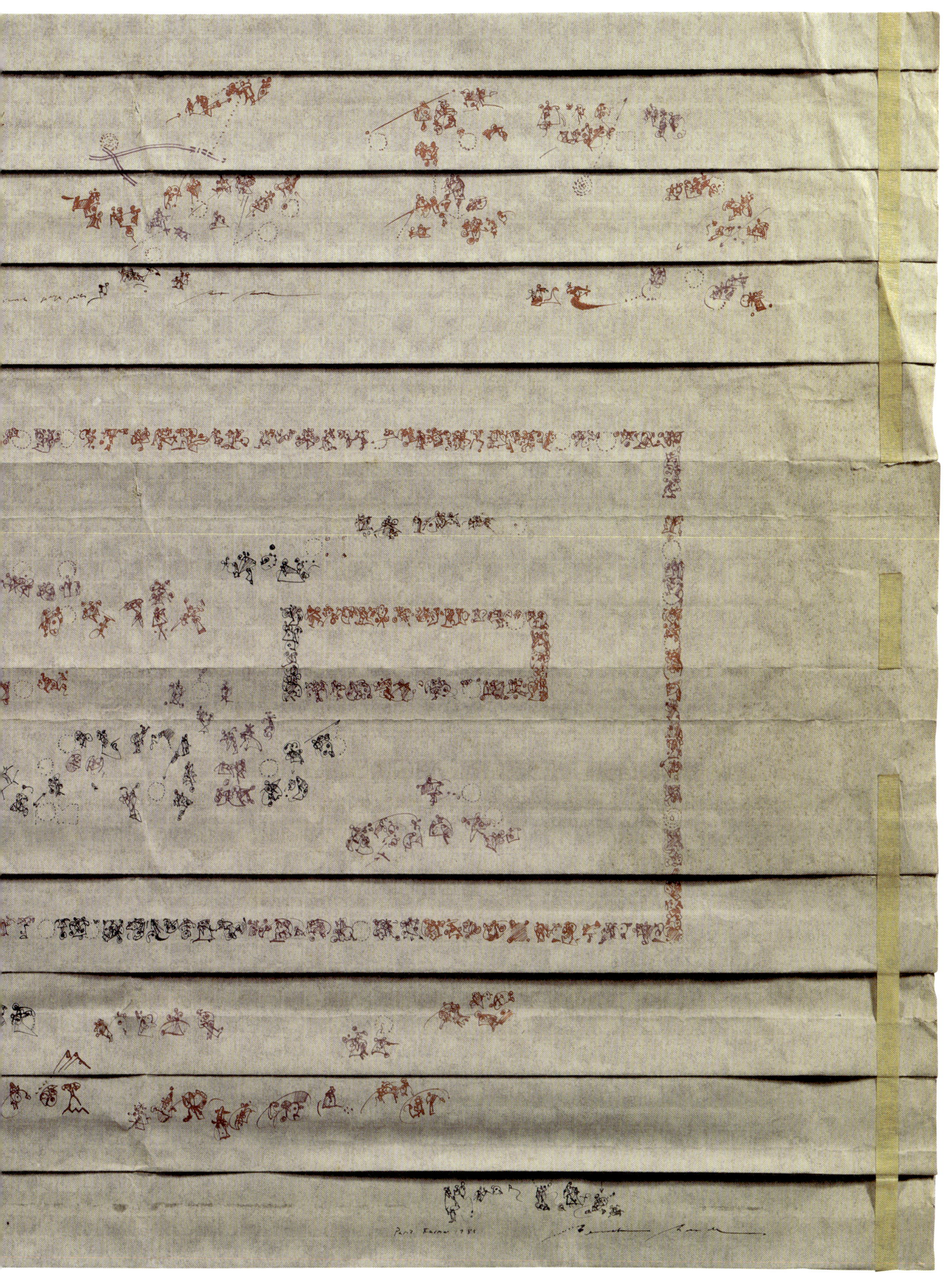

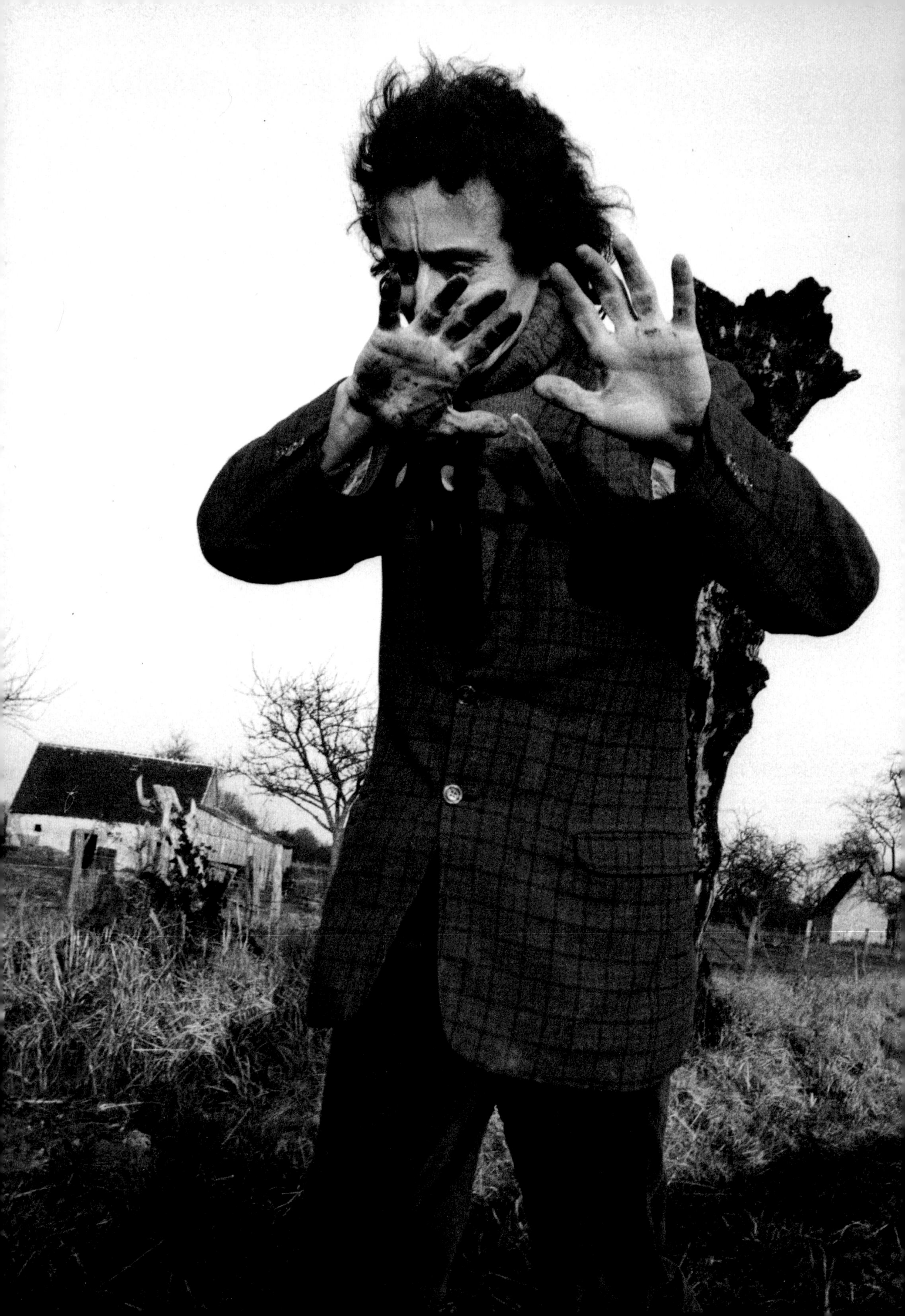

JEAN-CLARENCE LAMBERT

Benet Rossell, *artor*
O cómo y por qué nos encontramos en París hace casi treinta años

(Pero como si fuera *hoyer*, forma de hablar que solo significa lo siguiente: el tiempo de la obra, del acto artístico, es un presente constantemente reiniciado; no osamos decir: un presente perenne, pues tal como estamos, en pleno desorden cósmico, si hay una noción que ya no sea muy pertinente es la de perennidad...)

Así, Benet y yo no nos habíamos hablado demasiado desde el siglo pasado, a finales de los años setenta, comienzos de los ochenta, en París, cuando lo invité a las exposiciones que por entonces organizaba con Bernard Quentin (pintor-escultor-ambientalista-semiótico): *Art/Script*, en la Galerie de Seine; *Les lettres sont des choses*, en el Espace Alternatif Créatis; y después para la inauguración de la Villa Arson, en Niza, en abril-junio de 1984, la vasta exposición que situó al signo escritural como elemento plástico mayor en la creación artística en el siglo xx: *Écritures dans la peinture*— en este caso una empresa colectiva, generada por Michel Butor.

En aquella ocasión yo había reunido, en orden alfabético (que, como se sabe, es una solución fácil y una forma de eludir incompatibilidades) a doce artistas de todas las generaciones estéticas, sin distinción, cuya importancia era para mí en todo caso indiscutible: Jochen Gerz, Anton Heyboer, René Magritte, Merkado, Jean Messagier, Henri Michaux, Georges Noël, Claes Oldenburg, Roman Opalka, Bernard Quentin, Benet Rossell, Joe Tilson.

Con «mis» doce artistas, lo que hacía era ilustrar esa utilización particular de la facultad imaginativa que propuse llamar *la imaginación escritural*,[1] refiriéndola a la psicología genética, de acuerdo con la cual y según Julián de Ajuriaguerra «la escritura está hecha de trazas visibles de gestos más o menos conscientes, más o menos individualizados, en función de factores madurativos orgánico-funcionales».

A propósito de las micro-crónicas de Benet Rossell, citaba yo al poeta surrealista Robert Desnos. En su gran relato onírico de 1924 *La libertad o el amor*, Desnos habla del «fenómeno mágico de la escritura como manifestación orgánica y óptica de lo maravilloso», e imagina «gotas de líquido ocular a través de las cuales han pasado las palabras para volver luego bajo una forma plástica a confrontarse con una memoria».

¿Esto no era anunciar ya los «intersignos mutantes» de Benet, por ejemplo aquella *O encaramada sobre dos piernas haciéndose humanoide*, o bien aquella *E expulsada convirtiéndose en boca caníbal*? Antropogramas, dirá aquel otro poeta —no surrealista, sino neobarroco— que fue el cubano de París Severo Sarduy, quien percibió a Benet como «un individuo inquieto y jadeante, arrastrado por la errancia ambulatoria de una carrera que no cesa».

No sorprenderá, pues, que aquellos *antropogramas* acabaran cruzándose con aquel otro «ambulante» que es Don Quijote de la Mancha y que nunca dejará de perseguir a las mentes españolas...

Esto era, pues, hace treinta años en París y en Niza. Y he aquí que en aquel curioso otoño estival de 2009, Benet viene en coche desde Barcelona hasta la Ferme de Dracy, en la Borgoña, donde vivo (es también un lugar de encuentro

---

1 Se puede hallar el ensayo del autor sobre la imaginación escritural en su libro: *El reino imaginal*. Barcelona: La Polígrafa, 1993 [trad. de Maria Pessarodona].

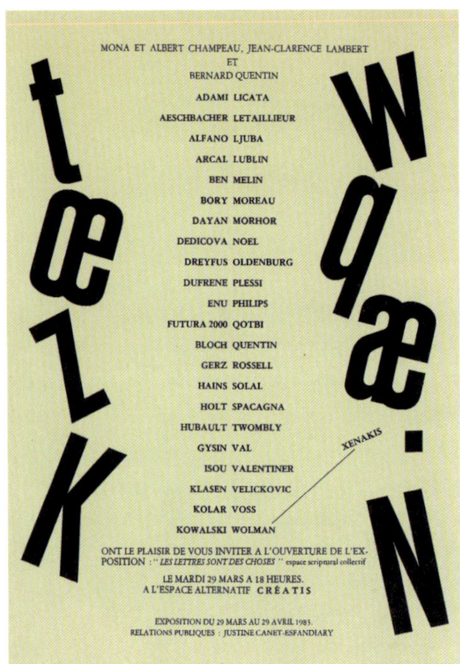

Programa de la exposición *Les lettres sont des choses*, Espace Alternatif Créatis, París, 1983

inter-artes). Ahí está, con Cristina, y con documentos, catálogos, DVDs y vídeos... ¡Muy poco menos joven! Y todavía más múltiple que cuando lo había conocido... «No perder el tiempo.» No repetirse nunca.

Experimental

Sin duda, la actividad artística de la segunda mitad del siglo XX, tal como la podemos considerar globalmente, fue experimental, mayoritariamente experimental. De un modo triunfador. Con audacia e intranquilidad, negación y provocación. En el vértigo de la novedad y a menudo, muy a menudo, de la fuga hacia adelante.

También con cierta nostalgia de un lejano *original*. Regresar a las fuentes ocultas del *deseo de arte*. La cueva Chauvet, recientemente descubierta en Ardèche, es diez mil años más antigua que Lascaux, lo cual supone 25.000 años, nos aseguran.

Pensándolo bien, ahora que tenemos la perspectiva necesaria, ¿no es el arte experimental el equivalente de la Revolución, ese mito motor del siglo XX?

Cambiar la sociedad, cambiar el arte... O incluso, como imaginó Constant con *New Babylon*: cambiar la sociedad (la ciudad, al menos) con los medios del arte puestos al alcance de todos.

Benet, para mí, era la ciudad, París y los catalanes de París... Ahora bien: aquí, hoy, en el corazón de la Puisaye, granjas, castillos, ríos y bosques... resulta que me sorprende diciéndome: «Soy de origen campesino. El arte lo planto en la tierra... Mis signos caligráficos son una vegetación, proliferan como la hierba, la buena y la mala, germinan...»

En ruptura con las tradiciones multiseculares que el siglo XX vació de toda vitalidad, el experimentalismo permitió (entre otras cosas) la emergencia de aquellas *operaciones de arte* que Benet Rossell, entre otros, practicó en París desde los años setenta. Tales como las que hoy se practican comúnmente en el mundo entero.

El tránsito desde la *obra* hasta la *operación* de arte fue una de mis preocupaciones obsesivas como crítico de arte, o sea, testigo comprometido, compañero de ruta. Para balizarlo, nombrarlo, es decir, captarlo en su movimiento inaprensible, propuse, en un número especial de la revista *Opus International*, el neologismo *artor*, palabra-baúl hecha con *artista* y *actor*.

Palabra particularmente apropiada, me parece, para Benet.

Pero más que de *tránsito* (sin retorno, como sucede con la mayoría de *artores*) en el caso de Benet hay que hablar, sin duda, de *oscilación*. Para él, la *operación* en el campo artístico no *excluye* la obra. Va de la una a la otra. Nunca ha abjurado de la pintura, como lo recuerda la *Agenda* de 1995, posterior a la exposición —muy pictórica— del Museu Morera de Lérida (1987). Y tampoco se prohíbe la escultura, como lo demuestran las letras monumentales de *Una salut de ferro*, «poema visual escultural» para el jardín del Hospital Universitario de Lérida.

Como para seguir siendo libre. Y la libertad es saber/poder volver, sin falsos escrúpulos ni mala conciencia, a los *viejos procedimientos* del arte,

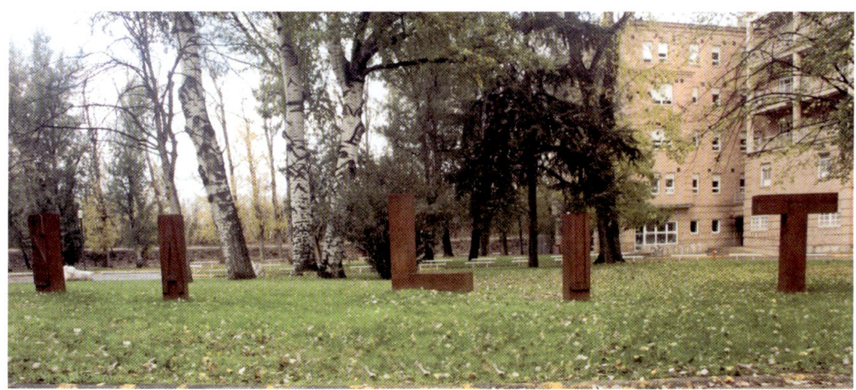

Una salut de ferro, 2006, Hospital Arnau
de Vilanova, Lérida

si y cuando se siente tal necesidad interior. Pienso en Joan Brossa, a quien
invité a París con ocasión del festival *Le Feu de Mots*. ¿Acaso no pasó,
en cierta época y como burlándose, del poema visual (su *Oda a Joan Miró*,
¡experimental como pocas!) a la sextina de la Edad Media y al soneto
petrarquista? «Ni cap camí pot ser tancat amb normes», leemos en *Perruques*,
un soneto, precisamente.

Históricamente, lo experimental en arte fue iniciado, luego desarrollado, por el
dadaísmo, el futurismo (antes de que degenerara), el surrealismo y Duchamp,
quien fue erigido a partir de los años sesenta (un poco a su pesar, puedo dar
testimonio de ello) como tótem universal... Lo experimental se manifestó de mil
formas, a menudo difícilmente detectables al principio. Por ejemplo, inmediatamente
después de la Segunda Guerra en llamarse Mundial, el movimiento CoBrA se
anuncia como «la internacional de los artistas experimentales». Las obras CoBrA
(Constant, Jorn, Appel, Corneille, Pedersen, Alechinsky, Tajiri, Heerup, etc.), que
sin embargo son pinturas-pinturas y esculturas-esculturas, aspiraban a escapar
de la esfera artística. Para volver a una cotidianidad más auténtica. Así, Jorn,
el teórico de CoBrA, pretendía «restablecer las relaciones entre la vida y el arte tal
como existen entre los primitivos, que fueron cortadas y destruidas en nuestra
sociedad moderna en detrimento de la humanidad y de la cultura».

Los CoBrA preconizaban la espontaneidad, incluso el «simplismo». Como
«experimentales» que eran, rechazaban las etiquetas del tipo «expresionismo»
o «abstracción», que entonces eran vigentes al igual que hoy. Ciertamente,
era una actitud *revolucionaria*. Constant, desde el fin de CoBrA (1951), dará
paso a la Revolución: traspondrá su pensamiento artístico al urbanismo utópico
y la hiperarquitectura, lo cual dio lugar a *New Babylon*, que se pudo ver en el
Museu d'Art Contemporani de Barcelona (MACBA) con ocasión de la exposición
Situacionistas, en noviembre de 1996. Benet Rossell me asegura que no ha
olvidado la conferencia que, en presencia de Constant, di yo en aquella ocasión.
Sin saberlo, me dirigía muy en particular a Benet, no cabe duda, ya que hablé
de la superación del arte, en el espíritu de mi libro de 1974, titulado *Délivrer l'art de
l'artistique*.

De entre las «experimentaciones» CoBrA, hubo la reducción de la distancia
entre dibujo y escritura —veo también en ello como un anuncio de las *micro-
óperas* de Benet—. «La escritura y la pintura —afirma Jorn— son una sola
y misma cosa, se puede decir que hay una escritura, una grafología en toda
imagen, al igual que en toda escritura se halla una imagen.» Con esta orientación
nacieron los *logogramas* de Christian Dotremont, quien por su parte sugería
«ver en su escritura exageradamente natural, excesivamente libre, el dibujo,
el dibujo no naturalista, sin duda, pero de todos modos material, de mi grito
o de mi canto, o ambos a la vez».

Los *logogramas* se pueden considerar también una tentativa de revalorización
del *manuscrito*, ligado, en nuestra posmodernidad, al *destino de la mano*. Por otra
parte, fue esta fórmula, debida al gran prehistoriador Leroi-Gourhan, lo que me
proporcionó el tema de la exposición que organicé en 1982 en la galería Kôryô
y que fue como un puesto de relevo entre *Art/Script* y *Les lettres sont des choses*.

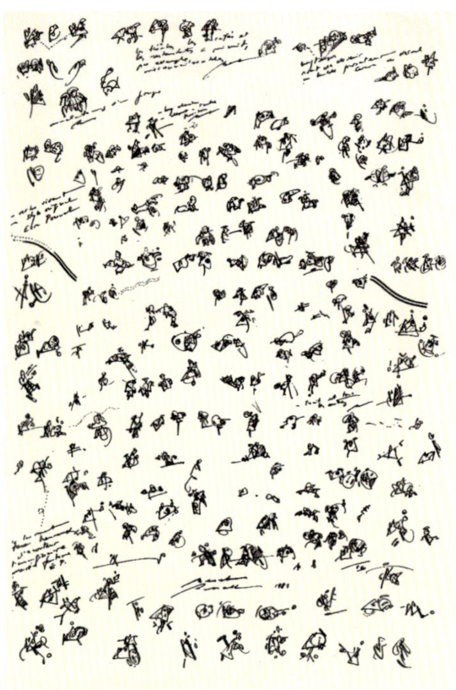

Imaginaire marée minuscule, 1983, tinta sobre papel, 100 × 70 cm

Aquella galería la dirigía la esposa del pintor y calígrafo coreano Ung No Lee. Él residía en París; Corea se hallaba entonces bajo la bota de una severa dictadura militar que no dudó, en una completa ilegalidad internacional, en raptarlo para repatriarlo a la fuerza. Condenado (a muerte, creo), fue salvado in extremis mediante una enérgica acción de la AICA, apoyada por el gobierno francés, y pudo volver sano y salvo a París... La caligrafía, la imaginación escritural, consideradas actividad criminal...

«Se ve bien que la mano que escribe, creadora de magia humana, cede terreno por doquier... Ya no es una marca de promoción social, ni el mejor medio de almacenar informaciones, ni siquiera de desarrollar el pensamiento especulativo. Los *escritores* profesionales recurren cada vez más a la máquina... Mi hipótesis es que surge en los artistas, esos *hipermanuales*, un reflejo más o menos inconsciente: ¡salvar la mano, salvar la escritura, traza y mancha!»

En la escena parisina, traza y mancha se habían convertido en medios privilegiados de la creación pictórica. Para el sentido común (y la lingüística) la traza se hace *signo* cuando este se halla vinculado a un *sentido*. Habitualmente, antes de buscar los *signos*, los pintores empezaban por el sentido, que se encontraba en el motivo a representar, el tema. Ahora bien, resulta que se habían puesto a proceder al revés: empezando por la huella, el signo, al que ya solo faltaba encontrarle un sentido... o no... Signo y traza se habían convertido en autosuficientes.

Esto se hizo en parte siguiendo el ejemplo (o bajo el impacto, experimentado por algunos como un relámpago, un *satori*) de la caligrafía de Extremo Oriente. Los artistas se pusieron a mirarla «desde el exterior», considerándola como una composición hecha de signos libres, de trazados gestuales, lo cual no era del todo aberrante, ya que en el mismo Japón, desde los años cincuenta, con los bokubi (los *hombres de la tinta*), ya se había desarrollado una «caligrafía abstracta»...

De este modo proliferó en París (y en Europa, por no decir en el mundo entero) todo un arte de la traza: con innumerables obras hechas de formas (o *informas*) inestables, sin programa, sin referencia, y que no querían tenerlos, quizás los temían... Trastocamiento de este «acontecimiento extraordinario y que es como un milagro, que fue pasar de la traza simple a la figura», por citar al lingüista Robert Laffont, quien, como antropólogo que también era, sabía que «la superficie plana convierte a la traza en ajena al mundo natural que, por su parte, sí posee profundidad».

Las *escrituras agitadas* del gran poeta Henri Michaux son ejemplos paradigmáticos para esta nueva situación del signo. Como método, Michaux preconiza la velocidad, «el fenómeno esencial de nuestra época, pero que hasta ahora no ha sido aceptado tal y como es. [...] Por mi parte —precisaba— hago pequeños paquetes que son representativos de los movimientos de esa velocidad. No hay que perder la rapidez en ningún momento». Me imagino que Benet podría hacer declaraciones como estas, él que tanto trabajó en una movilidad muy cinematográfica, la cual evidentemente proviene de su práctica del cine.

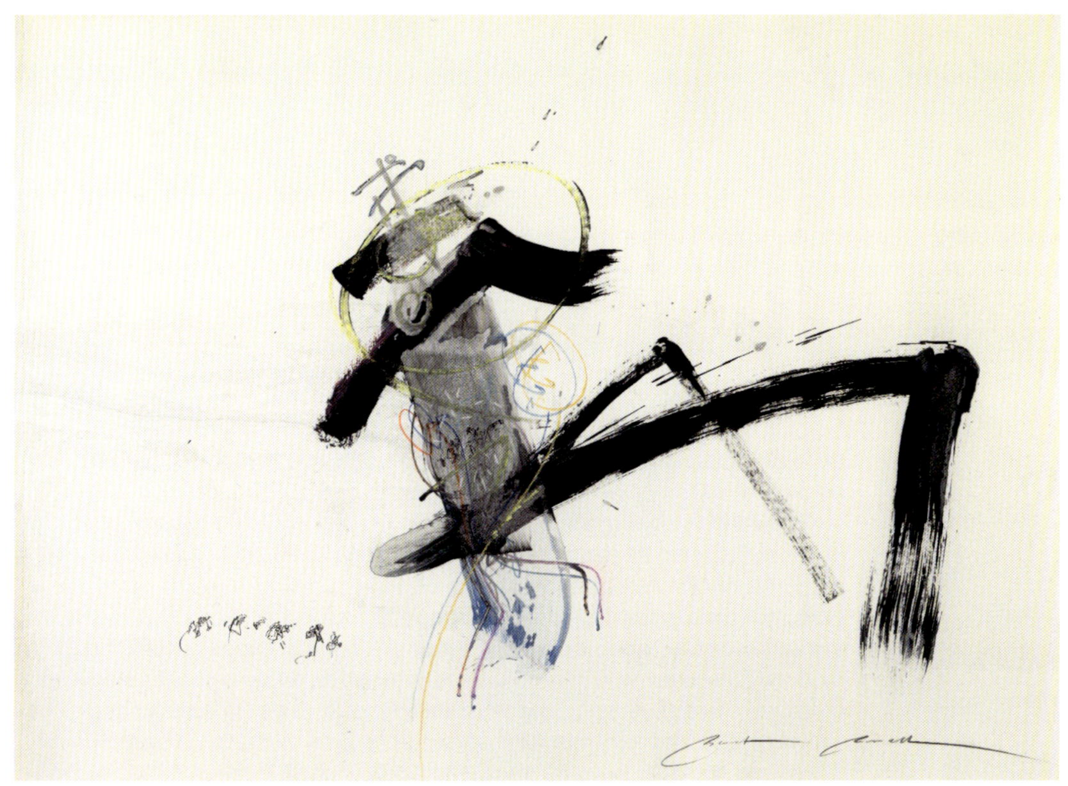

Descartar l'analogia superficial, 1984, acrílico
y tinta china sobre papel, 50 × 70 cm

Cuando lo pienso me asombra (muy tardíamente, es cierto) que no se haya
sentido la necesidad de designar un *tracismo* —que hubiera sido una
herramienta semántica apreciable, cuando para la mancha había el término
tachismo—. «La palabra *tachismo* —ha observado el pintor Georges Mathieu—
no es peor que la de cubismo o *fauvismo*. El adjetivo *tachista* tiene al menos
la ventaja de que significa pintura directa.» Esta, según Mathieu, que sigue
siendo uno de sus ejemplos más brillantes, se caracteriza por la «primacía
de la velocidad, por la ausencia de preexistencia de forma, la ausencia de
premeditación del gesto y el estado extático».

El crítico Charles Estienne, quien se convirtió en el propagandista lírico
del *tachismo*, lo compara con el surrealismo, sumando a su causa a
André Breton, quien en el primer *Manifiesto*, de 1924, había designado el
automatismo como uno de los procedimientos básicos del surrealismo.
Se trataba de escribir poemas «bajo el dictado del pensamiento en ausencia
de todo control ejercido por la razón, fuera de toda preocupación estética
o moral». Breton reconoció enseguida que la escritura automática no era
más que «infortunio continuo».

Algo muy distinto ocurrió en la pintura, en la que el automatismo reveló ser,
por el contrario, muy productivo. Hasta su muerte, en 1966, Charles Estienne
hizo de él una causa personal con escritos —con ocasión de numerosas
exposiciones programáticas que marcaron la escena parisina— no teóricos,
pero no por ello menos «apasionados», incluso «masacrantes». Raramente
la crítica ha querido estar tan cerca de los artistas. En 1953 Estienne invitó
a varios artistas a pasar el verano en Bretaña «con el fin de experimentar
la influencia de los elementos naturales y cósmicos sobre sus obras».
Se comprende que, tras su muerte, los artistas desearan que se le hiciera
un homenaje a modo de reconocimiento. Fue en 1984: *Charles Estienne
et l'art à Paris 1945-1966*, en la Fondation nationale des arts plastiques,
exposición que me encargaron a mí. Su amplio catálogo reúne los escritos
de Charles Estienne, hasta entonces diseminados en catálogos o periódicos.
Así, en *L'Observateur*, con fecha del 19 de noviembre de 1953, precisaba:
«El automatismo no es más una dejadez (aviso a los que pintarrajean) de lo que
lo es la mecánica aplicada (aviso a los pintores de paredes). Es la búsqueda

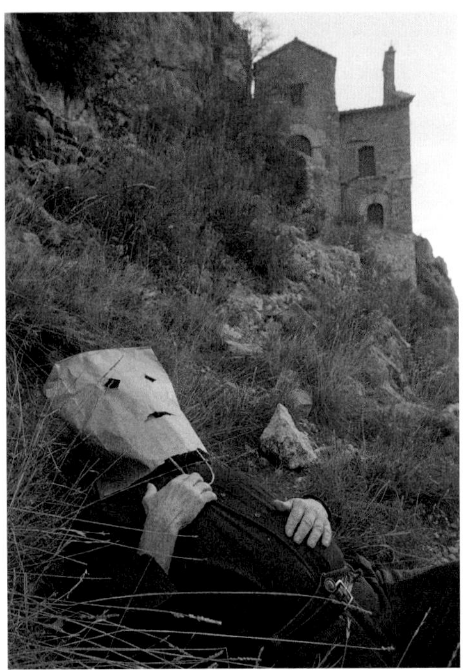

Benet Rossell al pie de la ermita de Piedra, Àger,
Lérida, 2009

de la estructura psicológica y estética verdadera, que nunca se encuentra sino en profundidad y no se conforma con ideas ni con intenciones.»

El automatismo ha generado un número impresionante de obras en todos los géneros. El Centro Atlántico de Arte Moderno de Las Palmas de Gran Canaria, con la exposición *Automatismos paralelos* (febrero-marzo 1992), lo mostró de un modo exhaustivo. Subtitulada «La Europa de los movimientos experimentales», evidenció de qué modo están ligados automatismo y experimentalismo, de qué modo ambos abrieron el camino para la transformación de la actividad artística que iba a ser la de la generación de Benet Rossell, la de los «catalanes de París» y algunos de los nuevos realistas: ¡en suma, «*artores* de todos los países»!

En una época tan incierta en cuanto a sus principios como la nuestra, una *exposición-explosión* retrospectiva de la obra de Benet Rossell nos recuerda que el arte nace en la precariedad.

La libertad.

Y hay que elegir: descansar o ser libre.

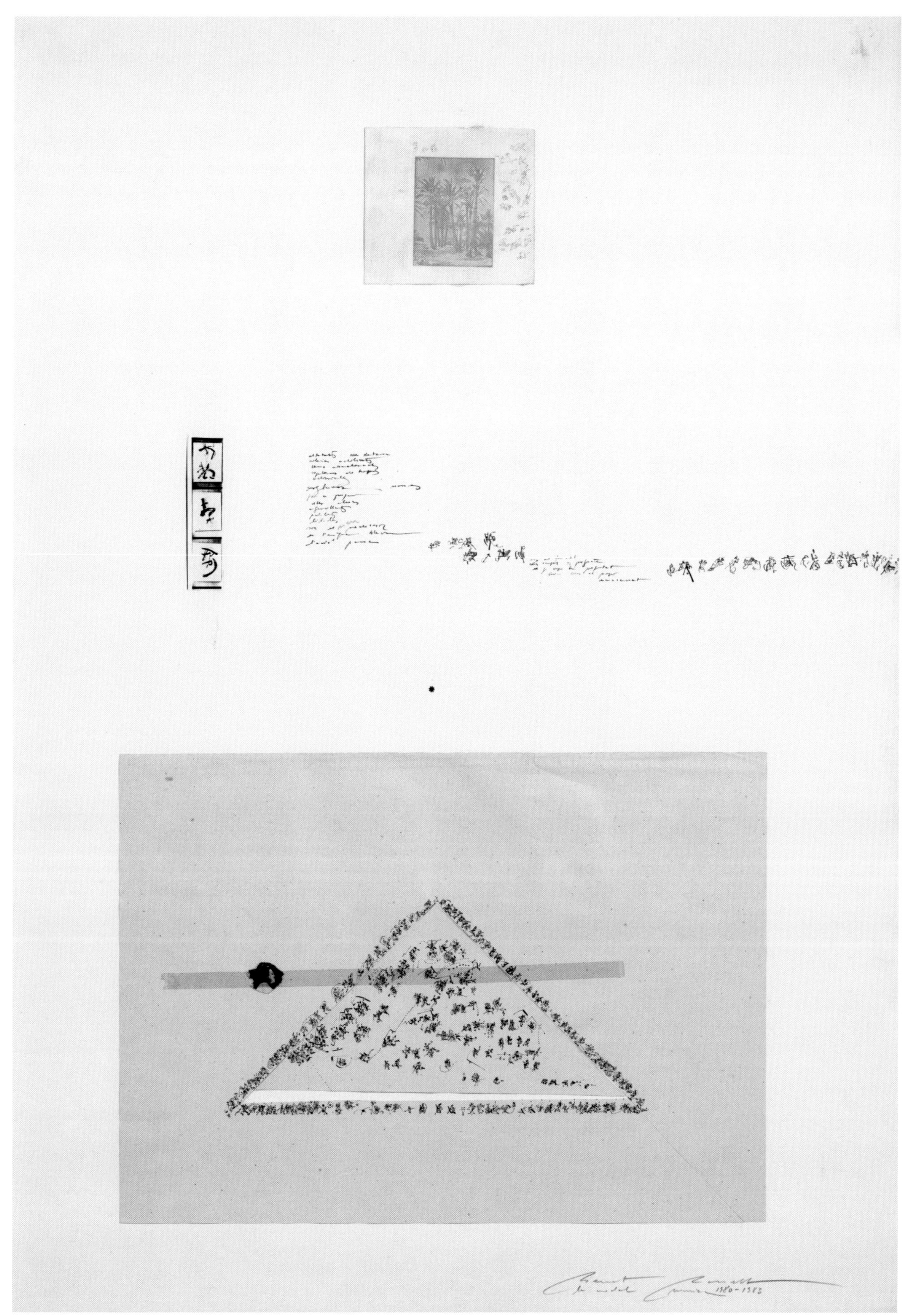

Oum (de la serie **«Procés i escriptures»**), 1980-1983, técnica mixta y collage sobre papel, 100 × 70 cm

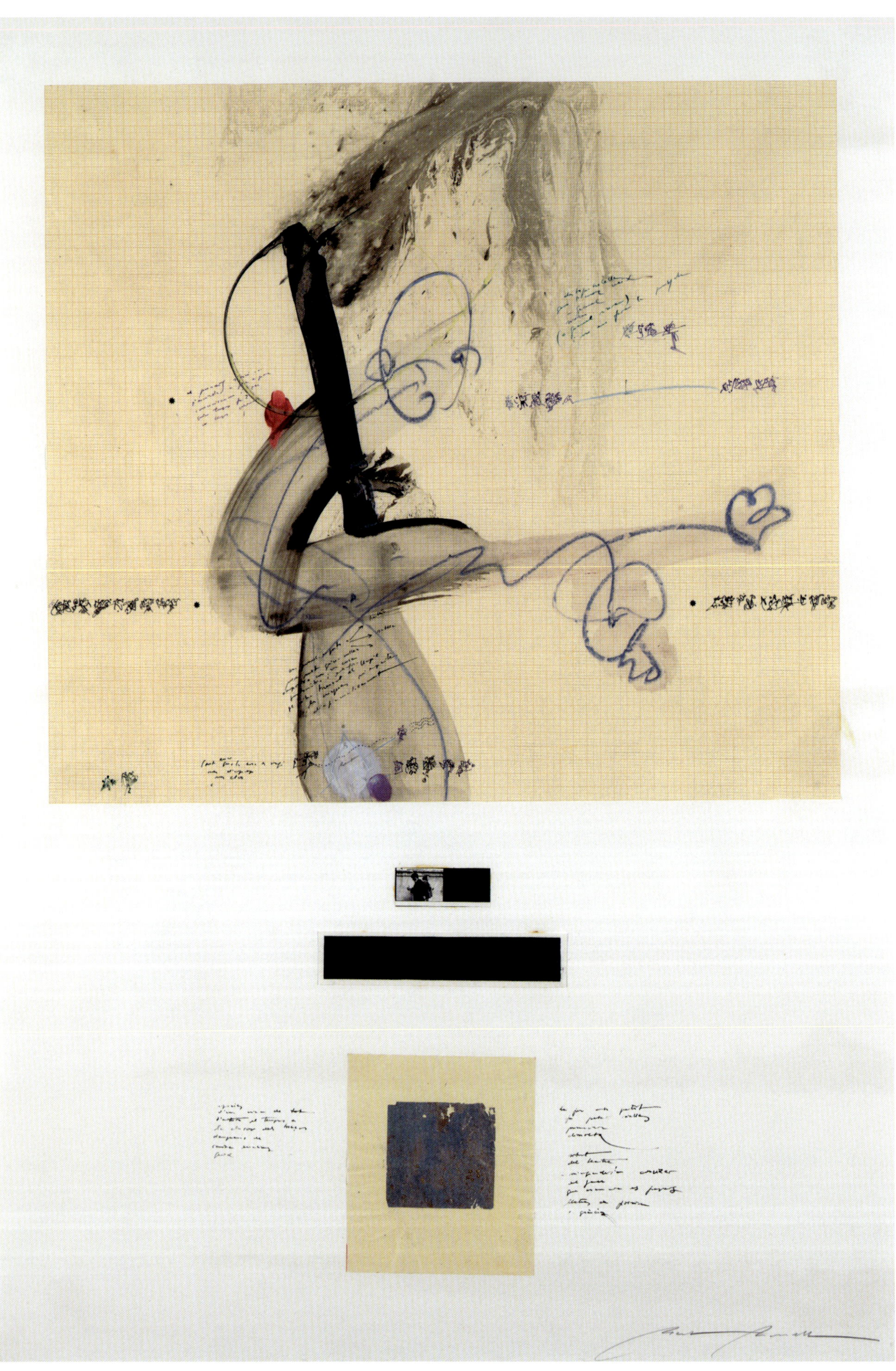

Panhumà (de la serie **«Procés i escriptures»**), 1983, técnica mixta y collage sobre papel, 100 × 70 cm

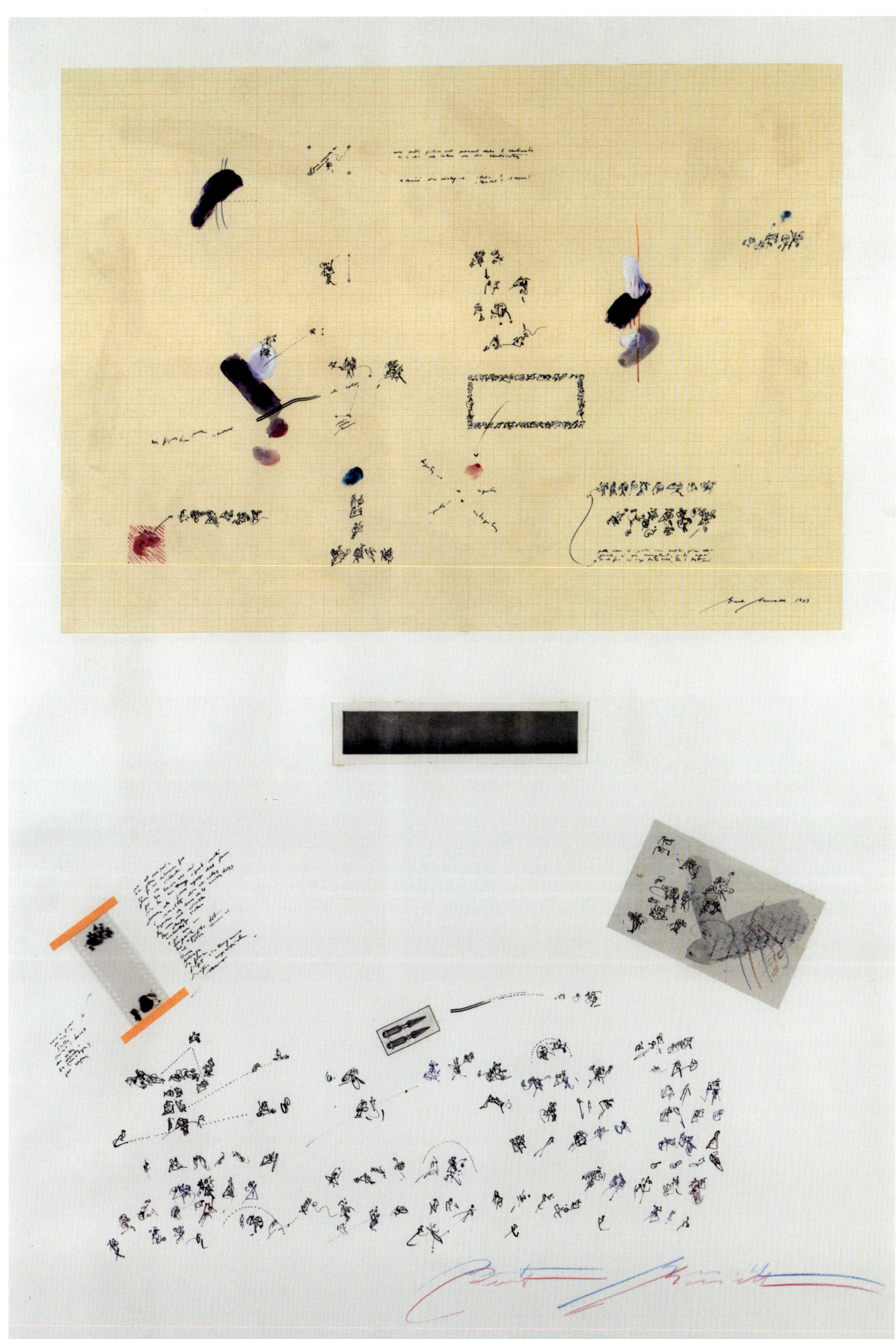

Estratègia de manteniment (de la serie «**Procés i escriptures**»), 1983, técnica mixta y collage sobre papel, 100 × 70 cm

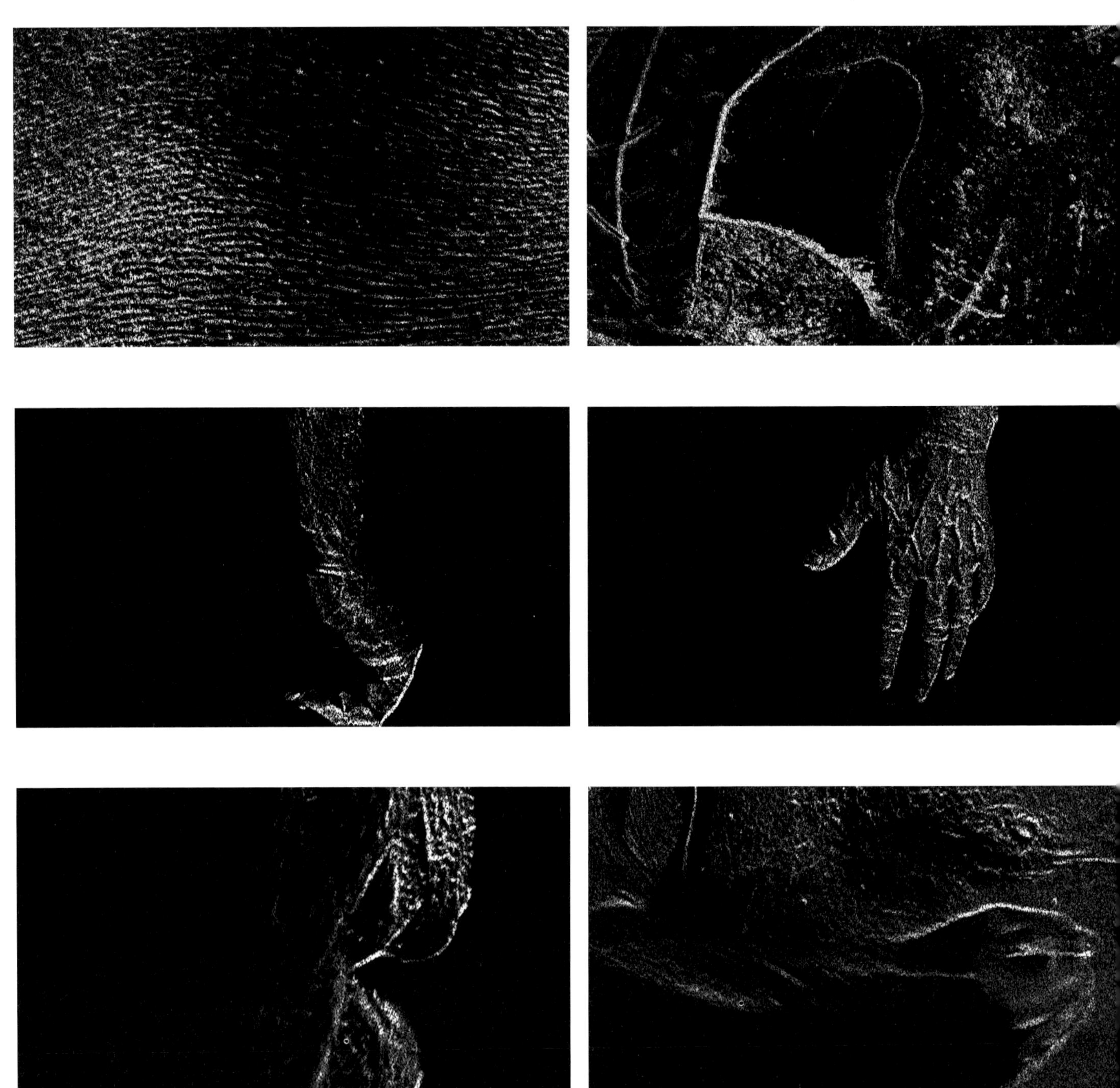

Auto di ritratto es al mismo tiempo un
macroautoretrato fílmico y una microantología
poética del yo, que niega lo que las imágenes
casi no muestran. Es un desnudo físico y mental,
una especie de autohomenaje tímido y clandestino.

Auto di ritratto, 2008, Mini DV, color, sonido, 13' 2"

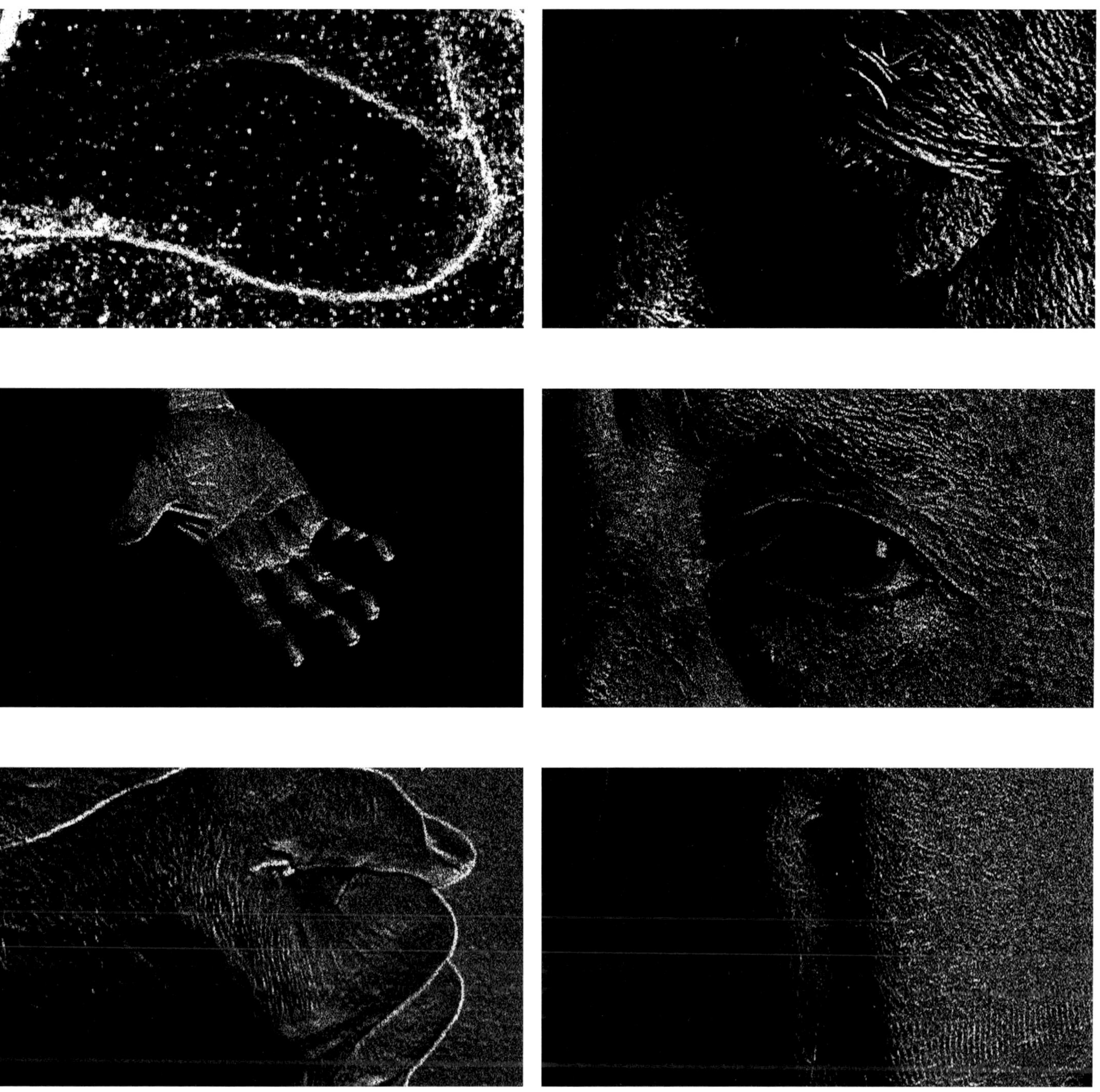

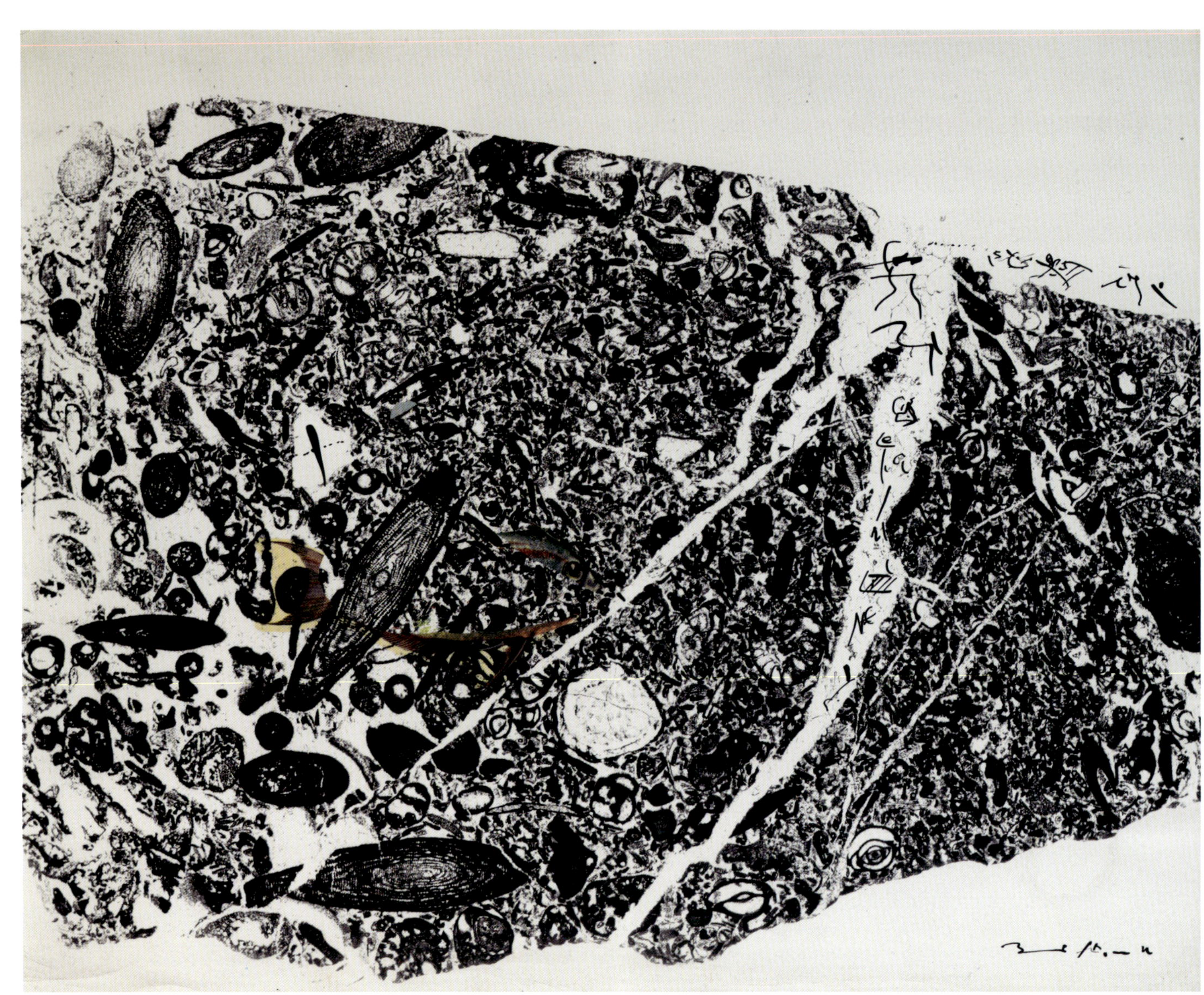

A inicios de los setenta descubrí las «microfacias».
Son fotografías de una delgada lámina de una roca
sedimentaria vista a través del microscopio, en la
que se ven microfósiles y todo tipo de sedimentos.
Al principio me limité a incorporar alguna de
estas imágenes en mi obra, a modo de *objet trouvé*,
pero enseguida incorporé elementos ajenos, como
dibujos, collages o tintas, intervenciones casi
imperceptibles cuyo objetivo era respetar ese
universo limitado y secular. Ahora, al revisar todo
este material he visto la posibilidad de hacer
un vídeo, que he hecho en 3D y que me permite
incidir en estos relieves accidentales y mágicos que
acaban conformando una urbe atemporal.

Microfàcies (1), 1972, tinta china y collage sobre fotografía b/n, 24,3 × 30 cm

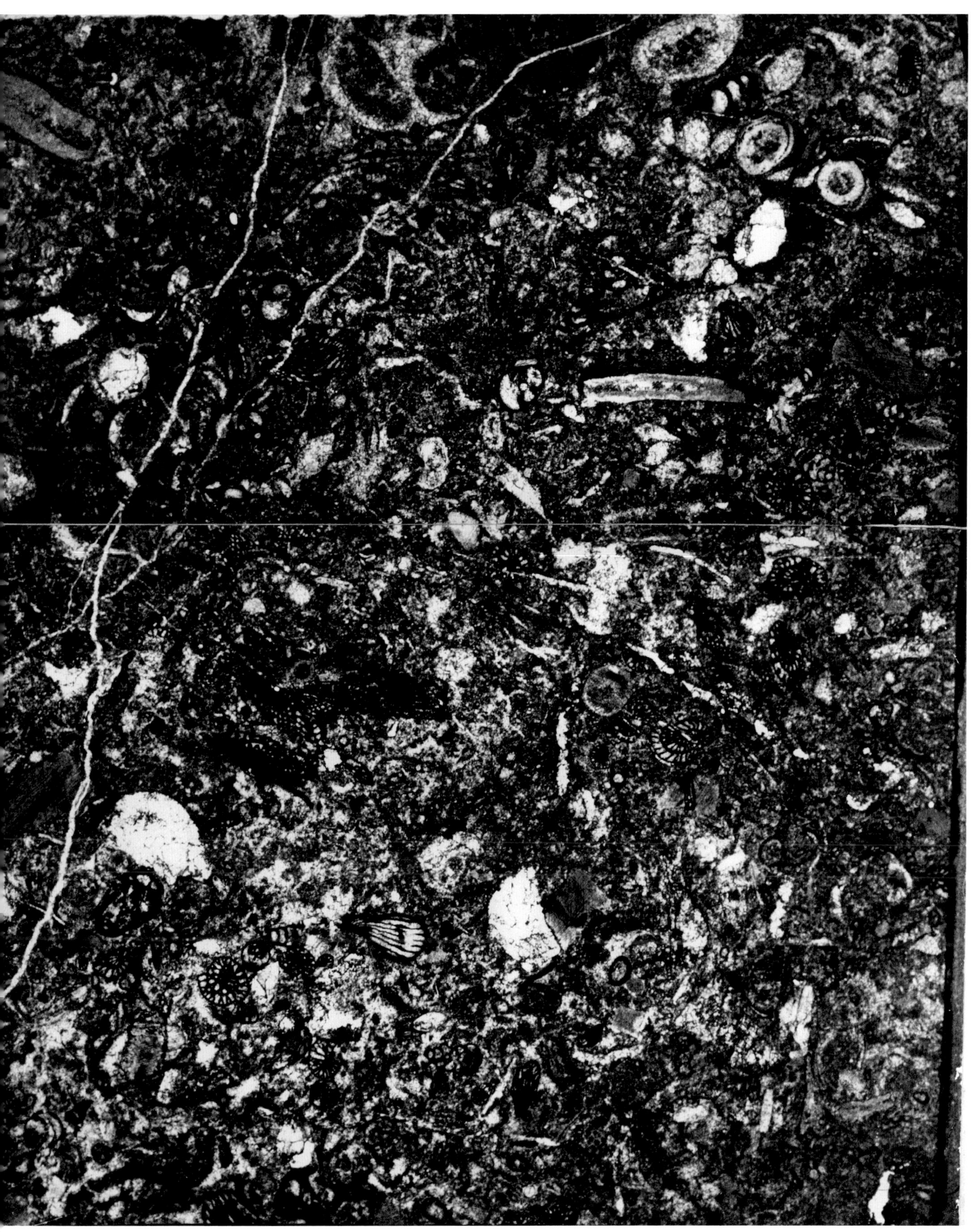

Microfàcies (2), 1972, fotografía b/n, 47,7 x 39,3 cm

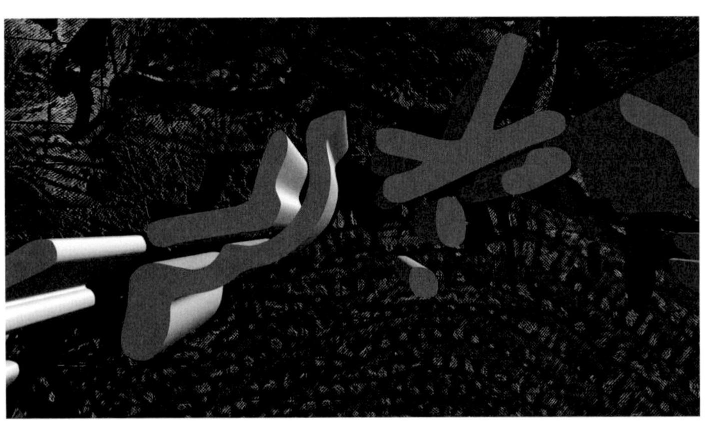 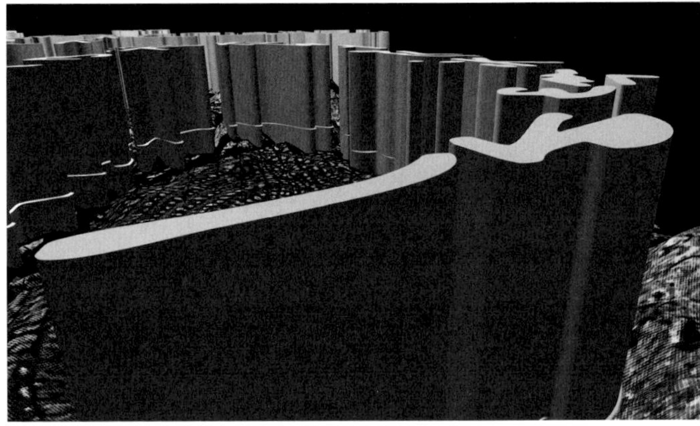

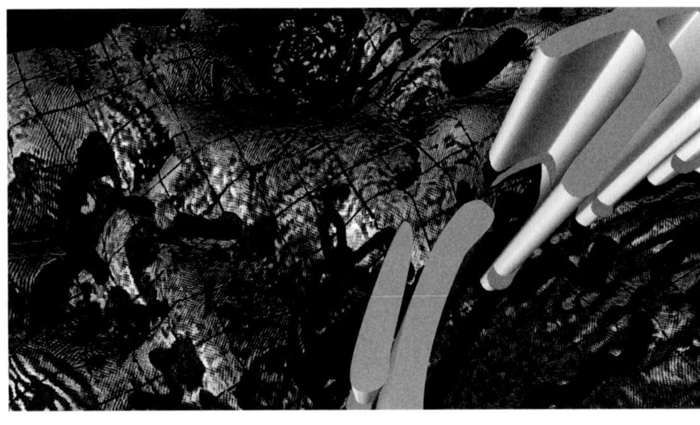 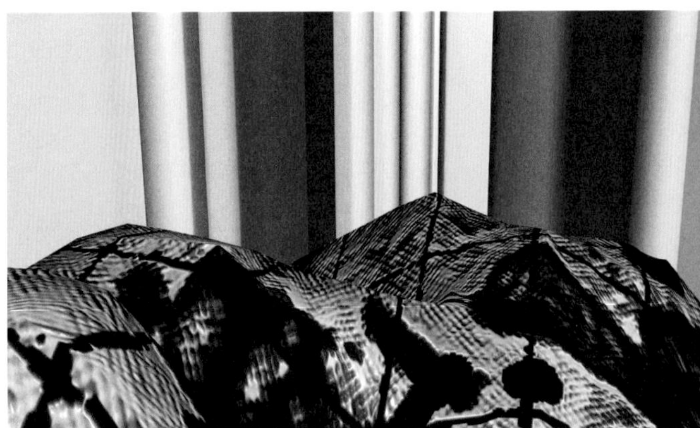

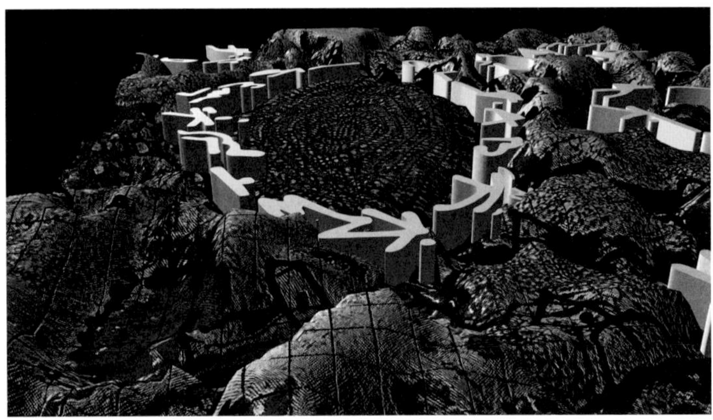 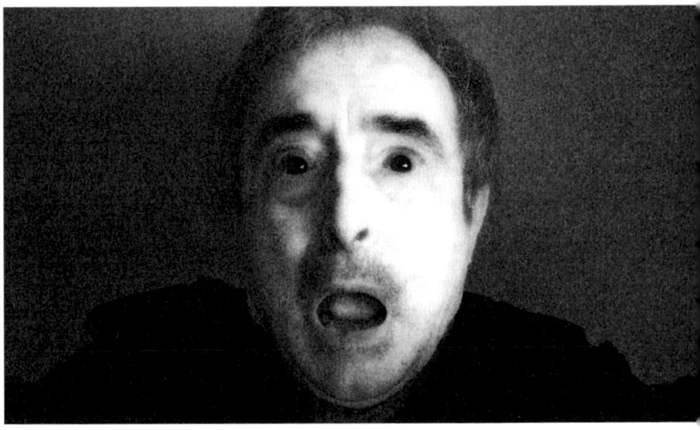

Microfàcies, 2010, vídeo 3D y vídeo HD, b/n, sonido, 1' 49"

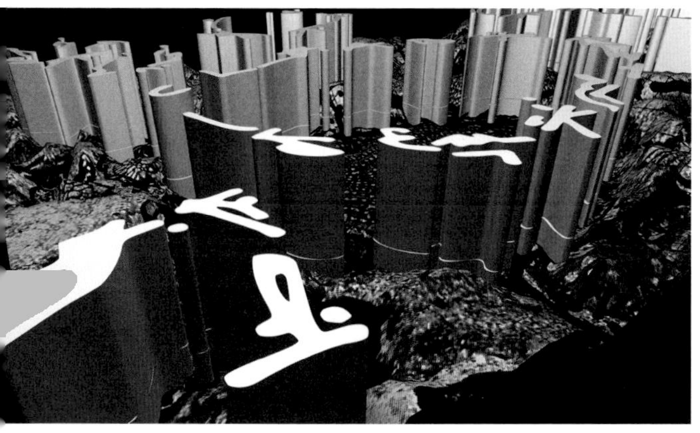
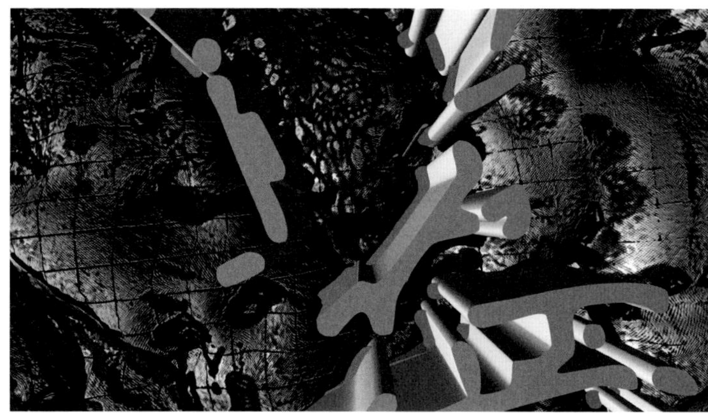
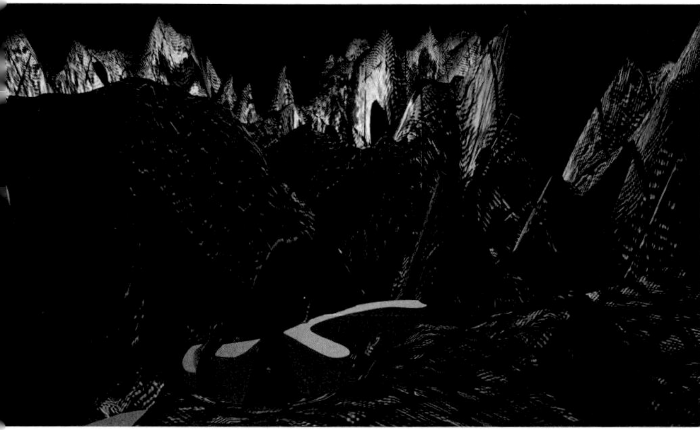
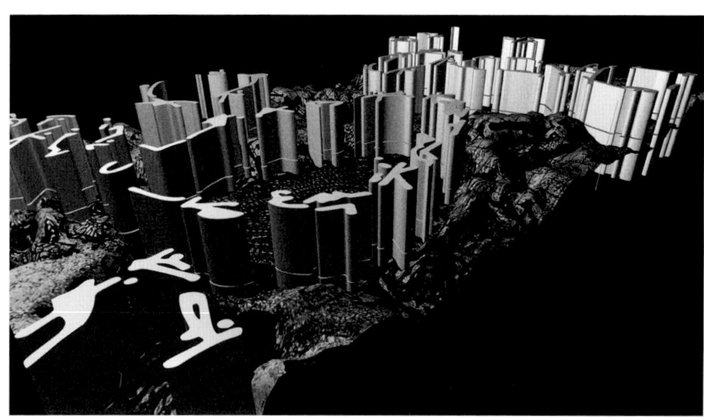
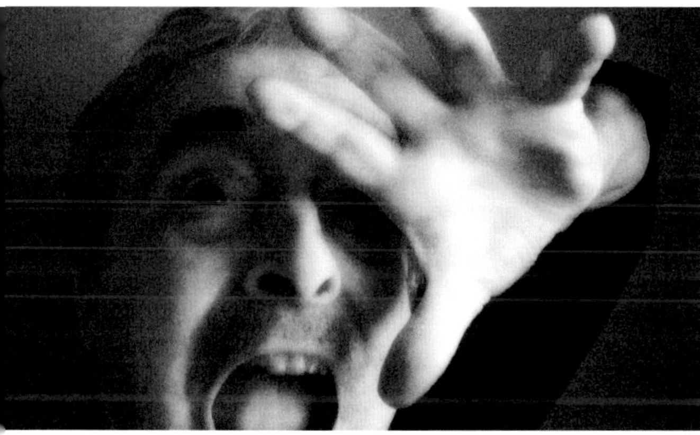
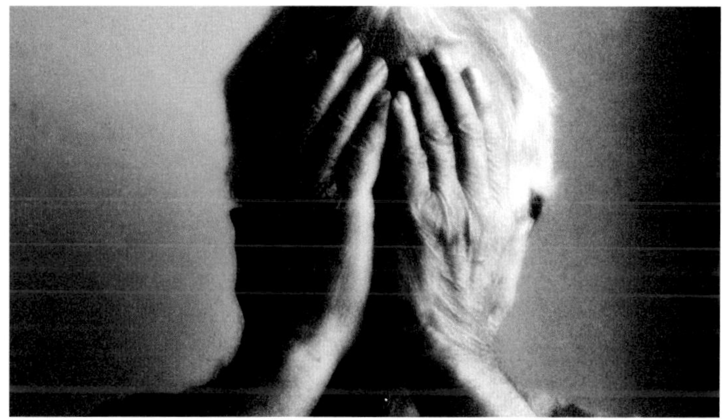

els mots passen junts
i el somni se'ls mira
un grapat de terra colpeja
els seusmeus ulls
la llum és malalta
neda damunt l'aigua llisa i morada
i equivalent a la meva foscor
mentre estic a prop també de l'aigua
a punt de tirar la pedra a la mà
que es rebolcarà
entre els dictats de l'aigua
quin déu
no dir
quan es transparenta el ressò
paraula
els ulls aclucats
com una campana
la pedra creixent
ara
sota mar
recorda les ombres
i les ratlles de
l'aigua

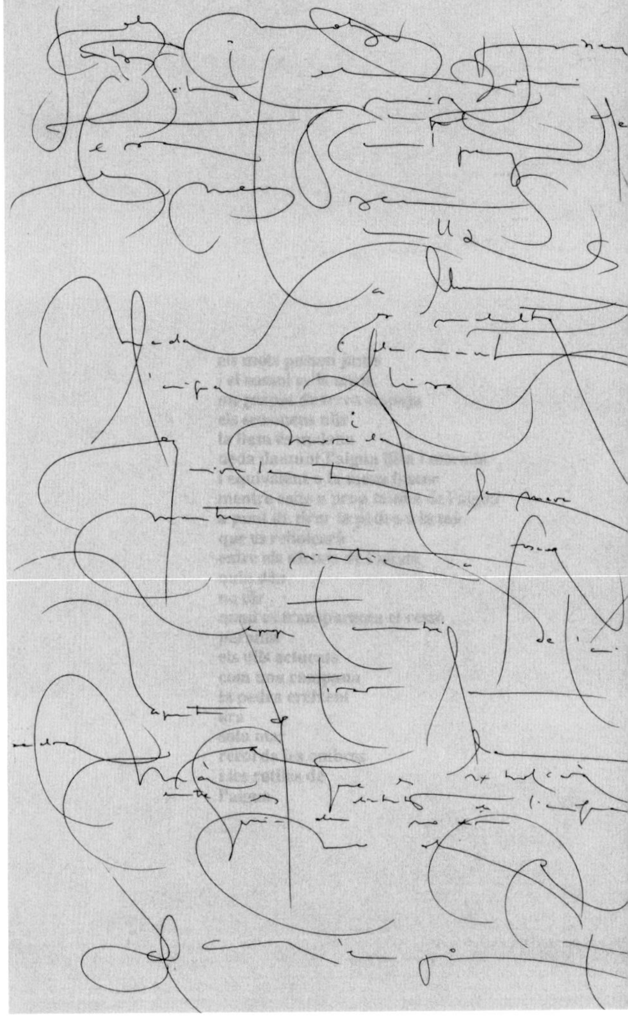

L'equivalent simulacre, 1992, revista *Vèrtex* 103/191, 29,7 × 21 cm

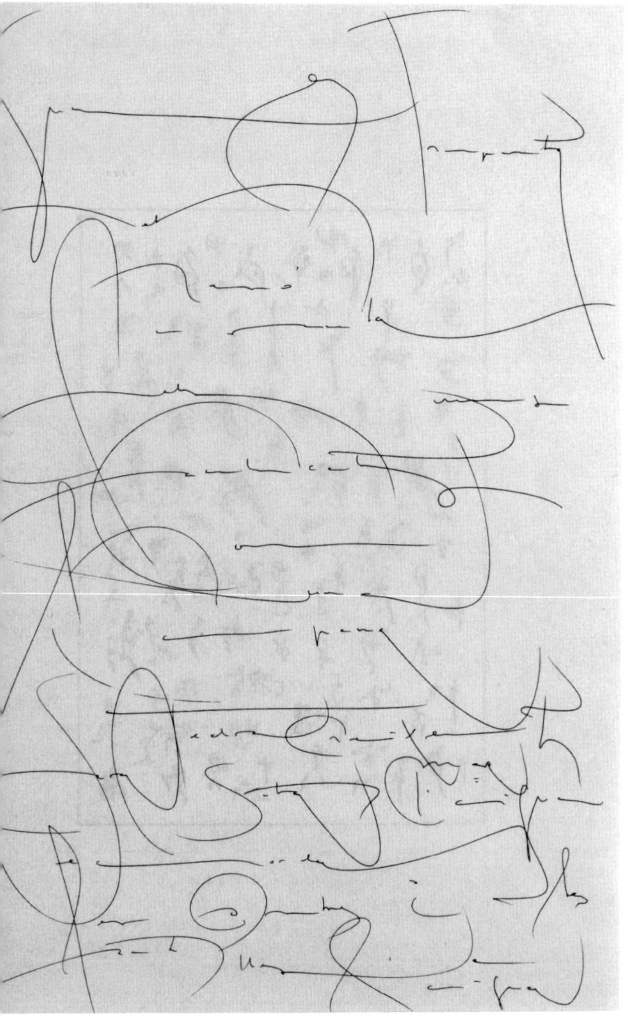

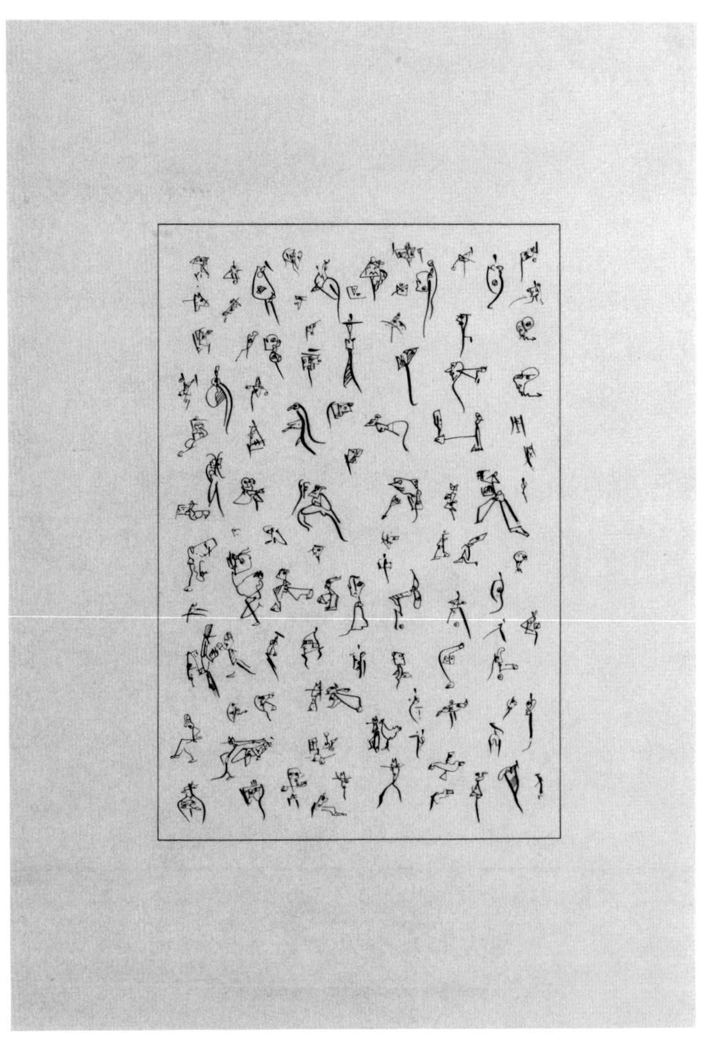

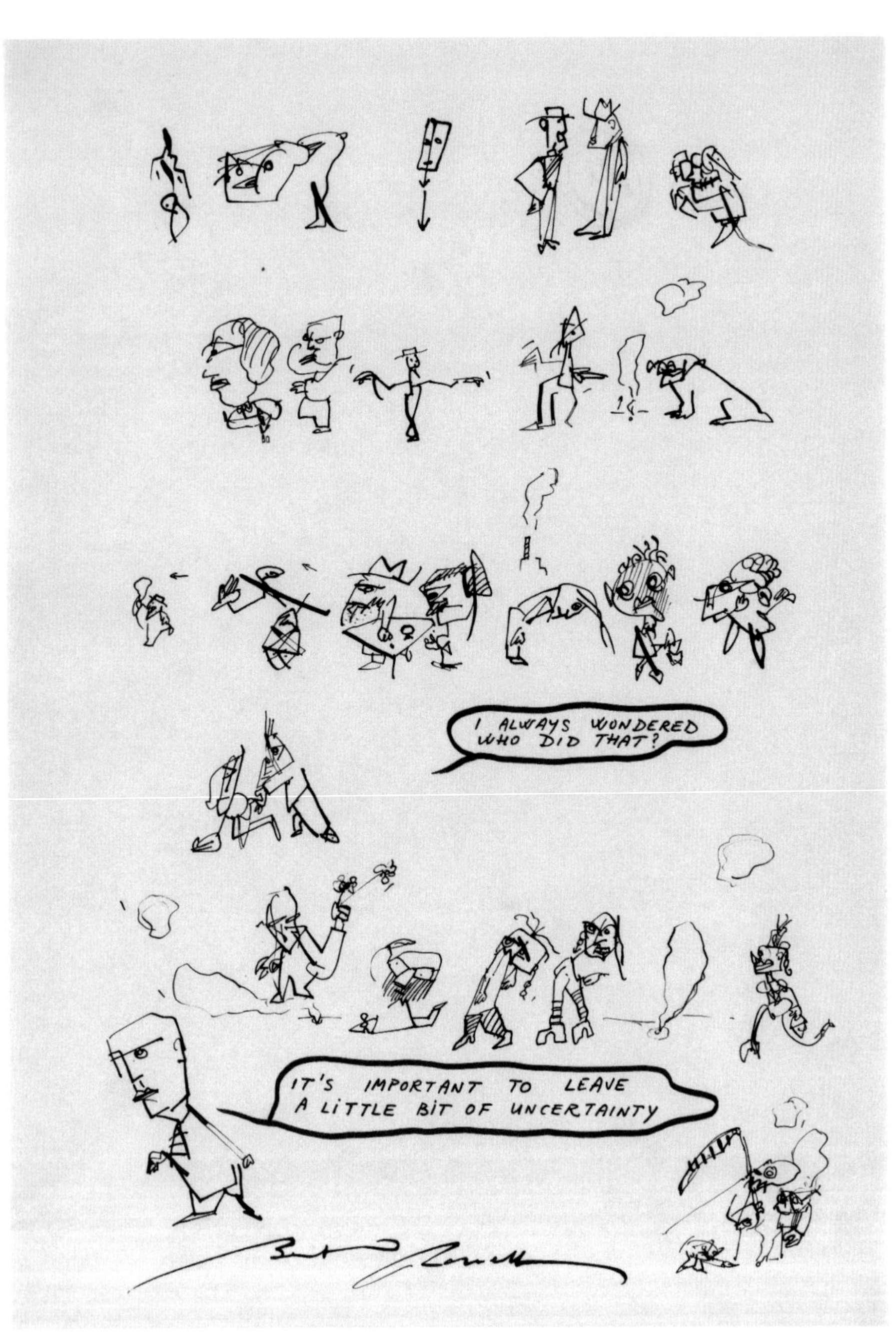

Sin título (de la serie **«Carob Bean, an American Dream»**), 1986, tinta china y rotulador sobre papel, 29,7 × 21 cm (1 unidad), 21 × 29,7 cm (2 unidades)

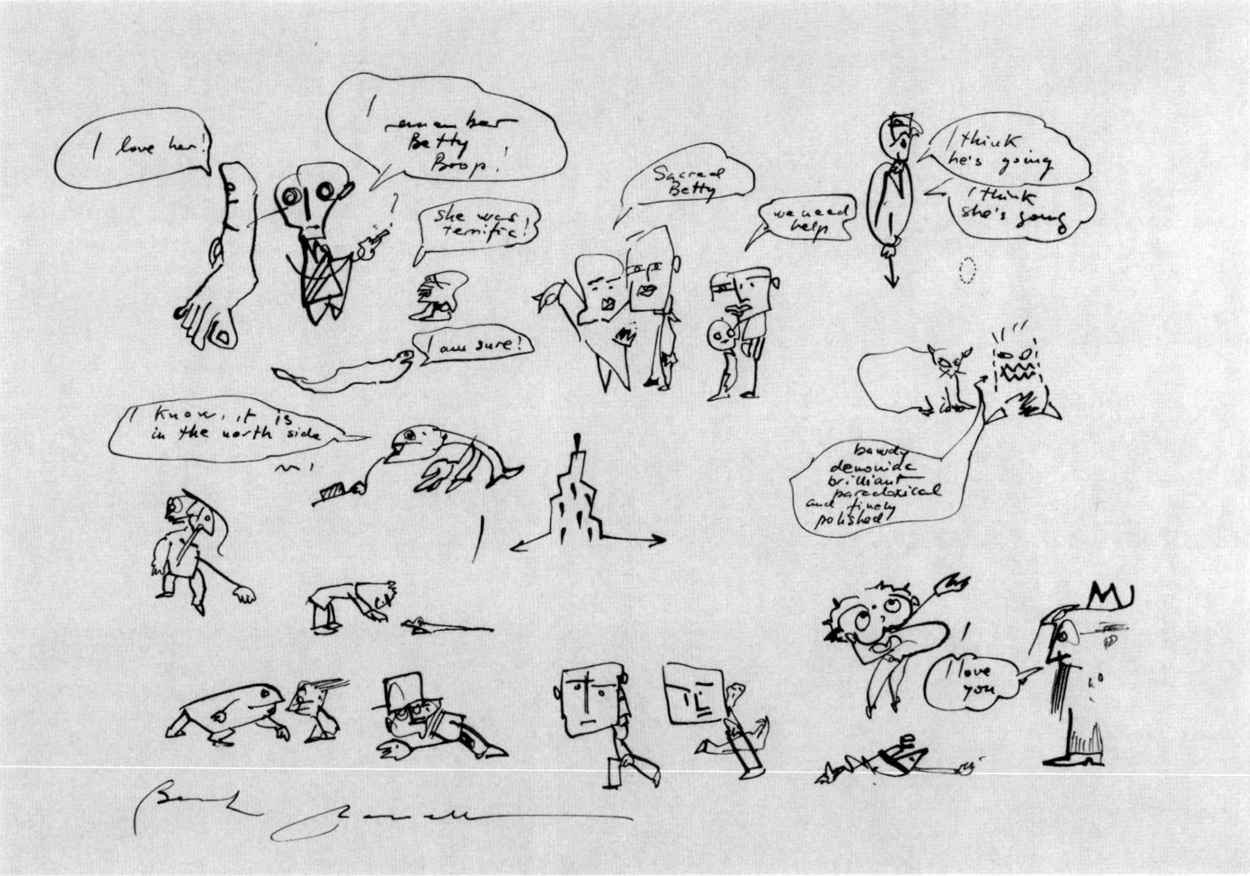

I love her!
remember Betty Boop!
She was terrific!
I am sure!
I know it is in the north side
Sacred Betty
we need help
I think he's going
I think she's going
bawdy demonic brilliant paradoxical and finely polished!
I love you

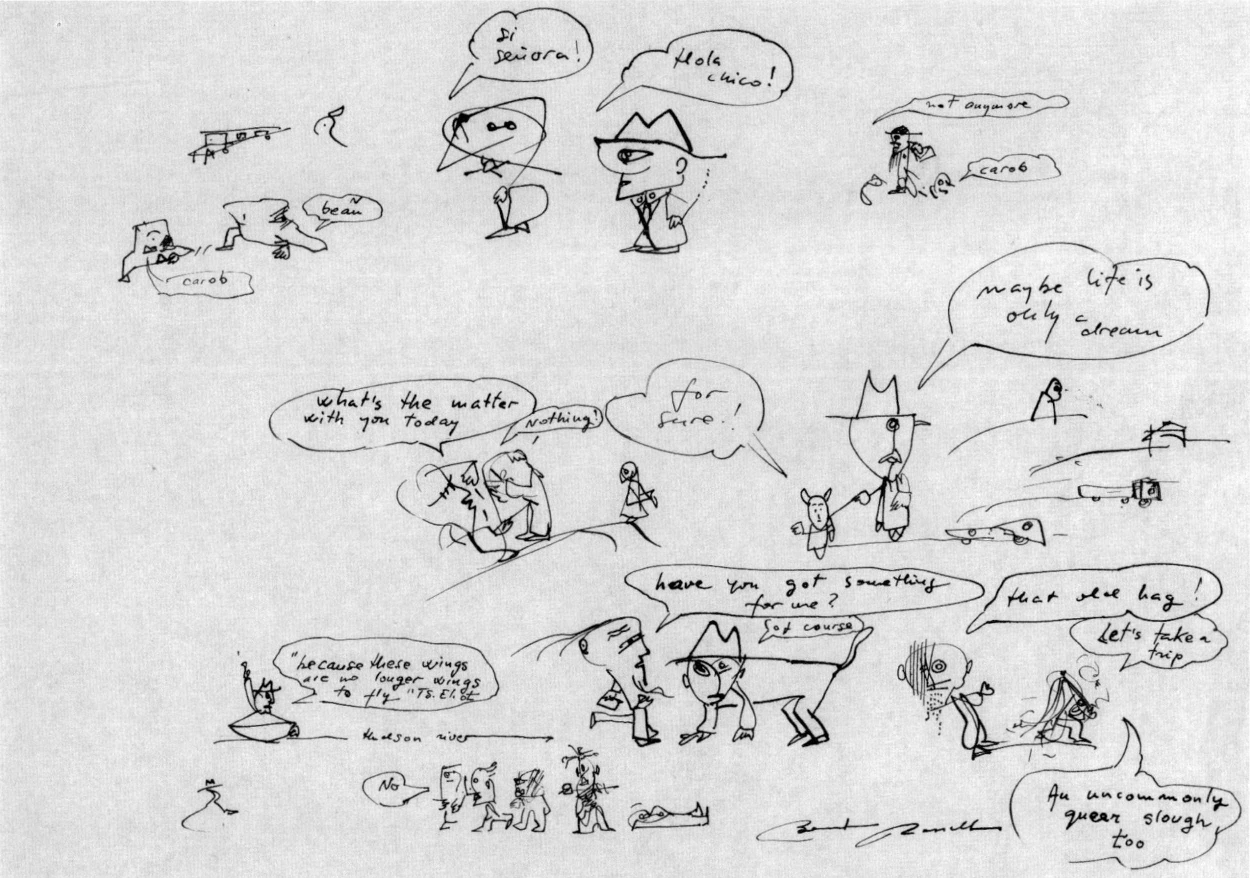

Si señora!
Hola chico!
not anymore
carob
bean
carob
maybe life is only a dream
what's the matter with you today
nothing!
for sure!
have you got something for me?
of course
that old hag!
let's take a trip
"because these wings are no longer wings to fly" T.S. Eliot
Hudson river
No
An uncommonly queer slough too

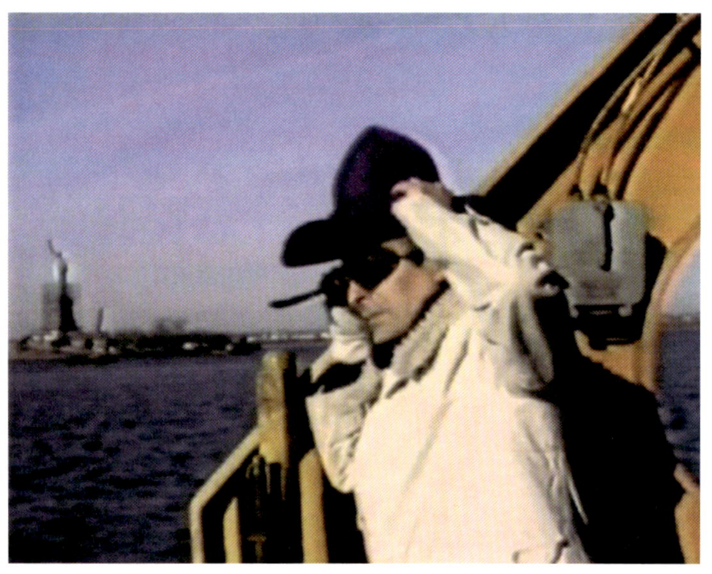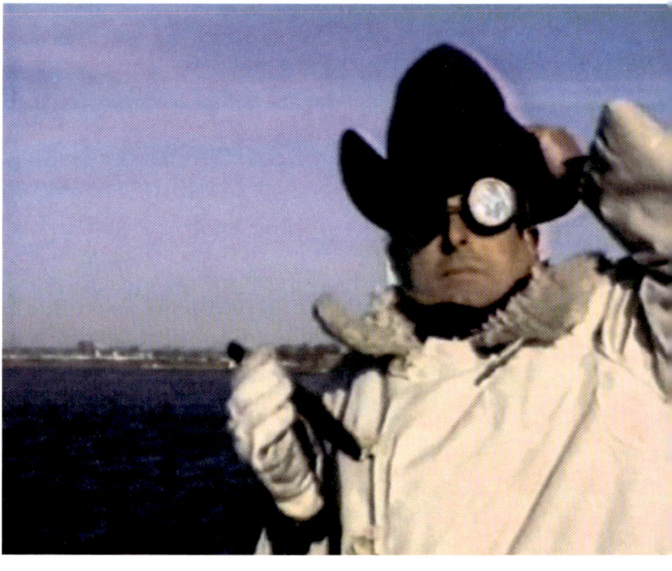
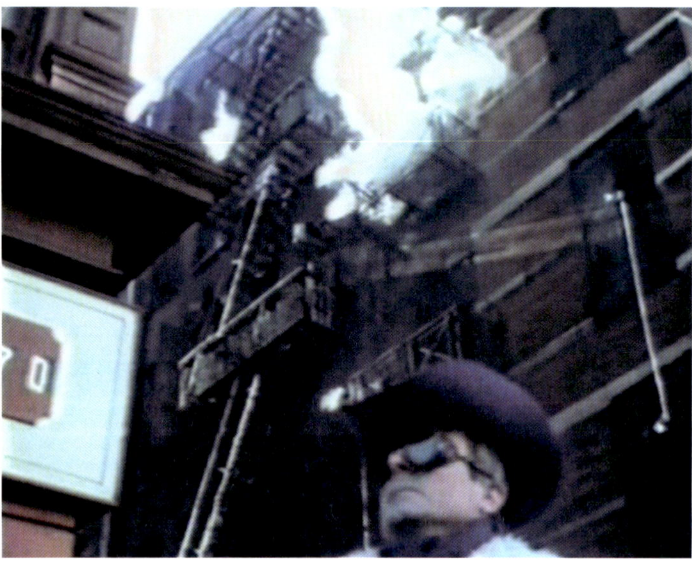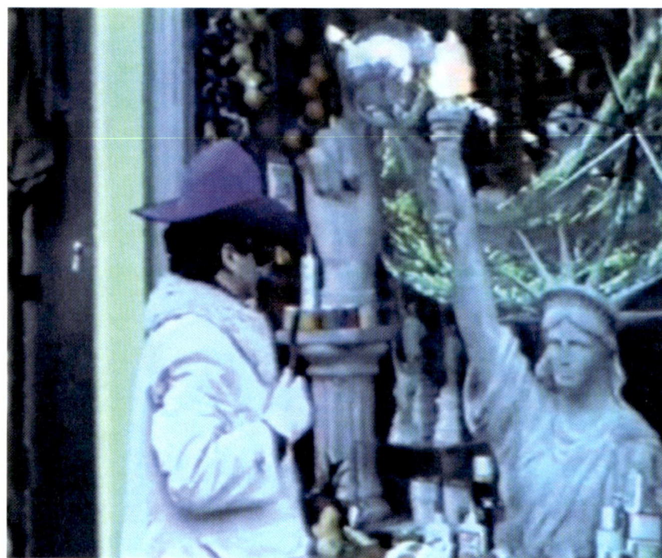
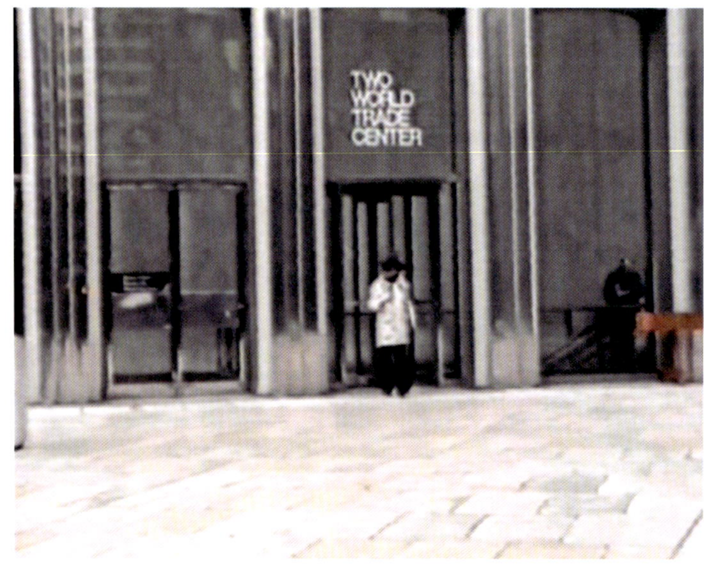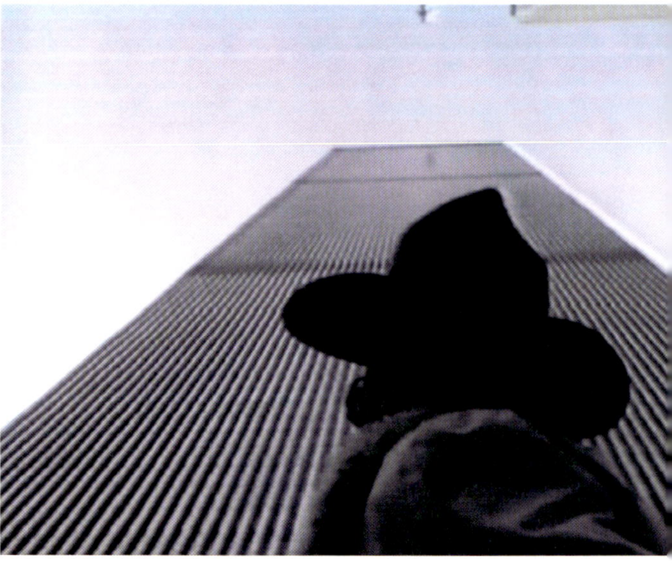

Carob Way, 1986, vídeo 3/4" NTSC, color, sonido, 18' 3"

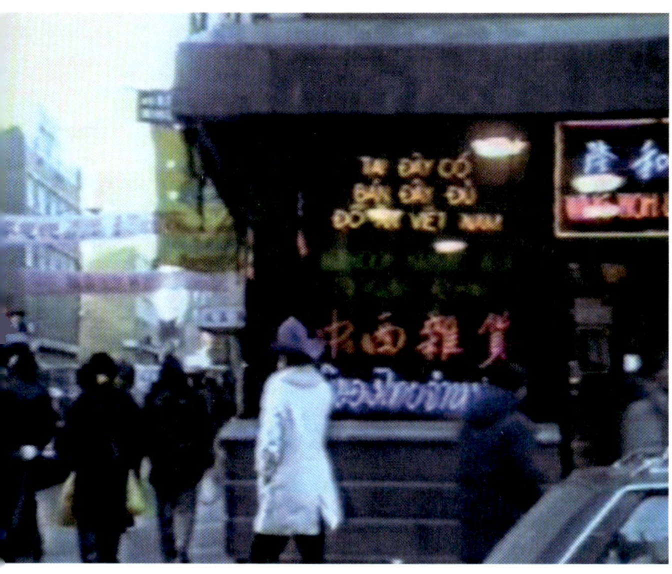
TẠI ĐÂY CÓ
BÁN ĐẦY ĐỦ
ĐỒ ... VIỆT NAM
中西雜貨
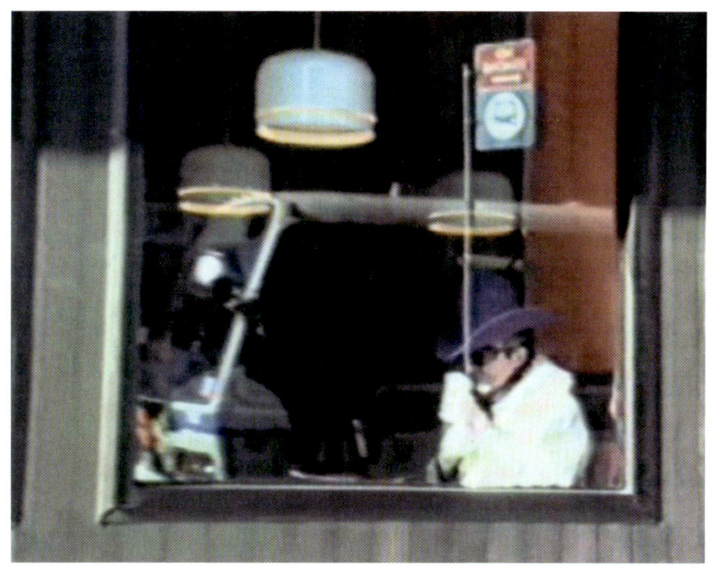
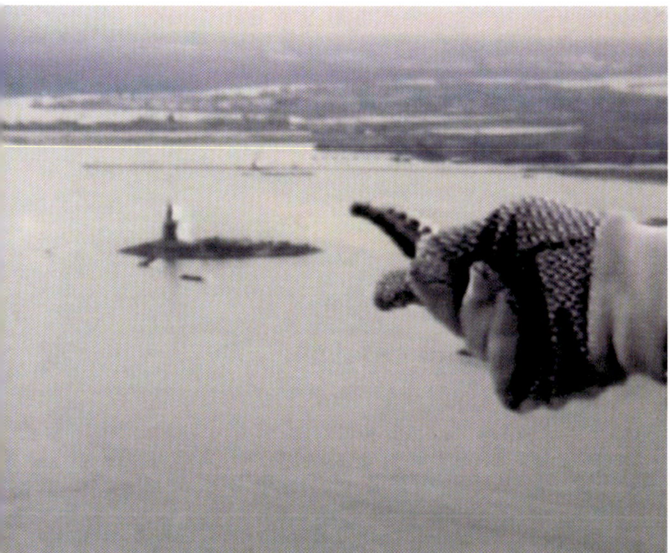
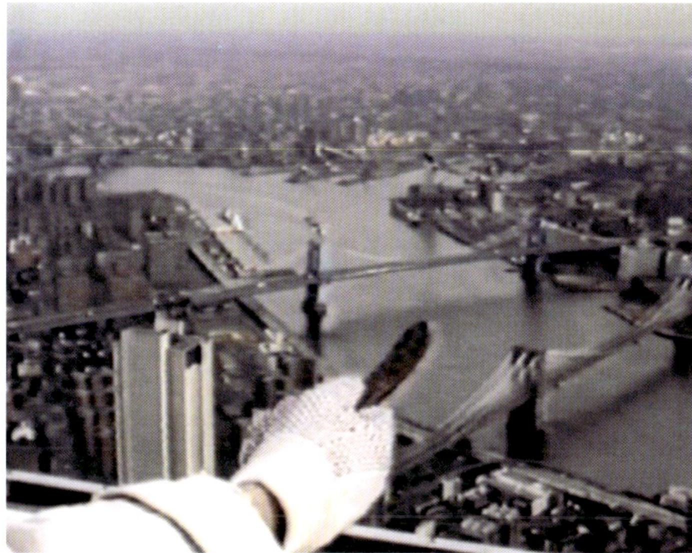
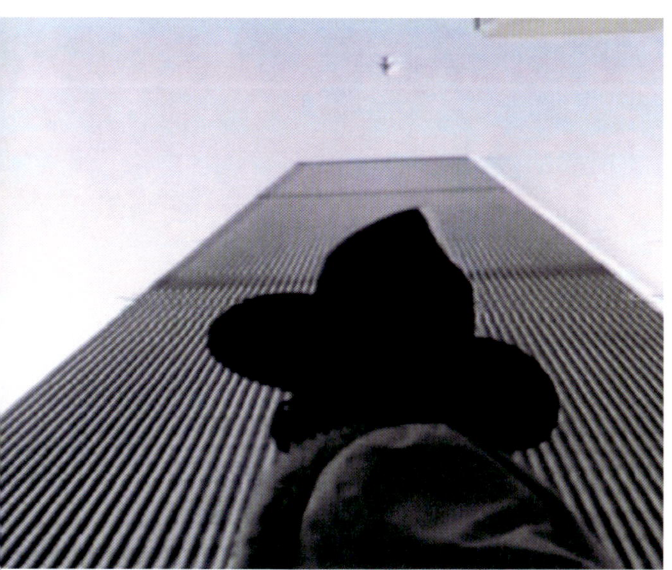
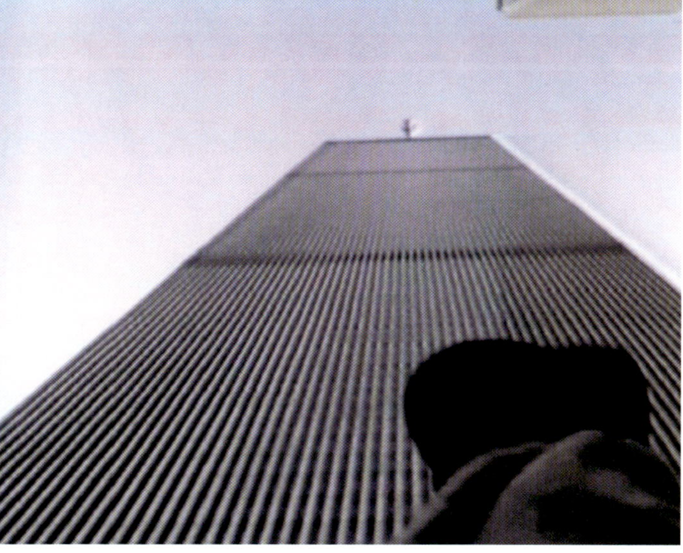

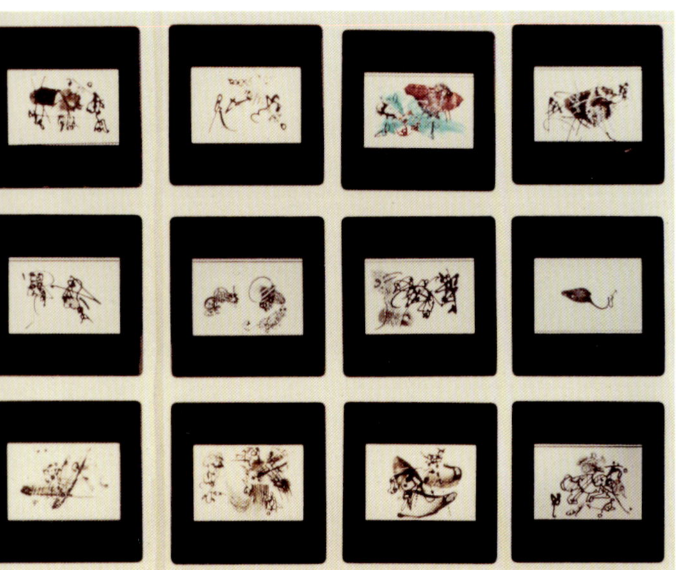

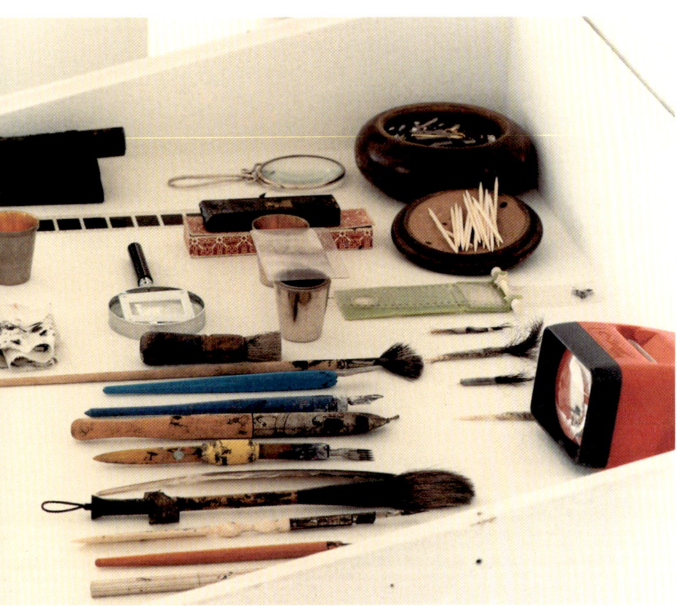

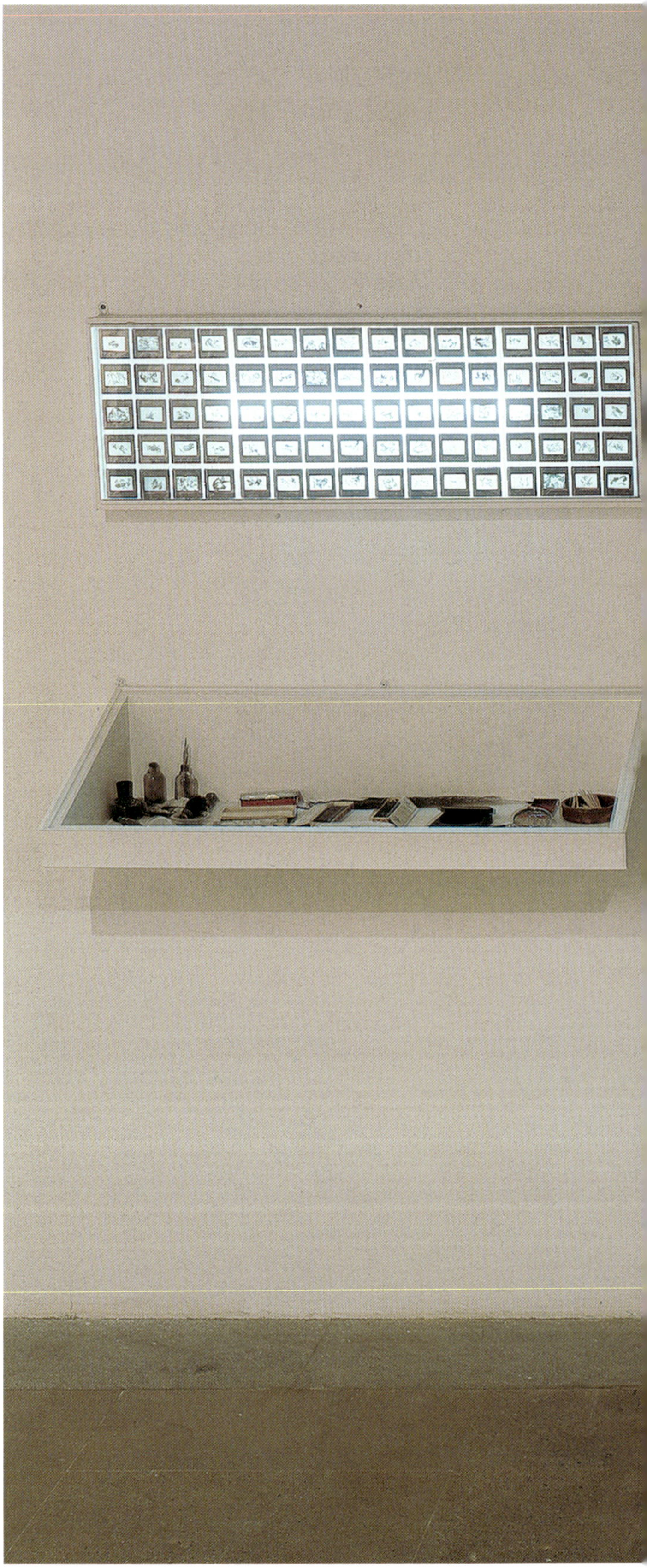

Micro-òpera 2 muestra cómo realizo una obra
en directo: sobre un fotograma transparente
de 24 × 35 mm, y con las herramientas que
el medio y mi propio cuerpo ponen al alcance,
en una performance pictórica que llamo
«microautoetnográfica».

   Además del vídeo, en el que trato la imagen
con los efectos electrónicos de forma y color
característicos de la época y en el que interpreto
la música en directo, la instalación incluye
160 miniaturas originales, las herramientas
usadas para realizarlas, así como los instrumentos
musicales rudimentarios que utilicé en la banda
sonora.

Micro-òpera 2, 1984, instalación: 2 cajas de luz con 80 miniaturas c/u, 2 vitrinas con objetos, 8 fotos b/n, y 1 vídeo 3/4" PAL, color, sonido, 13';
cajas de luz: 89 × 29 cm c/u; vitrinas: 92 × 42 cm c/u; fotos: 18 × 24 cm c/u

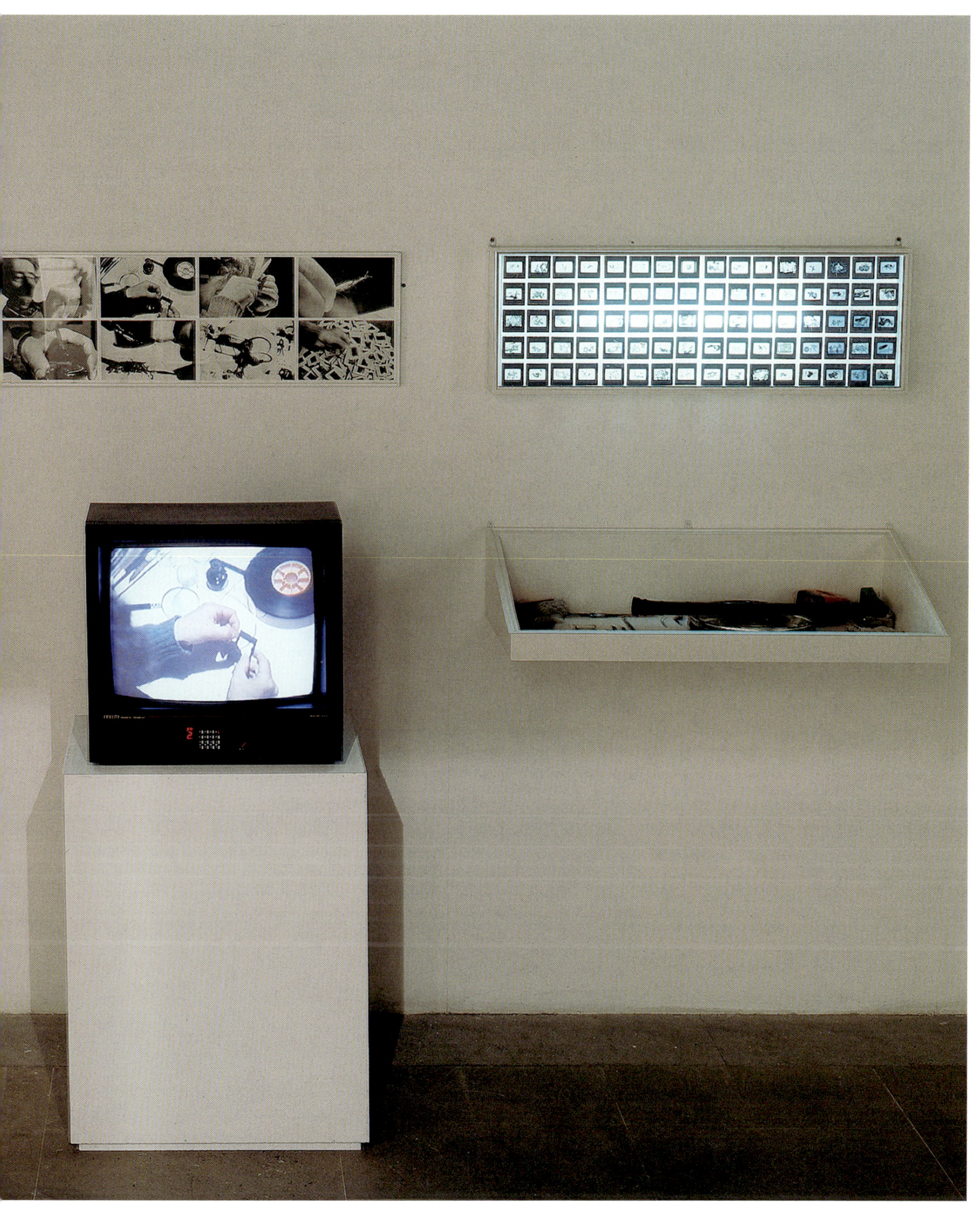

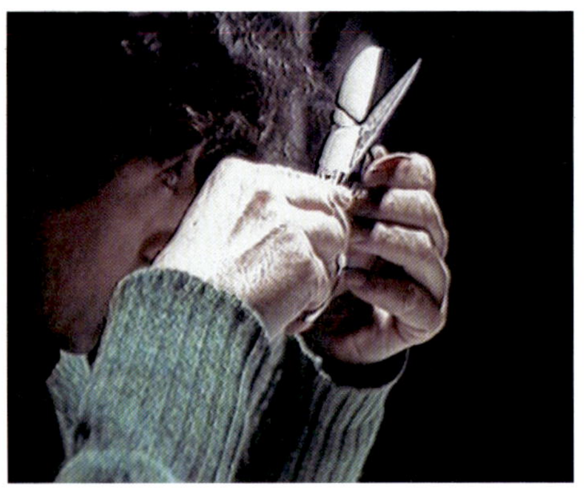 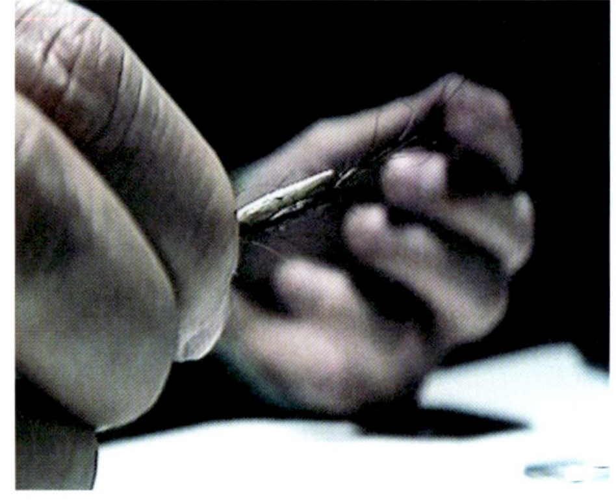 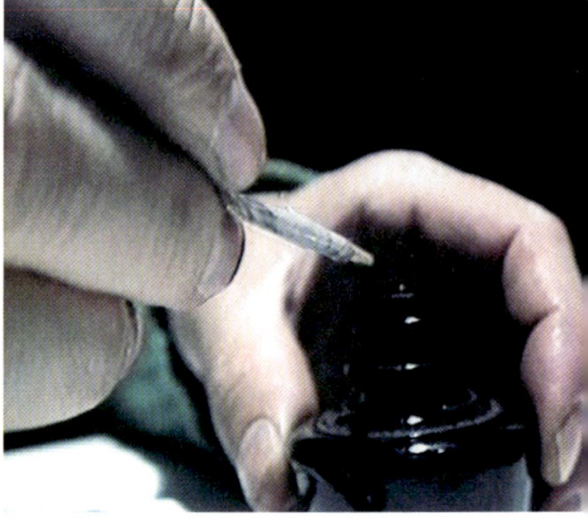

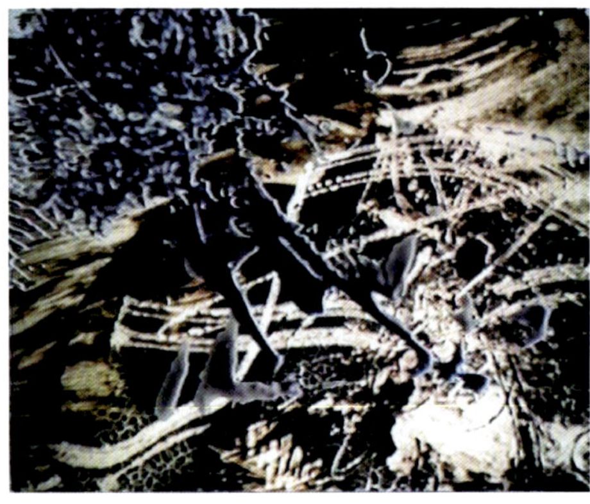 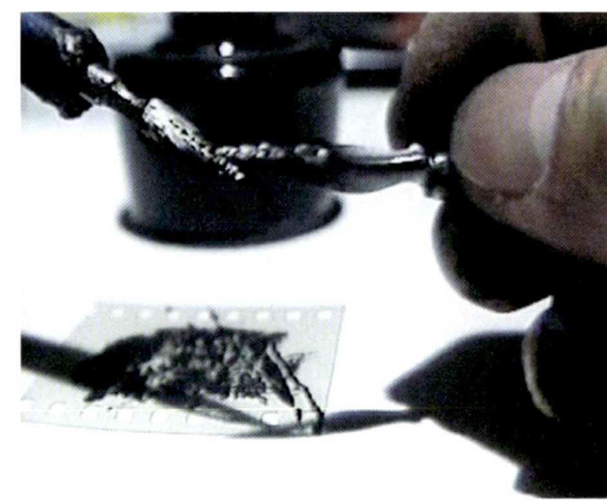 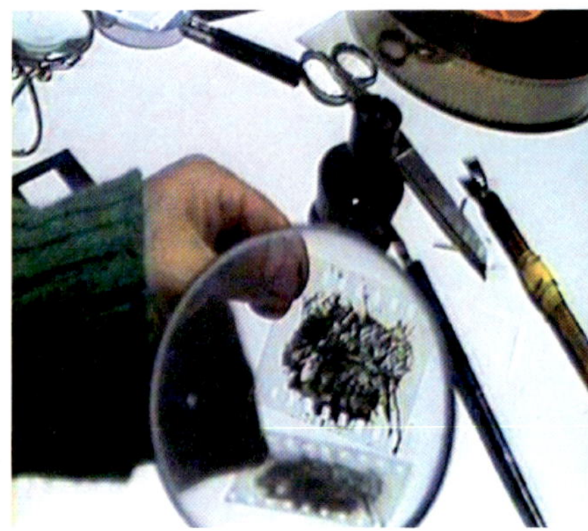

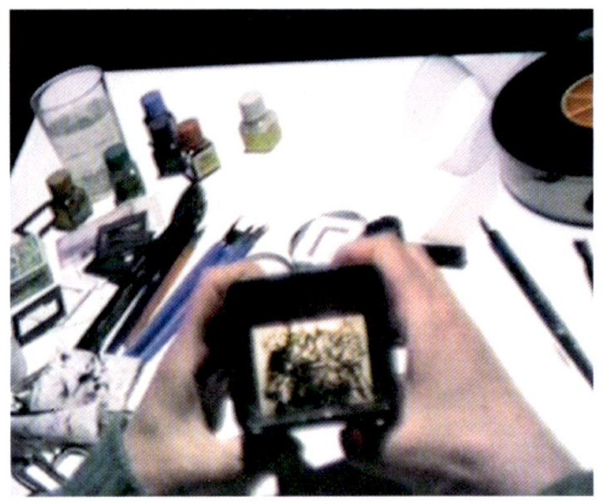 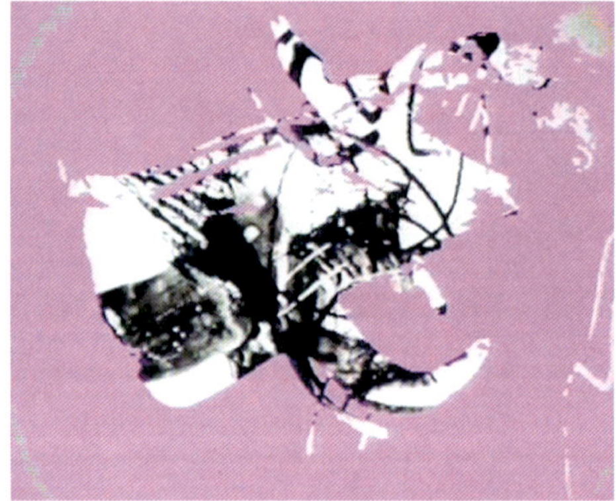 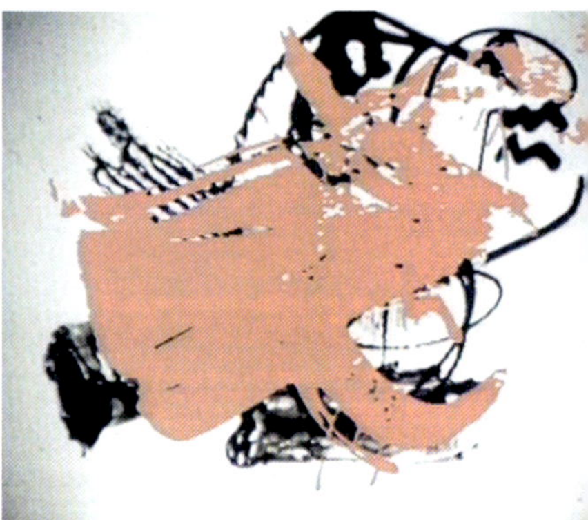

Micro-òpera 2, 1984, vídeo 3/4" PAL, color, sonido, 13'

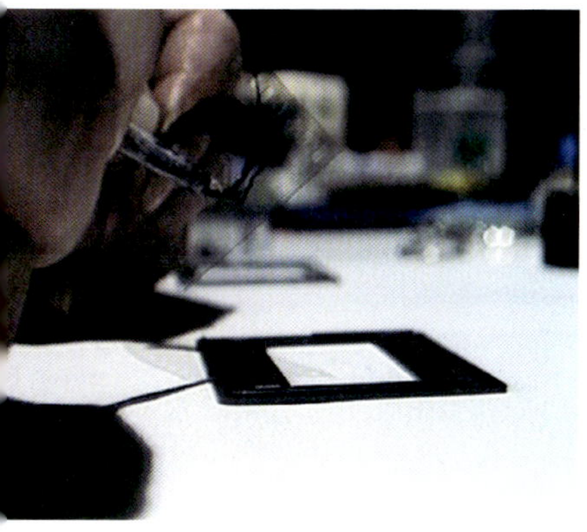
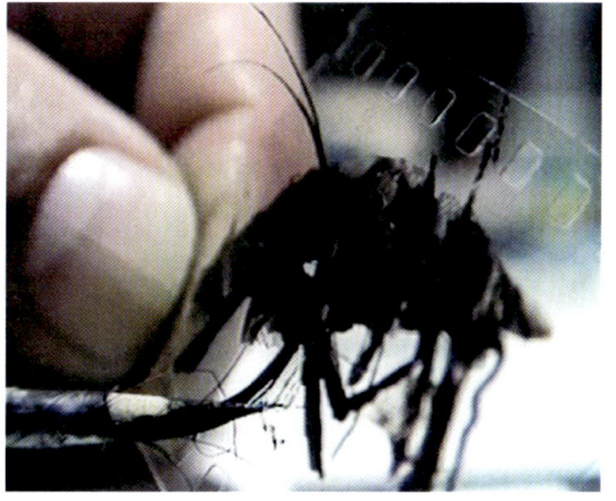
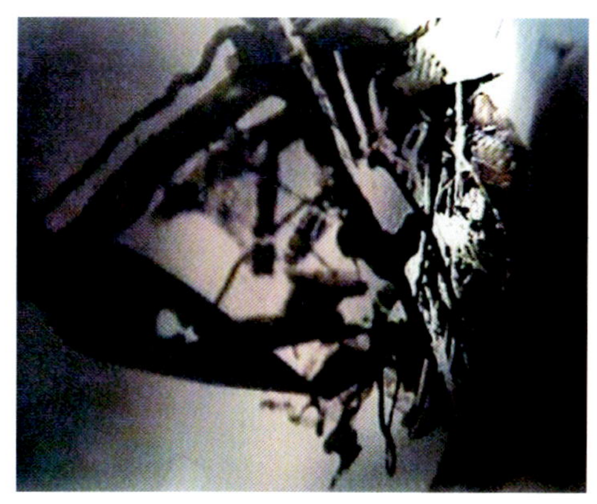
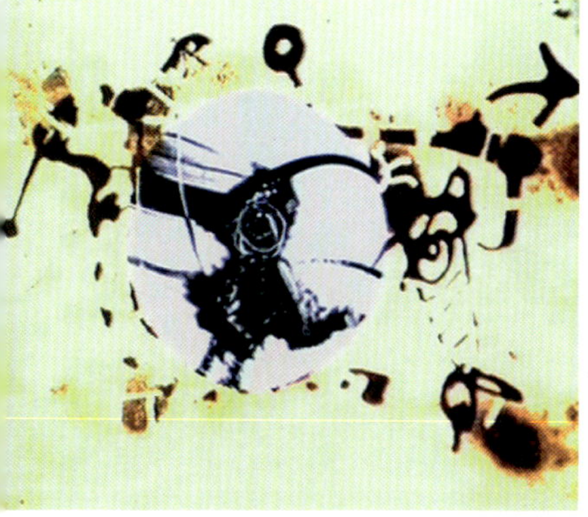
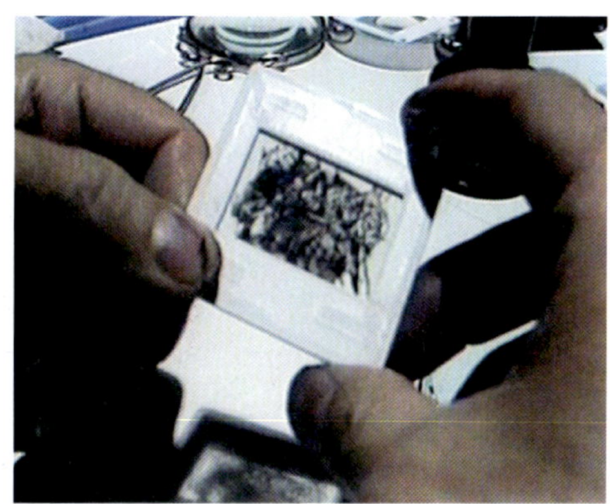
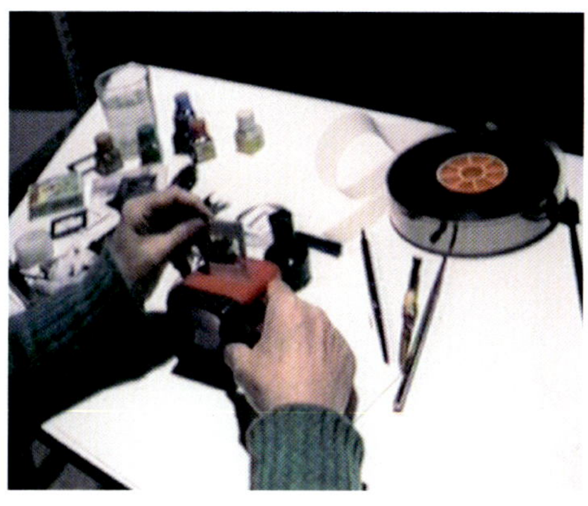
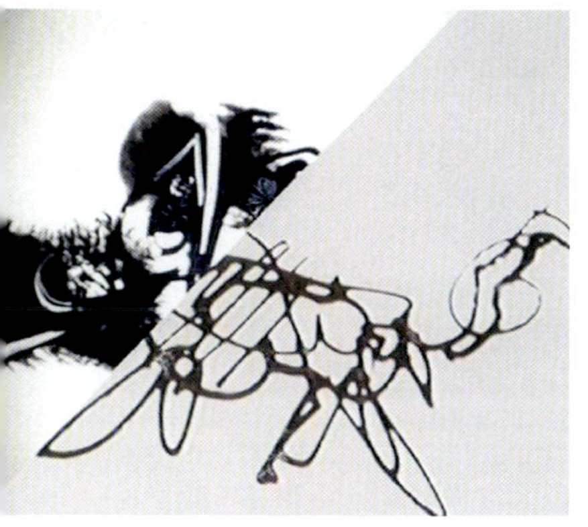
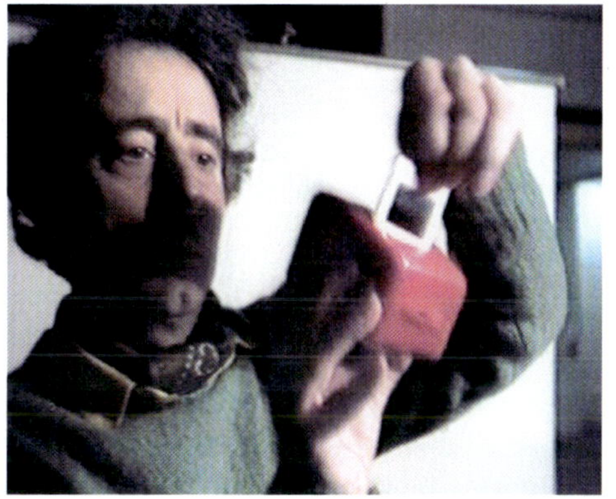

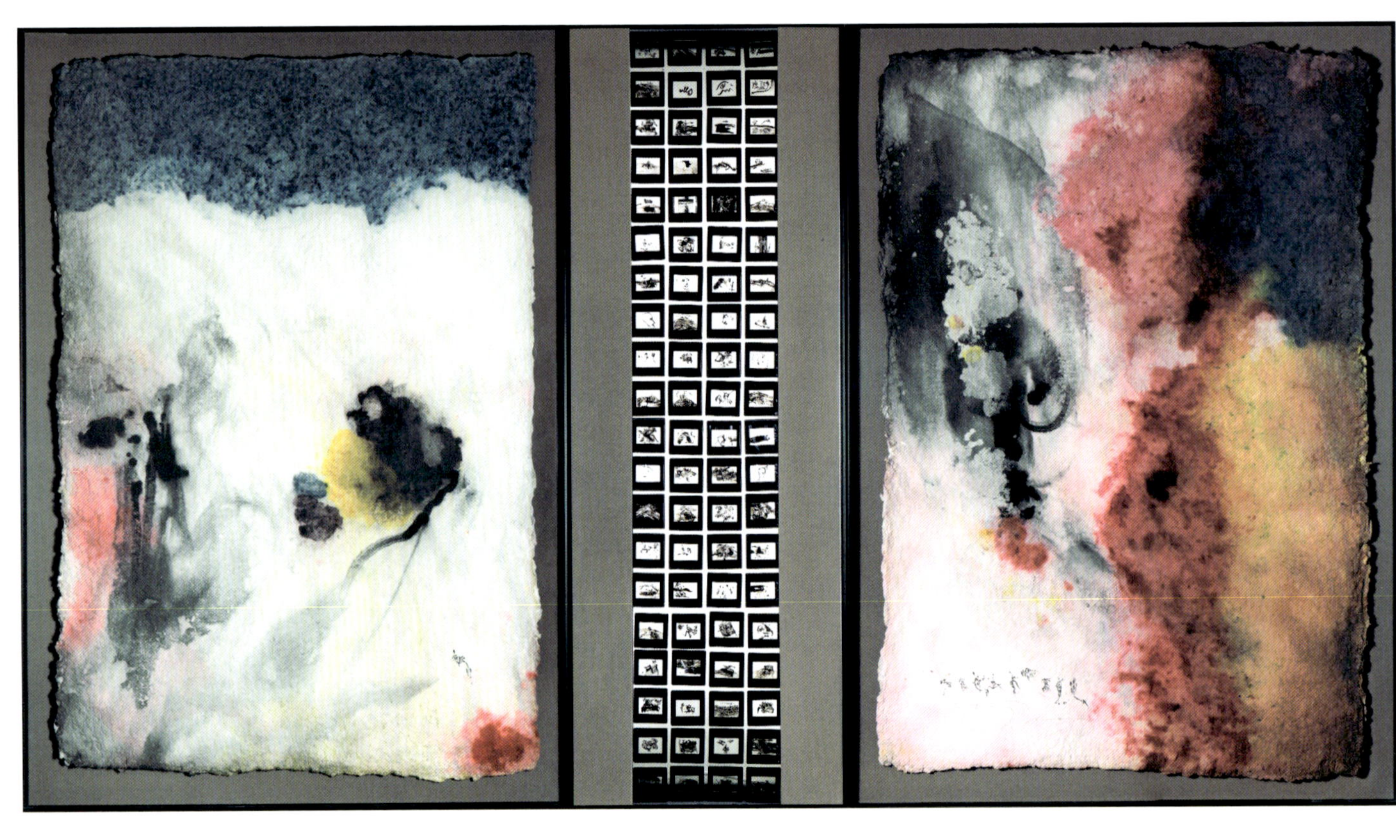

Dos fulls i 80 miniatures al llom, 1987-1988, técnica mixta sobre papel hecho a mano y fotogramas de 35 mm, 110 × 200 cm

detalle >

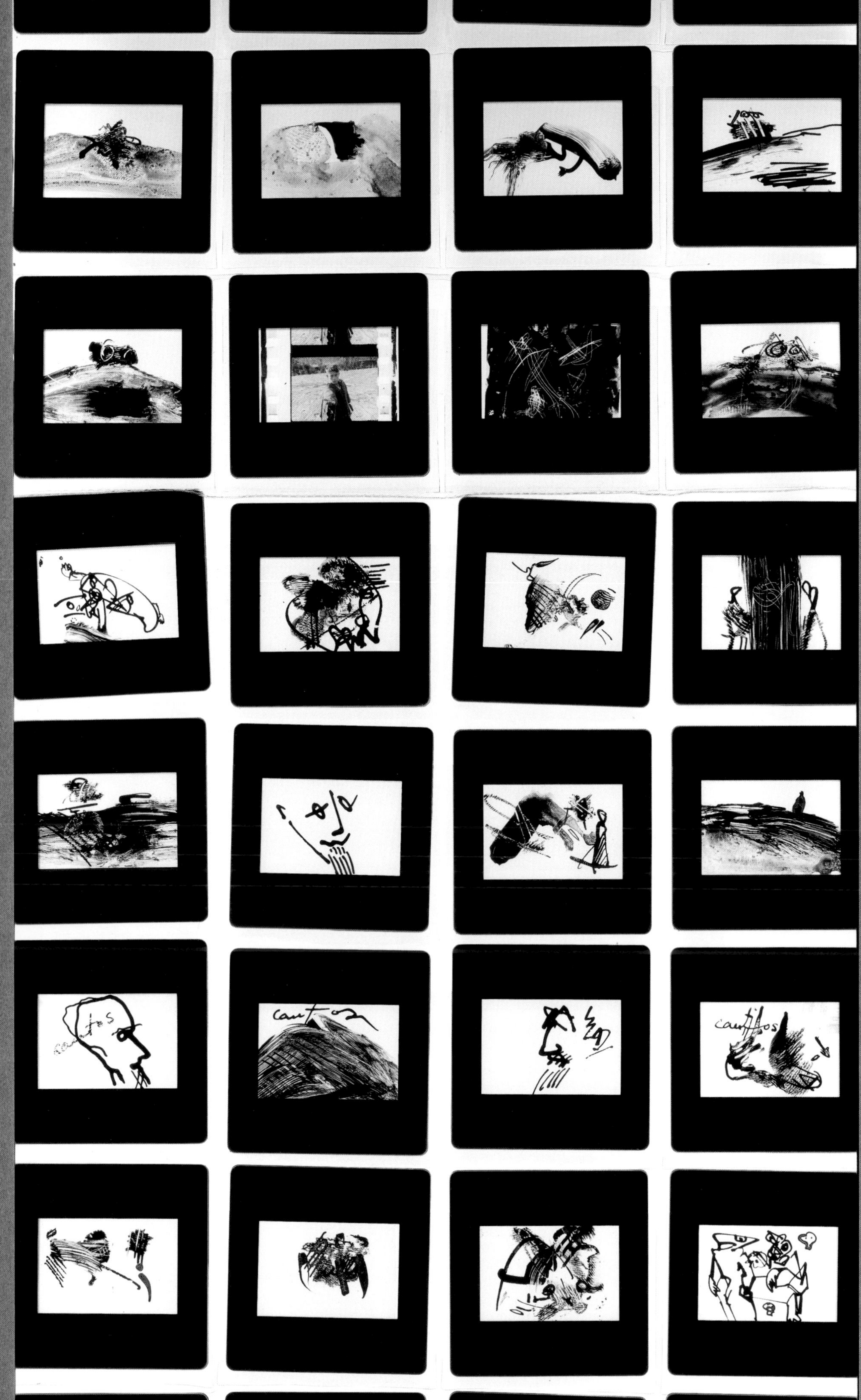

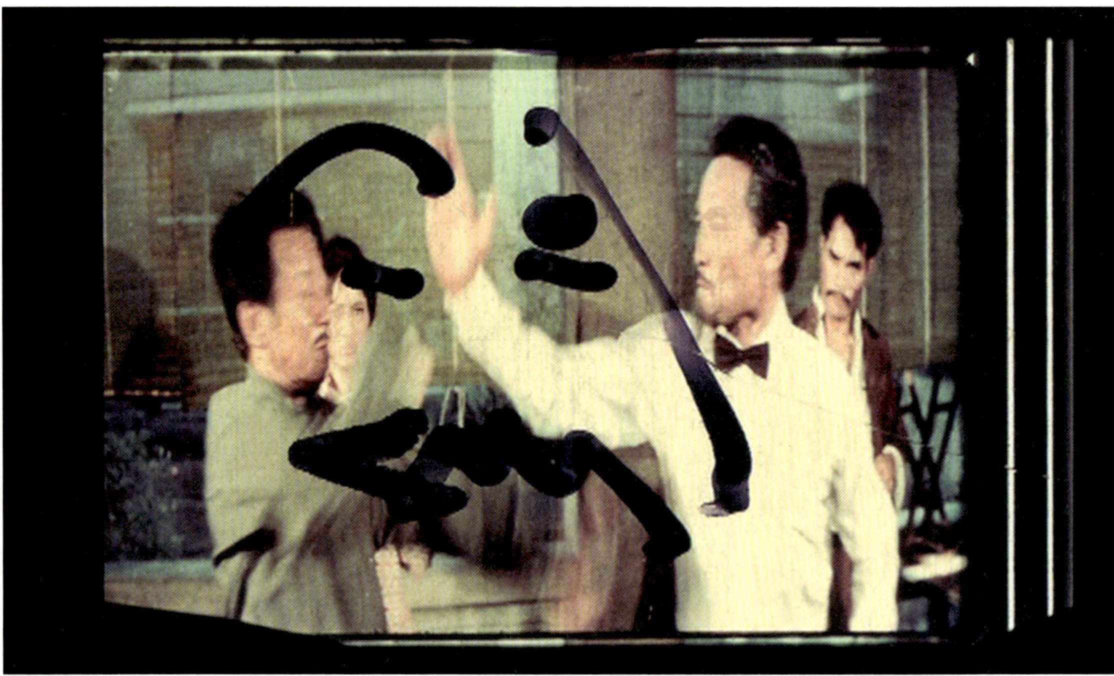

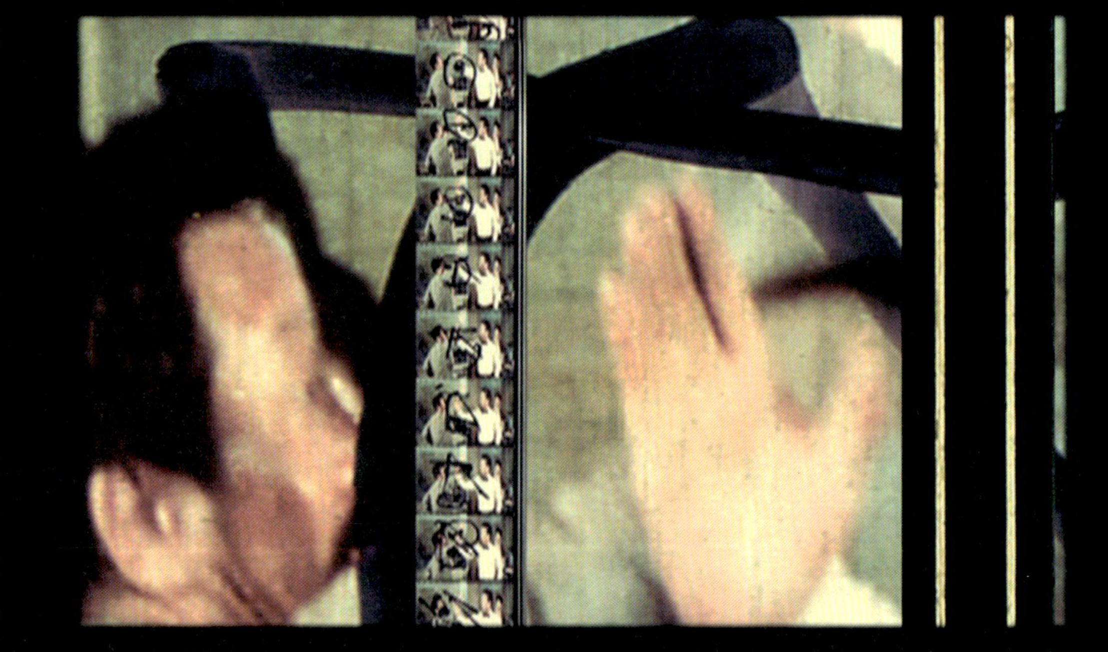

En las fórmulas matemáticas suele haber incógnitas, en
las películas también. Con 12 fotogramas de una película
de Kun Fu de 35 mm que encontré en París en 1978,
y que dibujé ese mismo año, decidí, en 2006, realizar el
vídeo *Valors esperats*, donde se visualiza la inaudible
banda sonora original de la película así como los elementos
iconográficos que vertebran la narración: la lucha entre
el protagonista y el antagonista ante la atenta mirada del
testigo, hasta plantear, en los dos últimos fotogramas,
un desenlace equívoco. La banda sonora del film es una
performance musical realizada por mí.

Valors esperats: 2+1=<f(x)>=∫f(x)ψ²(x)dx≈2+2, 2006, vídeo digital, color, sonido, 55"

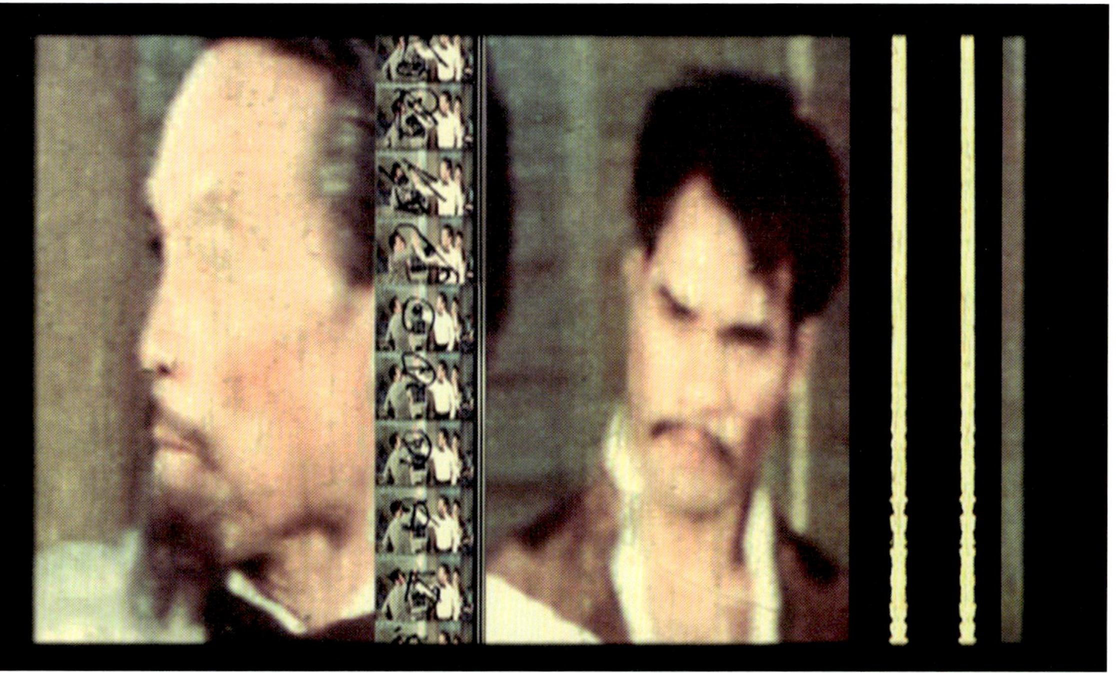

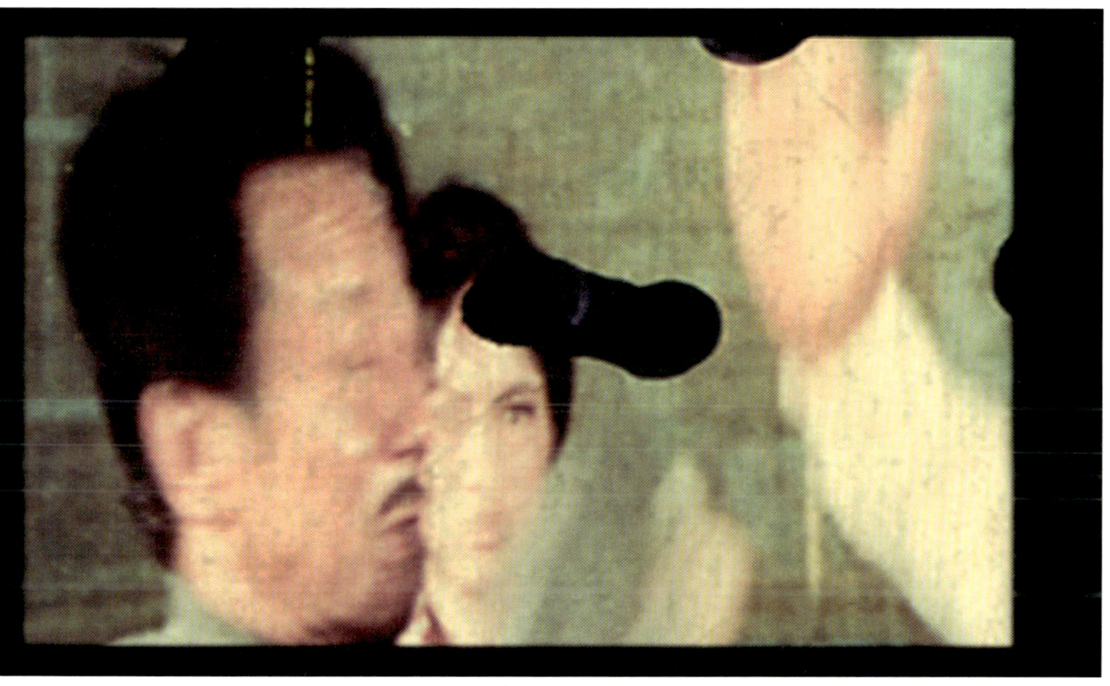

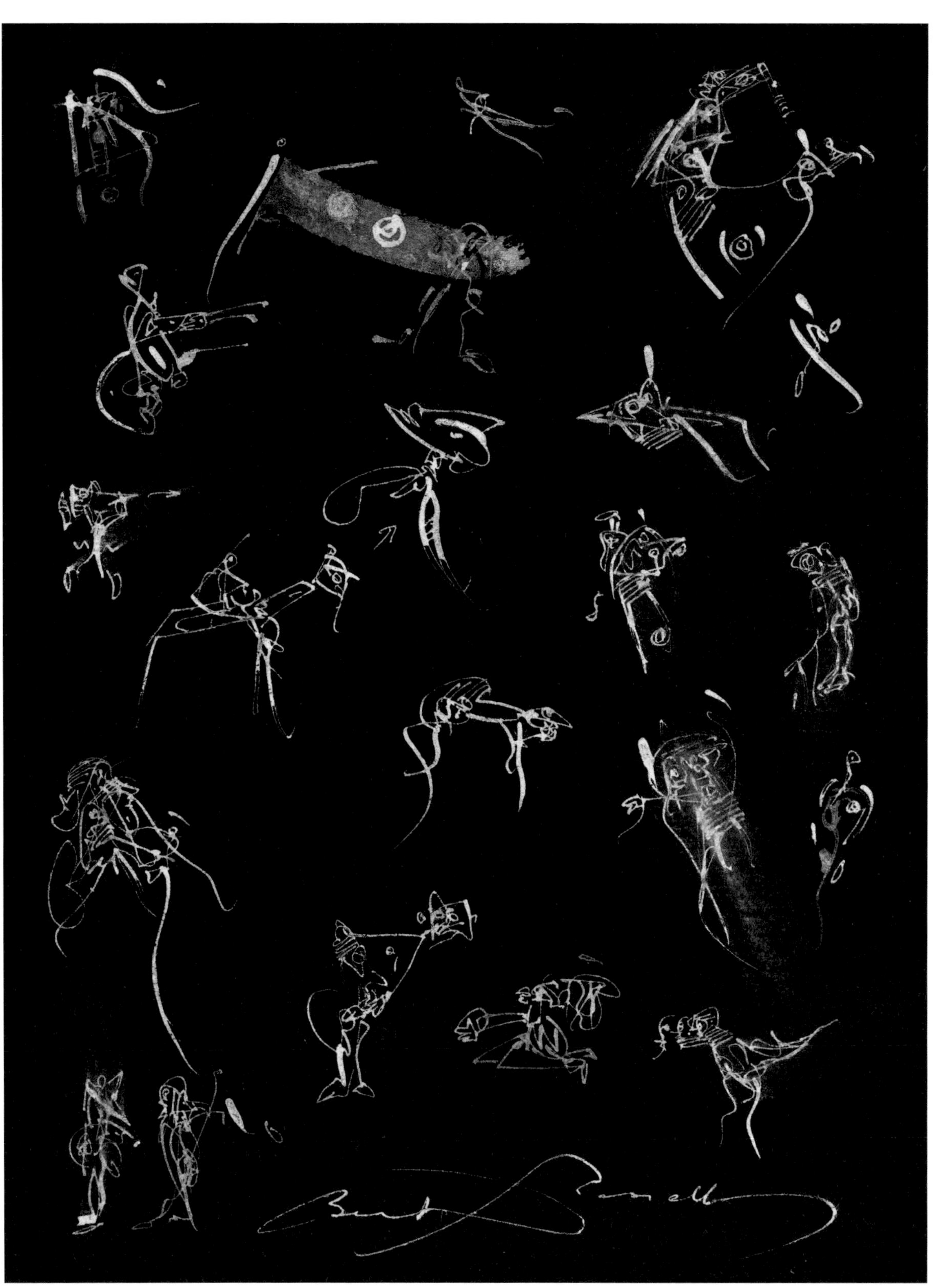

L'art de Mizogushi, 1987, tinta china y lápiz blanco sobre cartulina negra, 19,2 × 15 cm

128

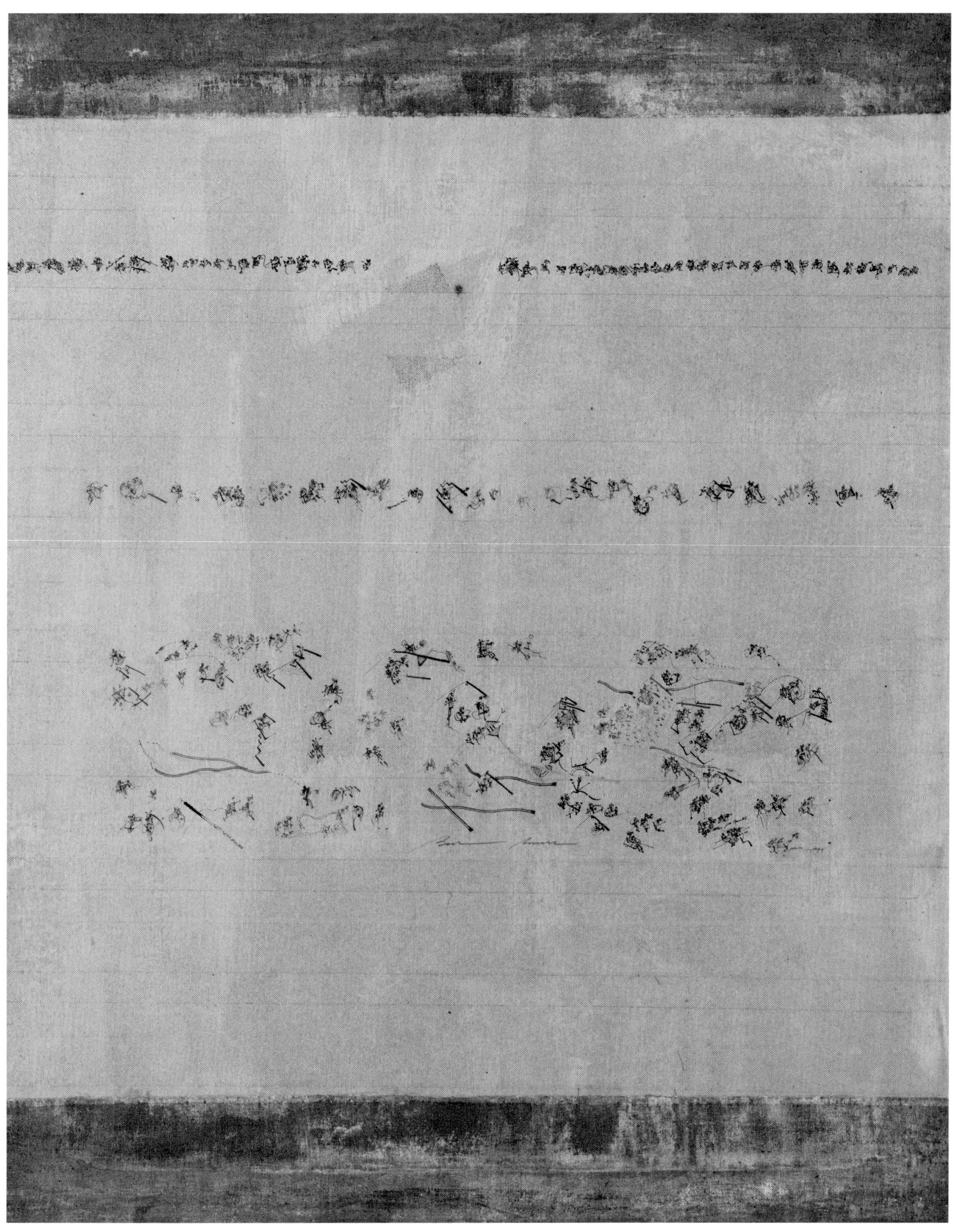

À coup sûr, 1981, técnica mixta sobre papel encolado sobre tela, 100 × 81 cm

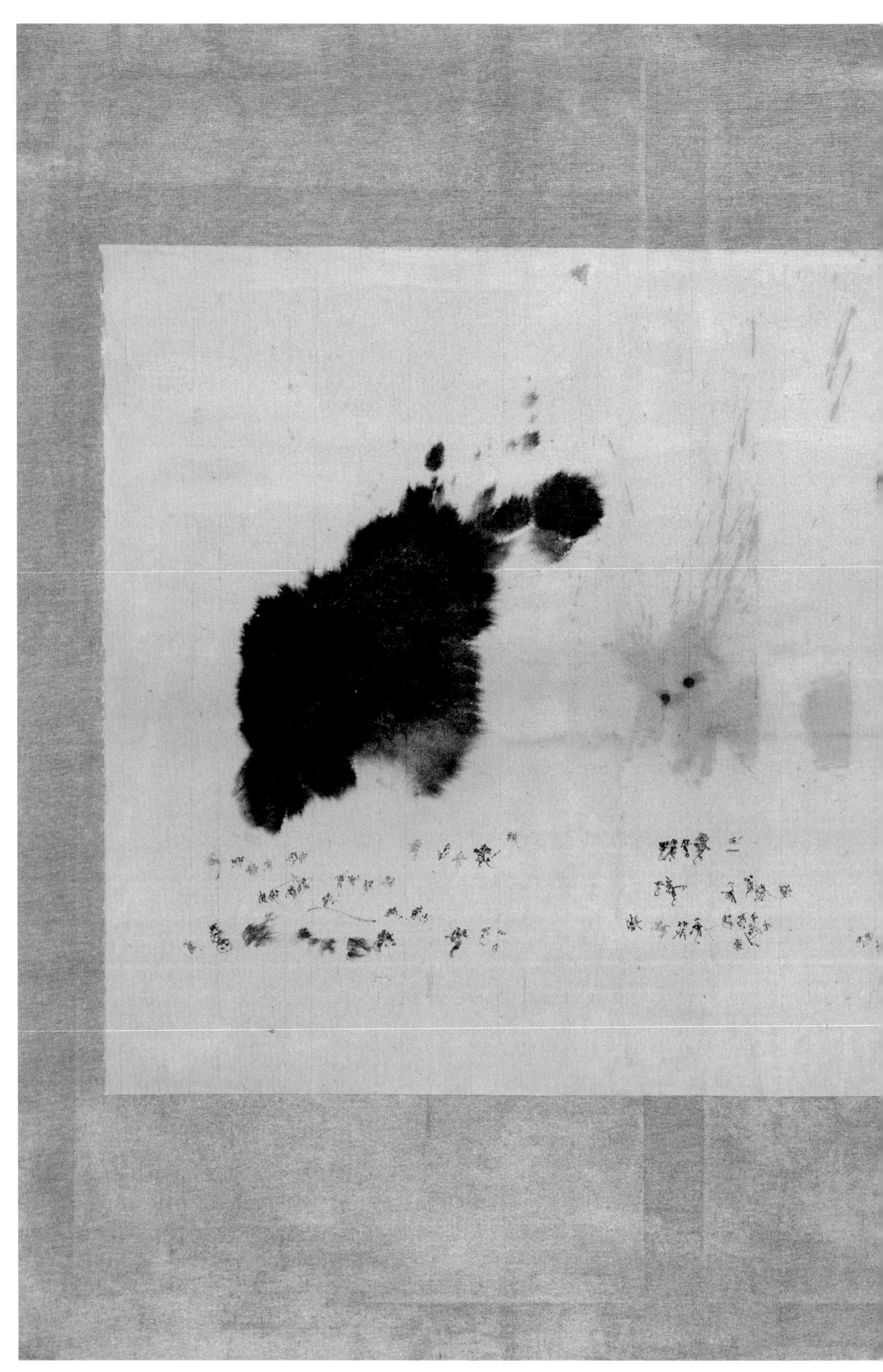

Saber-ne un niu, 1980, técnica mixta sobre papel encolado sobre tela, 130 × 195 cm

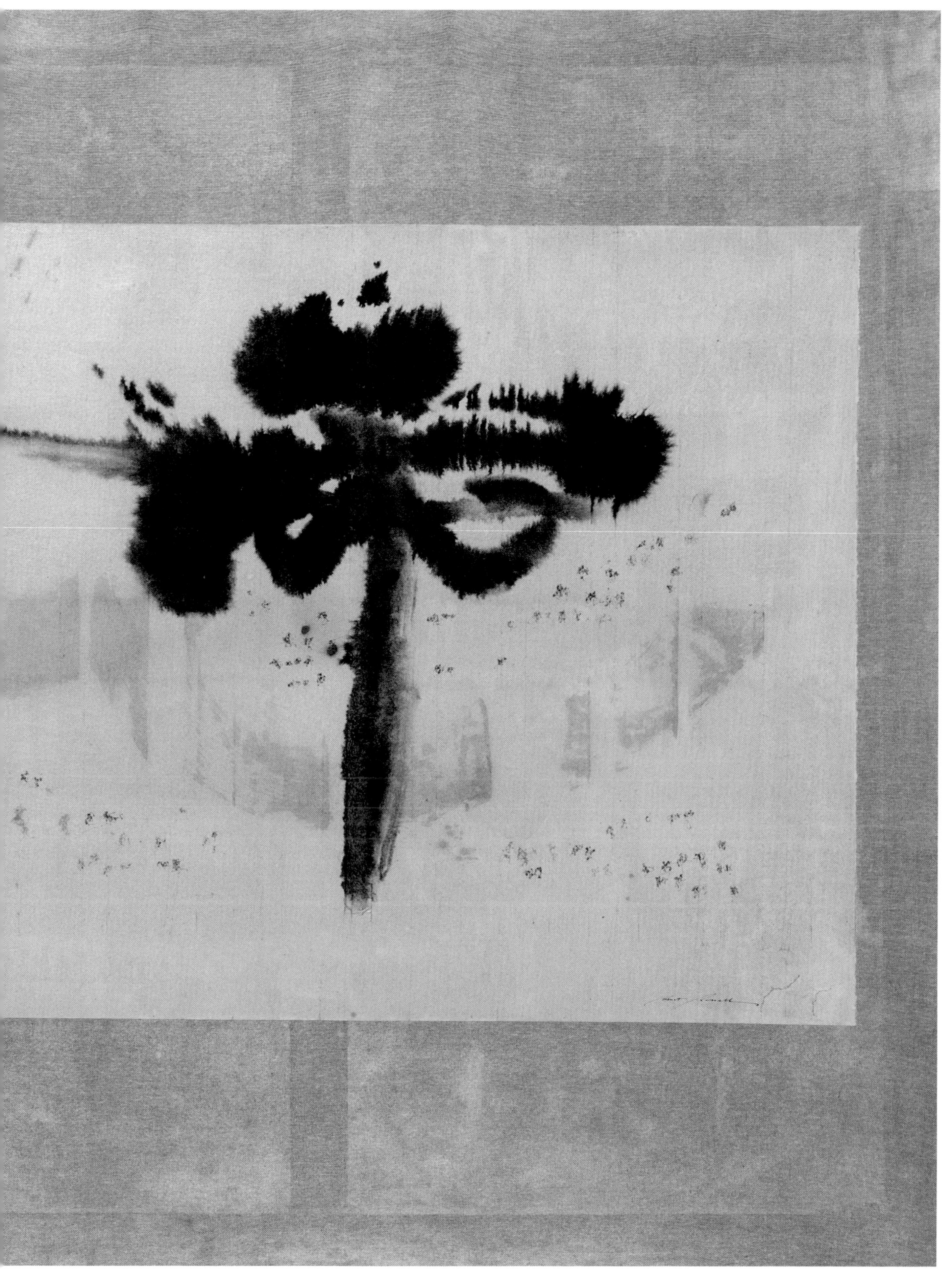

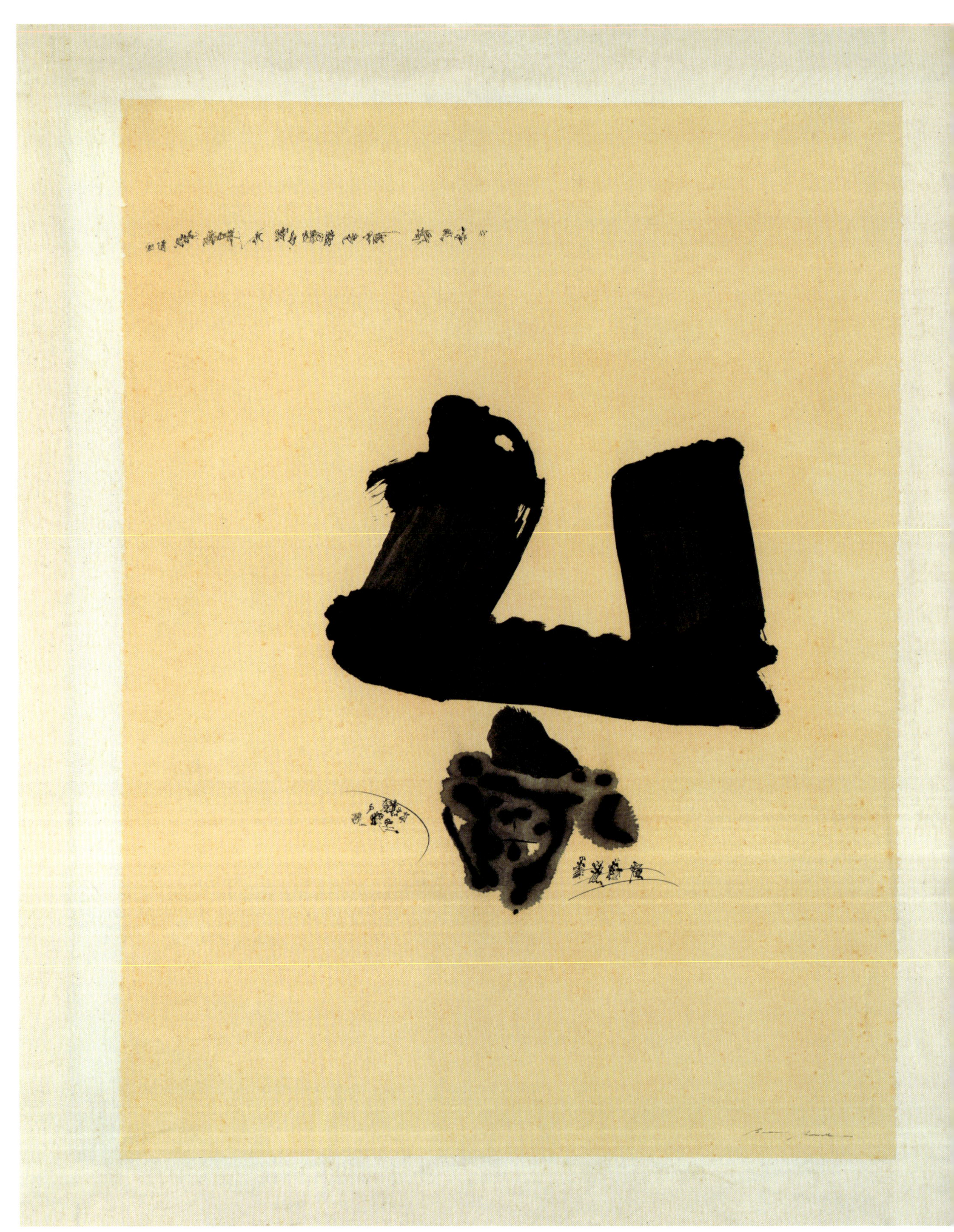

Miriade, 1981, técnica mixta sobre papel encolado sobre tela, 100 × 81 cm

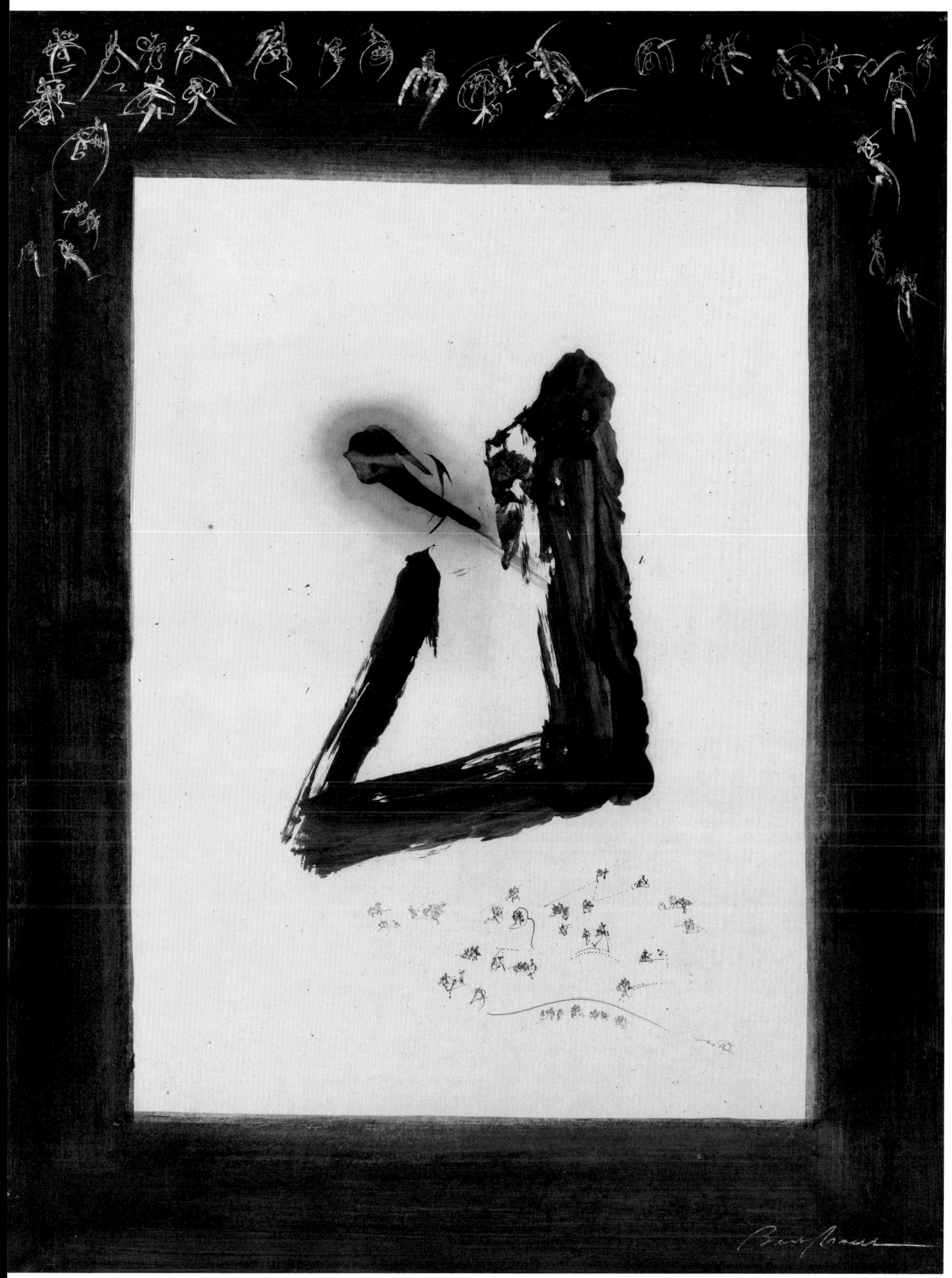

Acotaciones, 1981, técnica mixta sobre paper encolado sobre tela, 115 × 89 cm

En todos los lugares en los que he vivido me ha
acompañado siempre alguna instalación
retrospectiva. Se trata sencillamente de diferentes
elementos, obras mías y objetos, acotados en el
espacio, y agrupados por razones de vecindad
que, al fin y al cabo, son las razones que animan
toda mi obra. Esta nos muestra concretamente qué
pensaba *El perro* de Goya cuando sacaba la cabeza
por encima de la cresta: ¿qué hora debe ser?

Instal·lació retrospectiva, 1966/2000, técnica mixta, dimensiones variables

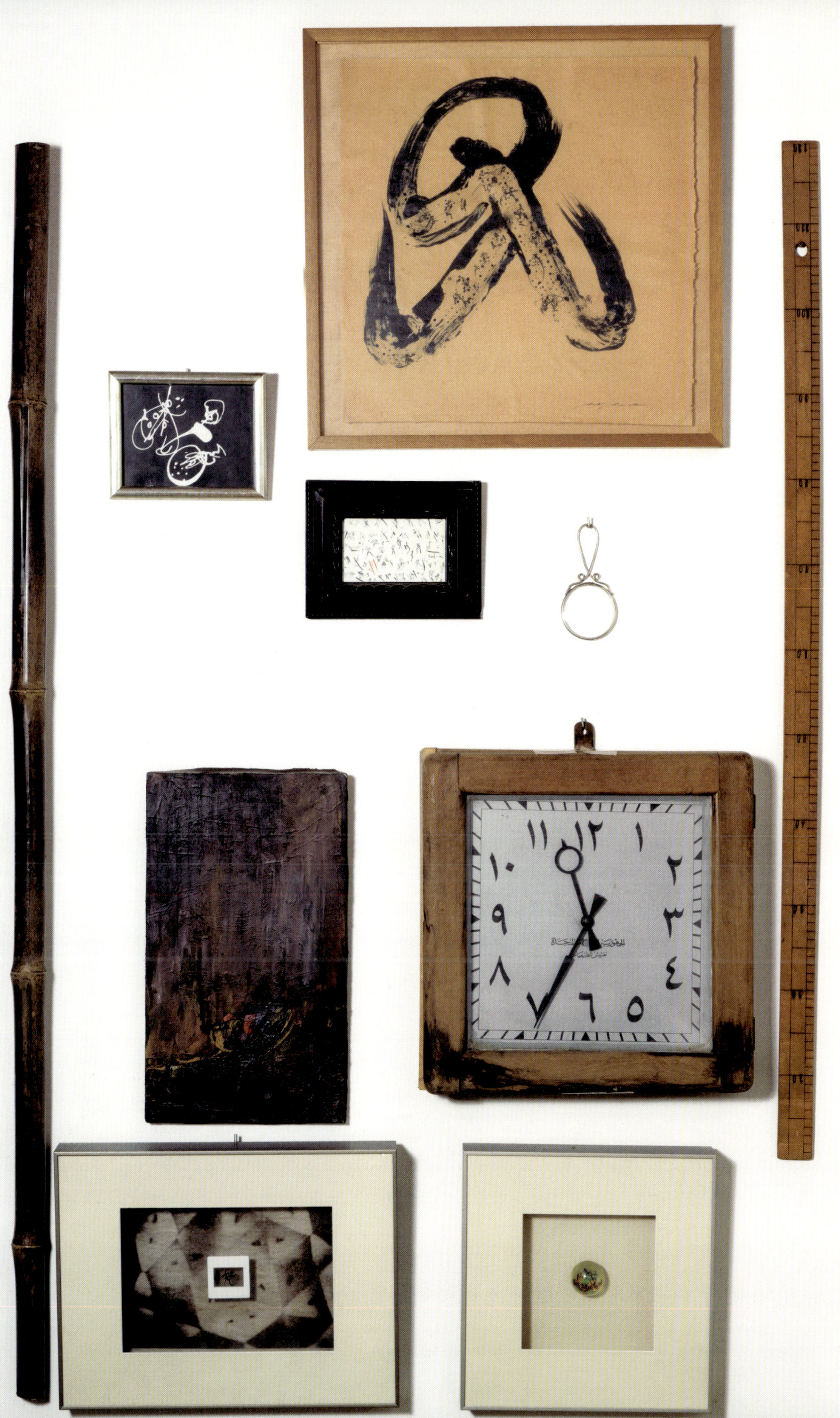

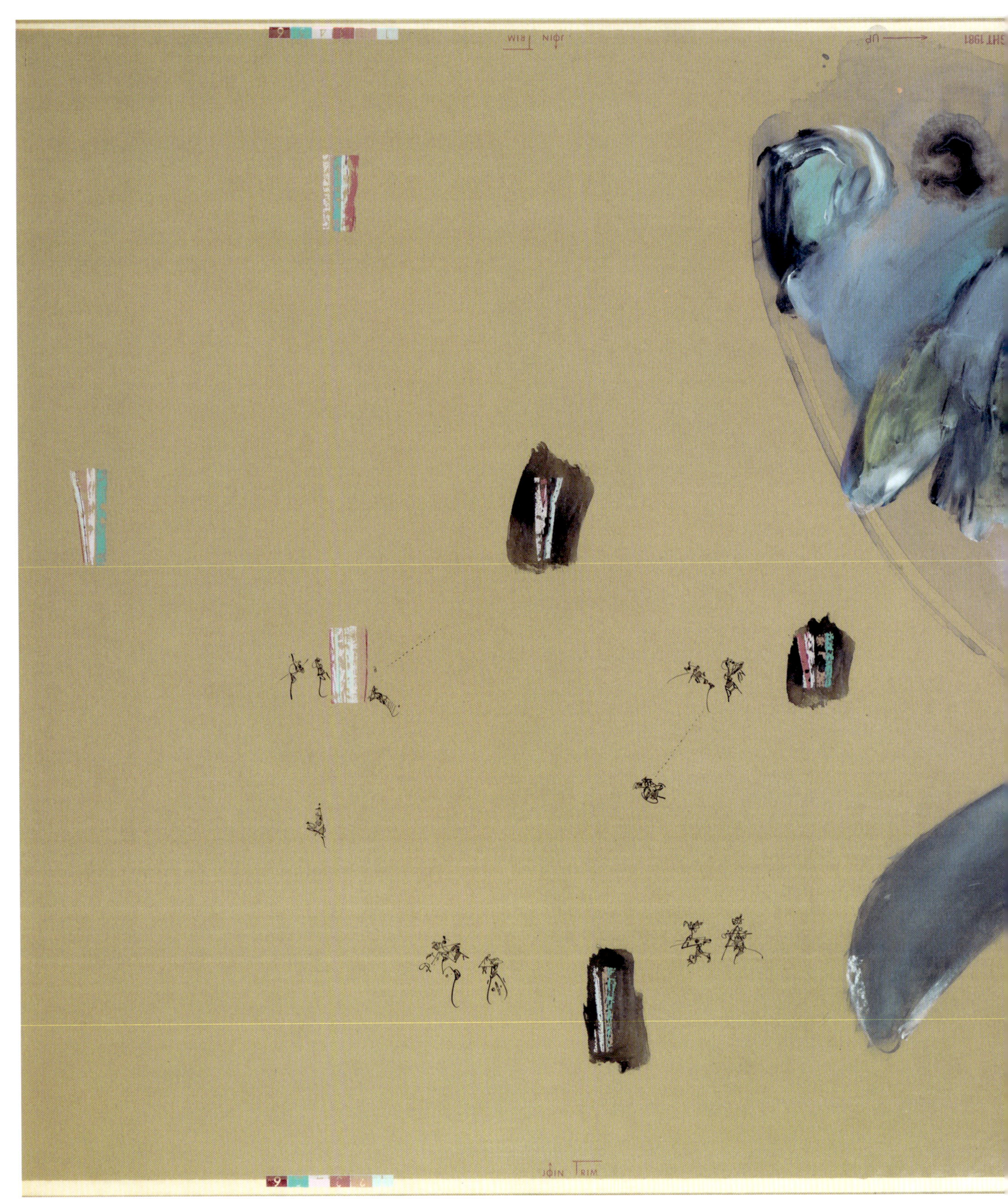

«**Triptych**», 1985, acrílico y tinta china sobre papel impreso, 74 × 136 cm

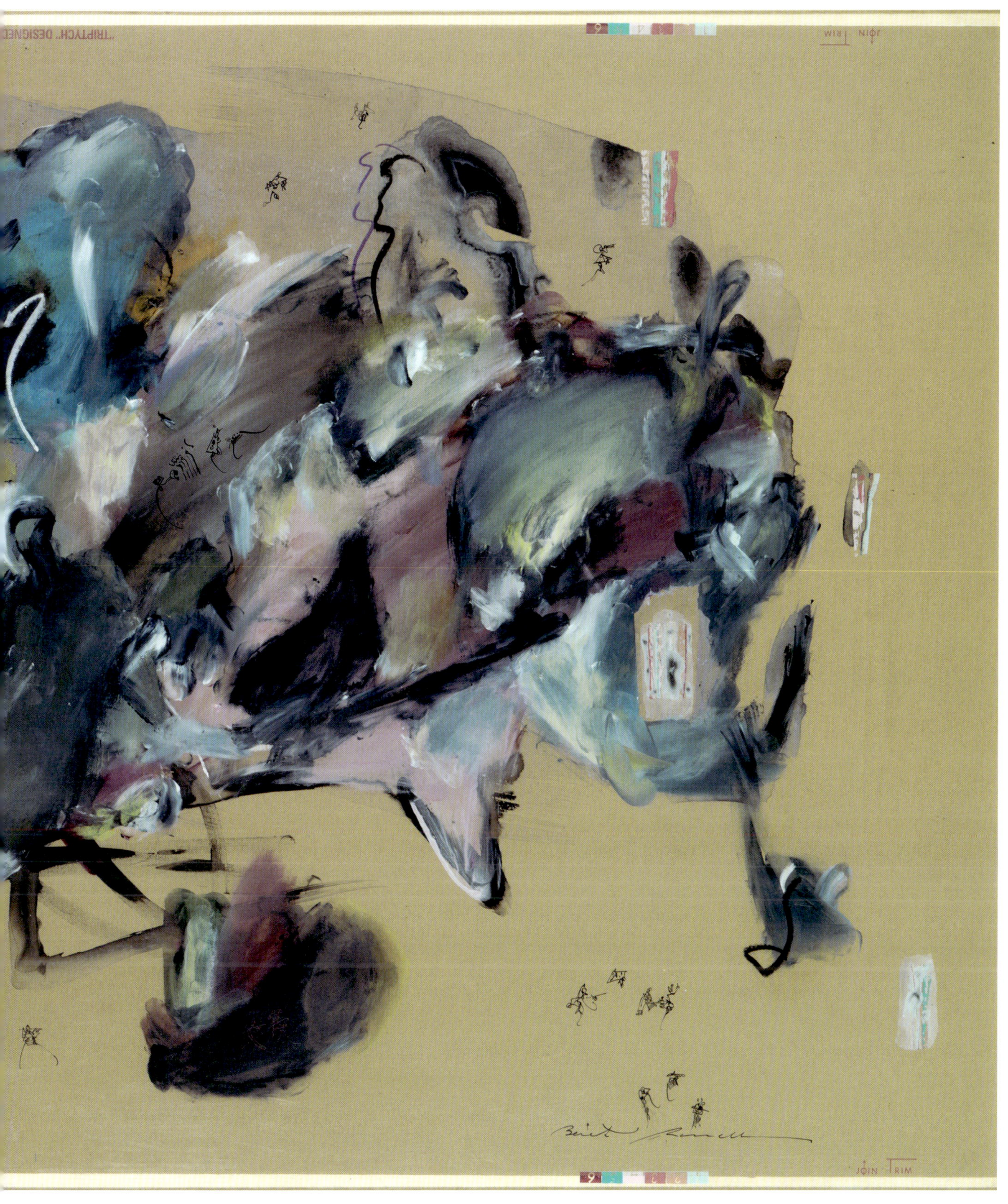

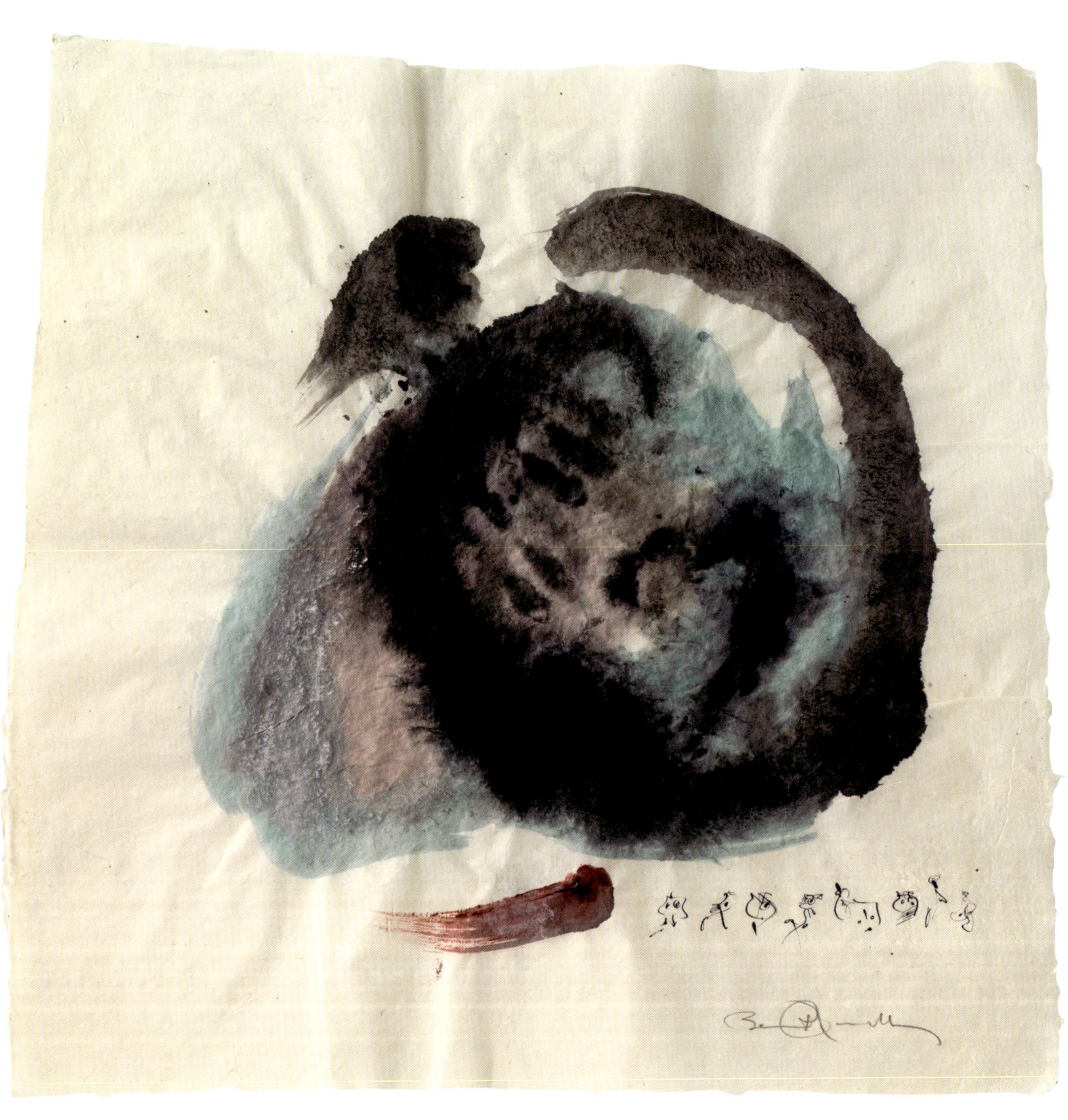

Sin título, 1997, técnica mixta sobre papel mongol, 52 × 52 cm

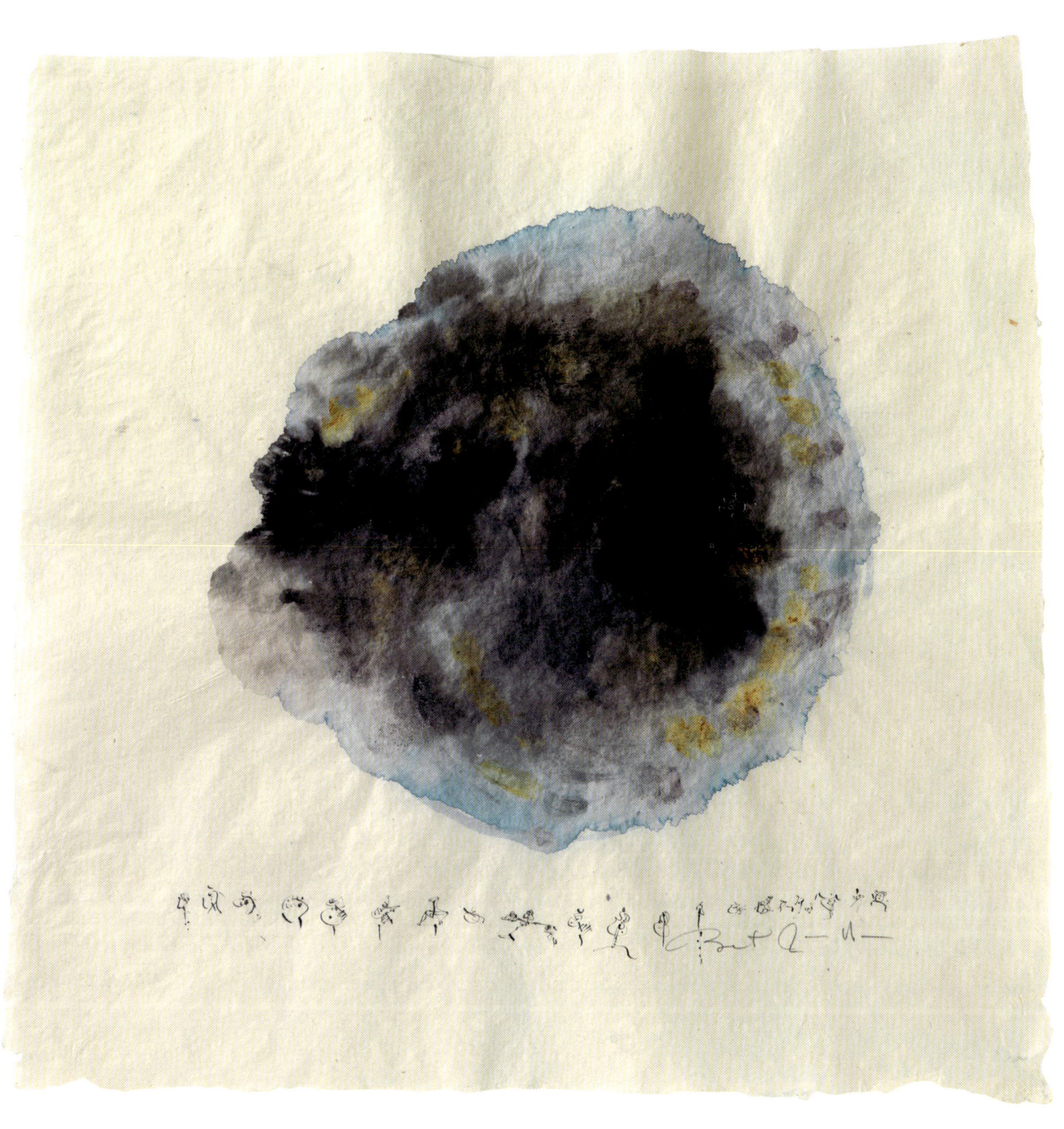

Sin título, 1997, técnica mixta sobre papel mongol, 52 × 52 cm

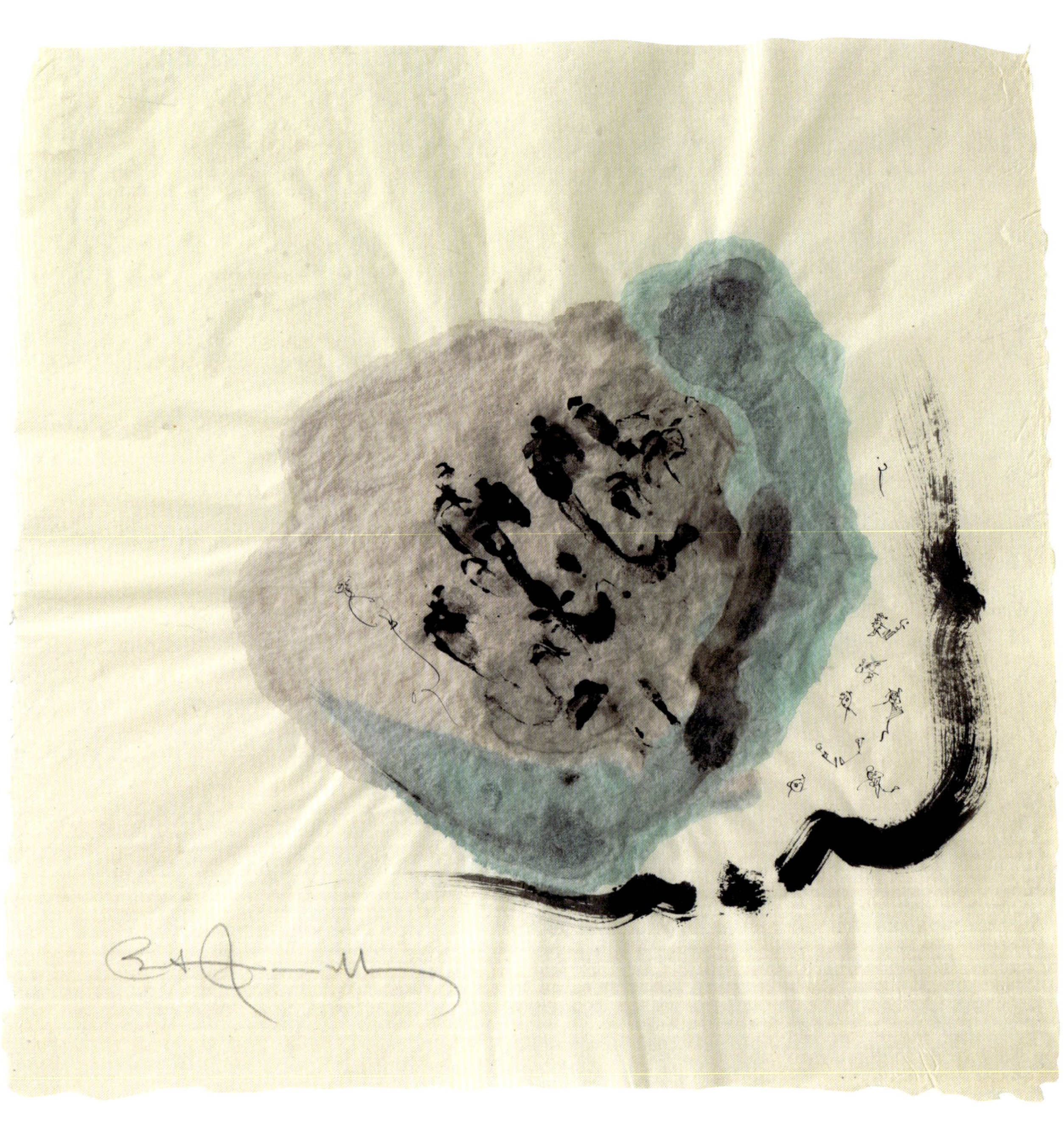

Sin título, 1997, técnica mixta sobre papel mongol, 52 × 52 cm

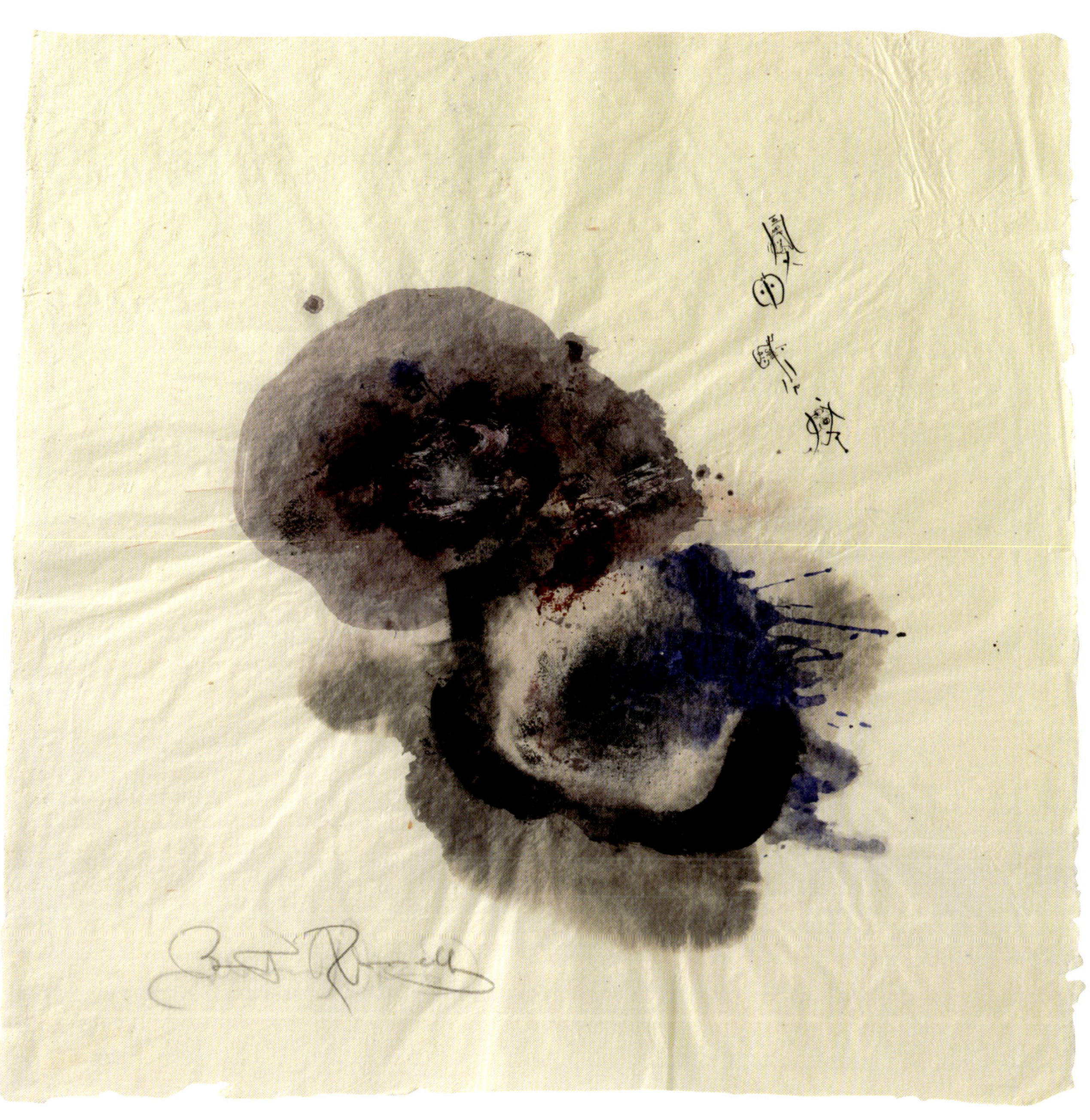

Sin título, 1997, técnica mixta sobre papel mongol, 52 × 52 cm

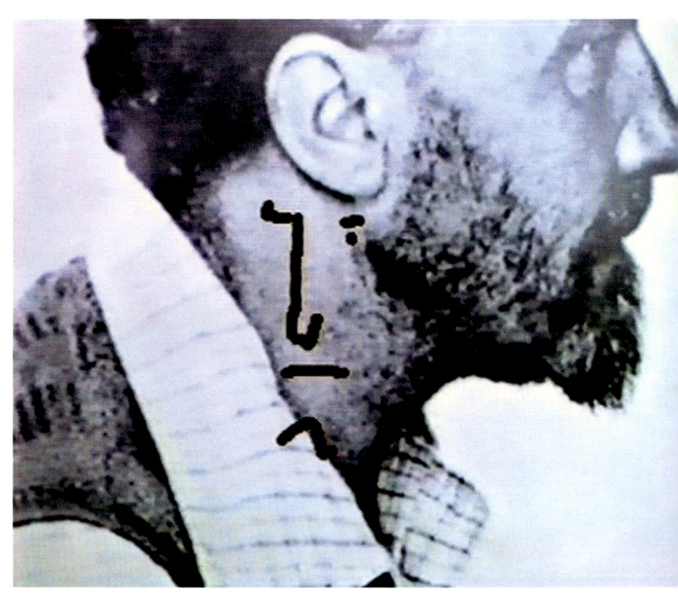

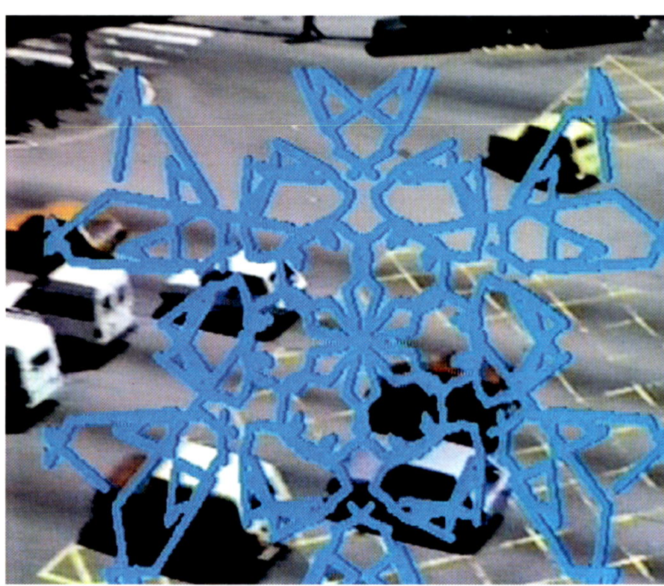

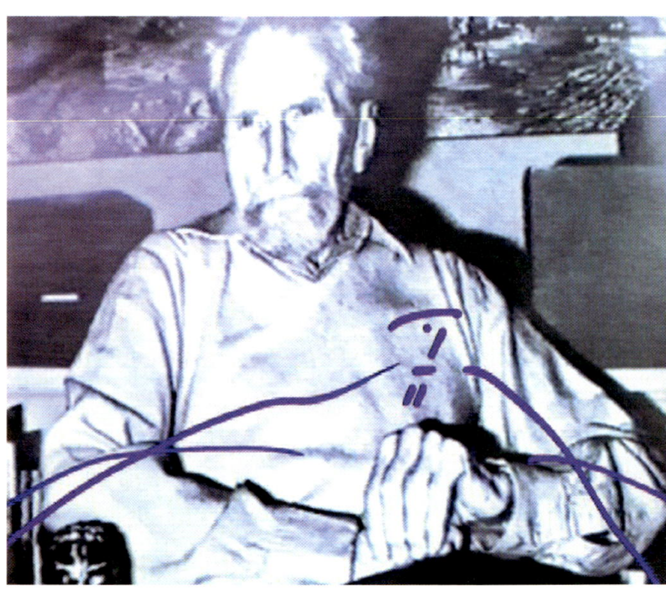

Pound, 1985 / 2009, vídeo 3/4" PAL y Mini DV, color, sonido, 10' 57"

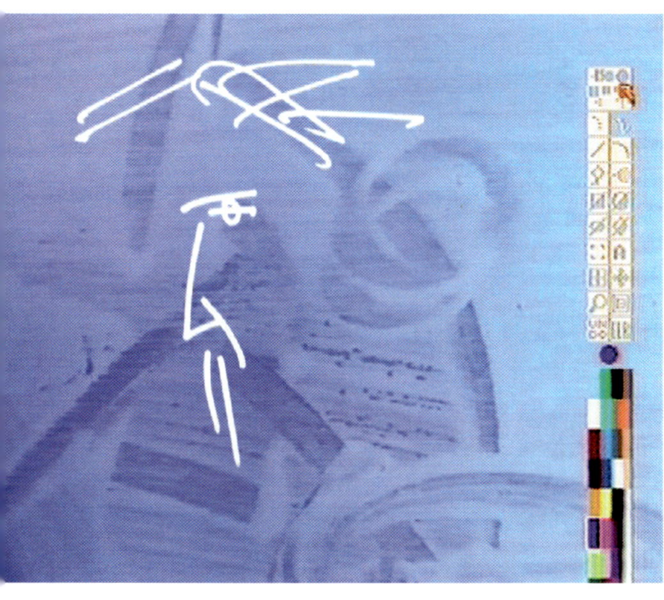
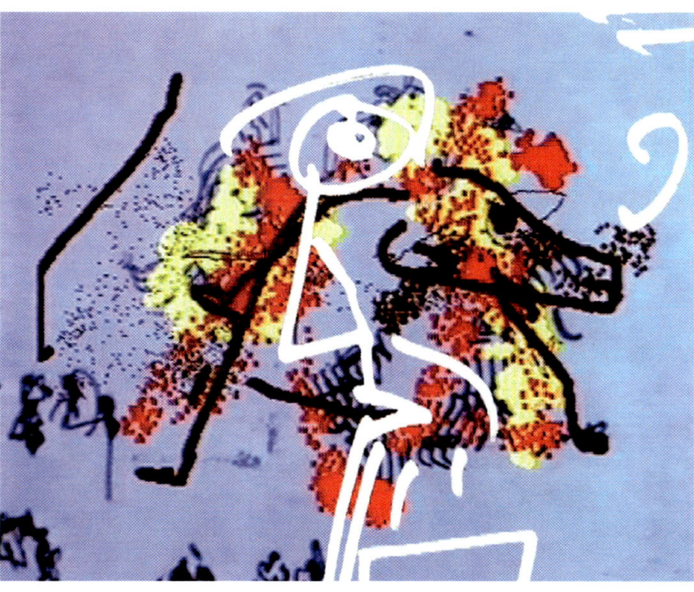
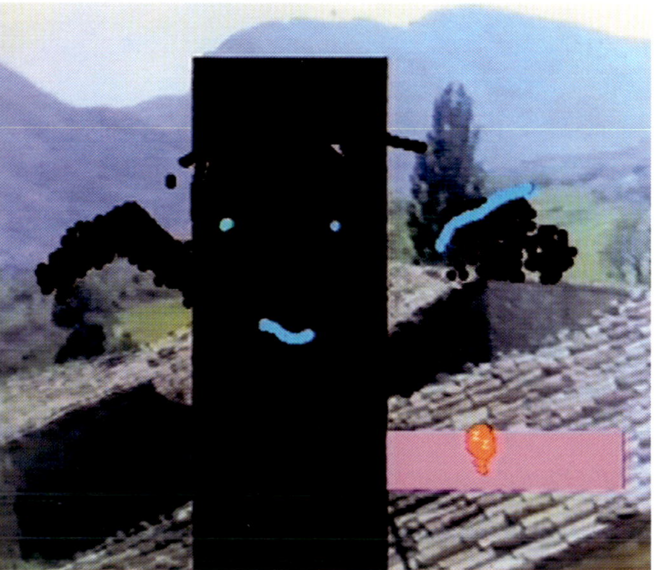
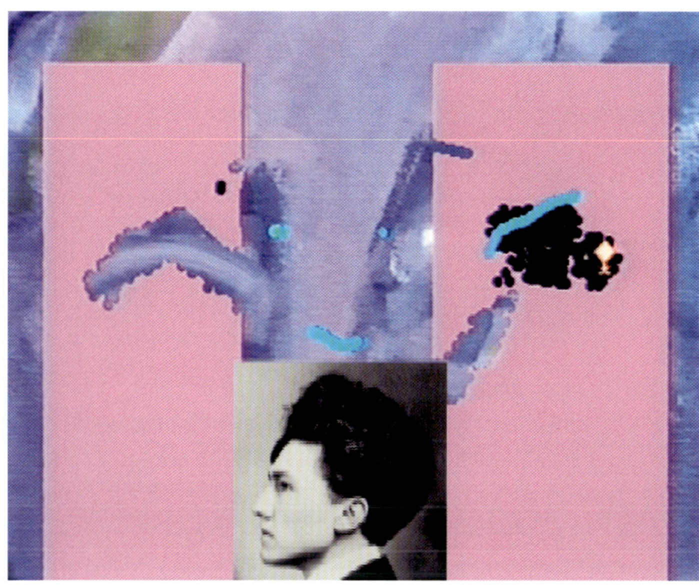
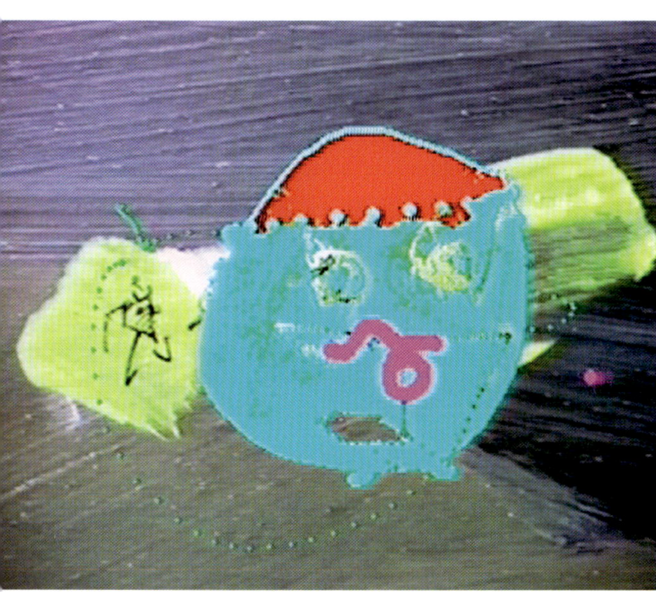
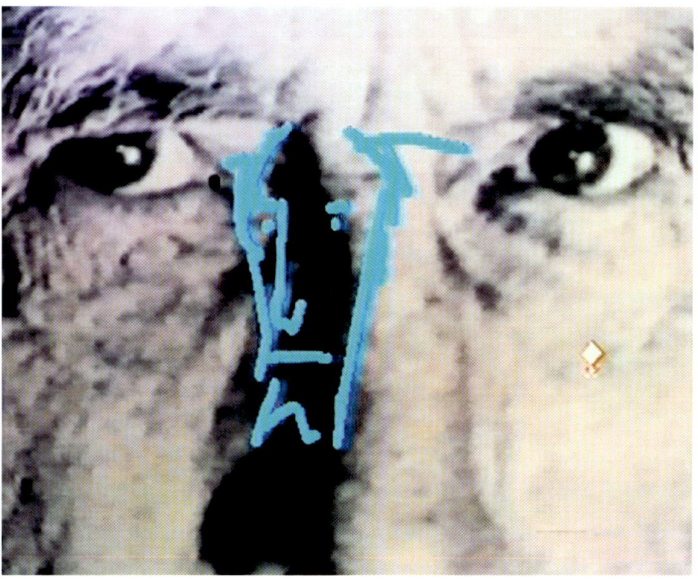

Pienso con la punta del pincel

Mi carrera artística empieza a finales de los sesenta, pero retrocedamos 40.000 años y plantémonos en la tierra, las resinas y los pigmentos...

En las coordenadas 41° 28' 7" N, 0° 41' 26" E está El Cogul, con sus pinturas prehistóricas: hombres, mujeres y animales, pero también grupos de cazadores y expresiones abstractas realizadas a partir de puntos, trazos, manchas...

«En lo tocante a la caligrafía», afirma François Cheng, «precisemos ante todo que la formación misma de los ideogramas acostumbró a los chinos a percibir las cosas concretas a través de los rasgos esenciales que las caracterizan.»[1] Pero antes sostiene: «[...] la pintura ya no se conforma con reproducir el aspecto externo de las cosas, busca discernir sus líneas internas y fijar las relaciones ocultas que mantienen entre sí», y a continuación cita a Zong Bing: «Además, el espíritu no tiene forma propia; cobra forma a través de las cosas. Se trata entonces de trazar las líneas internas de las cosas mediante pinceladas habitadas por la sombra y la luz.»[2] Estas reflexiones acerca de los orígenes del lenguaje pictórico chino nos remiten directamente al papel que desempeña la verbalización, la palabra dicha o escrita, en la elaboración del pensamiento.

La pintura también habita el Paralelo Benet Rossell: trazar, inscribir, pintar sobre la piedra, la tierra, el hierro, el papel, la tela, las uñas y la piel... Pintar/pensar experiencias, sueños, deseos, miedos, desconciertos, músicas y fórmulas como quien marca un cordero con un hierro al rojo y se lo apropia... Pintar es lo que hago cuando quiero averiguar cómo era exactamente un cabello escondido bajo el ala del sombrero de un marinero porteño, bailador de tangos en la Boca, a principios del siglo XX. Pintar para concebir, porque ahora tengo la certeza de que pienso con la punta del pincel.

En el texto que abre el catálogo de esta exposición, Bartomeu Marí afirma: «Aquí, en Cataluña, ser artista significaba "ser pintor". Y la pintura era abstracta, gestual y matérica. "La artisticidad del gesto" explicaba la calidad de las obras, traducciones del genio individual de algunos.»[3] Esta omnipresencia de la pintura, aquí y en todas partes, este auténtico imperialismo pictórico secular, ha hecho que la pintura haya terminado desprestigiada en los círculos más progresistas del arte contemporáneo, lo que por fin, y para bien, ha permitido que otras propuestas hayan accedido al mundo –y al mercado– del arte en igualdad de condiciones.

Ahora me vienen a la cabeza unas palabras de Marcel Duchamp: «Creo que un cuadro, al cabo de un cierto número de años muere, como el hombre que lo ha pintado; después eso se llama historia del arte. [...] Los hombres son mortales, los cuadros también.»[4]

¡Y también es mortal lo que ahora llamamos arte contemporáneo, a punto de desmenuzarse ante la mirada de los nuevos historiadores!

«Vendrá la muerte y tendrá tus ojos.»[5]

Fue una brocha de crin de caballo larguirucha y fofa la que me sugirió que instalando mi almacén de pintura en el MACBA, manteniendo las obras debidamente embaladas y referenciadas, y poniendo el inventario a disposición del público para que pueda consultar la información exhaustiva de cada una de las piezas –excepto las imágenes, que no estarán disponibles porque no se crearon para ser vistas en una pantalla de ordenador– podía incidir en la idea sobre el objeto, en la libertad sobre el consumo y las modas.

Esta propuesta tiene otra virtud, para mí, esencial: la de preservar el respeto debido al *regardeur*, que es, eso lo sabe todo el mundo, quien termina la obra. Permitiéndole acceder a un ámbito privado como el almacén de un artista, con las manos atadas, porque en un museo no se toca nada, y confrontarlo con la imposibilidad de ver la obra, lo transformo en *voyeur*, es decir, en una persona que intenta ver para su satisfacción íntima y clandestina, una persona para quien la percepción parcial de un trazo que transparenta, de un grosor que se insinúa, de un tono que traspasa las capas del embalaje, será infinitamente más satisfactoria que el simple consumo de imágenes que serían inmediatamente arrastradas por el remolino de la saturación visual contemporánea que todo lo absorbe.

Gran amante del teatro, necesito mantenerme a distancia de esta sociedad del espectáculo extremadamente banalizadora, y por encima de los grandes fuegos artificiales me decanto por este entierro de la sardina al que invito a todos, y en particular, a esa máquina de coser soltera de nacionalidad francesa.

Benet Rossell

1 François Cheng: *Vacío y plenitud*. Madrid: Siruela, 2008, p. 138.
2 Ibid., p. 133. Zong Bing (375-444 d.C.), pintor y músico chino, fue el autor del primer texto sobre pintura paisajística.
3 Bartomeu Marí: «Paralelo Benet Rossell», véase la página 7 de este volumen.
4 Pierre Cabanne: *Conversaciones con Marcel Duchamp*. Barcelona: Anagrama, 1972.
5 Cesare Pavese: «Vendrá la muerte y tendrá tus ojos» (1950), *Cesare Pavese. Antología poética*. Barcelona: Plaza y Janés, 1980, p. 137.

Vistas del almacén de pintura de Benet Rossell, 2010

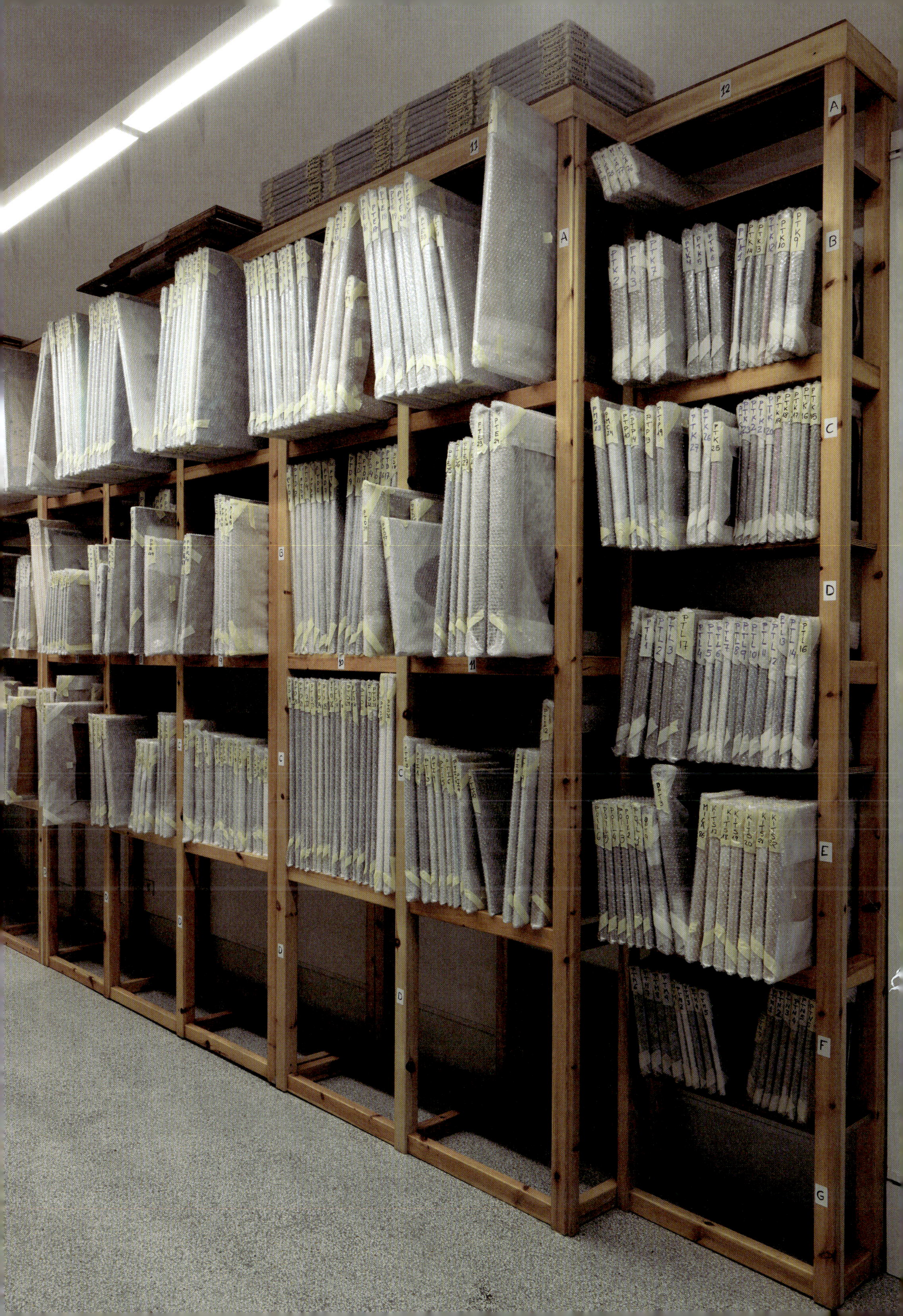

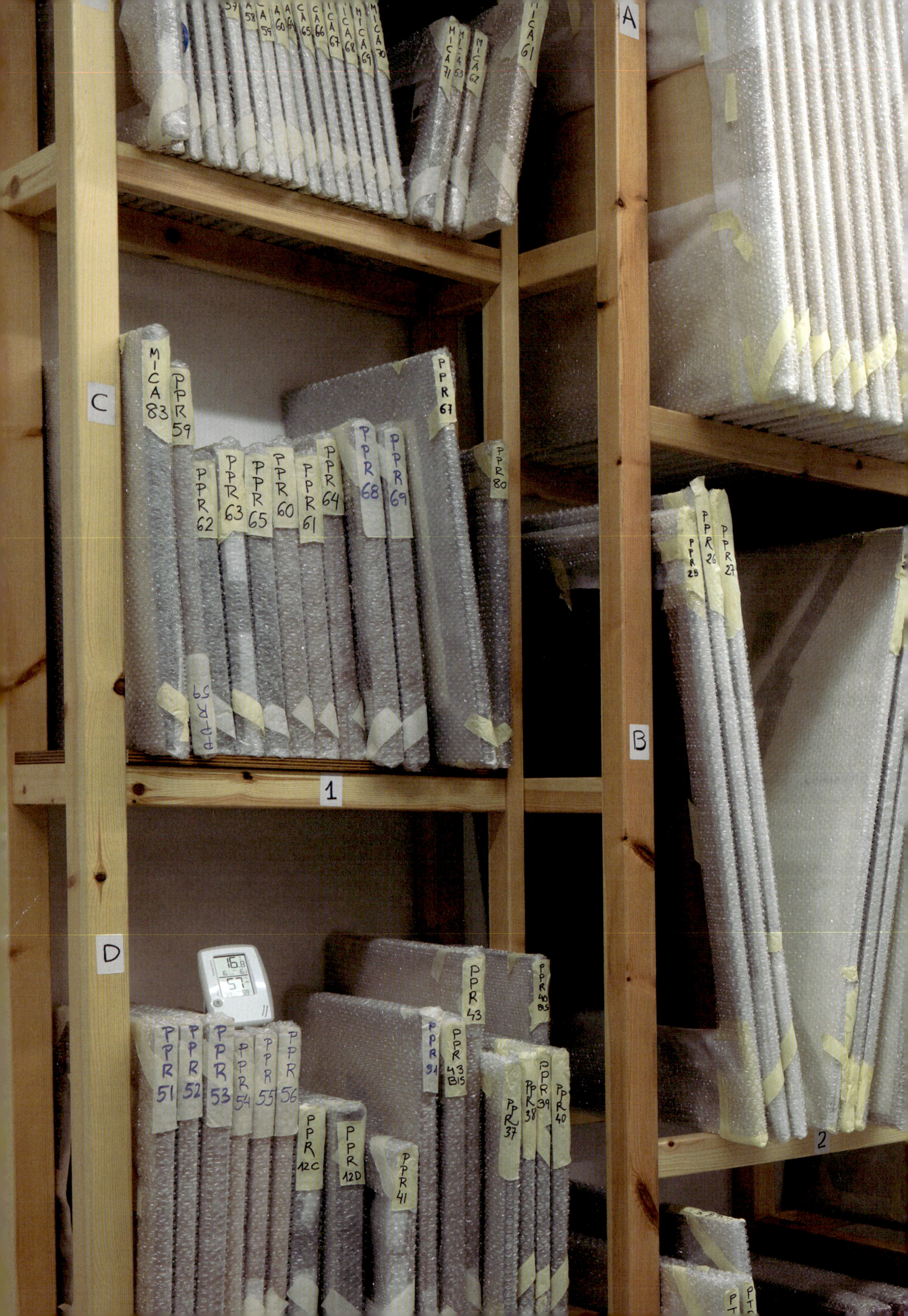

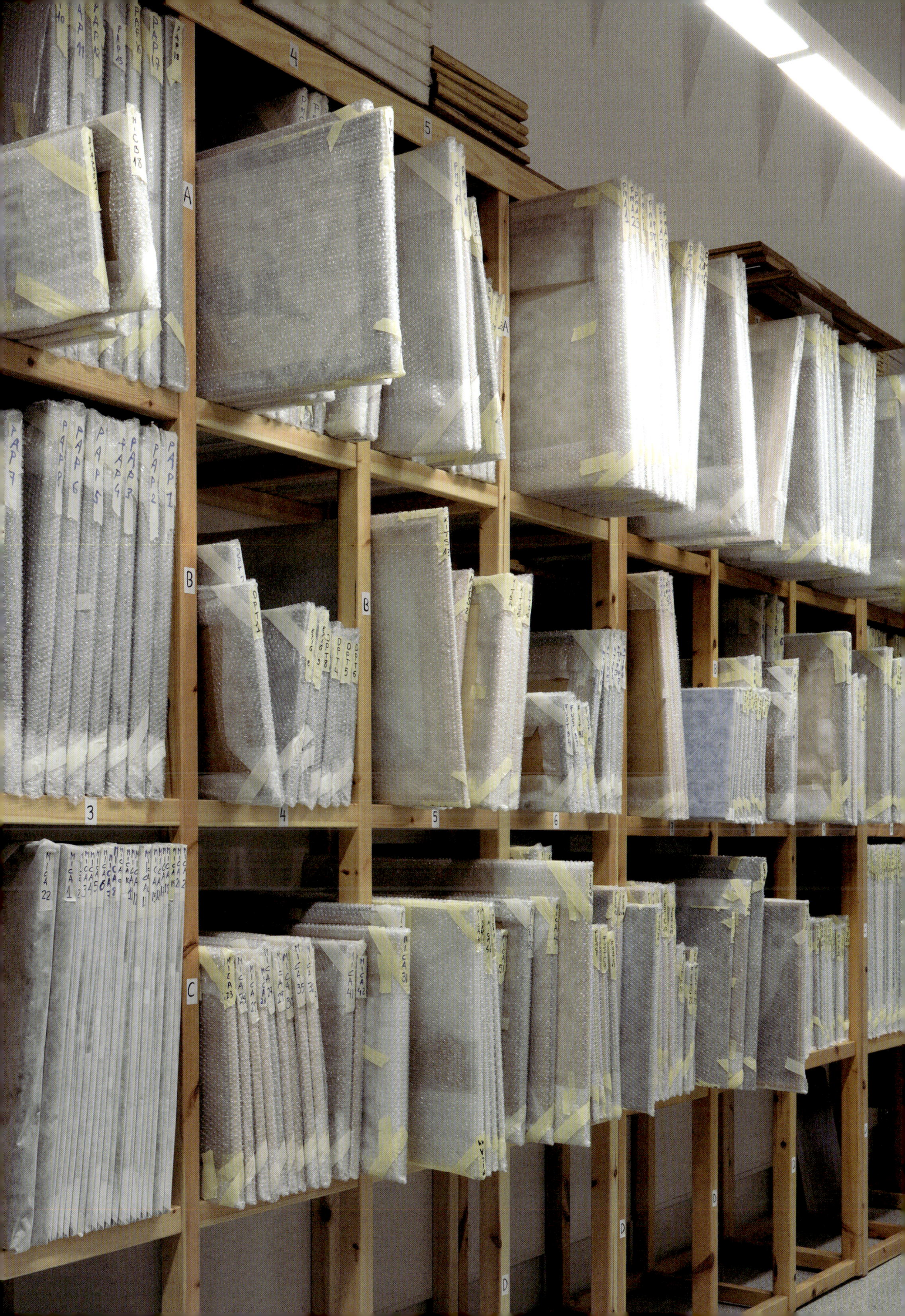

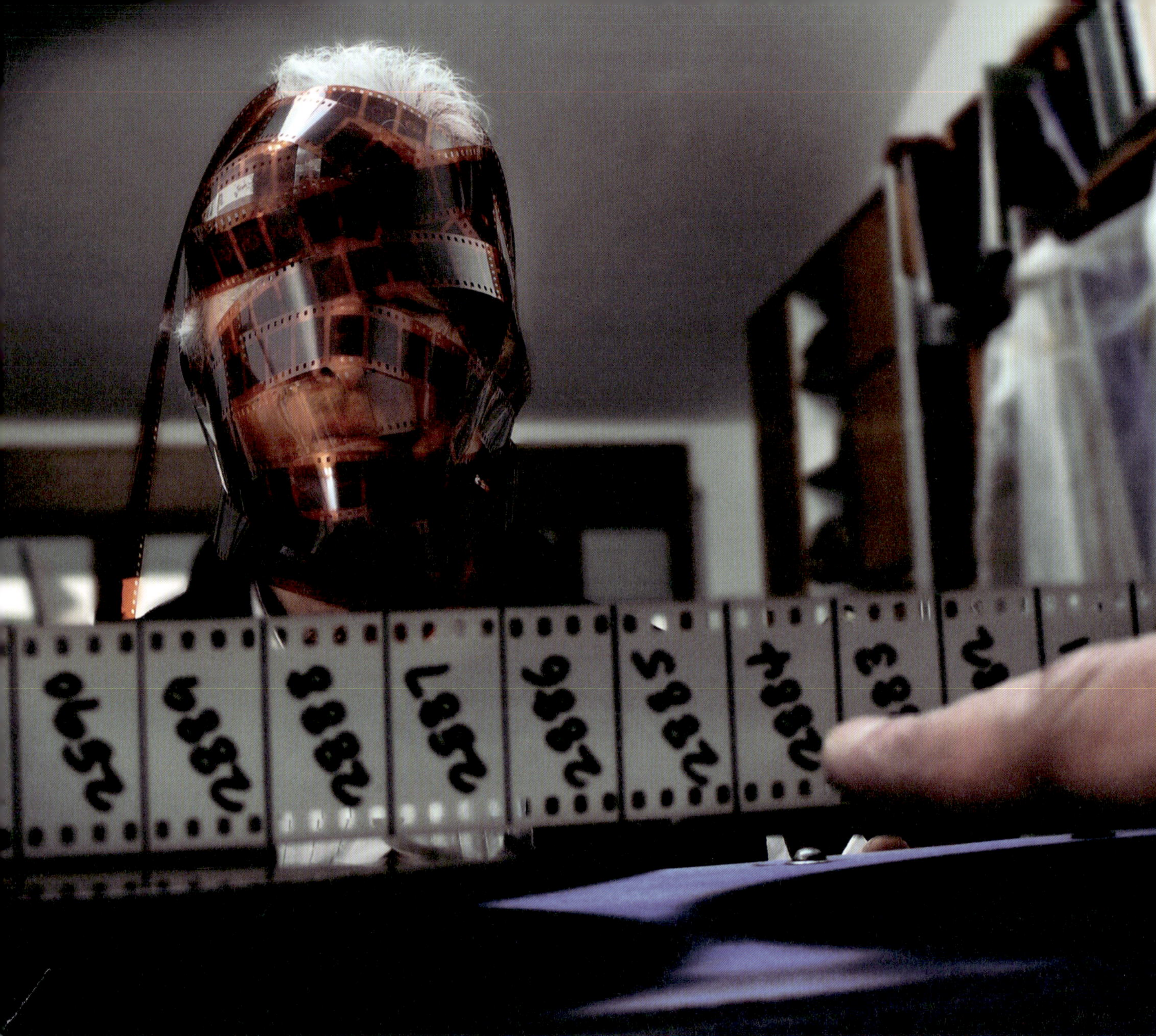

No Comment (coautor Eugeni Bonet), 2009, Mini DV, color, sonido, 8' 46"

EUGENI BONET / BENET ROSSELL
El *Atrapafilms*: imágenes que escapan de la jaula

Empiezo por detrás, lo que aquí significa: antes de haber empezado a escribir, a transcribir, a editar lo que sigue. En términos cinematográficos, con un *flash-back*. Hará cosa de un año me propusieron que entrevistara a Benet Rossell. La entrevista se grabaría en vídeo para que acompañara una antología de su obra visual. Tras unas reuniones previas, elaboré un cuestionario que iría ampliando al hilo de la conversación. Y resulta que el día de la grabación Benet nos sorprendió con el guión de una entrevista muda. Un guión o, para ser más precisos, un conjunto de garabatos dibujados y escritos en un folio. Una entrevista muda en la que mis preguntas quedarían, así, sin respuesta y en la que, en cambio, mantendríamos un diálogo de gestos convenidos a ambos lados de una bobinadora de películas. Cargada con un rollo de película encontrada que podría describirse como un contador de fotogramas —con los números y los nervios separadores entre un fotograma y el otro pintados a mano— que vendría a representar las mil y una preguntas y respuestas posibles en la secuencia de nuestra conversación. Benet, con la cabeza envuelta en retales de película, replicaría calladamente a mi cuestionario; de aquí el rotundo título de esta acción, de este vídeo: *No Comment* (2009). Benet, sin embargo, se comprometió a darme la réplica en otro soporte, y esto es lo que hemos hecho ahora. Nos hemos puesto manos a la obra y hemos añadido la letra a unas imágenes que (salvo la de unos rótulos que daban fe de mis preguntas) carecían de ella. O, como dice Benet, hemos pasado del cine mudo al cine sonoro.

Recuerdo que a finales de los años setenta Benet me resumía su filmografía como el fruto de unas amistades y unas complicidades. Decía que había hecho una película con cada uno de sus amigos. Con Carles Andreu hizo la primera, *La Seine* (1969), que se extravió en el transcurso de las trashumancias rossellianas. Con Jaume Xifra, Antoni Miralda, Joan Rabascall —y también con la catalanófila Dorothée Selz, que, junto con los demás y el mismo Benet, integraba el grupo de los «catalanes de París» según la expresión que dio a conocer Alexandre Cirici i Pellicer en sus escritos— realizó los títulos que más adelante se mencionan. Y con Jean-Pierre Béranger, próximo a todos ellos, hizo *Le cœur est un plaisir* (1975). Benet añadía otra película que los reunía a casi todos: *Cerimonials* (1973), un documento de las fiestas y rituales que pusieron en marcha Miralda, Xifra, Selz, Rabascall y el mismo Beni (como entonces se lo conocía). Realizó, además, otra película que firmó él solo, aunque en su realización participaron muchos otros, titulada *Atrás etíope* (1977). En esa época, además, había empezado a emplear el vídeo en documentales sobre la obra de varios artistas, por encargo de la Fundación Hara de Tokio y la École des Beaux-Arts de París.

Este rasgo colaborativo de su producción audiovisual lo ha mantenido con otras realizaciones bicéfalas o a cuatro manos. Con Lluís Maristany, en la película colectiva *En la ciudad* (1976-1977). Con Miralda, nuevamente, y con más asiduidad que con ningún otro artista, en proyectos que incluyen instalaciones como *Dreamlike* (1979) y *Monument a Colom* (1982), entre muchas otras colaboraciones. Con Muntadas, en la instalación *Rambla 24 h* (1981, y ahora revisada y actualizada). Con Jordi Torrent en *El dau* (1990). Yo mismo podría incluirme en esta lista gracias al documento antes mencionado,

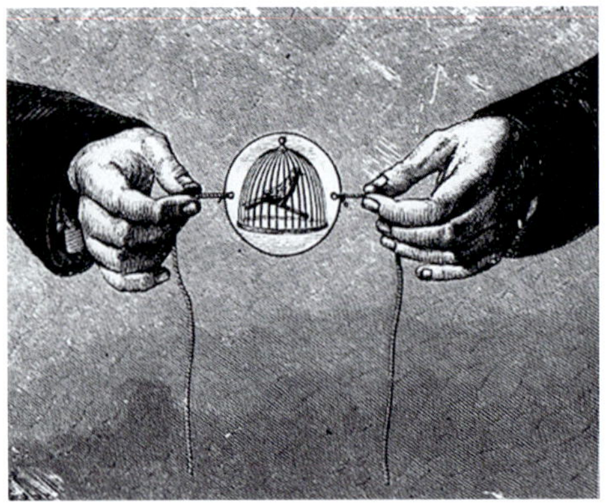

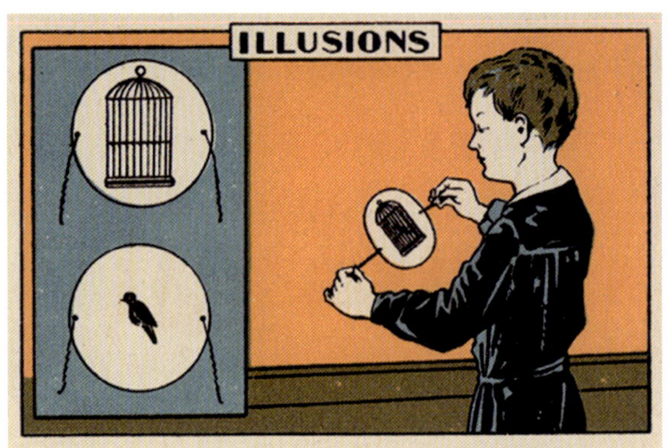

Ilustraciones del taumatropo, inventado en 1824

No Comment. No alargaré más estas líneas introductorias enumerando otras colaboraciones: con músicos y técnicos avezados, y en el medio profesional del audiovisual. En los numerosísimos vídeos que ha realizado durante estos últimos años, sin embargo, a Benet le ha bastado su naturaleza polifacética de hombre orquesta que piensa, escribe, crea imágenes (dibujadas, pintadas, animadas, fotografiadas, recicladas, electrónicas, en 3D...), las procesa o las manipula, les añade música que él mismo interpreta y también actúa, recita, canta y baila. Si a eso le sumamos que Benet cifra en más de cincuenta los materiales audiovisuales que ha perdido, que ya no conserva o que no ha llegado a montar, la conversación que sigue a continuación podría extenderse a varios aspectos sobre los que —espacio y tiempo obligan— hemos pasado de largo. Y a medida que Benet Rossell va recuperando y revisando documentos y proyectos que en su momento abandonó, algunos pueden adquirir una nueva forma. Es el caso de *A priori* y *Chantier-masques*, que parten de materiales que se remontan a los años setenta e incluso antes. Se trata de una obra, pues, que crece por delante y por detrás; con su actividad polimorfa, Benet Rossell crea por los codos.

Hacia 1824 el Dr. John Ayrton Paris inventó el taumátropo, un juguete filosófico con el que ilustrar el principio de la persistencia retiniana. El gorrión entra en la jaula y nace el cine. Benet, ¿qué es para ti el cine?
Para mí, el cine es un espacio de experimentación privilegiado en el que subvertir ese lenguaje visual por excelencia que es la imagen en movimiento.

El cine es el sueño del realizador recogido por el espectador para que ambos puedan ir más allá del espejo, cada uno por su lado.
Pero permíteme que termine de responder a esta pregunta al final de nuestra conversación.

En 1964 llegas a París: estudias teatro y cine, y más adelante empiezas a exponer. ¿Qué te llevó a París? Y ¿qué fue primero: el huevo, la gallina o... el pollo?
Fui a París por primera vez para asistir a un congreso como representante de los estudiantes de Económicas de Madrid. En realidad, me ofrecí para sustituir al auténtico representante estudiantil, pues él no podía ir y lo que yo quería, de todas todas, era ir a París. Al cabo de un año volví a París para instalarme en la ciudad y me matriculé en el doctorado de Derecho, lo que me permitió regularizar mi situación. Huelga decir que no fui a una sola clase de Derecho; lo que hice de inmediato fue matricularme en cursos de cine dirigidos por Jean Rouch, y en cursos de teatro.

Fui a París con ganas de ver y de vivir porque aquí la situación era demasiado estrecha y gris, y me quedé allí más de quince años. Puedo

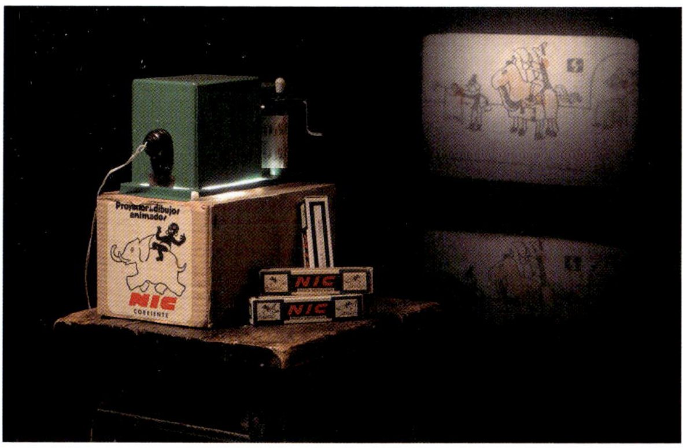
Proyector Cine Nic de Benet Rossell

afirmar, por lo tanto, que lo primero fue el pollo: ¡el «pollo-cineasta»[1] que mandó aquí durante cuarenta años!

¿El caleidoscopio, en 1968, es tu primera máquina de visión? ¿Un modo de aproximarse a la imagen en movimiento?

En absoluto. La primera máquina de visión que operé, que yo recuerde, es el Cine Nic[2] que mis padres me regalaron de pequeño y que me empujó a reunir una extensísima filmografía de películas hechas de papel vegetal.

Para mí, niño de pueblo, el cine resultó fundamental. Recuerdo las sesiones cinematográficas en Àger y en Tremp. En Àger se organizaban en el Café de Pepito, que era, a la vez, fábrica de sifones y punto de reunión de los estraperlistas del valle; allí también se daban representaciones y, sobre todo, conciertos. En Tremp había un cine de verdad, La Lira. El asesor cinematográfico era el zapatero del pueblo, y su zapatería era una especie de cineforum *avant la lettre*. Cuando tocaba película de Ronald Colman, La Lira se llenaba hasta los topes y tenías que espabilarte para conseguir entrada, porque decían que Colman había nacido en Talarn, hecho que lo convirtió en el galán indiscutible de la Conca. Otra experiencia iniciática la constituyeron los espectáculos de varietés que se hacían en el café de Salàs del Pallars coincidiendo con la célebre feria de ganado. Ese ir y venir de muslamen leridano era pura imagen en movimiento, y la máquina de visión eran los vidrios empañados tras los cuales nos escondíamos para iniciarnos en la excitante inactividad del *voyeur*.

Años más tarde, cuando vine a Barcelona a estudiar el preuniversitario, me hice asiduo de todos los teatros –gracias a la claque– y de todos los cineclubs que descubrí: el Claret, el Monterols y el del Colegio de Ingenieros, entre otros. Fue así como descubrí el neorrealismo italiano, el *free cinema*, la *nouvelle vague*, Dreyer, Bergman, Stroheim, Welles... Y también a Busby Berkeley, ¡lo que enlaza con el muslamen y las revistas de la feria de Salàs! En aquella época ya había conocido a Francesc Betriu, con quien frecuentaba los cineclubs.

Cuando llegué a París me matriculé en seguida en el Comité du Film Ethnographique, donde se gestó *Chronique d'un été*. Allí manejé por primera vez una cámara de 16 mm y entré en contacto con el *cinéma vérité*.

Pero volvamos a las máquinas de visión. Del Cine Nic al proyector de Àger, y de allí al zoótropo del vestíbulo de la Cinémathèque Française, que me fascinaba. Como también me fascinó el caleidoscopio.

El caleidoscopio me interesó desde dos puntos de vista: era una máquina muy sencilla que podía construirse sin contar con grandes

1 En catalán coloquial, el término «pollastre» [pollo] se utiliza también para designar a una persona poco recomendable. En este caso, la expresión «pollo-cineasta» se refiere al dictador Franco, quien tenía veleidades de cineasta e incluso llegó a ser, con el pseudónimo de Jaime de Andrade, el autor del guión de la película *Raza*, realizada por José Luis Sáenz de Heredia en 1942.
2 Juguete cinematográfico, patentado en Barcelona en 1932, muy popular en España hasta los años sesenta y que actualmente vuelve a fabricarse. Funciona con unas bandas de papel translúcido con dos hileras de dibujos que, mediante un sencillo mecanismo de obturación, producen una animación básica.

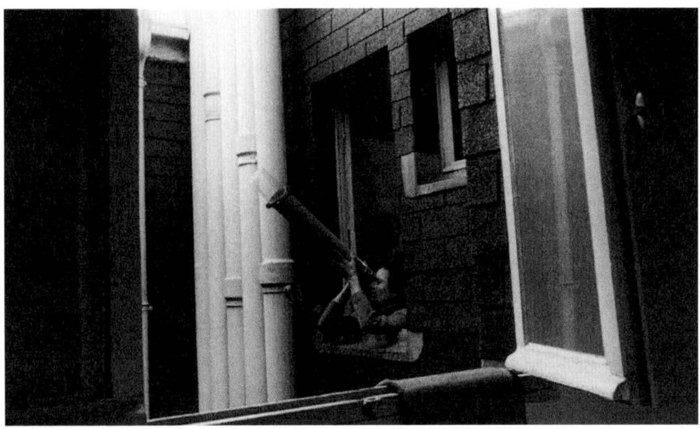
Benet Rossell en la ventana de su estudio de París
mirando por uno de sus caleidoscopios, 1971

medios, y en tiempos de penuria económica eso era muy importante.
Dejando a un lado la vertiente pragmática, además, el caleidoscopio
es una máquina maravillosa en la que caben todo tipo de formas, objetos
(zapatos viejos, instrumentos musicales, cubitos de hielo, dibujos
eróticos...), materiales (humo, incienso, polvo, uñas, pelos, pigmentos...),
e incluso seres vivos (moscas y ranas que después soltaba). Las simetrías
radiales y fragmentarias del caleidoscopio permiten ver la realidad
de un modo distinto a como la ven los humanos: deja de ser una imagen
mediatizada para convertirse en otra más imaginativa, aleatoria,
irrepetible y animal.

L'homme à la caméra era tuerto. ¡*L'homme au kaléidoscope*, también!
Y mirar por un agujero es una forma de captar todo lo que normalmente
le queda vedado a la percepción. Los vecinos, los espías, los *voyeurs*,
los niños –y también los naturalistas, los biólogos, los astrónomos, los
marineros– han mirado siempre por un agujero; esto nos ha salvado
y, a la vez, nos ha condenado, pues con dos ojos se ve, y con uno...
¡se mira! Grandísimo angular, ojo de pez, caleidoscopio, telescopio y
microscopio son herramientas para percibir otras realidades diminutas
o grandiosas; la paradoja del micro y del macro, otro de mis temas
recurrentes. Y de entre todas estas herramientas, mi debilidad por
el monóculo del dandy y por el caleidoscopio, precursor de los efectos
«muy» especiales.

**A propósito de las micrografías, el microcine, el microteatro y todo tu
microcosmos... ¿Cuál es tu filosofía, estética o poética de la pequeñez?**
Lo pequeño es lo que no da la medida, y lo que yo hago tiene la medida
adecuada. Lo que mi obra plantea a menudo es la relación, la paradoja,
el contrapunto que se establece entre lo micro y lo macro. Para mí, el
arte es vida, y cuando no lo es entramos en el ámbito del manierismo,
del virtuosismo, de la reproducción en lugar de la creación, y esta es
una vía muerta. En el arte, como en la vida, lo esencial no es lo grande,
lo impactante, lo espectacular, lo que se percibe tan fácilmente que ni
siquiera hace falta mirar...

En mi caso, el interés por el universo micro tiene orígenes muy
distintos. Uno radica en mi timidez congénita; el otro, en unos hábitos
adquiridos en la infancia. Como fui un niño de pueblo que nació en
una familia humilde durante la guerra, mis juegos pivotaban alrededor
de dos elementos cruciales: la naturaleza inabarcable –macroelementos
únicamente limitados por la línea del horizonte– y los pequeños tesoros
que esta nos proporcionaba: piedras, fósiles de la cantera de Rúbies,
restos de metralla, casquillos y balines que recogíamos en la montaña

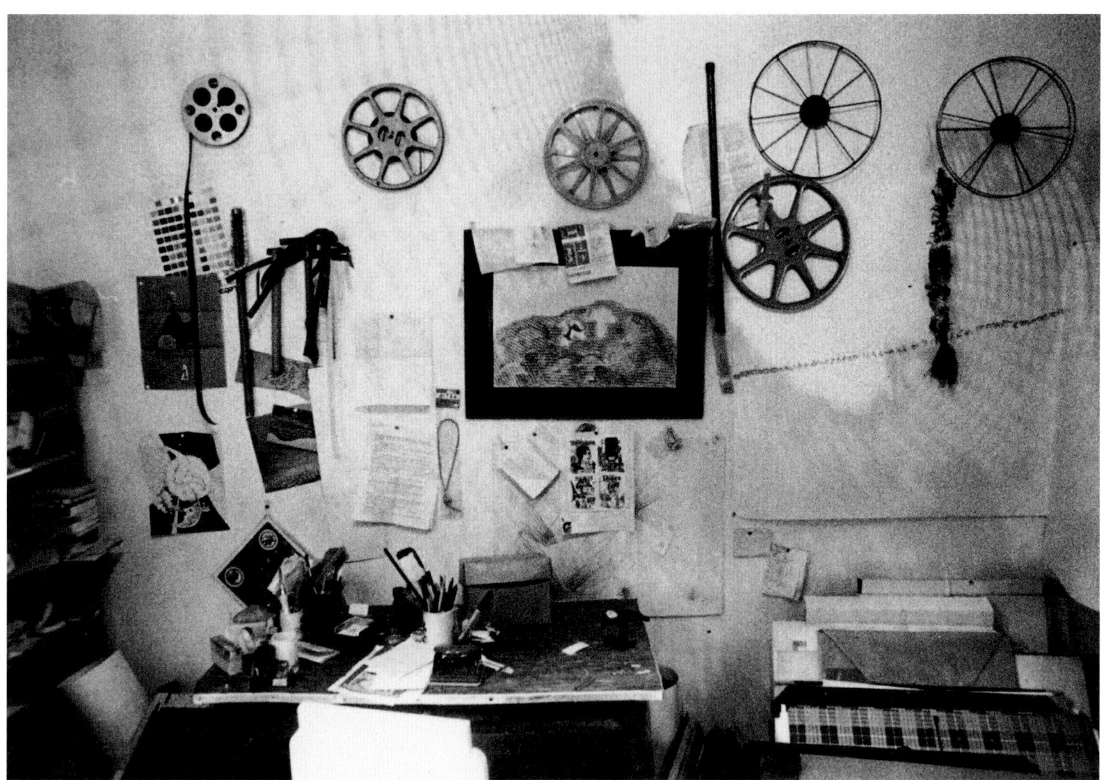

Estudio de Benet Rossell en París, 1972

de Sant Corneli, en la Conca de Tremp. Y los animales domésticos de los niños que vivíamos en contacto con la naturaleza eran los insectos, las lagartijas, las ranas que cazábamos por el campo. Es decir: la dualidad entre el elemento micro y el elemento macro la llevo dentro desde la cuna; y lo mismo sucede con mi fascinación por los pequeños objetos ocultos, misteriosos o descontextualizados, y por las existencias efímeras y huidizas.

Un tercer origen tiene relación, probablemente, con las posibilidades que tenía a mano cuando me instalé en París, en una *chambre de bonne* cuyas dimensiones duplicaban exactamente las de mi maleta; afortunadamente, logré encajonarla debajo de la cama y, así, disponer de un espacio vital bastante interesante. Mi residencia en espacios diminutos se prolongó durante muchos años, hecho que posiblemente haya marcado mi trabajo. Pero como yo ya estaba habituado a las cosas pequeñas, nunca me ha parecido una restricción. Además, cuando he querido hacer obras de formato mayor también las he hecho.

«Prestar atención»: este es otro de los motivos que he cultivado a lo largo de toda mi obra, tanto con los *dibuixos de cec* [dibujos de ciego], casi microscópicos, como los que presenté en la Galerie Bazarine en el año 1970 y que tenían que mirarse con una lupa, como con *L'ametlla com balla*,[3] que concebí para mi exposición en el Palau de la Virreina en 1996: encima de un huevo-fuente de casi seis metros bailaba una almendra auténtica que el espectador podía observar desde abajo, a través de un monitor que mostraba los brincos casi imperceptibles de la almendra.

La inatención propia a la cultura del espectáculo en la que estamos inmersos es algo que me disgusta. Los «grandes rasgos» son indiscriminados, mientras que la práctica artística es cuidadosamente selectiva, independientemente de las apariencias. Paul Klee decía: «Dibujar y escribir son la misma cosa», y mi lenguaje es un tipo de escritura sin gramática ni código. Y si hablamos de escritura, es obvio

3 «L'ametlla com balla» es una relectura de la tradición catalana de «L'ou com balla» [el huevo que baila], que data del siglo XVI y que celebra la festividad del Corpus. Consiste en hace bailar un huevo en el surtidor de las fuentes situadas en los claustros, patios y jardines, que se engalanan para la ocasión con flores y frutas.

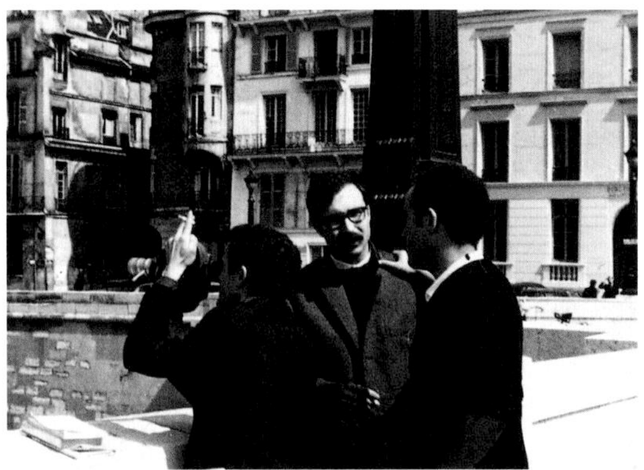
De izda. a dcha.: Benet Rossell, Joaquín Serrano
y Carles Andreu durante el rodaje de *La Seine*,
París, 1969

que cuanto más grande es la letra, más cerca estamos del titular, de la consigna o de la propaganda. El contenido, en cambio, se da siempre en un cuerpo inferior: ¡la esencia tiende a esconderse!

El elemento macro, por su parte, el contrapunto indispensable, es al concepto de micro lo que la palabra al silencio, lo que la luz a la oscuridad, lo que el movimiento al estatismo, lo que el tú al yo, lo que el principio al fin... Y, sobre todo, lo que Hardy a Laurel.

Prestar atención y respirar bien, esta es mi filosofía. O, mejor dicho, mi microfilosofía.

A veces has hecho cine sin soporte, proyección, pantalla... Proyecciones, por ejemplo, de agujeros o de gotas de agua. Georges Maciunas, el cabecilla de Fluxus, lo habría situado dentro de lo que él denominaba «el cine del hombre pobre».

¡Maciunas siempre daba en el clavo! He evocado las condiciones precarias en las que vivía en París. Era una época en que me autoproducía, y lo sigo haciendo porque la autoproducción me garantiza la libertad de expresión que nace de la inmediatez, aun en detrimento de unos medios más sofisticados. Bien, decía que me autoproducía. Y es que cuando participaba en algún rodaje me espabilaba para recoger las bobinas que sobraban, que a veces llegaron a ser mis honorarios, y las cámaras me las dejaba el Centre Audiovisuel de la Sorbonne, sucesor del Comité du Film Ethnographique, al que estuve vinculado durante mucho tiempo.

Holes es de 1969. Cogí un rollo virgen de 30 metros de película reversible de color, lo velé parcialmente y lo llevé a revelar; resultó una combinación de luces y opacidades azuladas. Con una perforadora que usaba para preparar olivas rellenas perforé la película, y la obra estuvo terminada.

Film blanc fue, más que un film, una acción. En la *Fête en blanc* organizada por Miralda, Rabascall, Selz y Xifra en Verderonne en 1970, proyecté sobre las paredes del domo de Hans Müller un bucle de película transparente de 16 mm sobre la que iba vertiendo gotas de agua que el calor del proyector evaporaba instantáneamente. El resultado, muy rico, eran formas translúcidas que animaban el fondo de la cúpula.

Quince años después, y en soporte vídeo, hice *Micro-ópera 2* (1984), una videoinstalación que presenté en la Fundació Miró de Barcelona. El vídeo muestra cómo realizo un fotograma de 24 × 35 mm, el primero de un total de 160, con tinta china, saliva, cabellos, un trozo de uña... En este sentido, podemos afirmar que, al trabajar con los recursos que me proporcionaba mi propio cuerpo, soy el cineasta más pobre de la historia del cine.

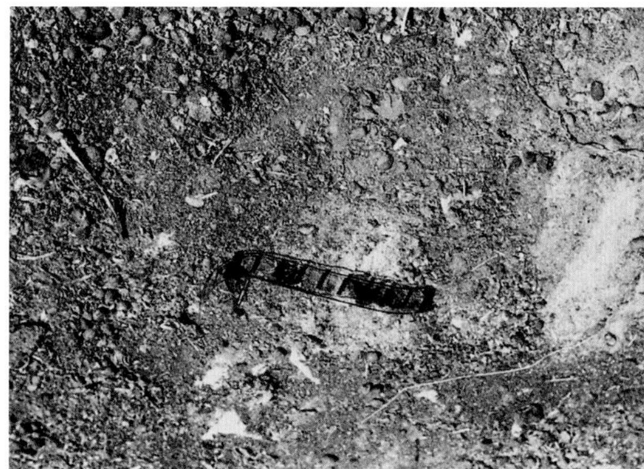
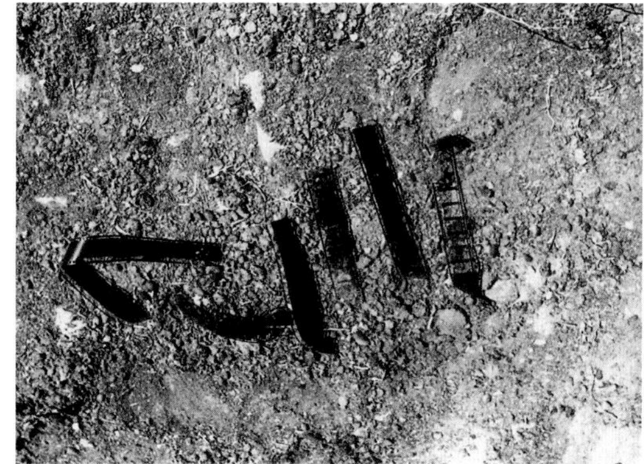

Cultius cinematogràfics, 1968, sembrado de películas de 35 mm en el valle de Àger, Lérida

Pero para mí, la carencia de medios puede ser incluso una fuente de inspiración. Ahora me viene a la cabeza una «microperformance» que hice en el Festival de Arte Viva de Almada en 1982; pasaba entre los asistentes con la mano tendida pidiendo «¡un fotograma, por caridad!». Siempre en esta línea, tengo una obra que se titula *Atrapafilms*: se trata de un chisme parecido a esas tiras de papel engomado que se colgaban del techo, cerca de una fuente de luz, para atrapar a las moscas. Lo tengo colgado en mi estudio para que en él queden pegados los fotogramas que transitan por la atmósfera imaginal.

Desde siempre he utilizado fotogramas y trozos de película en mis poemas objetuales. De 1968 son lo que denominé *cultivos cinematográficos*, que consistían en un semillero sobre tierra de trozos de película, latas de película, etc. En 1970 presenté una instalación en París, *Chaussure*, compuesta por un gran zapato de papel maché de cuyo interior salen un montón de tiras de película de 16 y 35 mm que se desparraman también por la pared de donde cuelga el conjunto. De inicios de los setenta son también los *cubitos de hielo* que hacía con resina de poliéster, muchos de los cuales contienen fotogramas dibujados o manipulados por mí. Y de finales de los setenta son otros objetos como *Brotxes-films* y *Triturafilms*, y algunas composiciones sobre papel que evocan un film imaginario mediante dibujos, fotogramas pegados y anotaciones manuscritas.

En tus micrografías hay a menudo una secuencialidad. ¿No son, también, un tipo de cine de papel? ¿O una especie de *storyboards* de films imaginarios?
El año 1973 hice una exposición en la Galería Seiquer de Madrid en la que colgué micrografías en tinta china sobre papel, dispuestas una inmediatamente después de la otra. Formaban una línea continua que ni siquiera se interrumpía cuando aparecía un obstáculo como la puerta de entrada, que salvaba con una pequeña tira de personajes. Era, pues, un plano-secuencia, un bucle sobre papel. Mis micrografías tienen un contenido narrativo, explican historias que surgen espontáneamente, por razones de vecindad. Joaquim Sala-Sanahuja ha hablado de «colas», y las colas, las hileras, tienen la virtud de reunir personajes inconexos que, en tal circunstancia, quedan vinculados por el orden inalterable que rige la cola. Y esto sucede en un período bastante dilatado que permite que se establezcan relaciones inconcebibles en otro contexto, relaciones azarosas que propician todo tipo de historias: enamoramientos, asesinatos, hurtos, complicidades, abusos sexuales, reencuentros inesperados...

En 1981, en el catálogo de la exposición *Filmarte* presentada en la Sala de la CAN [Caja de Ahorros de Navarra] de Pamplona, incluí la

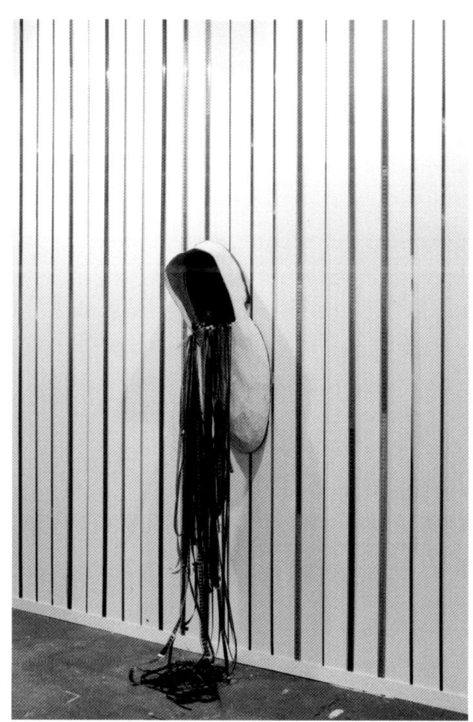

Chaussure, 1969, instalación: zapato de papel maché y films de diferentes formatos, dimensiones variables

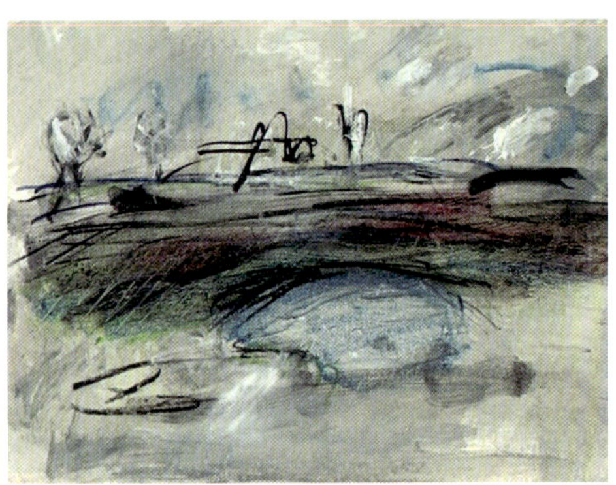
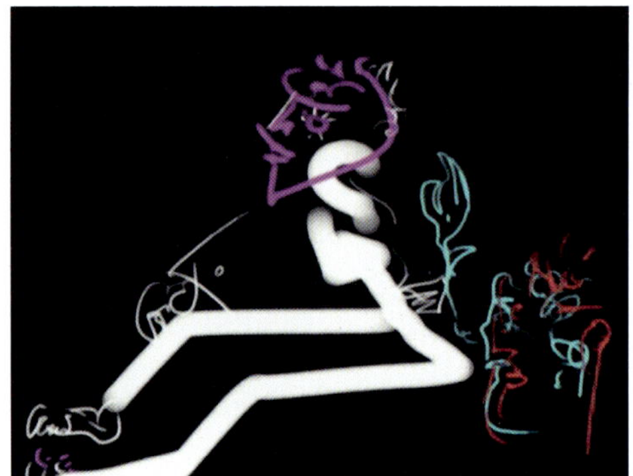
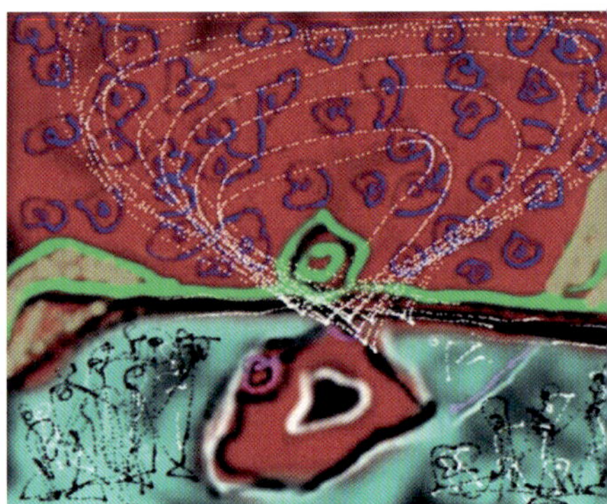

1.000 a Miró, 1993, vídeo Betacam, color,
sonido, 16' 42"

maqueta de un proyecto denominando *A priori*: una especie de *storyboard*, con apuntes de animación, preparatorio de un film que quería hacer en 16 mm. Aquel proyecto reposó plácidamente en el fondo de un cajón hasta el año pasado, cuando lo realicé en vídeo grabando los dibujos que hice en la época y animando algunas de las secuencias.

En 1986, mientras grababa el vídeo *Carob Way* en Nueva York, hice una serie de dibujos, *Carob Bean, an American Dream*, más cercanos al cómic. Se trataba de nuevo de un plano-secuencia que recogía el mestizaje de la metrópoli y que presenté en Anthology Film Archives con ocasión de la retrospectiva que me dedicaron en 1990.

Recientemente he expuesto en Barcelona el libro de artista *1.000 a Miró*, un trabajo que acabo de realizar y que consiste en la captura de mil imágenes del vídeo del mismo título, que data de 1993. Estas capturas de pantalla se presentan en forma de fichas, con un pie cada una a modo de guión poetizado del vídeo. Texto e imagen componen un *storyboard* hecho a posteriori en un viaje que va del vídeo original, realizado con tecnología digital, a un soporte material como el papel. Esta idea de viaje, de pasar de un medio a otro, me ha inspirado el concepto de *Story Abroad* con el que he definido esta obra.

La secuencialidad se halla en muchas de mis obras, como en las *Microfàcies* que presenté en la Galerie Shandar de París (1978). Eran impresiones por contacto de fósiles atrapados en diferentes capas geológicas del Valle de Àger, *objets trouvés* que dan testimonio de las «secuencias» que configuraron la tierra que yo pisaba de pequeño.

O mucho más tarde, en 2001, en el primer elemento del díptico *Tir al món amb mar de fons*, que tengo en la estación de metro de Canyelles de Barcelona, donde una serie de cuatro blancos de tiro de dimensiones olímpicas, superpuestos a cuatro imágenes satélite de la tierra que alcanzan el continente entero, se repiten cuatro veces para crear un campo de «tiro al mundo» que interpela a los pasajeros.

Fuiste «el hombre de la cámara» de los llamados catalanes de París y de otros artistas que os rodearon. ¿El cine fue también un lazo de amistad entre todos vosotros?

¡Por supuesto! Los llamados catalanes de París nunca hemos existido como grupo si por grupo entendemos una asociación voluntaria con el propósito de hacer algo conjuntamente. Nunca nos hemos pronunciado como grupo, ni de palabra ni por escrito. Cada uno de nosotros tiene filiaciones artísticas muy diferenciadas, intereses, obras y evoluciones completamente divergentes. Nuestras colaboraciones son más bien fruto del placer de compartir tiempo y experiencias, y probablemente esta

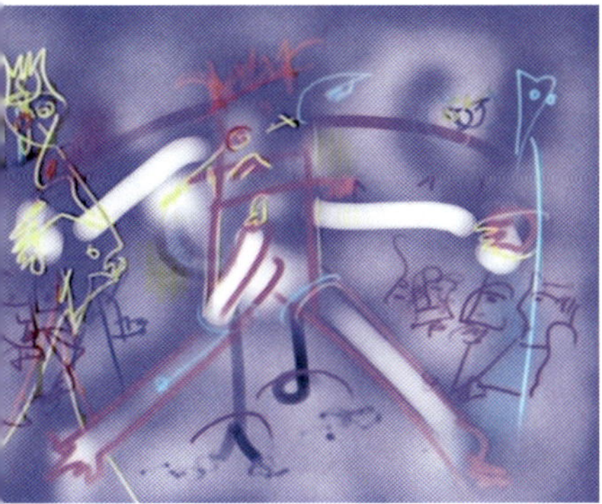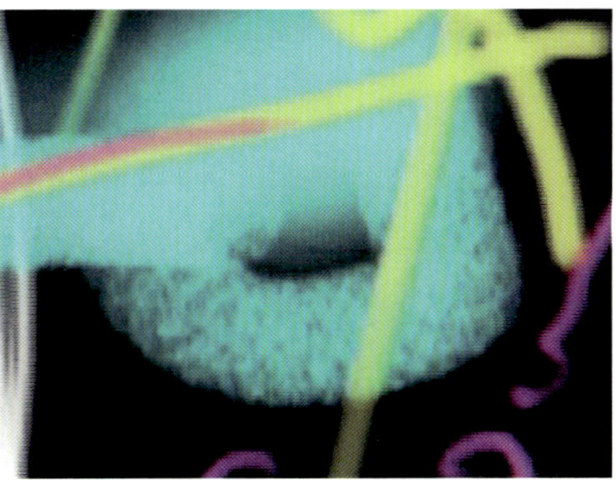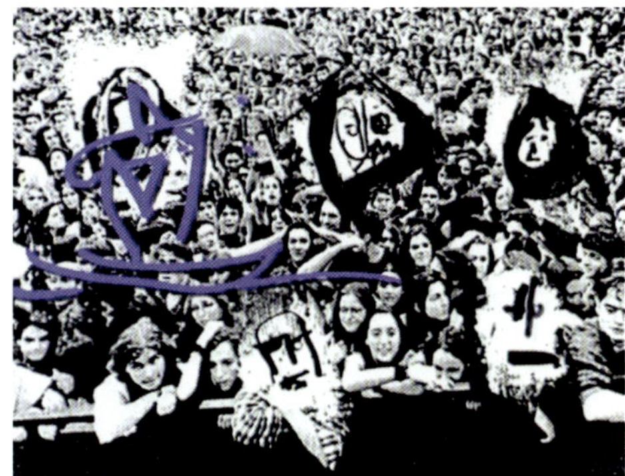

individualidad innegociable de cada uno de nosotros ha hecho que nuestra amistad se haya mantenido a lo largo del tiempo sin conflictos ni personalismos. De los cuatro, yo era el único directamente vinculado con el cine, y esto me valió ser «el hombre de la cámara» como tú dices. También fui «el hombre de la moviola» porque en mi estudio tenía una de 16 mm con la que preparaba los montajes que después completaba en el anexo del Musée Guimet. Éramos buenos amigos, y a menudo compartíamos recursos.

Tu obra audiovisual es bastante heterogénea en comparación con la que te caracteriza como artista visual. ¿Se trata de una consecuencia de la colaboración con otros creadores? ¿O también de una opción deliberada?
No creo que mi obra audiovisual sea más heterogénea que mi obra plástica: esta también lo es. Lo que siempre me ha interesado son los procesos, porque son auténticos caminos de conocimiento que me cautivan y en los que me involucro de lleno. El resultado, pues, es más bien una consecuencia. Lo que pasa es que mi obra es tan poliédrica que no es fácil de alcanzar. Yo soy una especie de transformista que a veces es pintor y otras se adentra en vías puramente poéticas o escriturales; otras intenta acercarse al mundo más real –aquel que he representado incesantemente en mis micrografías–, y otras se sirve de las posibilidades que ofrece la escultura pública, monumental, para jugar con las escalas, los materiales y los conceptos, y para llenar de contenido un espacio sin tergiversarlo.

Cuando he colaborado con amigos creadores como cineasta, nunca he sentido la necesidad de imponer ningún tipo de iconografía que me identificara. El método no ha sido este, pero creo que mi firma siempre está presente: en la manera de filmar o de insertar una secuencia, de captar un espacio o una luz, de prestar atención a un detalle. Para bien o para mal, nunca me ha preocupado vehicular una imagen de marca que me identifique a primera vista, y esto se ha traducido en la obra polivalente que me caracteriza.

¿Cómo te introdujiste en el marco profesional del cine, su industria y las costumbres del trabajo en equipo? ¿Quizás en algún momento entreviste en el cine un oficio?
¡Si alguna vez hubiera llegado a entrever un oficio en el cine, habría tirado la cámara al Canal de l'Embut![4] Lo que me horripila del cine profesional es, precisamente, la industria y esas maneras suyas tan groseras, que no van con mi personalidad. Aun así, el contacto con el cine profesional me ha resultado muy provechoso y me ha reportado conocimientos muy útiles.

4 Conocida popularmente como «La canal de l'embut» [el canal del embudo], se refiere a la zona escarpada más alta de la sierra del Montsec, que dibuja la forma de un embudo.

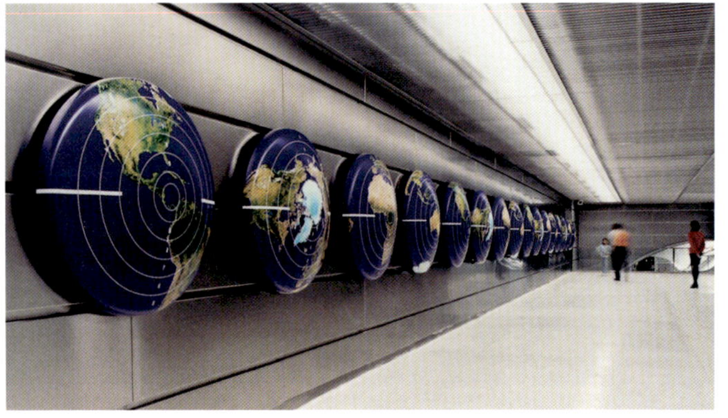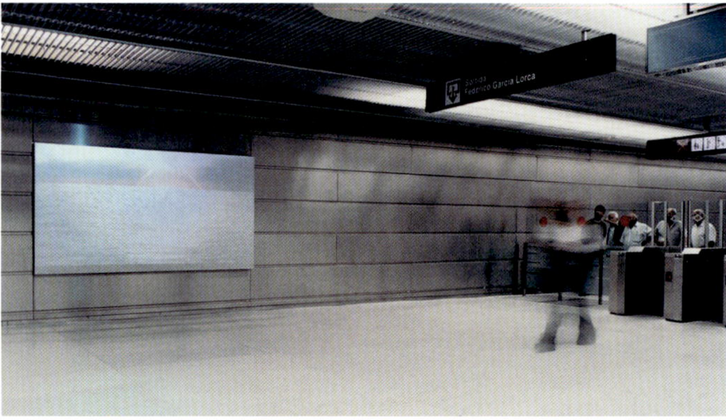

Tir al món amb mar de fons, 2001, vestíbulo de la estación de metro de Canyelles, Barcelona

Si hablamos de Jean Rouch, fue su práctica del cine, tan minimalista, lo que me enganchó definitivamente a este lenguaje. Por un lado, porque me ha permitido salirme con la mía con los medios que he tenido al alcance en cada momento, y por el otro, porque esta práctica, libre de artificio, me es muy afín. Cuando unos años después de haber acabado mis estudios en el Comité du Film Ethnographique acompañé a Rouch en algún seminario, me obsequió con el siguiente comentario: «solo hay dos personas capaces de captar bien el movimiento: ¡Néstor Almendros y Benet Rossell!» Le debo a Rouch y a sus colaboradores que mi sensibilidad de cineasta se canalizara por esta vía.

Con Betriu siempre ha habido una gran amistad y he colaborado en películas suyas como director artístico, como guionista e incluso como actor. Paco es una persona que conoce muy bien el cine profesional, y tengo mucho que agradecerle. También participé en la experiencia que representó la productora In-Scram, que Betriu fundó en Madrid y que fue la cuna de muchos cineastas relevantes como Antonio Drove, José Luis García Sánchez, Manuel Gutiérrez Aragón... Frecuentar estos ambientes me proporcionó un alimento y una experiencia que probablemente habrán influido en mi trabajo.

Carles Andreu y yo somos autores del argumento y el guión de *Despertaferro* (1990), película de dibujos animados dirigida por Jordi Amorós. Conocer el mundo de la animación fue toda una experiencia.

En cuanto a Antoni Verdaguer, volvemos al ámbito de la amistad y de la vecindad, porque vive al lado de casa. Él tenía un proyecto de película sobre el barrio, el Raval, y nos propuso a Cristina y a mí que participáramos en ella con la aportación de un recorte de nuestra historia personal. La experiencia fue muy gratificante y creo que la película, *Raval, Raval* (2006), ofrece una visión de nuestro barrio honesta y comprometida.

En una ocasión me dijiste que te habías inventado el «gravídeo», la combinación del grabado con el vídeo, y ahora veo que muchos de tus trabajos recientes son como «videodibujos»: extensiones o creaciones complementarias de tu obra plástica.

El «gravídeo», del que te hablé hace unos años, y que casi había olvidado, era un proyecto que consistía en incrustar una cassette VHS, aplastada por el peso del tórculo, sobre una serie de ocho fondos monocromos de resina que correspondían a las ocho barras de color que encabezaban las cintas de vídeo. El contenido rudimentario de cada vídeo era un bucle del mismo color que el fondo grabado. Una vez más se intuye la paradoja: estatismo del código de barras versus dinamismo del color

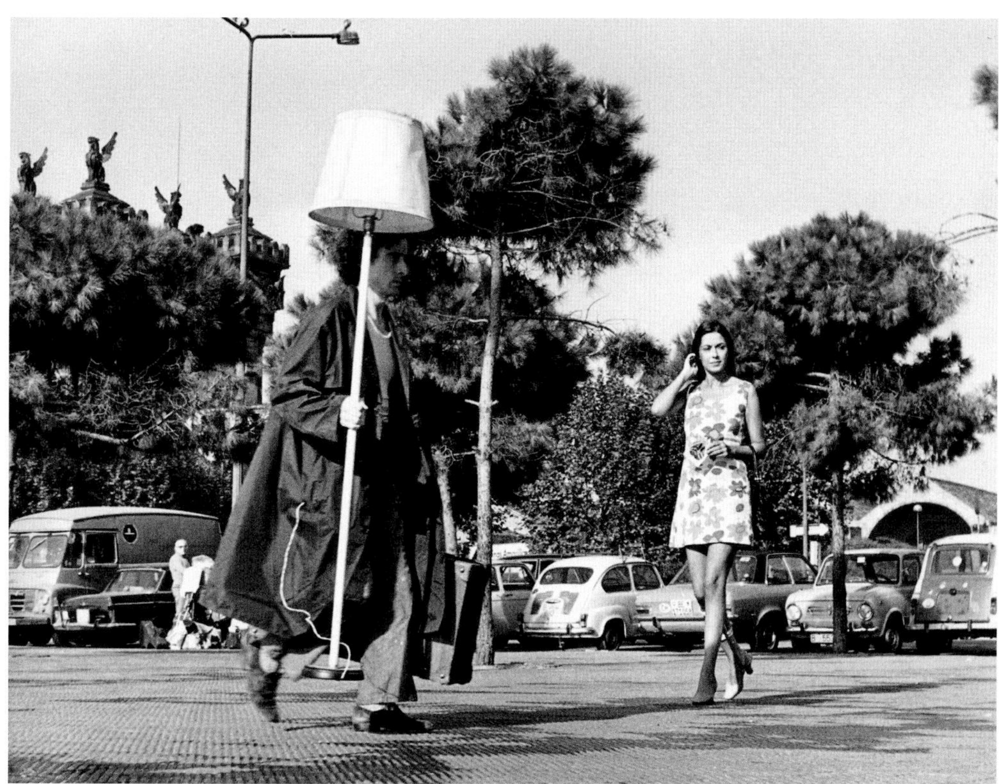

Benet Rossell y Mónica Randall en una escena de
Fúria espanyola, de Francesc Betriu, 1974

videográfico. Tuve una maqueta en mi estudio durante años, pero al final se hizo añicos y desapareció, como tantas otras obras.

Lo que tú denominas «videodibujos» ha estado presente en mi trabajo desde siempre, a pesar de que no son videodibujos en sentido estricto, sino más bien maneras de inventar espacios dinámicos de expresión. Cuando hice *Pound* (1985) utilicé por primera vez una paleta gráfica muy rudimentaria, hoy pura arqueología, para evocar un personaje, el poeta Ezra Pound, mediante tres lenguajes que me pertenecen: el vídeo, el dibujo y la poesía. Si tomamos *Nocturnal U* (2009), mis grafismos, caligramas o benigramas mantienen su esquematismo; al inscribirse en el espacio, sin embargo, se hacen corpóreos, se desplazan e incluso me dan la réplica. A mí siempre me ha gustado la trashumancia entre un soporte y otro, entre una técnica y otra, entre un lenguaje y otro, y quizá por eso he inventado un alfabeto abierto que busca la utopía de la expresión infinita; un alfabeto que querría tan rico y lleno de matices como la paleta del pintor. El año 1996 hice *Arbre paer*, mi primera escultura pública. Es un árbol de luz que surge de uno de mis microgramas, se transforma en un objeto tridimensional y su rama más alta mide más de doce metros. Siempre he practicado este tipo de transposiciones y maridajes para tratar de explorar la naturaleza profunda de mis morfemas.

Hay una vertiente muy musical en tus creaciones audiovisuales, y especialmente en las que has realizado con Miralda. ¿Podríamos llegar a decir que la música (o el montaje musical) toma el lugar del argumento?
La música no toma el lugar del argumento, más bien suplanta al narrador, y cuando hablamos de ficción el narrador nunca asume el argumento, sino que es como el aceite que liga la mayonesa. En las películas que he hecho con Miralda la música es muy miraldiana, aunque algunas veces él es quien lleva la voz cantante (*París, la Cumparsita* o *Miserere*) mientras

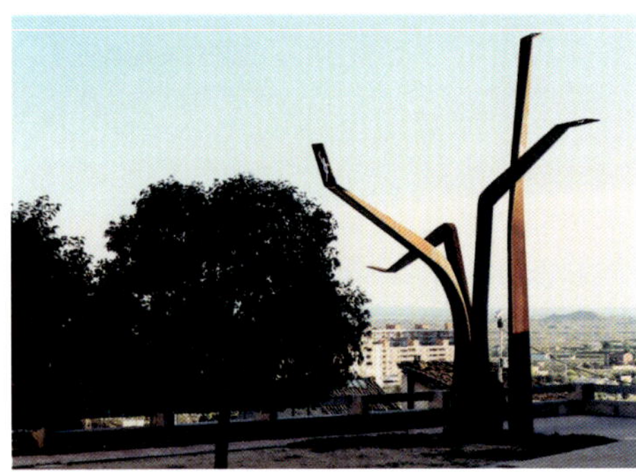
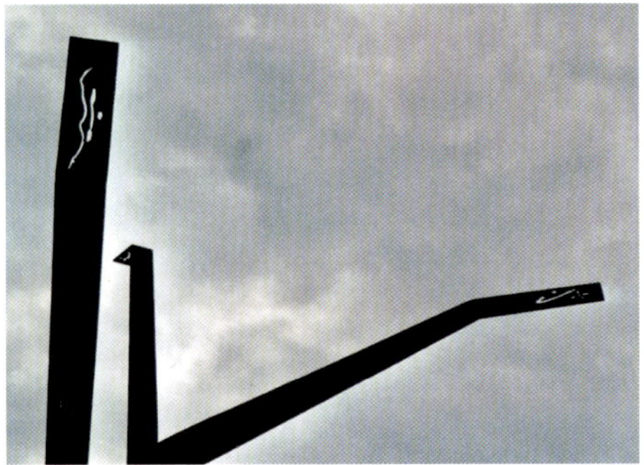
Arbre paer, 1997, plaza del Seminari Vell, Lérida

que en otras la elección ha sido, sobre todo, cosa mía. En el caso de
París, la Cumparsita (1973), se trataba de captar la expresión plástica
miraldiana (los soldados, las postales, los desfiles) desde el punto
de vista de un cineasta, que era yo. La manera de caligrafiar el espacio,
la luz y el movimiento es mi gran aportación a estos films. Sin Miralda
no los habría hecho nunca, porque corresponden más a su universo
mítico que al mío, pero sin mí tampoco habrían sido como son, porque
yo he aportado mi mirada: yo también era el cameraman, el que miraba
por el agujero y quien decidía el encuadre, la luz, la duración de los
planos, la trayectoria de la cámara, el gesto fílmico...

El caso de *Boum! Boum! En avant la musique!* (1974) es diferente. Este
proyecto nació de un hallazgo que hice en el Mercado de las Pulgas
de Montreuil: un libro, *En écoutant le maréchal Foch*, de un tal comandante
Charles Bugnet que había sido su secretario, y que es una compilación
de frases del Mariscal Foch. Al principio *Boum! Boum!* tenía que ser
una película hablada. Yo, que soy el guionista, había escrito los diálogos,
que en buena parte eran las frases lapidarias de Foch. Como no disponía
de sonido directo, los diálogos tenían que grabarse posteriormente en el
estudio, pero esto nunca lo hicimos. Así pues, cuando por fin montamos
el material en formato digital en 2007, compusimos una banda sonora
evocadora del tiempo en el cual se sitúa la acción, de las barbaridades
que decían aquellos carcamales (se incluyen discursos originales de
la Gran Guerra), de la grandilocuencia y la frivolidad de aquel personal,
y todo esto con el humor que recorre toda la cinta. En este caso la
selección musical es más bien mía. Miralda aportó la cumbia:
¡indispensable!

En el caso de *Biodop* (1973), realizada con Joan Rabascall, yo había
filmado las obras que él tenía en su estudio mientras preparaba un
proyecto de film, *Rabascall, horoscope personnel*, sobre la obra de Joan.
(Por cierto, hace poco volví a encontrar las imágenes, que nunca llegué a
montar.) Un día, en el Mercado de las Pulgas de Clignancourt, encontré
los filmets publicitarios del Biodop. Todavía podían verse tubos de
aquella brillantina en el mercado. Con este material más unos planos
de la tele de mis padres que filmé en Barcelona y que me parecieron muy
evocadores del universo Rabascall, acabé la película. La banda sonora
es un collage de la banda sonora de aquellos filmets y del sonido del
proyector: publicidad, motor y collage me parecieron elementos idóneos
para componer una microsinfonía rabascalliana.

Como tú bien sabes, los caleidoscopios fueron uno de mis motivos
recurrentes durante un tiempo. Yo había fotografiado imágenes de mis
caleidoscopios, y Jaume Xifra me sugirió el modo convertirlos en un

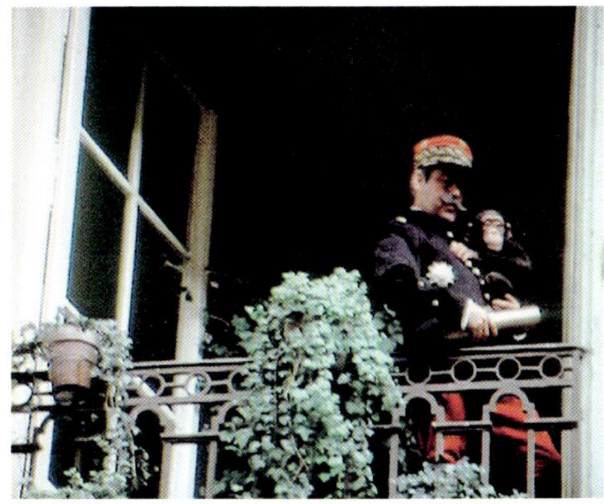

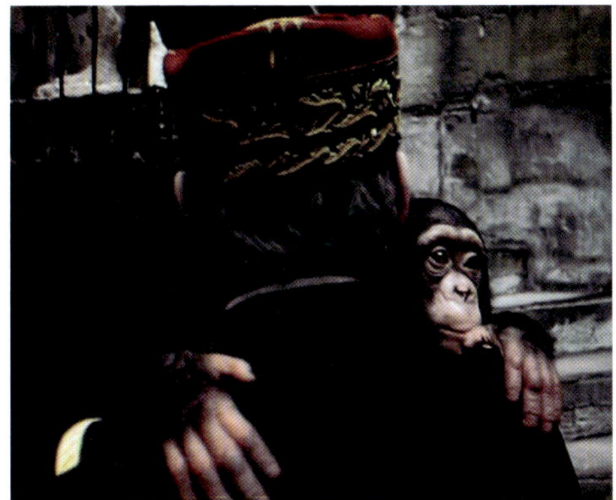

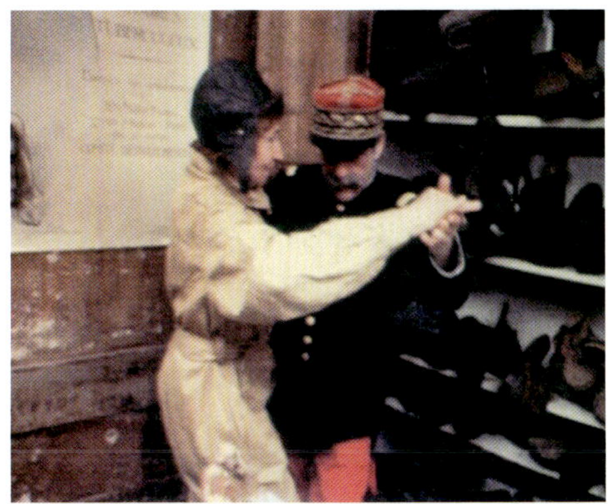

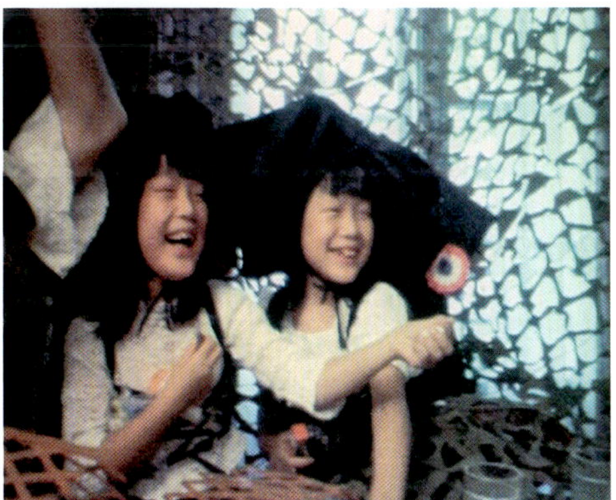

Boum! Boum! En avant la musique! (coautor Antoni Miralda), 1974, película 16 mm, color, sonido, 28' 44"

film: en su estudio del Passage des Grands Augustins aplicó un tipo de depósito transparente, accionado por un motorcito que lo hacía girar, en la parte posterior de un caleidoscopio compuesto por tres espejos. Yo iba poniendo dibujos míos dentro del depósito y, con una Beaulieu de 16 mm situada al otro extremo, filmábamos.

Con respecto a la banda sonora de este film, *Calidoscopi* (1971), escribí una carta a Carles Santos explicándole cuál era el sonido que quería. Nos encontramos en Barcelona y fuimos a casa de Anna Ricci, que en aquella época era la única persona que conocíamos que tenía un magnetófono. Santos se metió el micro en la boca mientras repetía la palabra «calidoscopi». Después cortó la cinta a trozos y la volvimos a montar al azar. Con este material me fui a un estudio de Barcelona para copiarlo a sonido magnético. Unos meses más tarde, en la productora In-Scram de Madrid, de la que yo era socio, se acabó el montaje con la ayuda de García Sánchez, se hizo el repicado a sonido óptico y el hinchado a 35 mm.

Con respecto a mi producción en solitario, las bandas sonoras son de un cariz muy diferente al de mis colaboraciones con Miralda o Rabascall, y diría que están más en la línea de *Calidoscopi*. Para el vídeo *Micro-òpera 2* hice la banda sonora yo mismo y me convertí en hombre-orquesta en el estudio de Eduardo Polonio, que se encargó de la grabación y, luego, conmigo, de las mezclas. Esta es una fórmula que he vuelto a emplear en algunos vídeos que he hecho durante los últimos años. En el caso de *Micro-òpera 2*, la empleé porque la obra respondía a un concepto que denominé «microautoetnografía» y, por lo tanto, se imponía una banda sonora hecha por mí mismo. Últimamente, cuando me he hecho la banda sonora ha sido por otro motivo: y es que yo, que soy hombre de mil y una vocaciones –lo que me ha impedido tener una más definida–, no puedo resistirme a experimentar también con el sonido.

Atrás etíope (1977) pertenece a un género que denominaría *film-hasard*. Un grupo de jóvenes me propuso que los acompañara a Afganistán y filmara el viaje, pero en Turquía uno de los coches de la expedición tuvo un pequeño accidente y el viaje se acabó allí. Yo aproveché para filmar lo que pude: las imágenes de los camellos que insertamos en *París, la Cumparsita*, el árbol vaginal que vemos al inicio de *Biodop*, un corto sobre el Puente Gálata que aún no he montado... pero todavía me sobraba película. De vuelta en Barcelona quería conservarla, y Betriu me ofreció el frigorífico de su madre para que la guardara. Fue una buena solución hasta que la madre de Betriu quiso recuperar la totalidad de su nevera, colonizada desde hacía casi un año. Había que reaccionar deprisa para evitar que la película se estropeara. En aquel tiempo

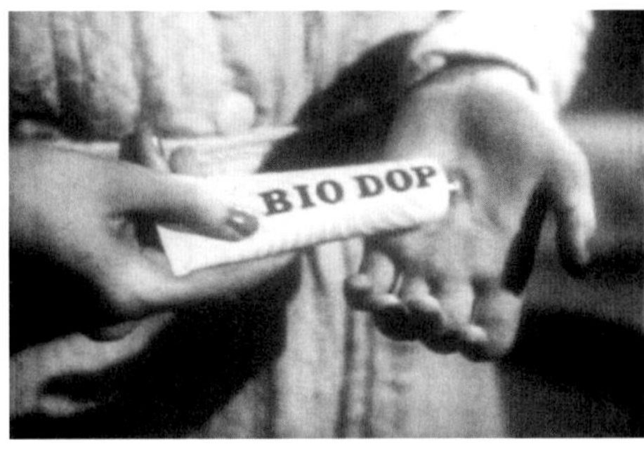

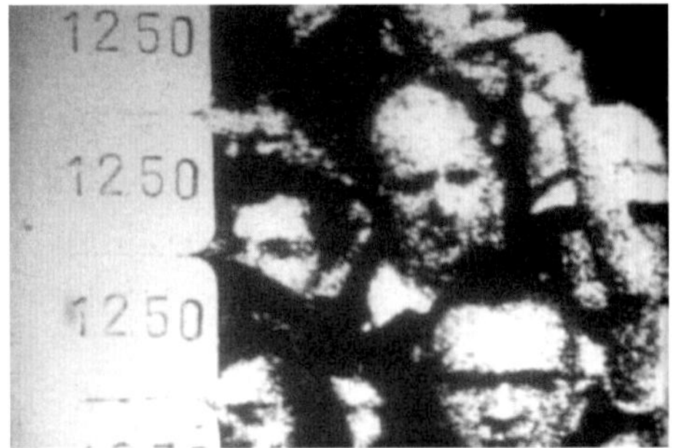

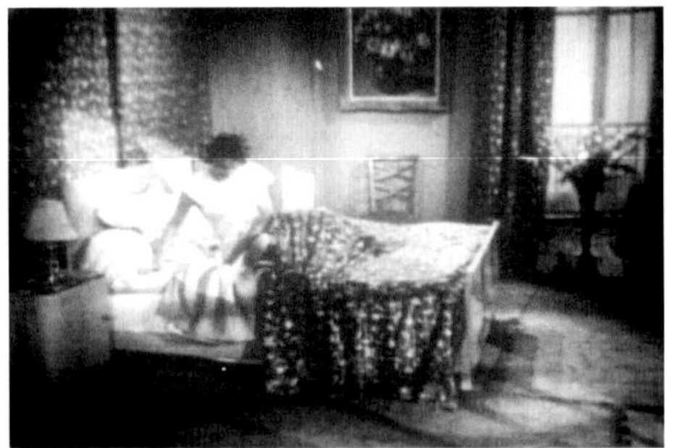

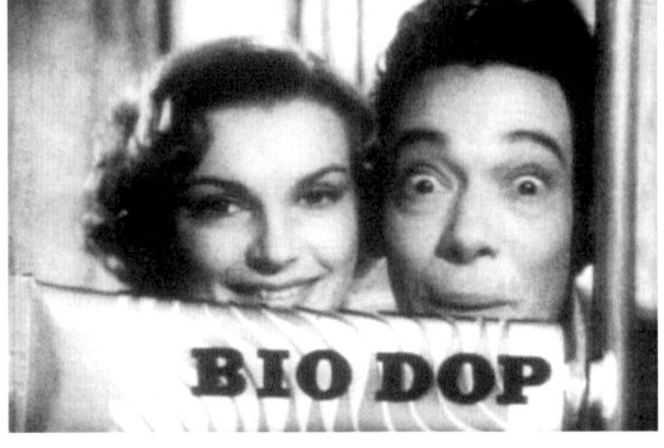

Biodop (coautor Joan Rabascall), 1974, película
16 mm, b/n, sonido, 6'

frecuentaba los ambientes del cine en Barcelona con Betriu y Gustau Hernández, y Paco me animó a hacer un corto con los amigos, entre los que se encontraba [José María] Cañete, que era actor profesional. Y de la noche a la mañana todo estuvo a punto, solo faltaba un guión, y entonces vi un ejemplar de *El sueño de una noche de verano* que rondaba por casa de Betriu, lo abrí y señalé un párrafo que decía: «¿Qué ha pasado amor mío? Ya no soy tu Lisandro, ya no eres tú mi Elena, en el corto espacio de una noche me habéis amado y detestado. ¡Los Dioses me libren de creerlo! ¡Amor, amor, los Dioses me libren de creerlo!» Y así tuve el guión a punto en menos de un minuto. Como fondo sonoro del recitado de los actores incorporé un fragmento de *Carmina Burana* que me pareció bastante shakespeariano, y con el texto hicimos una canción con la ayuda del pianista de una sala de baile de Calella de la Costa a la que solíamos ir durante el rodaje.

Carob Way, el vídeo que realicé en Nueva York, tiene sonido directo. Es una especie de «mapa sonoro» sin ninguna sofisticación. Parafraseando a José María Carrascal, el de las corbatas, que vivía en la misma pensión que yo cuando vine de Tremp para estudiar el preuniversitario: «¡Así suena Nueva York, y así se lo hemos mostrado!»

1.000 a Miró, el vídeo que hice en 1993 con motivo de la celebración del Año Miró en Barcelona y que ahora es también una pieza arqueológica de la era digital, tiene como banda sonora una suite musical de Jaume Aiats. Somos amigos y en esa época nos veíamos a menudo. Yo le expliqué el proyecto y él compuso la suite. Este es un trabajo de colaboración de esos que tanto me gustan cuando coincido con algún creador con quien sintonizo.

Con las herramientas del vídeo digital, desde 2007 has hecho una serie de obras en las que, de una manera muy corporal, tú mismo eres el motor de la acción. Y en las que el lenguaje de la acción se convierte en la base expresiva de tu universo plástico, poético, microteatral, metacinematográfico. Y también, en la base de un diario residual hecho de ocurrencias resueltas con inmediatez. ¿Qué puedes añadir sobre esta etapa más reciente?
Muchos de los conceptos que empleas son válidos para mi obra videográfica más reciente pero también para lo que he hecho siempre. Estas reflexiones son aplicables al conjunto de mi obra. Ya nos hemos extendido sobre la presencia del movimiento en mis dibujos. Mis poemas a menudo evocan las «microperformances» que cualquiera de nosotros realiza cada día. Mis esculturas, a veces nacidas de la inmediatez de un micrografismo, rehúyen toda simetría, cambian según el punto de observación y, en este sentido, parece que se muevan. La vertiente

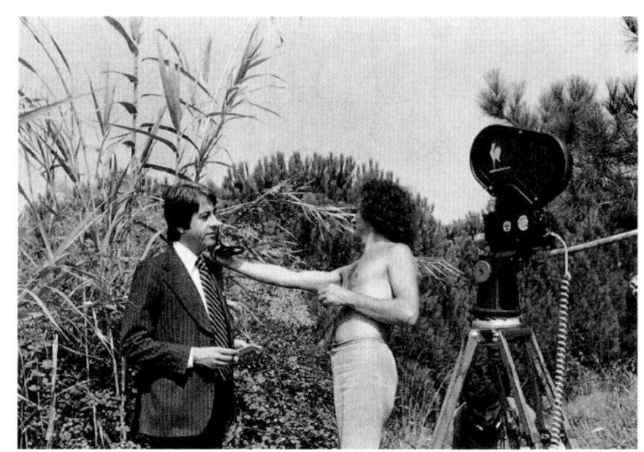

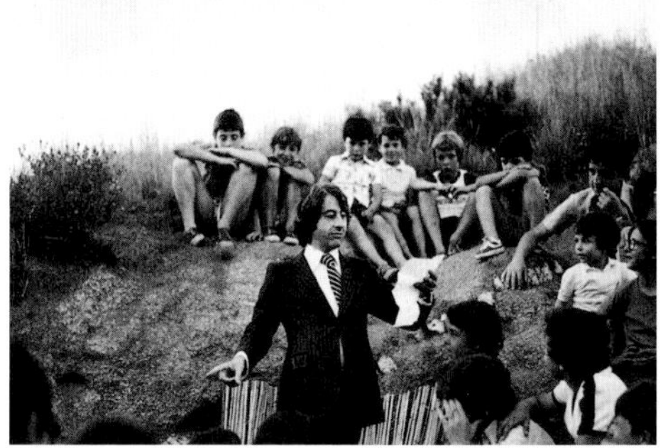

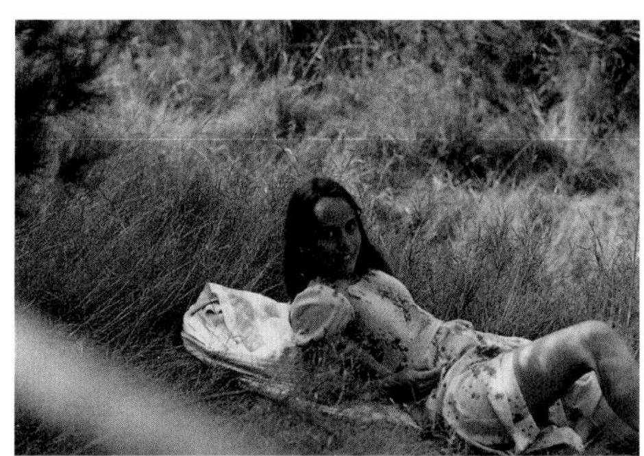

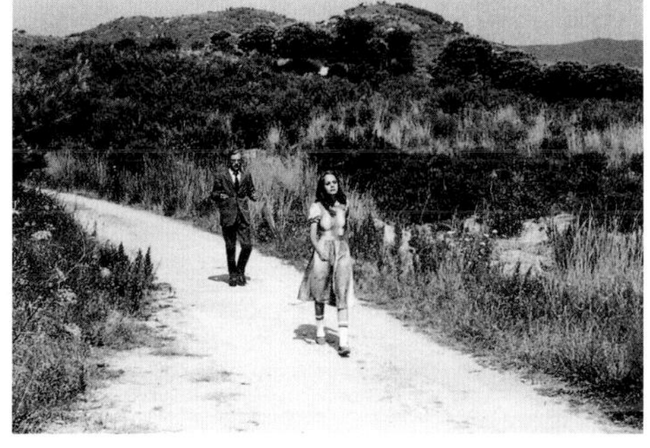

Atrás etíope, 1977, película 16 mm, color, sonido, 10' (de arriba a abajo: José María Cañete y Benet Rossell; José María Cañete y niños; Rosa Bufi; Rosa Bufi y Bernardo Sánchez)

caligráfica y gestual de mi obra también rezuma esta inmediatez que mencionas. Pero hay que tener presente que para realizar un gesto, hay que haberlo interiorizado antes. Y este es un proceso que dura tanto como la vida misma.

Es cierto que mi intervención performativa es ahora más frecuente, a pesar de que no podemos olvidar *Carob Way* o *Micro-òpera 2*, que a mediados de los ochenta ya anunciaban esta vía. Pero yo creo que este es un rasgo circunstancial, a la postre. Sobre todo si pienso en el trabajo que ahora estoy haciendo a propósito de El Molino, donde se impone un acercamiento más documental.

Pero volvamos al punto que he dejado en suspenso cuando respondí a la primera pregunta. El cine es un medio de expresión, de comunicación, cuya especificidad consiste en poder reproducir imágenes en movimiento. En su origen el cine era mudo y, a pesar de esto, era cine porque la imagen lo es todo en la expresión cinematográfica. Esta imagen aparentemente real articula una historia, igual que el sueño. Y así, realidad y ficción se confunden por completo en un presente eterno y compartido. Y esto sucede siempre, incluso en el cine más directo.

Llega, por lo tanto, la hora de darle la vuelta al espejo... Yo salgo de escena, tu imagen pasa al otro lado y una voz en off pregunta: Eugeni, ¿qué es para ti el cine?

Llegado mi turno, hago mutis, esto ahora no toca... *¡No comment!*

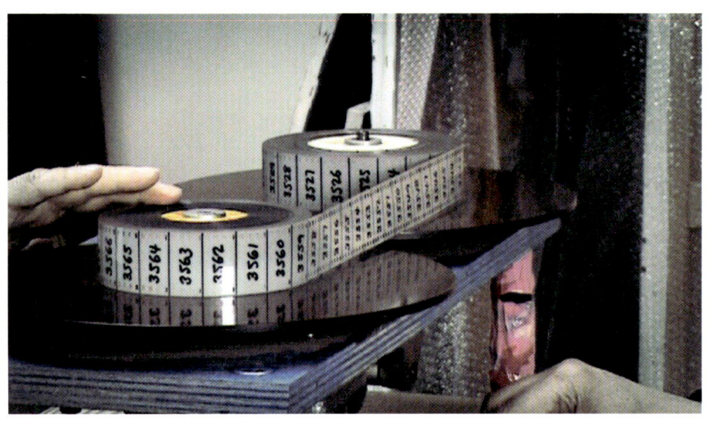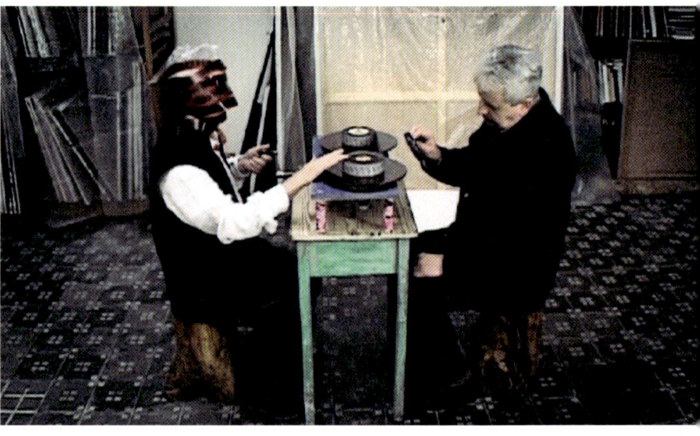

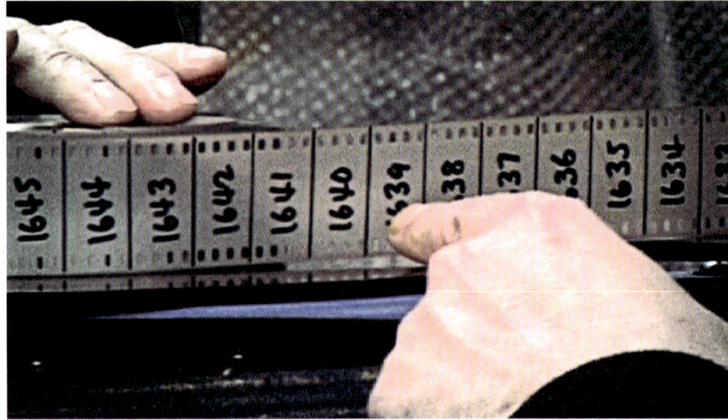

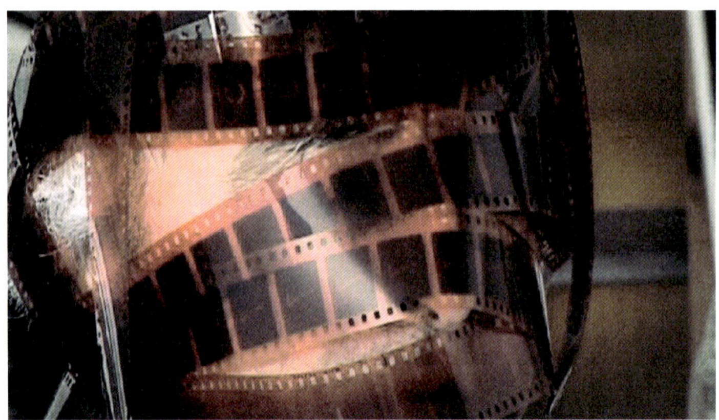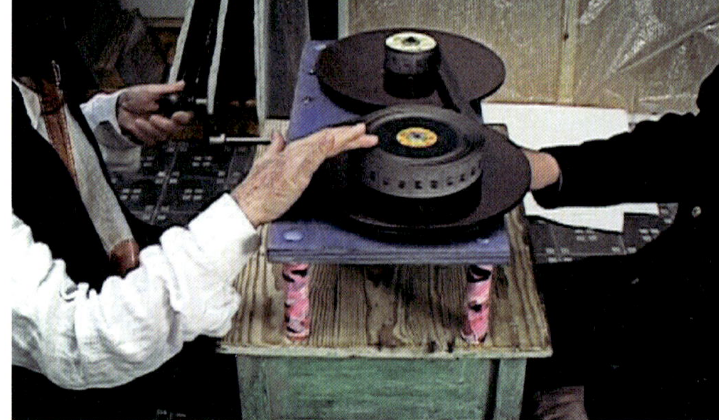

No Comment (coautor Eugeni Bonet), 2009, Mini DV, color, sonido, 8' 46'

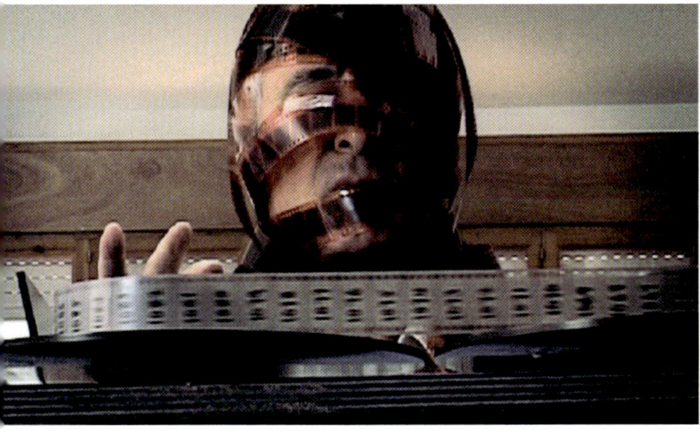

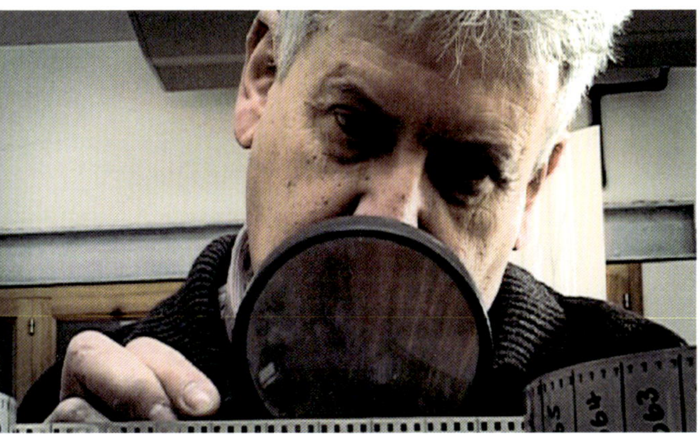

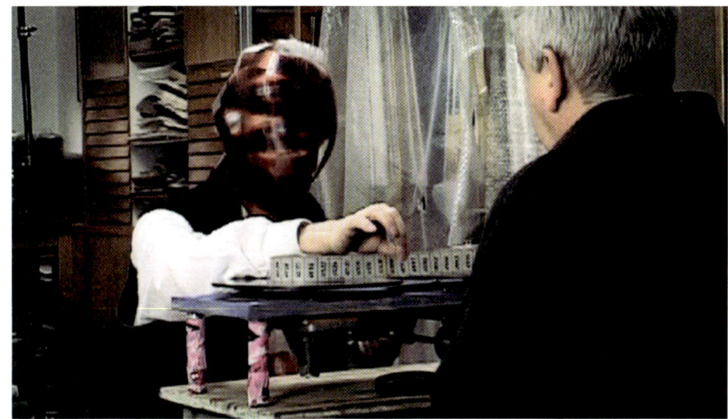

1964

Arribes a París: estudies teatre, després cinema,
més tard comences a exposar...
Què et va dur a París? I què fou primer:
l'ou, la gallina o... el pollastre?

2891

A les teves micrografies hi ha sovint una seqüencialitat.
No són, també, una mena de cinema de paper?
O com a "storyboards" de films imaginaris?

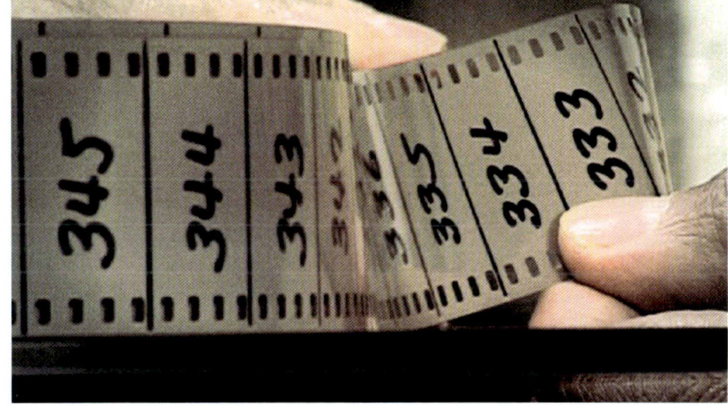

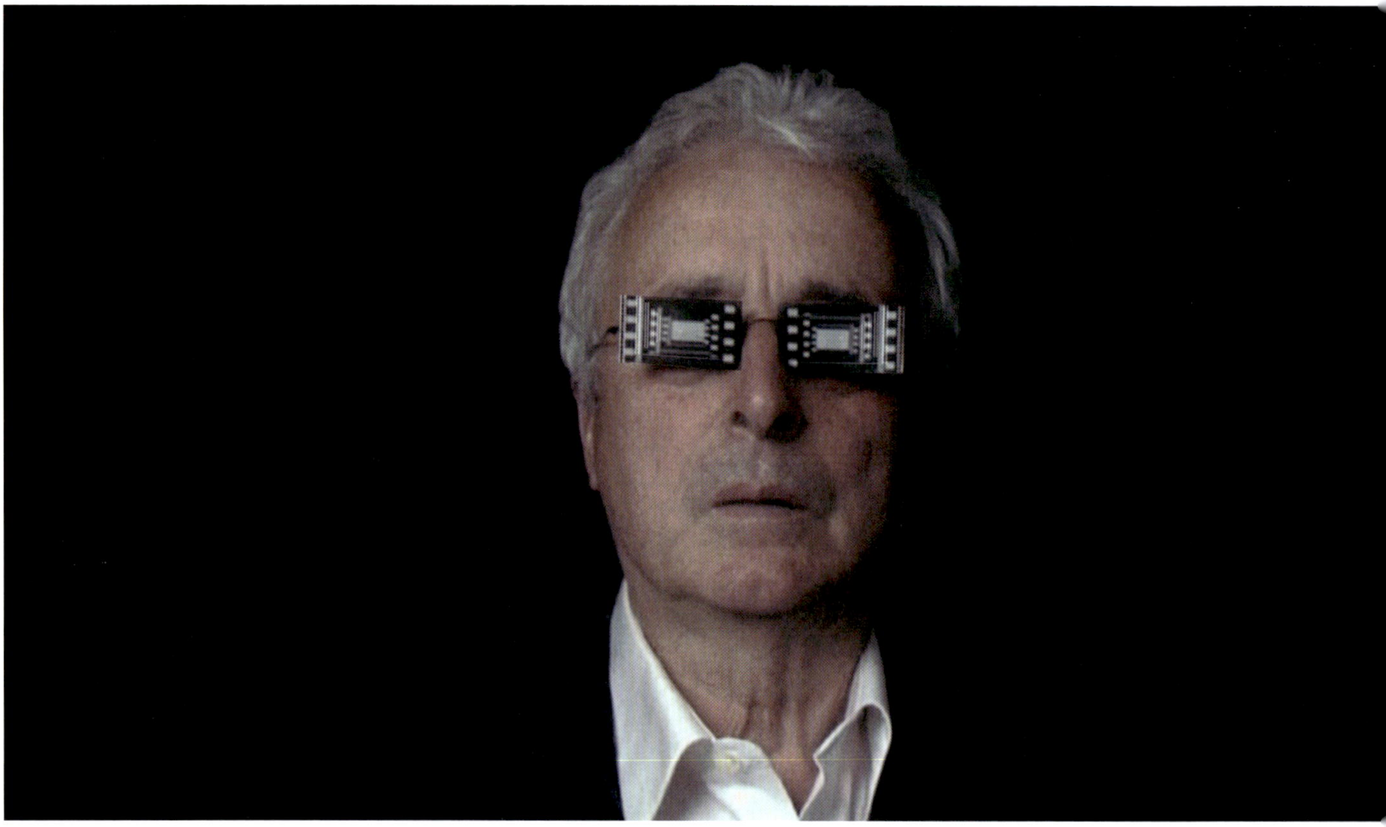

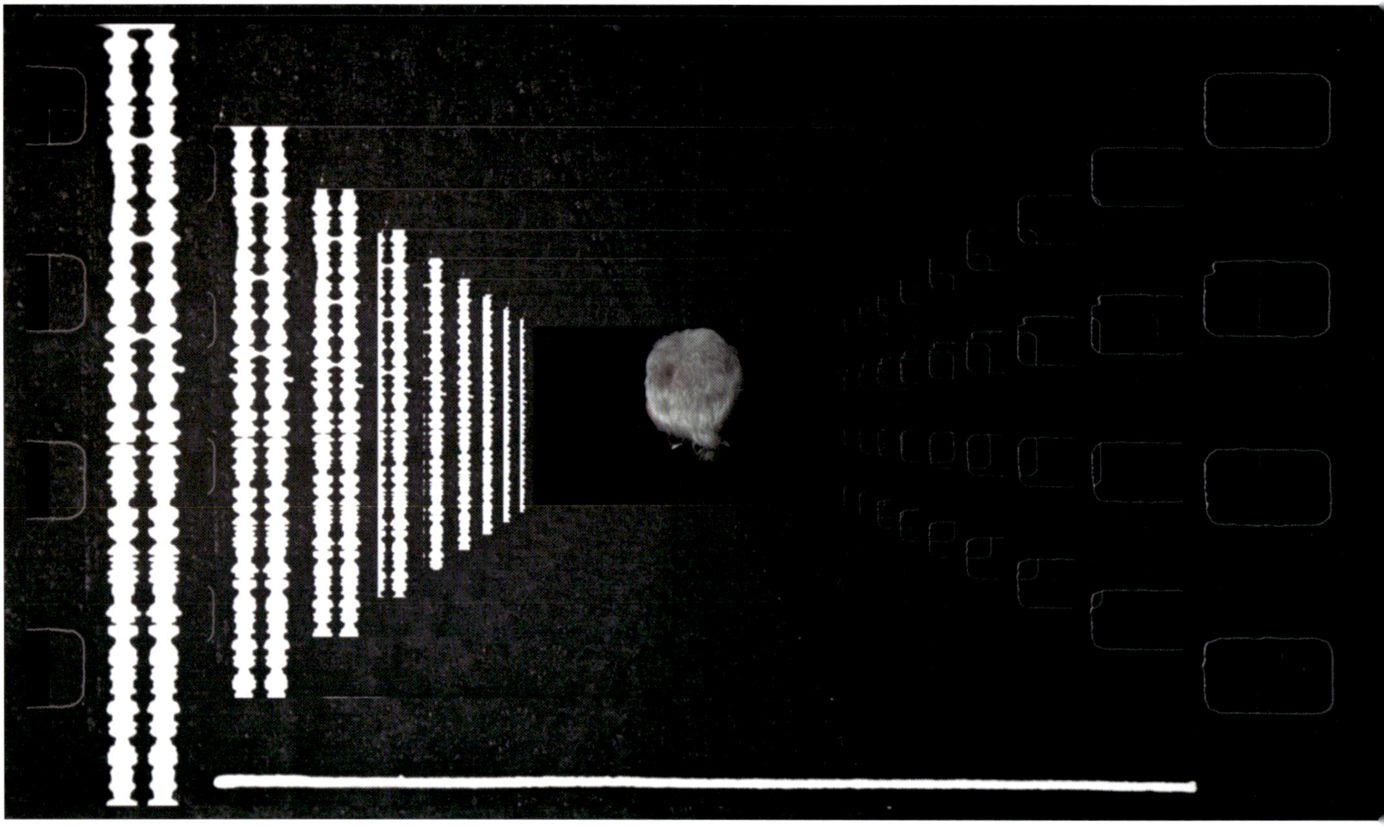

Frameman, 2009, vídeo 3D y vídeo HD, color, sonido, 54"

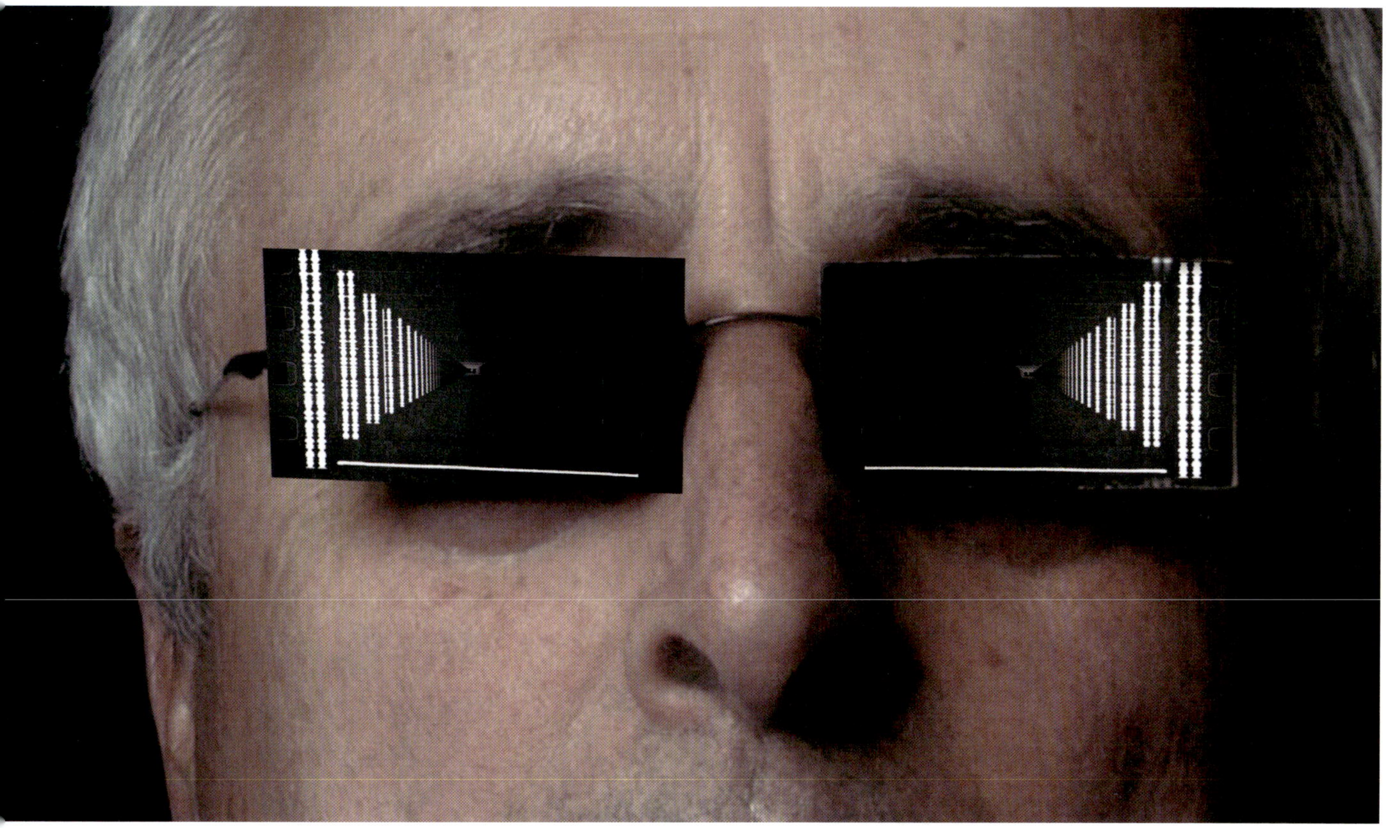

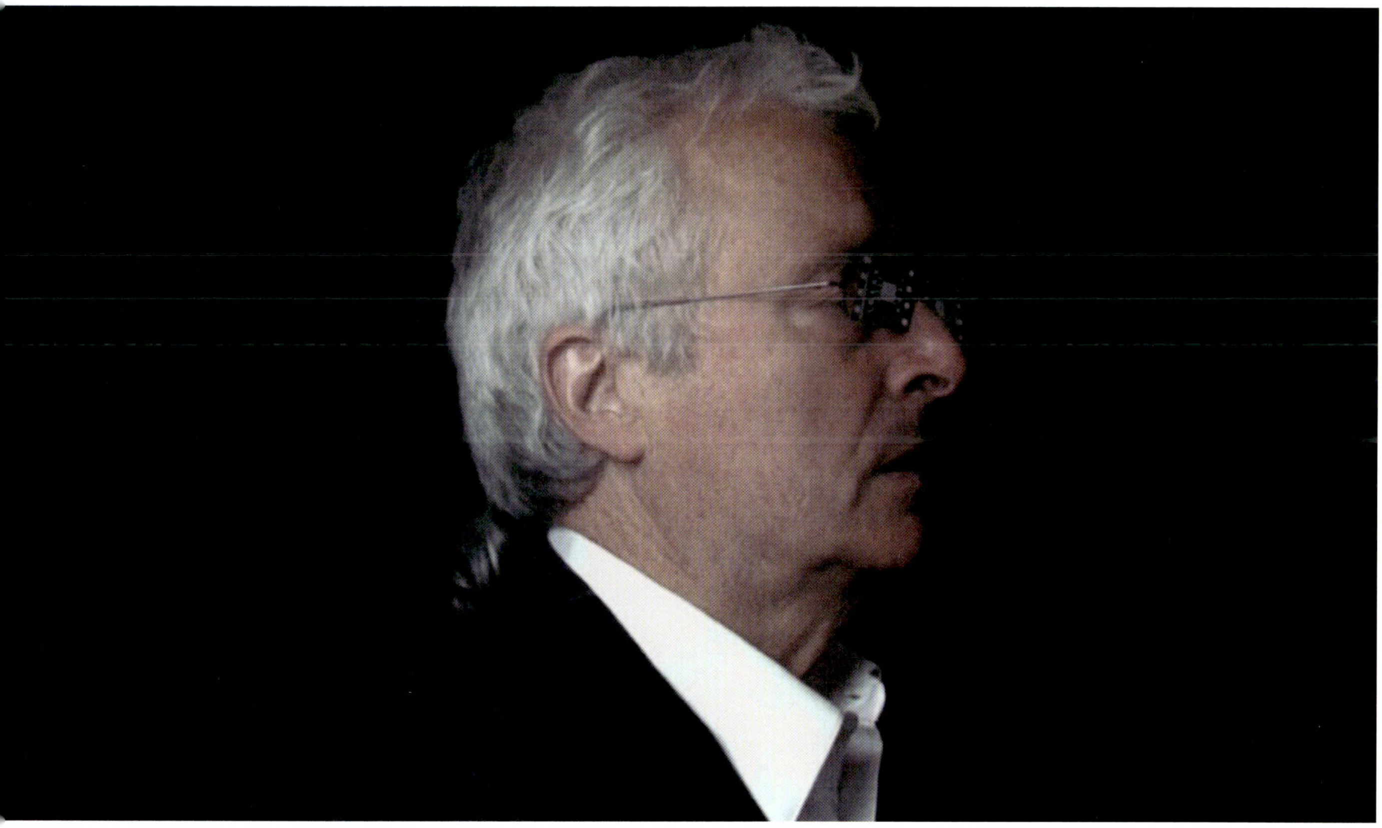

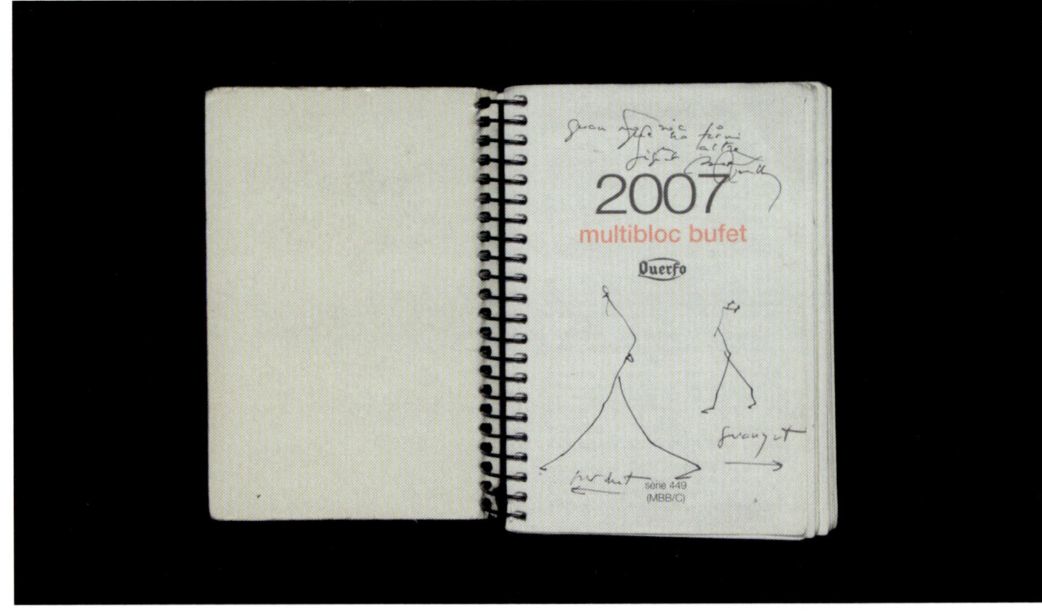

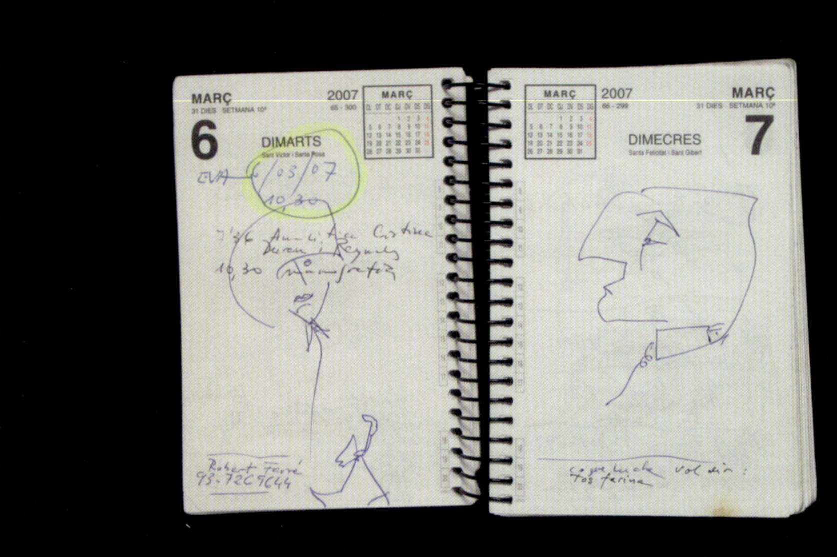

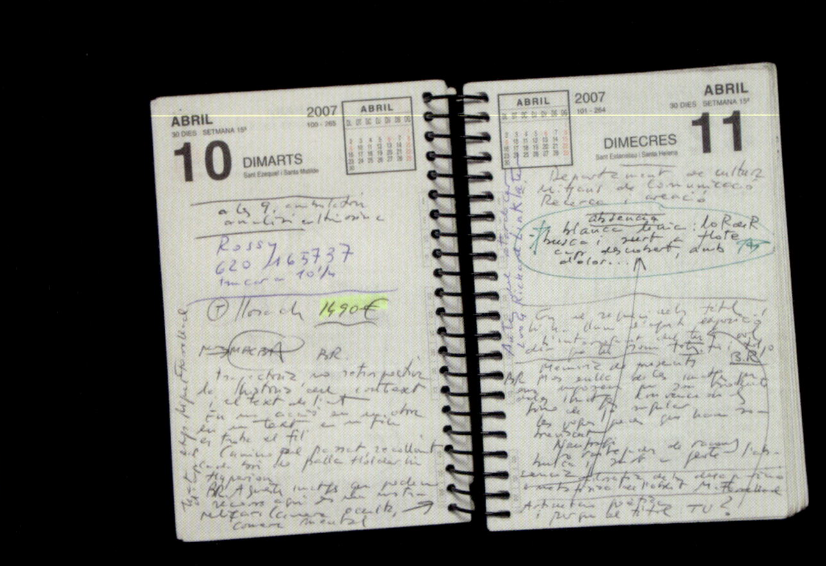

Agenda 2007, 2008, vídeo digital, color, sonido, 56' 39"

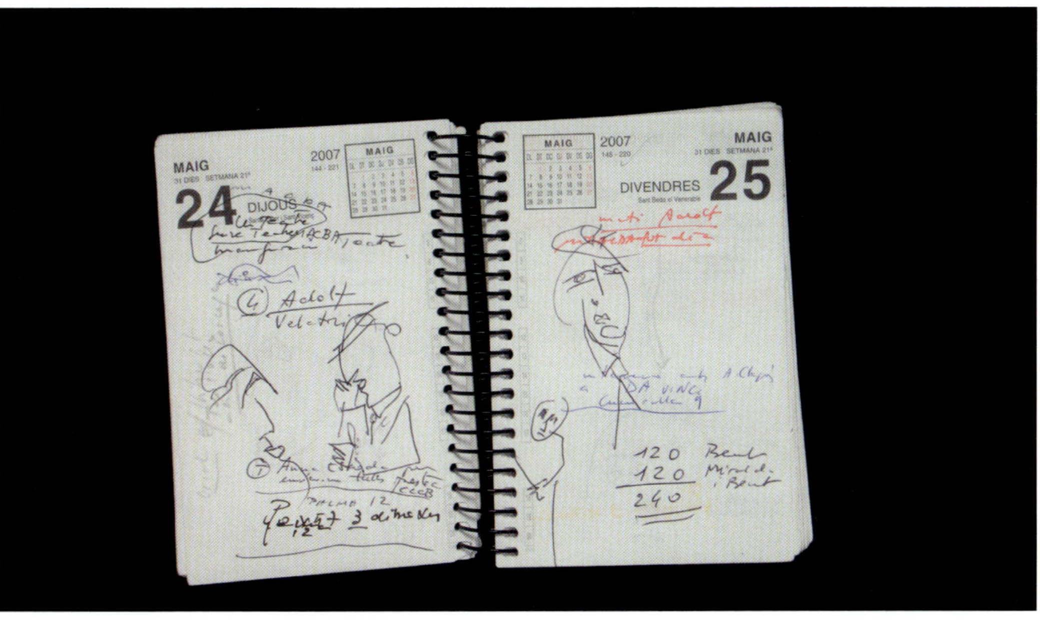

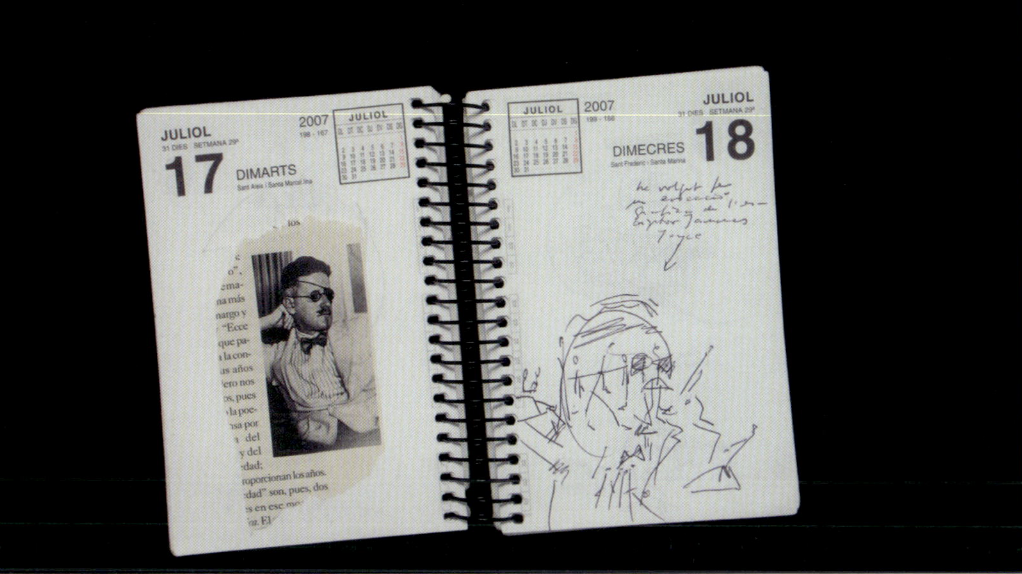

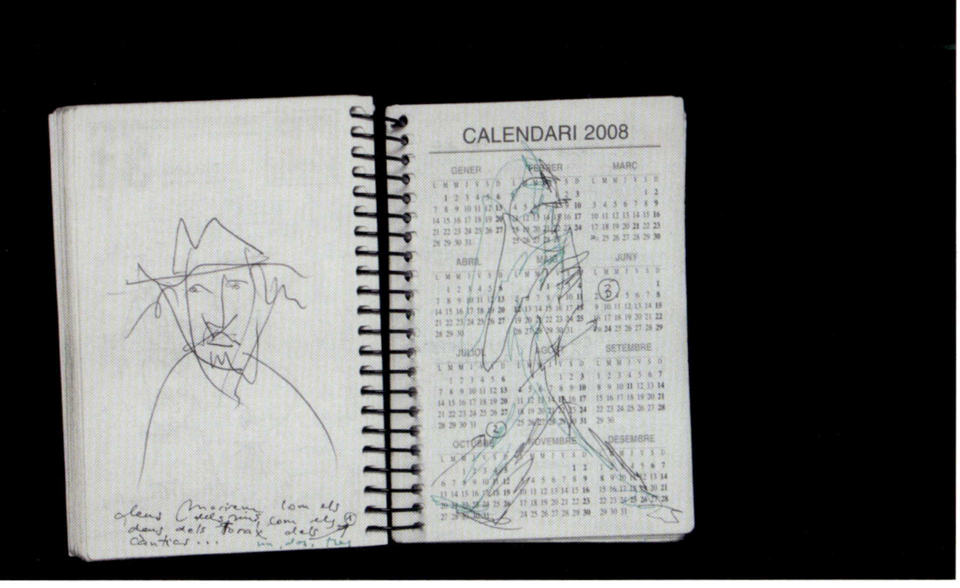

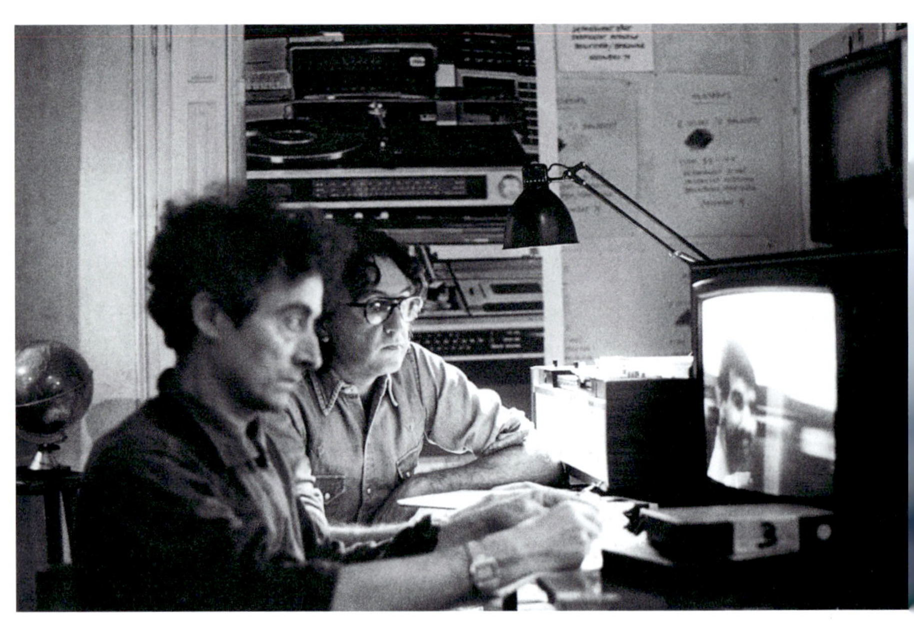

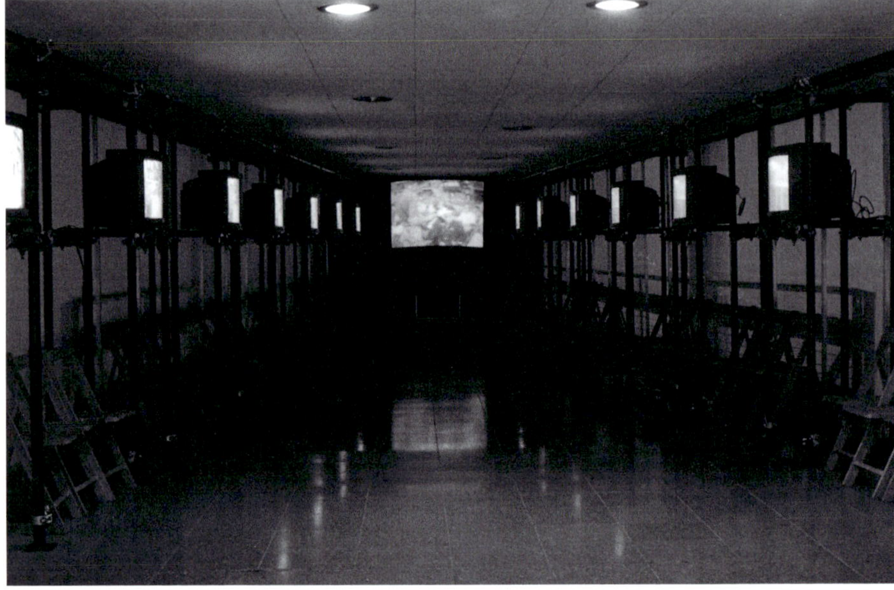

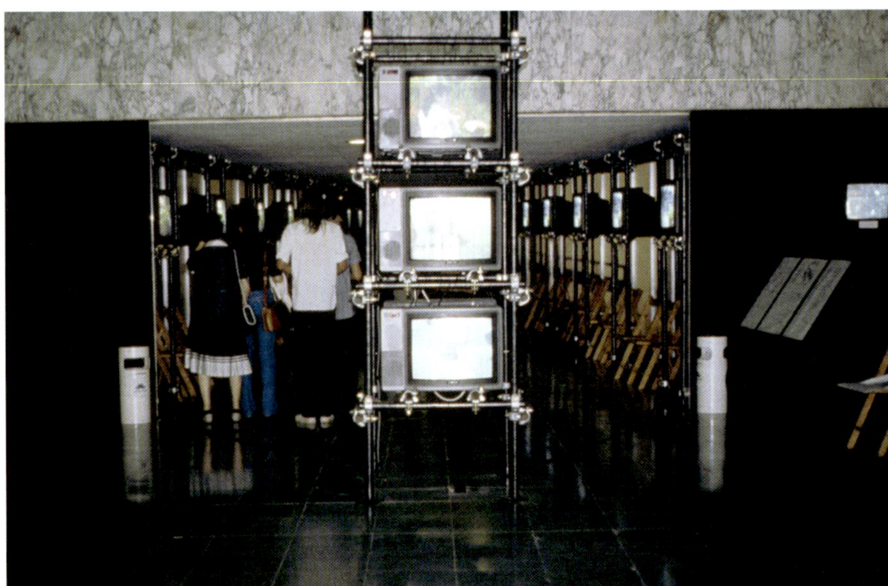

Benet Rossell y Antoni Muntadas durante la edición
de *Rambla 24 h,* Barcelona, 1981

Rambla 24 h, 1981, videoinstalación: estructura
de mecanotubo, sillas, monitores y vídeos

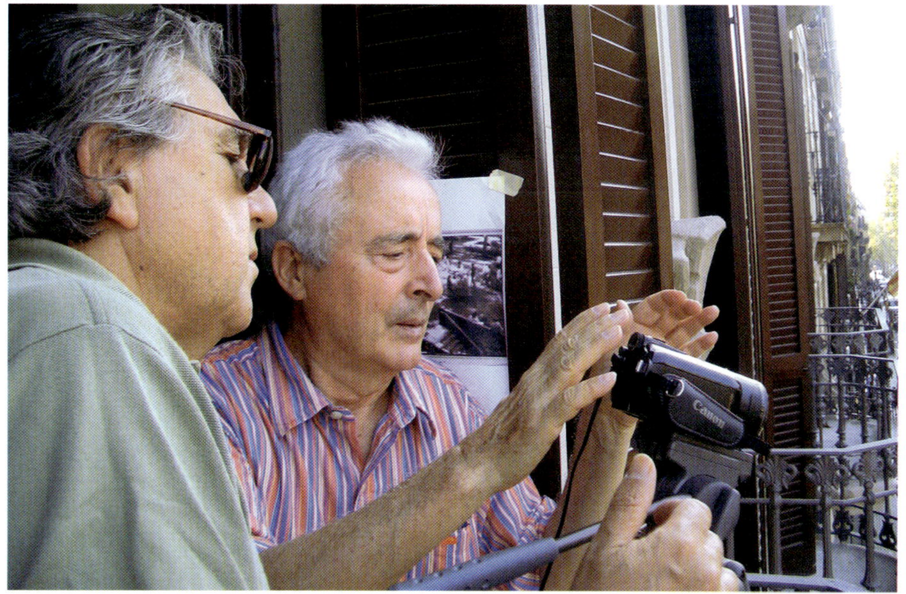

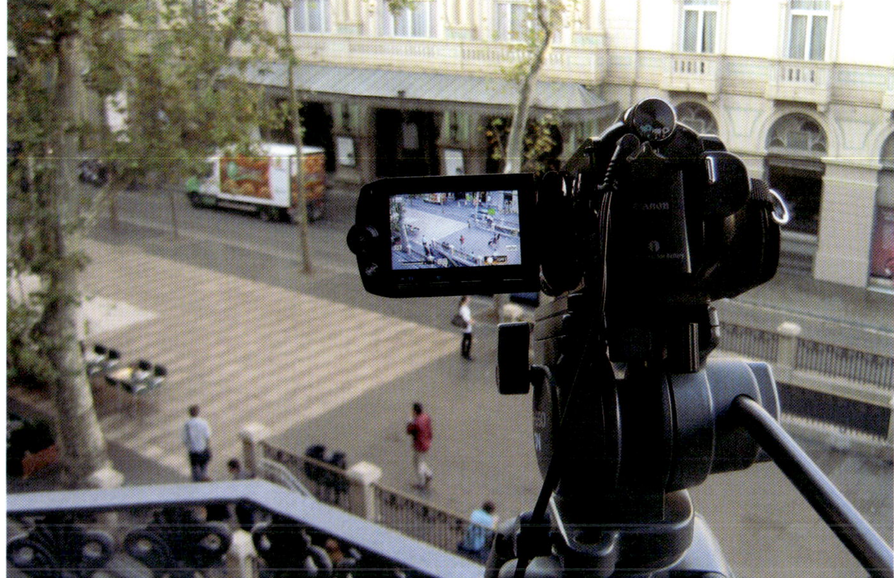

En 1980, con Muntadas, nos instalamos durante
24 horas en un hotel de la Rambla de Barcelona
para grabar lo que ocurría en la calle, y dejar así
constancia de la vida en la arteria más cosmopolita
de la ciudad.

En 2009 repetimos la experiencia, en el
mismo balcón del mismo hotel. Otra vez 24 horas
para ver cuál era el estado actual de la cuestión.

Antoni Muntadas y Benet Rossell durante
la grabación de *Rambla 24 h*, Barcelona, 2009

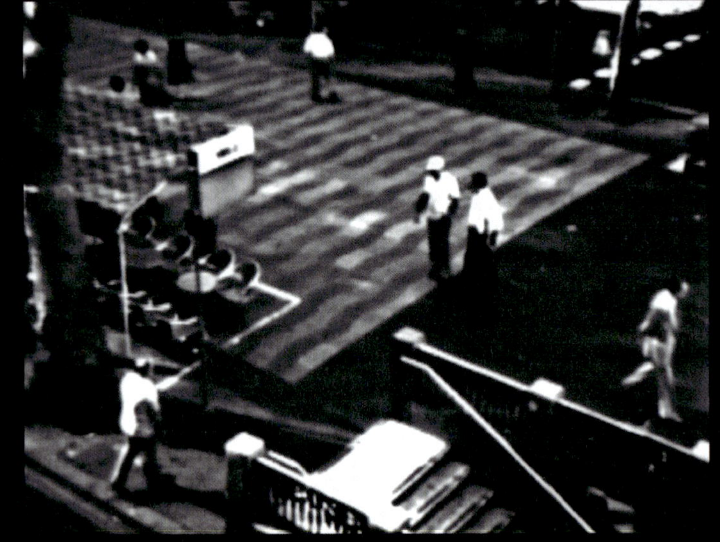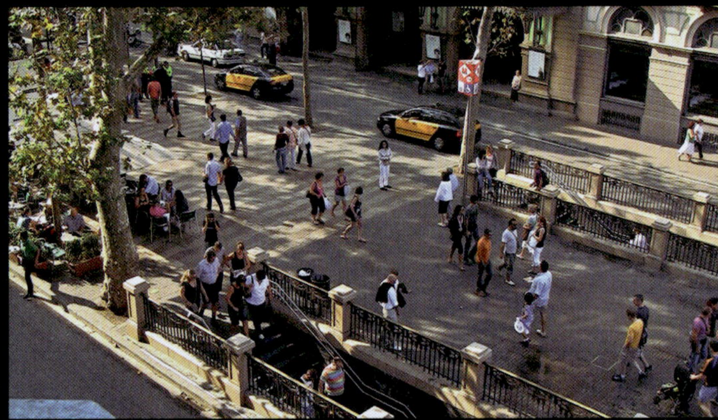

Rambla 24 h (coautor Antoni Muntadas), 1980/2010, U-MATIC y vídeo HD, color, sonido, 12' cada proyección

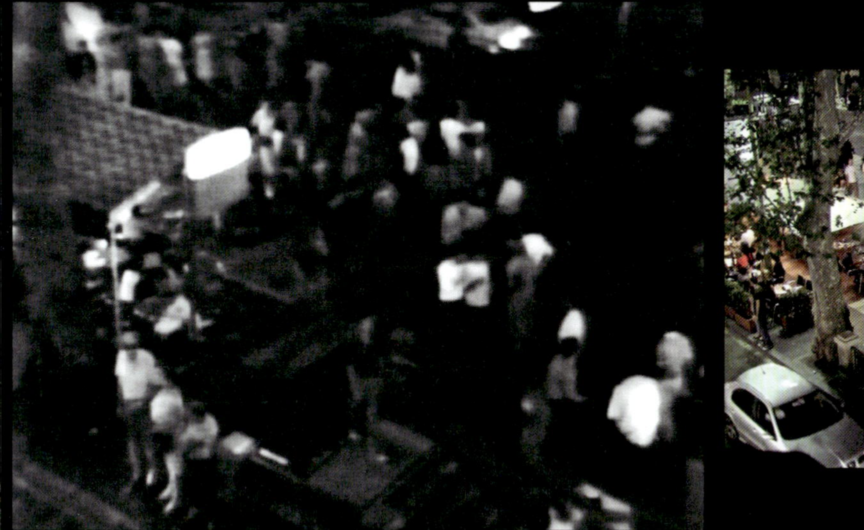
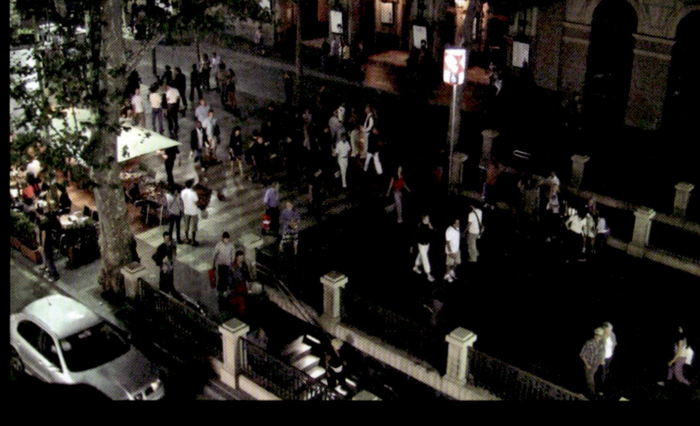

27/09/1980

27/09/2009

9 p.m.

Paralelo, paralelo

Líneas virtuales ordenan la ciudad moderna.
La avenida del Paral·lel, que ya figuraba con este
nombre en el plan Cerdà aprobado en 1859,
recorre, desde las Reales Atarazanas hasta la plaza
de Espanya, el paralelo terrestre 41º 22' 34" Norte.

No fue hasta 1929, año en que la montaña de
Montjuïc se incorporó definitivamente a la vida
ciudadana con motivo de la segunda Exposición
Universal de Barcelona, cuando el Paral·lel fue
urbanizado como una gran avenida, como eje que
divide y, a la vez, comunica los barrios de Poble
Sec, el Raval –el antiguo barrio Chino– y el Eixample.

Ya habían transcurrido setenta años desde
1859, incluidos los felices veinte, durante los
cuales las carboneras y las grandes chimeneas
fabriles habían quedado rodeadas por teatros,
cafés y salas de fiesta.

Perduran en la memoria el efímero Teatro
Olimpia, el teatro más grande de España –con
6.000 localidades–, que animó la noche barcelonesa
desde 1901 hasta 1909 y al que se consideraba el
Liceo del Paral·lel; los teatros Nuevo (1901), Masini
(1904), Cómico (1905), Lírico (1906), o de las Delicias
(1900), rebautizado en 1924 como Talía y más tarde
como Martínez Soria, que siguió en activo hasta
1988, cuando desapareció definitivamente a causa
de un incendio.

A la vera de los teatros proliferan cabarés
y *music halls*: el Pompeya (1900), La Puda Seca
(1901), el Novelty (1902) –sustituido en 1924
por el célebre Bataclan–, el Gran Salón del Siglo XX
(1905), el Petit Palais (1910), el Trianon (1913) y el
Madrid Concert (1915), y salones de baile como
el Barbarroja o el Royal Concert (1912).

El Salón Arnau, que sustituyó al antiguo
Folies Bergère, fue teatro y *music hall* desde 1894
hasta 2004, y creo que hoy es propiedad de la
comunidad china, que quiere transformarlo en
sede de su iglesia mientras el Ayuntamiento,
azuzado por la sociedad civil, trata de recuperarlo.

El Circo Español Modelo, inaugurado en 1892,
adoptó al cabo de un año el nombre de Teatro Circo
Español y en 1905 pasó a llamarse Teatro Español
hasta su transformación en Studio 54 a principios
de los ochenta; hubo un último intento de
convertirlo en restaurante-espectáculo, de nombre
Scenic Barcelona, pero cerró definitivamente
las puertas en 2007. Ahora hay quien quiere
remodelarlo para restituirlo a su vocación original
de espacio dedicado a la danza, el circo, el teatro
y la música.

La Pajarera Catalana, inaugurada en 1899, se
convirtió en el Petit Moulin Rouge en 1908. Más
tarde, en 1939, castellanizó su nombre y renunció
al adjetivo *rouge*, mal visto por el franquismo
victorioso, para llamarse El Molino hasta su cierre
definitivo en 1997. Ahora está en vías de
reconversión.

Y como estos, decenas de teatros, cabarés, *music
halls*, salas de fiesta, cafés y restaurantes hicieron
del Paral·lel la avenida del ocio barcelonés,
un equivalente del Pigalle parisino, el West End
londinense o el Broadway neoyorquino.

Hoy en día perduran el Teatre Apolo,
el Victòria y el Condal, todos de titularidad privada
y dirigidos al gran público, la Sala Bagdad, el
célebre cabaré porno de Barcelona, y, por los
alrededores, locales míticos como El Rincón del
Artista, el bar London, el Marsella, el Pastís,
siempre nostálgico, o Casa Leopoldo, el restaurante
más literario de la ciudad, en la calle de Sant
Rafael, a pocos metros de la novísima Rambla
del Raval.

El Paral·lel y su entorno, interclasista,
cosmopolita, transversal y popular, ha sido el
ámbito del ocio barcelonés desde sus orígenes
a su decadencia, que sigue muy de cerca a
la instauración de la democracia. Ámbito
de transgresión, se ha mantenido durante los
períodos más oscuros de la historia de Barcelona,
y en particular durante el interminable
franquismo, como un reducto de libertad que se
oponía con vitalidad al imperio del ¡Viva la
muerte!

A lo largo de mi vida he residido durante
largos períodos en tres ciudades: la primera fue
Barcelona, donde no tardé en descubrir el Paral·lel
y la posibilidad de ir al teatro gratis uniéndome
a la *claque*. Al cabo de muchos años, cuando a
mediados de los ochenta me instalé definitivamente
en Barcelona, terminé estableciendo mi estudio en
la calle Roser, a 257 metros exactos de El Molino.
479 metros exactos separaban El Molino Rojo de
Madrid de la Pensión los Madroños, situada en el
13 de Baltasar Bachero, actualmente calle de
Salitre, donde vivía mientras estudiaba Sociología
y seguía en contacto con el cine profesional. Poco
después me fui a París, donde ocupé una *chambre
de bonne*, tan típica como minúscula, en el número
24 de la Rue Chaptal, que nuevamente me situaba
a 402 metros del auténtico Moulin Rouge.
Mis itinerarios cotidianos siempre han discurrido
por un cabaré llamado Molino o Moulin, Rojo
o Rouge, una coincidencia necesariamente
premonitoria de este trabajo que ahora tengo entre
manos.

De estos itinerarios, el único vigente es el que
me lleva de mi taller a El Molino, itinerario
que recorro varias veces al día. Un día volvía a
casa al caer la tarde cuando a la altura de El
Molino vi dos contenedores repletos de decorados
originales, muchos de ellos pintados a mano por
los hermanos Salvador, mezclados con la
documentación del cabaré centenario. Alrededor
de los contenedores, y también encima de ellos,
una multitud de vecinos del Poble Sec rescataban

como podían la memoria de ese icono del barrio liquidado sin escrúpulos por los nuevos propietarios. Me uní a ellos, indignado yo también por tanto vandalismo especulador.

Y esa tarde en la que me convertí en depositario de más de una quincena de decorados de El Molino, decidí poner en marcha un proyecto que me permitiera invitar a todo el mundo a participar en el diseño utópico, ilusionante y popular de un *Paral·lel, paral·lel* que llenara este paralelo terrestre 41° 22′ 34″ Norte de vida autóctona, diversa, abierta y de excelente calidad.

¡Que vivir en Barcelona sea un placer!

Este es un proyecto artístico, y como creo que el Paral·lel es patrimonio de la ciudad, que busca, errática, su lugar en la modernidad, creo que la ciudad entera debe custodiarlo. Por eso he decidido poner a disposición del público unos ordenadores y un blog (http://blogs.macba.cat/parallel-parallel) y una dirección electrónica, último homenaje al famoso *mail-art* de principios de los sesenta, a la que se pueden enviar todo tipo de propuestas, documentación, textos, imágenes, creaciones…, y que yo mismo iré alimentando mientras dure la exposición.

Al día siguiente los contenedores ya no estaban, en el lugar que habían ocupado solo quedaba una flor salpicada de purpurina dorada que yo recogí: ¡la última flor de El Molino! Recordé la conmoción de la noche anterior y en el suelo se perfiló la silueta blanca de un contenedor, como la que dibuja el forense alrededor de la víctima para fijar el lugar exacto en el que se ha perpetrado el crimen. Desde entonces he observado la demolición y la reconstrucción del teatro a través del visor de mi cámara, lo he hecho desde el balcón de un vecino de la calle Roser que sobrevuela el solar. He constatado que ahora las obras son el espectáculo, la gente observa intrigada, ilusionada y recelosa, el levantamiento del nuevo edificio, moderno y adaptado a las nuevas necesidades, y que preserva una mínima memoria de la fachada original.

Alrededor de los contenedores que liquidaban con total impunidad un siglo largo de historia, esa tarde también se contaban historias; se decía que los trabajadores habían vendido el piano de El Molino por un cartón de tabaco americano en el que podía leerse: «Fumar provoca impotencia.»

Benet Rossell

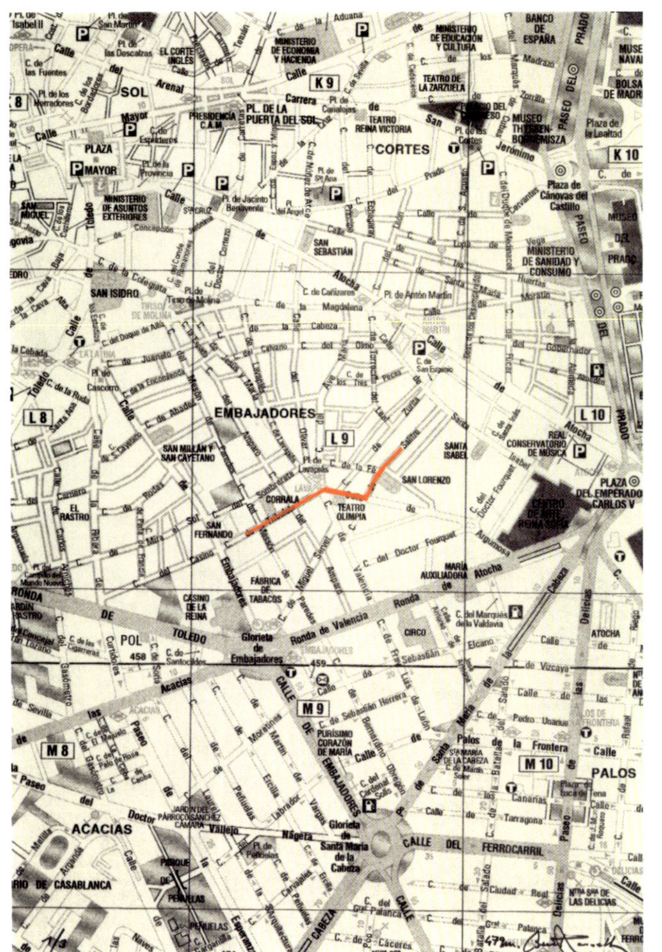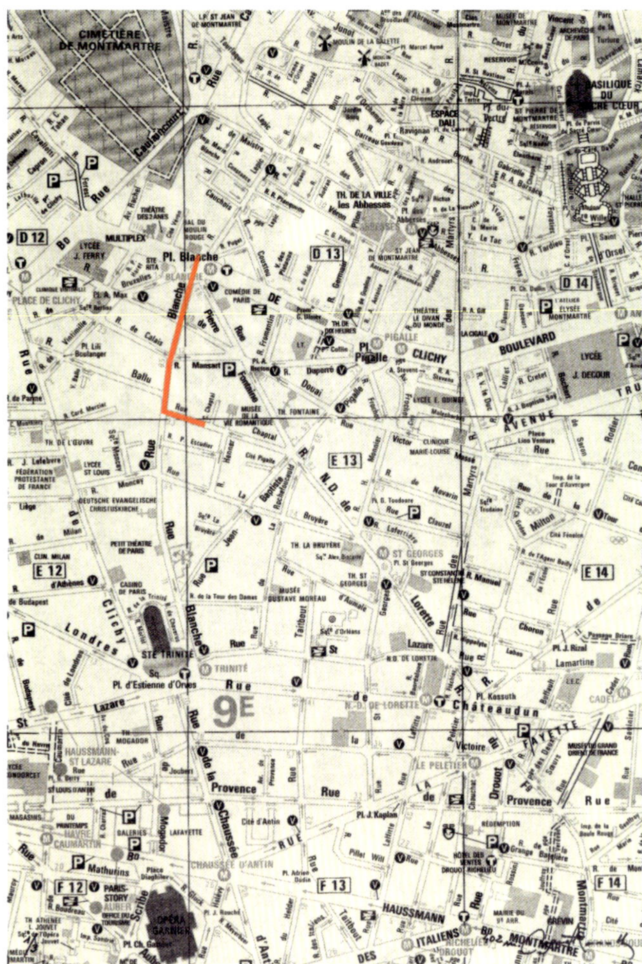

Paral·lel, paral·lel. A quatre passes 1, **2** y **3**, 2010, tríptico, serigrafía sobre papel Sanders de 425 gr (1/3), 105 × 75 cm c/u

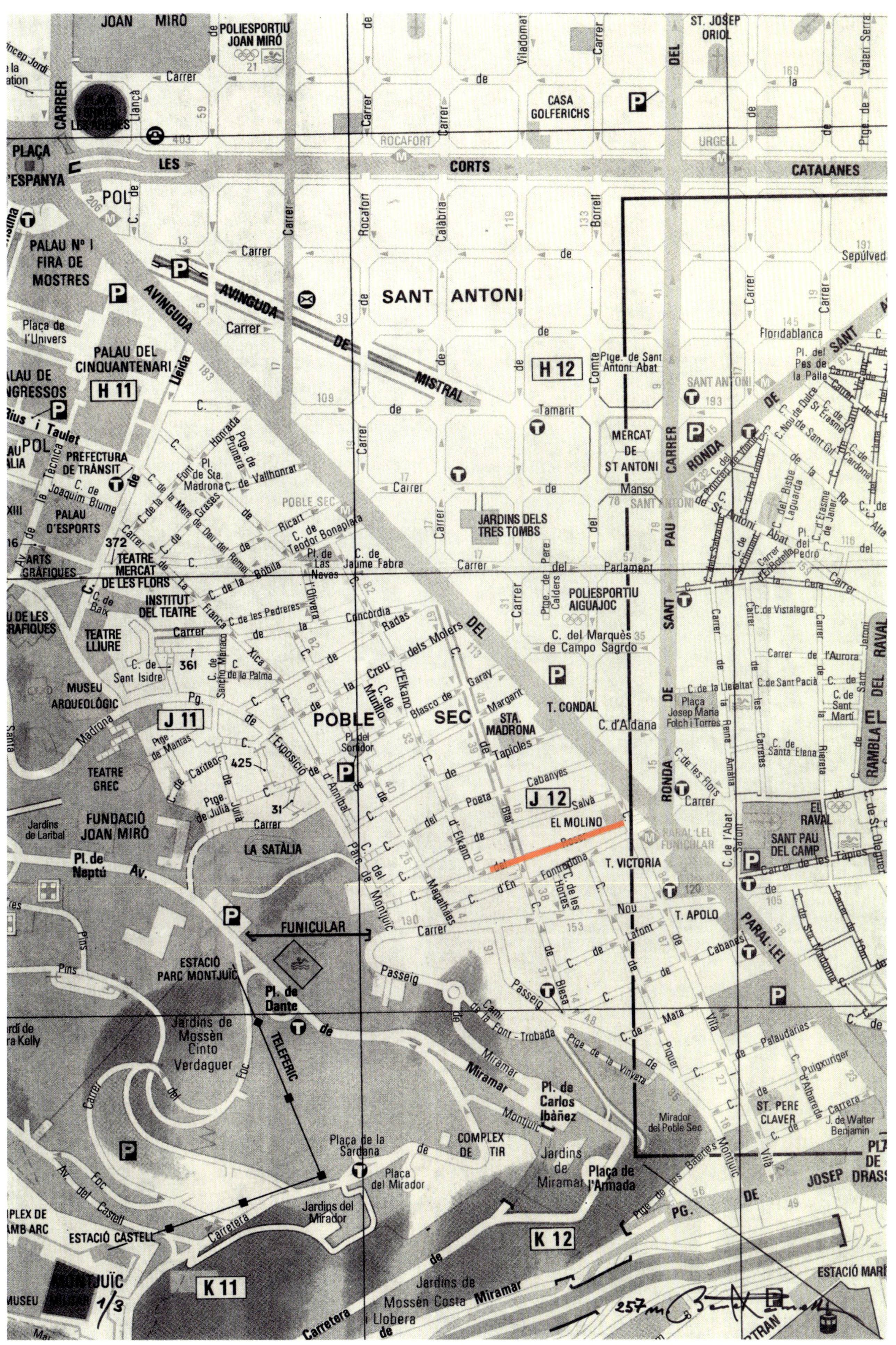

JOAN MIRÓ
POLIESPORTIU JOAN MIRÓ
ST. JOSEP ORIOL
CASA GOLFERICHS
PLAÇA D'ESPANYA
PLAÇA DE LES AGÜES
PALAU Nº I FIRA DE MOSTRES
Plaça de l'Univers
PALAU DEL CINQUANTENARI
PALAU DE CONGRESSOS
CARRER
LES CORTS CATALANES
ROCAFORT
URGELL
SANT ANTONI
AVINGUDA DE MISTRAL
Floridablanca
Sepúlveda
H 12
H 11
Tamarit
MERCAT DE ST ANTONI
SANT ANTONI
PREFECTURA DE TRÀNSIT
PALAU D'ESPORTS
ARTS GRÀFIQUES
POBLE SEC
JARDINS DELS TRES TOMBS
POLIESPORTIU AIGUAJOC
RONDA
C. del Marquès de Campo Sagrado
TEATRE MERCAT DE LES FLORS
INSTITUT DEL TEATRE
TEATRE LLIURE
T. CONDAL
C. d'Aldana
Plaça Josep Maria Folch i Torres
EL RAVAL
RAMBLA DEL RAVAL
MUSEU ARQUEOLÒGIC
J 11
POBLE SEC
STA. MADRONA
TEATRE GREC
FUNDACIÓ JOAN MIRÓ
Pl. de Neptú
J 12
EL MOLINO
SANT PAU DEL CAMP
PARAL·LEL FUNICULAR
T. VICTORIA
T. APOLO
LA SATÀLIA
Jardins de Laribal
FUNICULAR
ESTACIÓ PARC MONTJUÏC
Pl. de Dante
TELEFÈRIC
Jardins de Mossèn Cinto Verdaguer
Jardí de Kelly
Miramar
Pl. de Carlos Ibáñez
Mirador del Poble Sec
ST. PERE CLAVER
J. de Walter Benjamin
PG.
PLAÇA DE JOSEP DRASS
COMPLEX DE TIR
Plaça de la Sardana
Plaça del Mirador
Jardins de Miramar
Plaça de l'Armada
K 12
ESTACIÓ MAR
MONTJUÏC
1/3
COMPLEX AMB ARC
ESTACIÓ CASTELL
Jardins del Mirador
K 11
Jardins de Mossèn Costa i Llobera
Miramar
MUSEU
Carretera
257 m

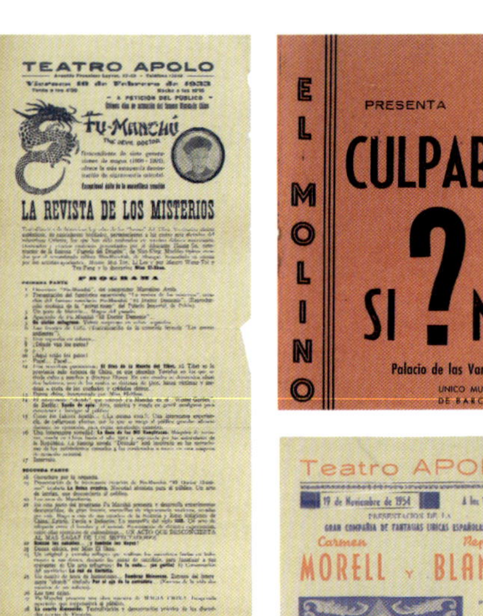
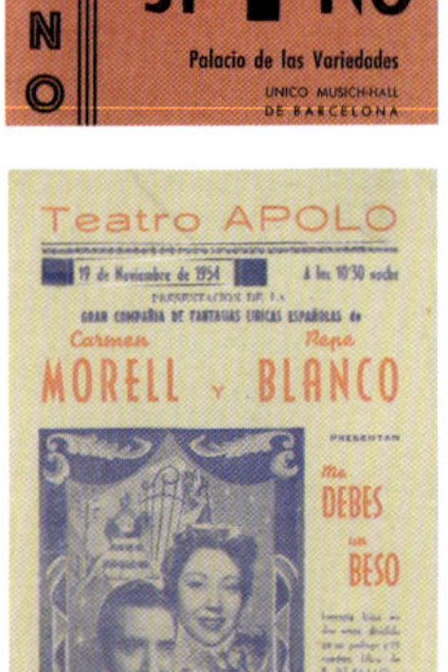
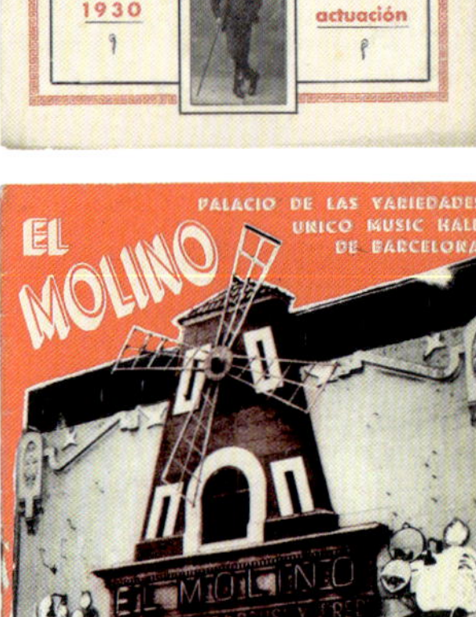
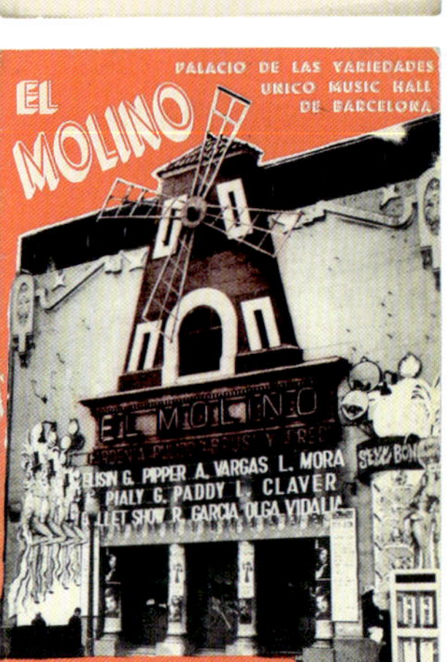
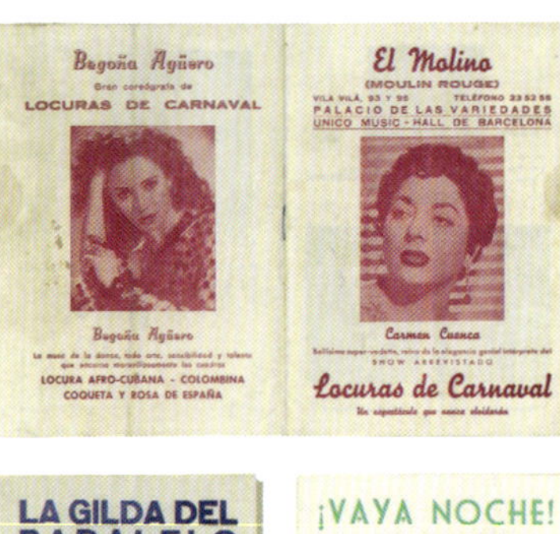
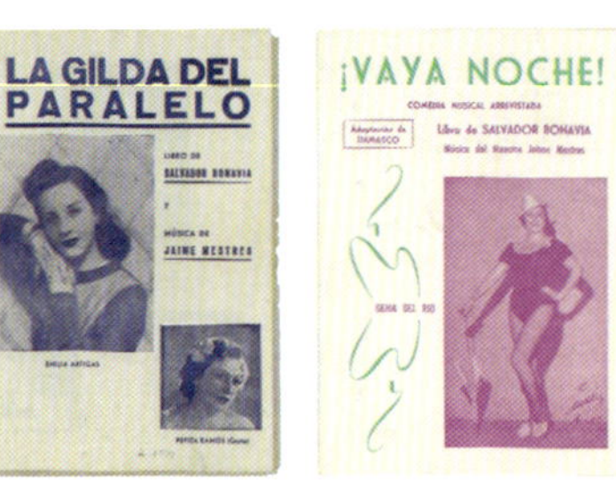
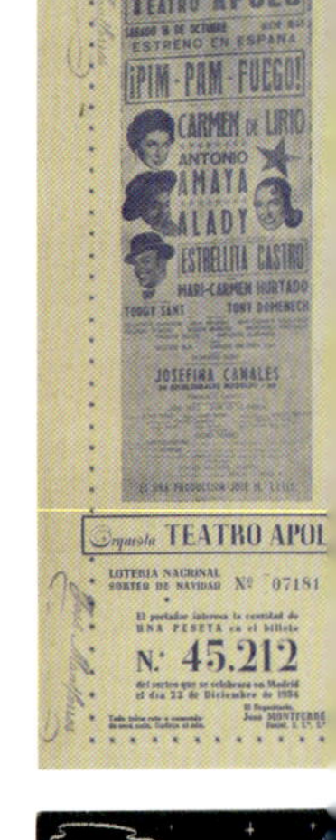
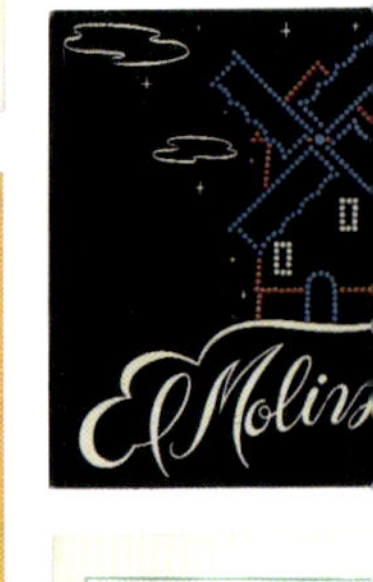
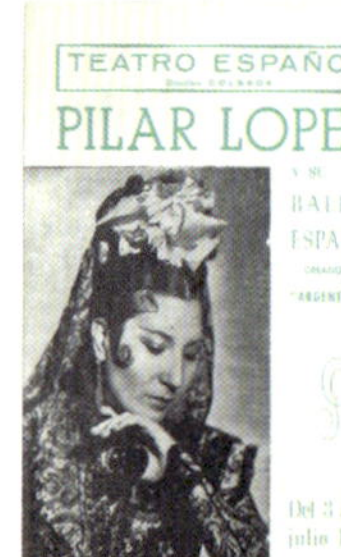
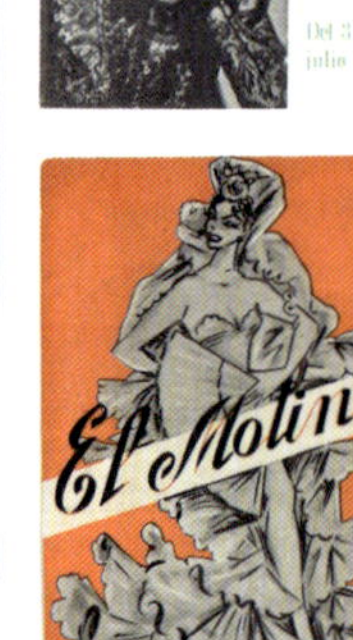
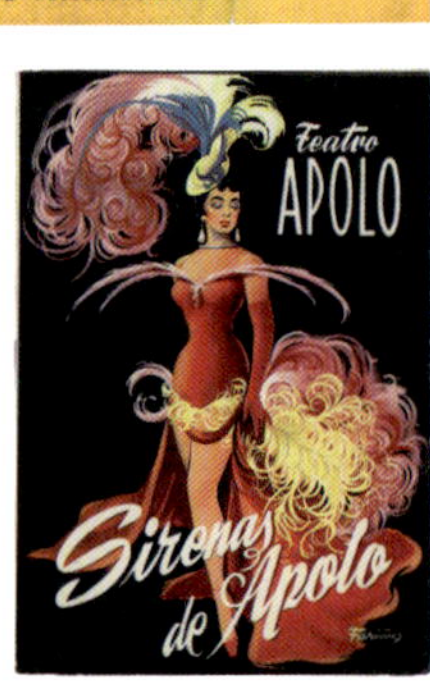
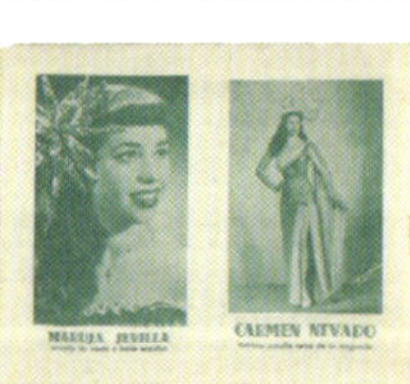
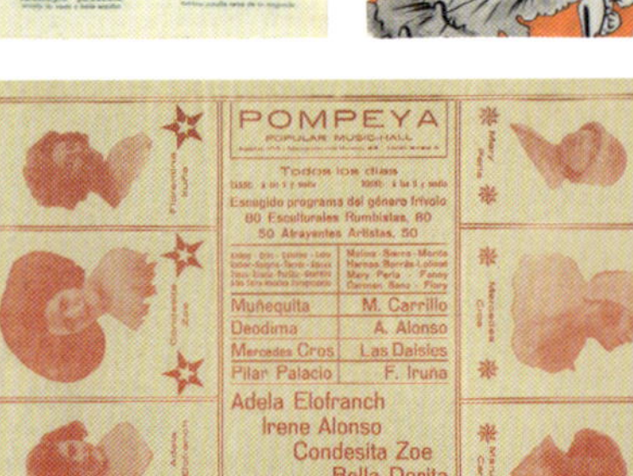
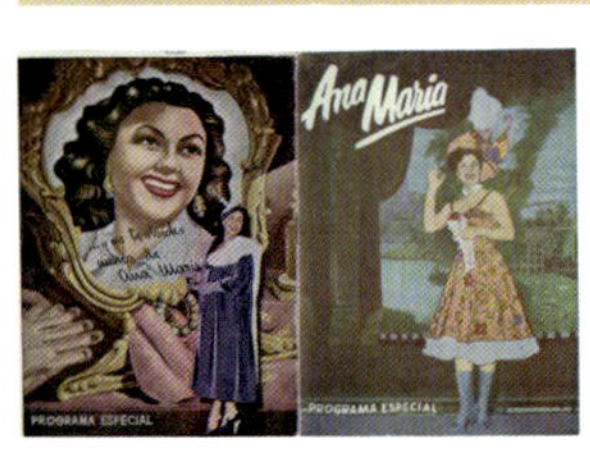
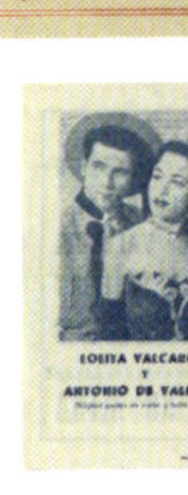
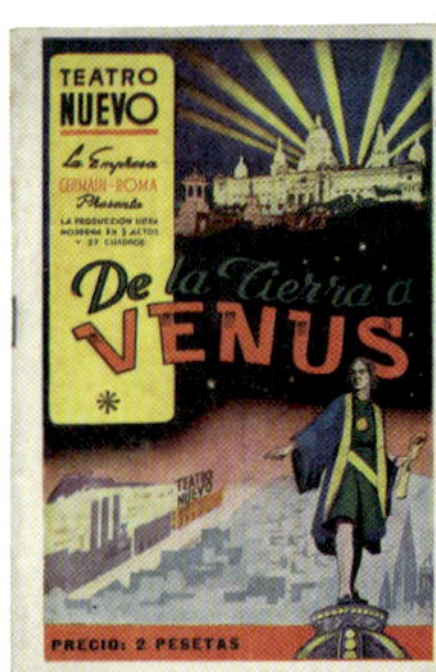
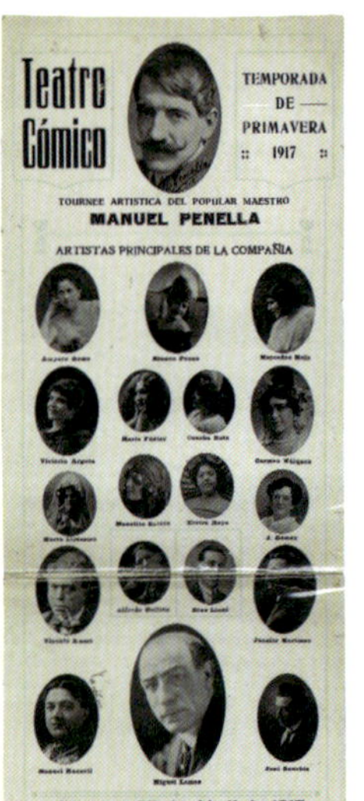
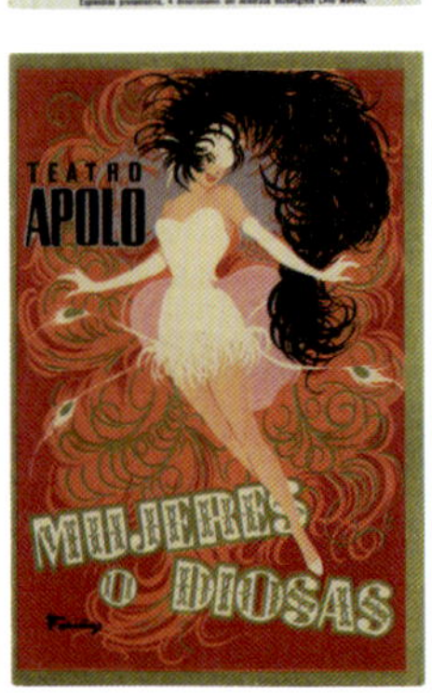
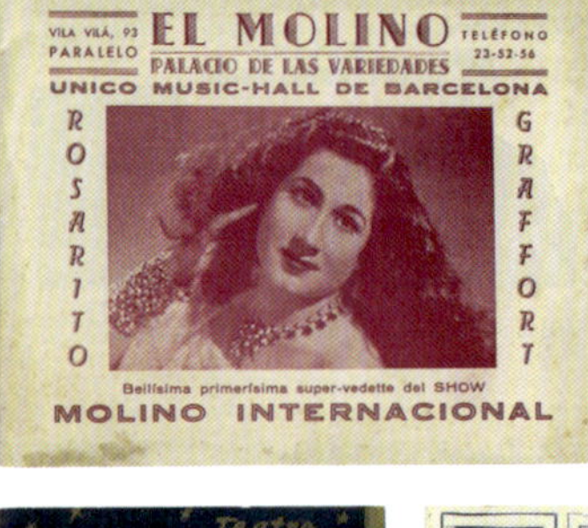
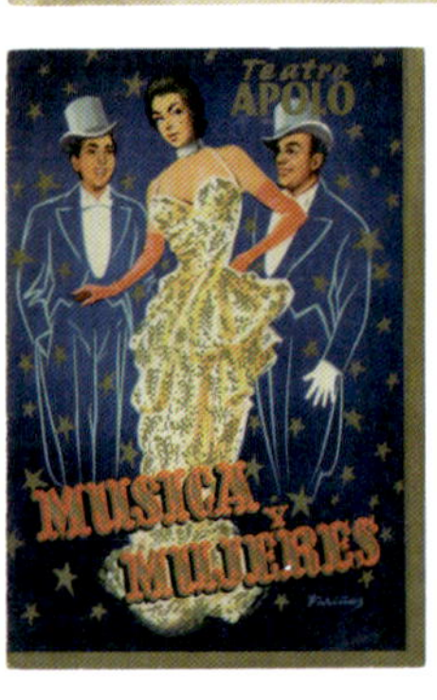
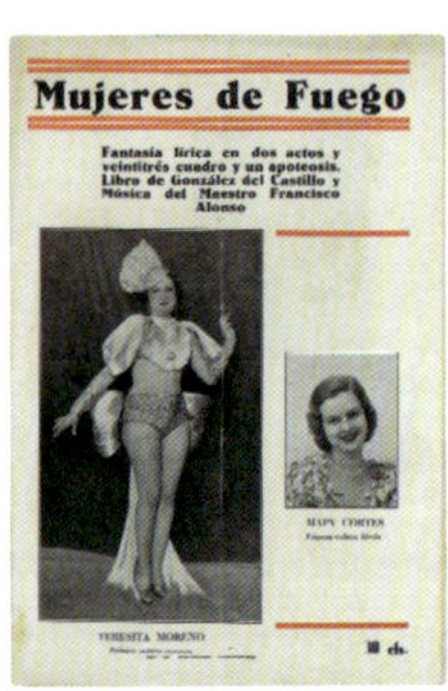
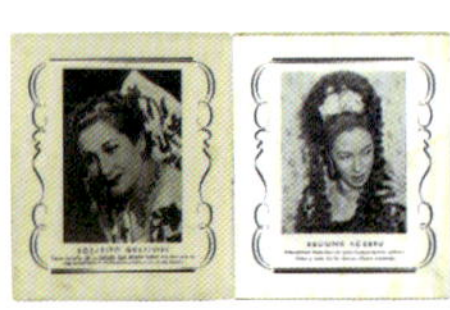
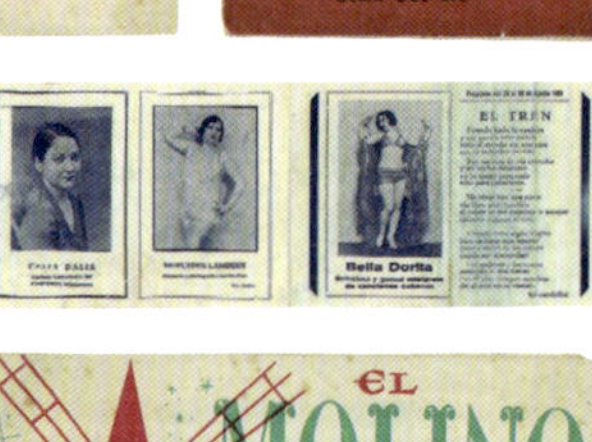
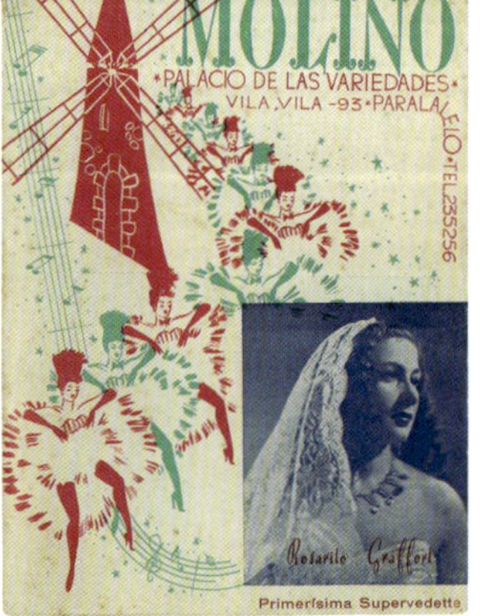
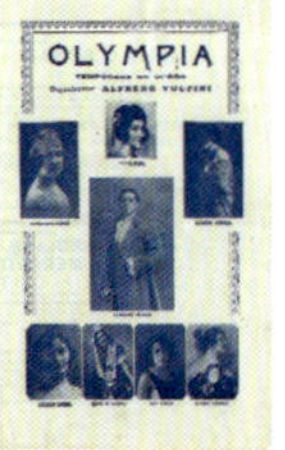
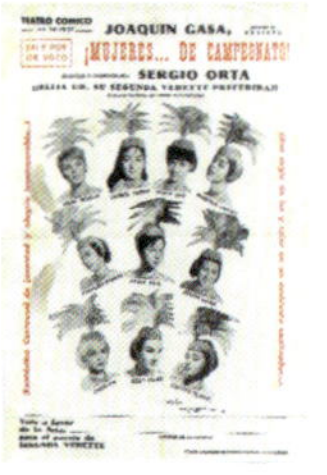

Selección de programas de espectáculos del Paral·lel de Barcelona (Colección Manuel Monzón)

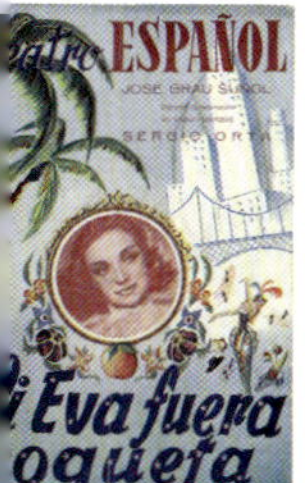

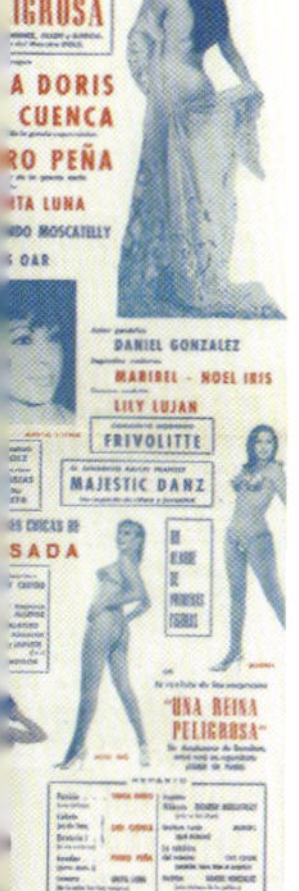

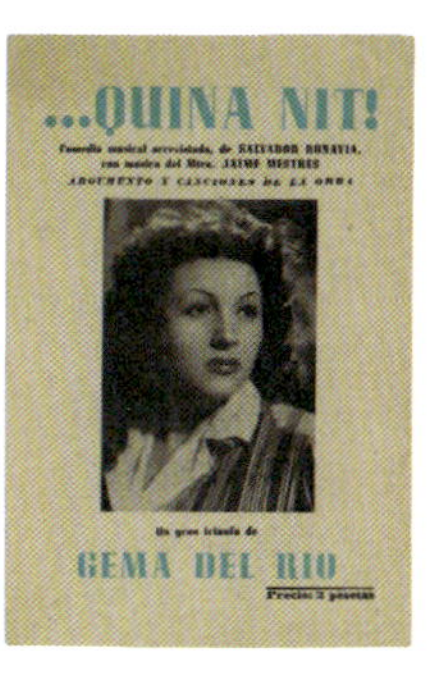

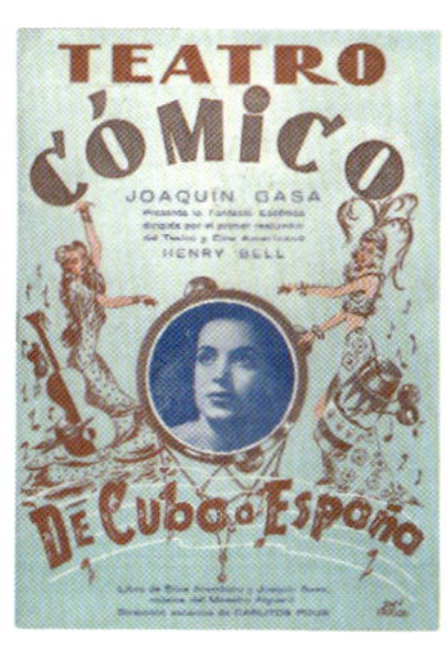

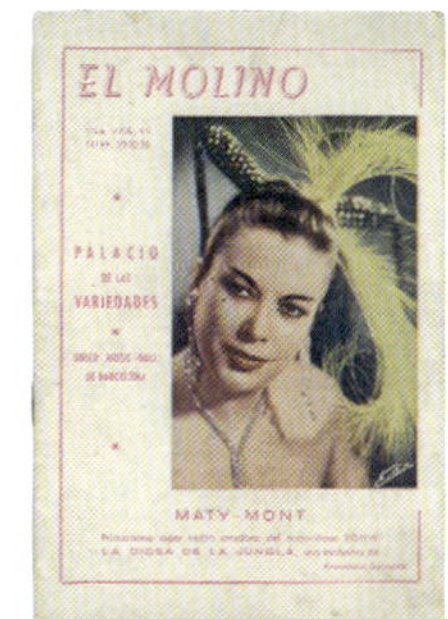

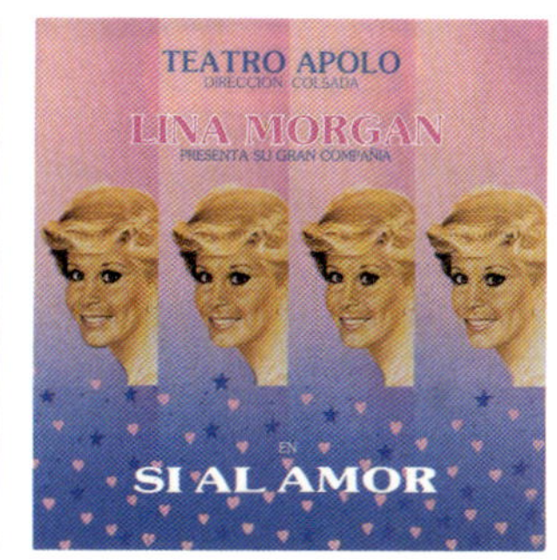

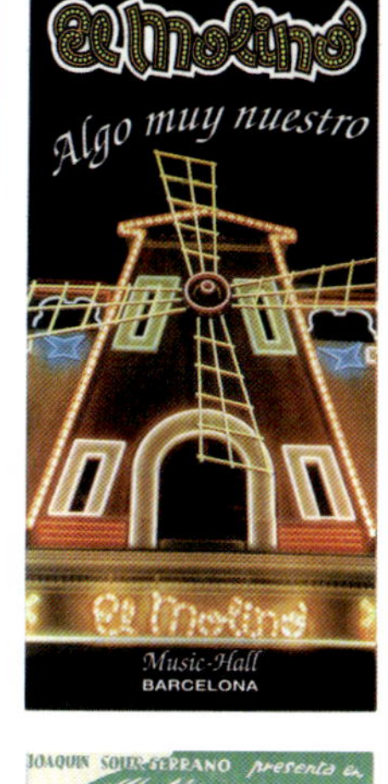

EL MOLINO

TARDE Y NOCHE SELECTAS VARIEDADES

Pepito Montero, Mercedes Román, Remedios Gutiérrez, Carmen Valenzuela, Elesita Melo, Queta Barrolo, RUDDY and RODDY, MARINA BRANDY, Hnas. CORTES, Rosario ESPAÑA, Manolita ROMERO, Elka YLLE, Juanito ESPAÑA, JOHNSSON y LYDIA, Carmen GONZALEZ, Begoña AGÜERO, Maty MONT

todas las tardes presentación del maravilloso cuadro escenificado

VIVA EL AMOR

Noches - la sensación del día, el incomparable Show

¡VIDA! ENGÁÑAME

Broche final, con todas las primeras figuras y el selecto elenco de la casa

Gran desfile de las mujeres más bonitas luciendo deslumbrantes toilettes   la diversión más completa   **EL MOLINO**

Si quiere terminar el día feliz, deléitese con el exquisito   **CHAMPAN INVICTO**

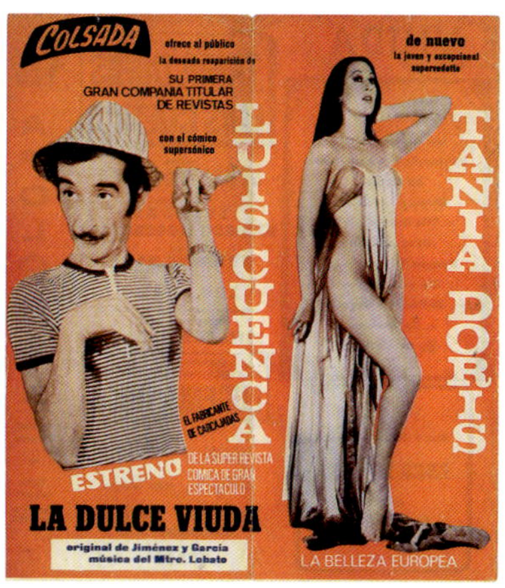

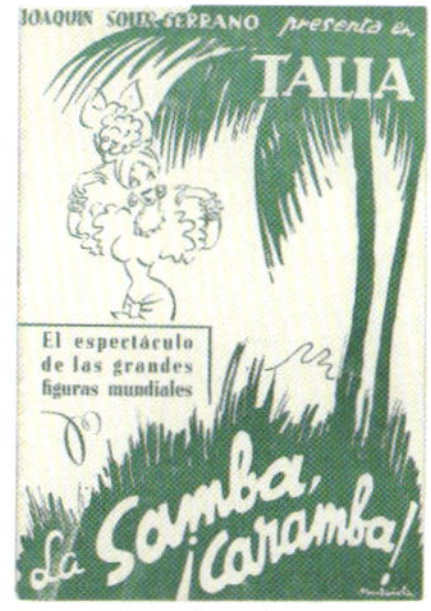

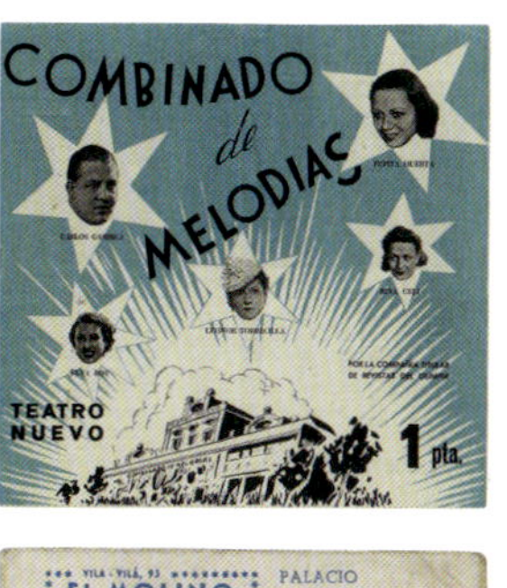

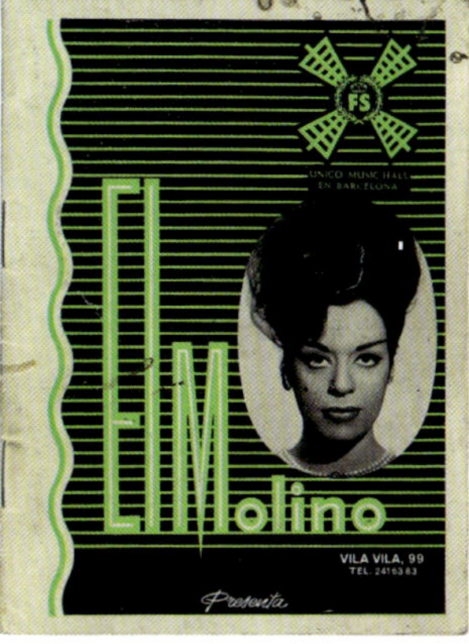

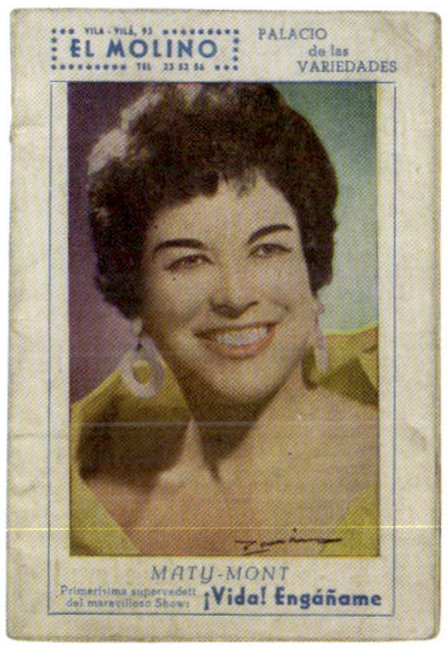

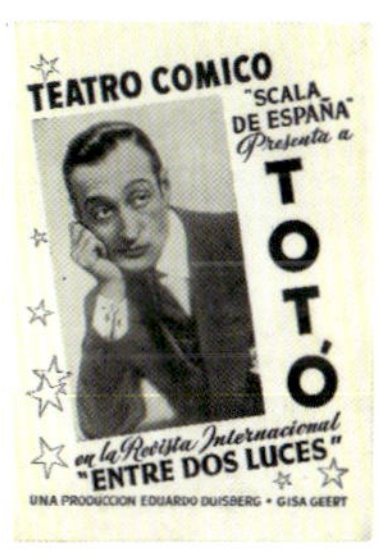

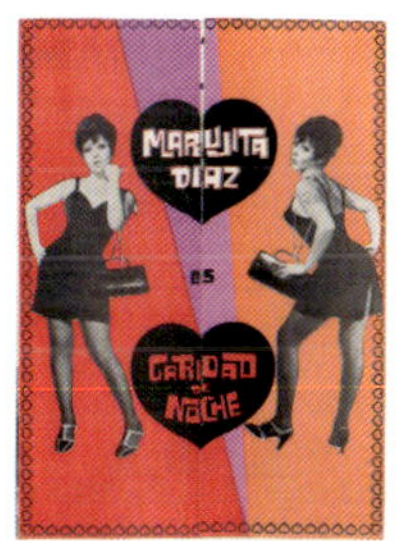

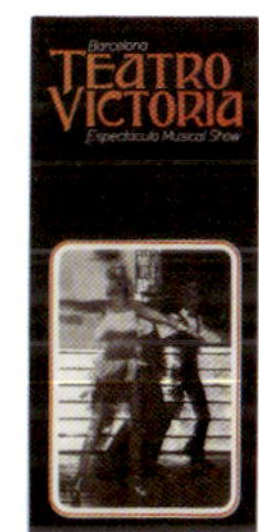

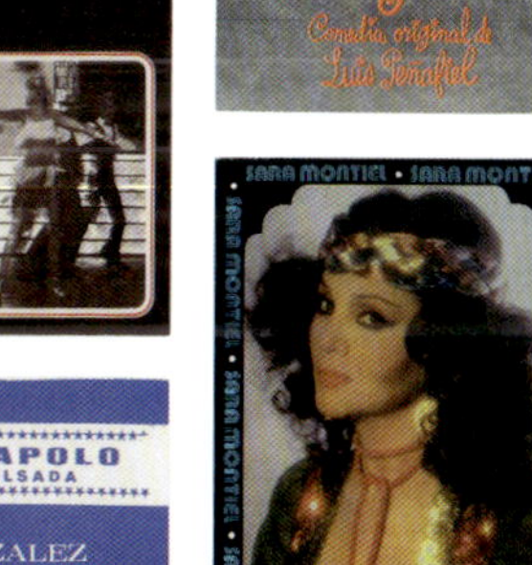

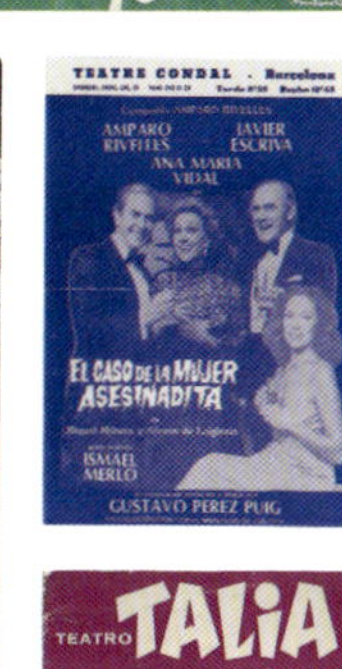

Teatro TALIA presenta a Narciso Ibáñez Serrador

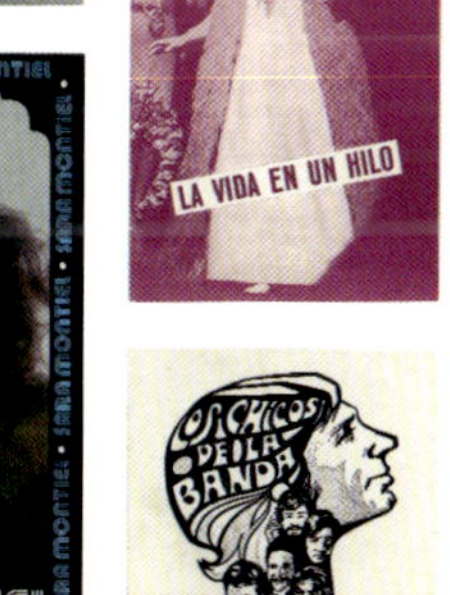

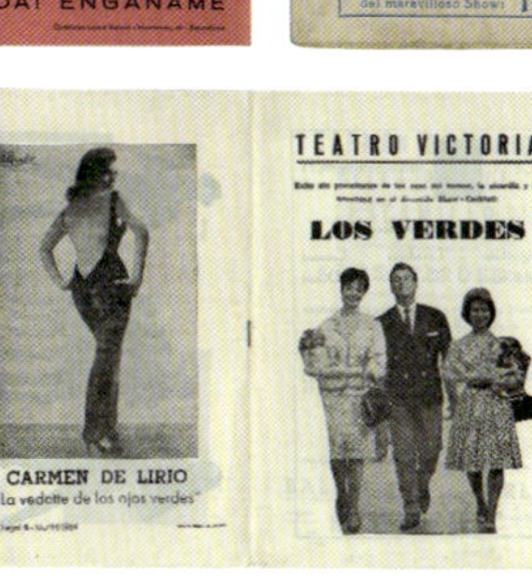

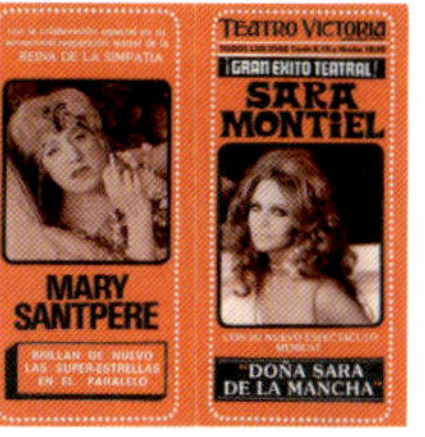

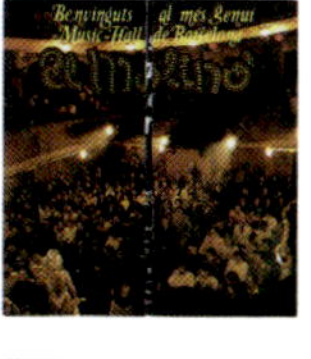

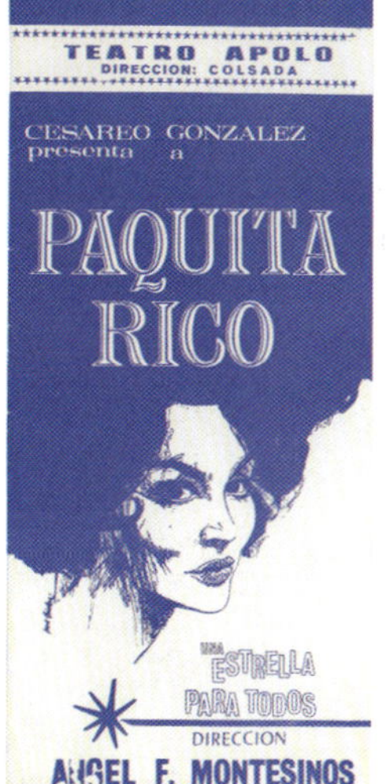

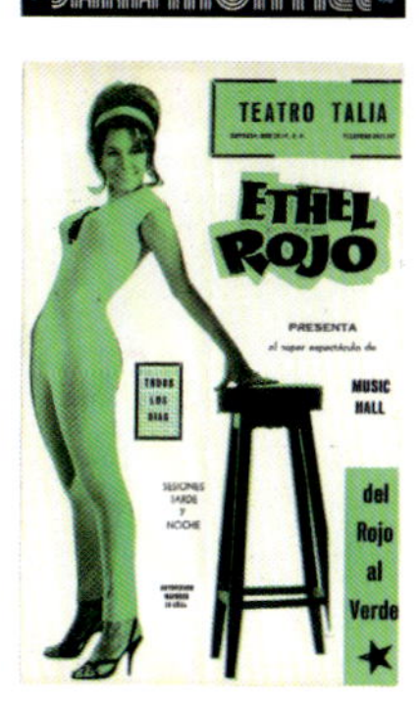

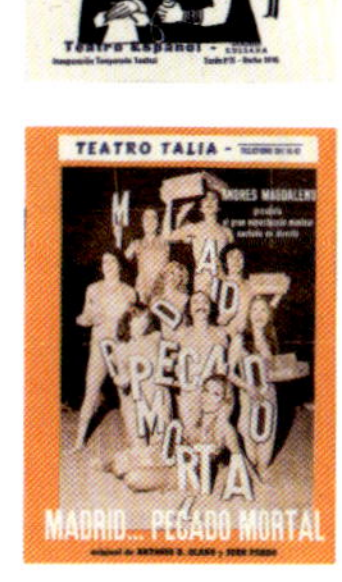

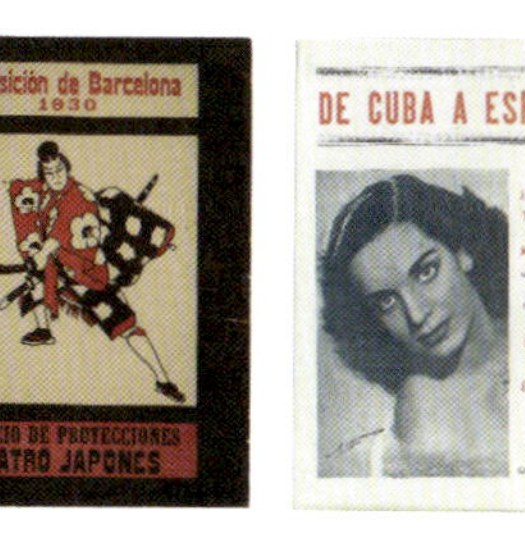

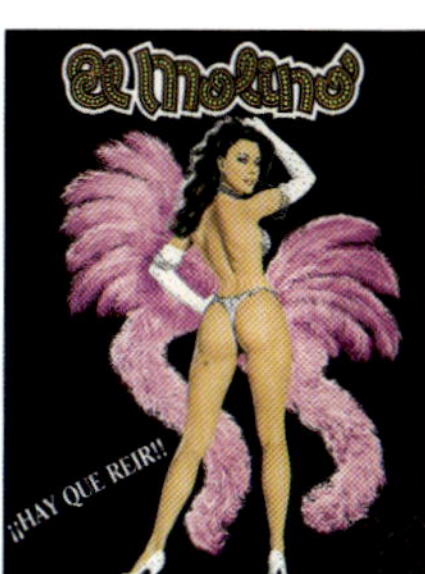

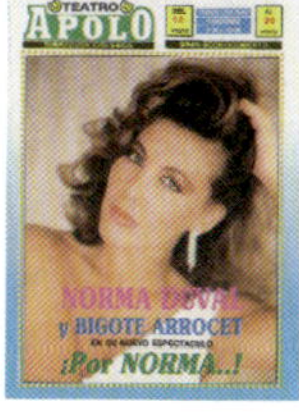

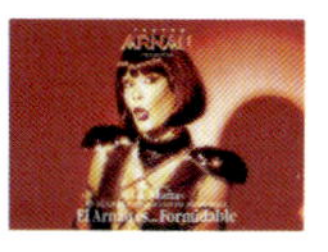

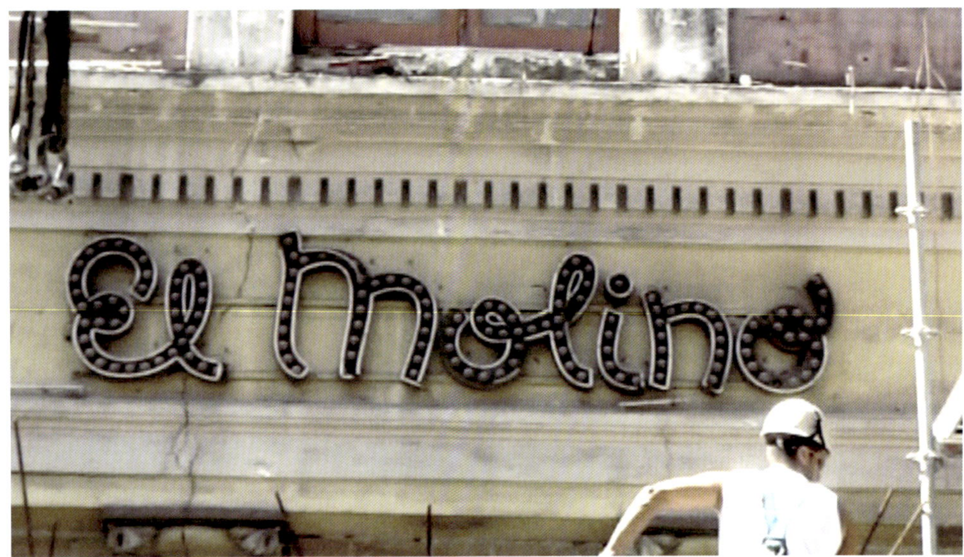

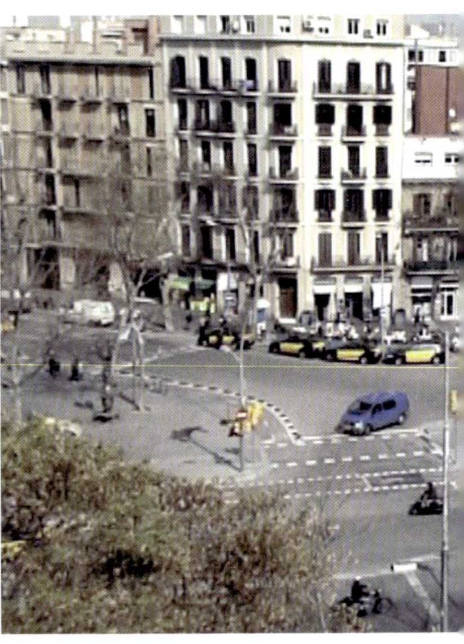

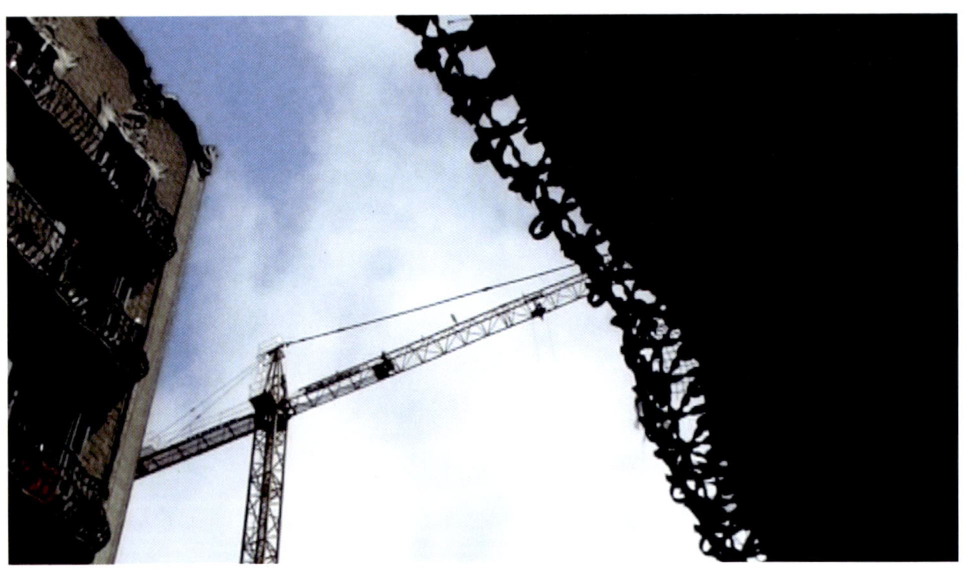

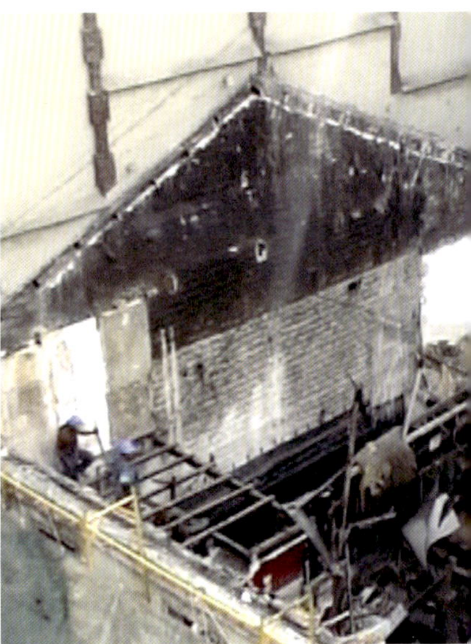

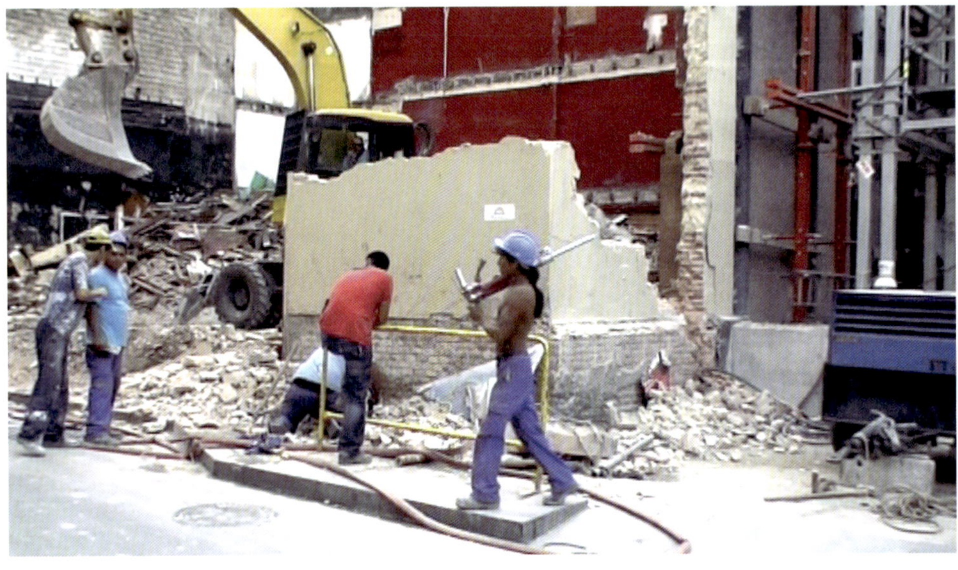

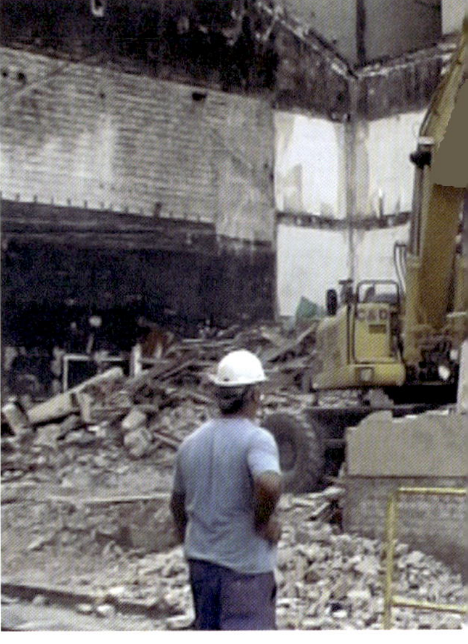

Paral·lel, paral·lel. L'espectacle, 2009-2010, Mini DV, color, sonido, duración por determinar (obra en proceso)

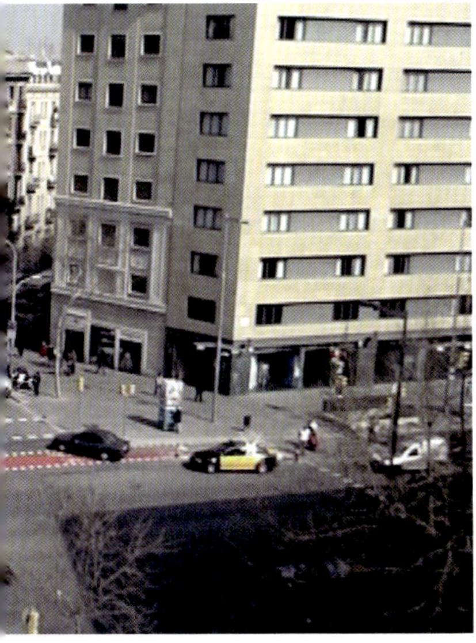
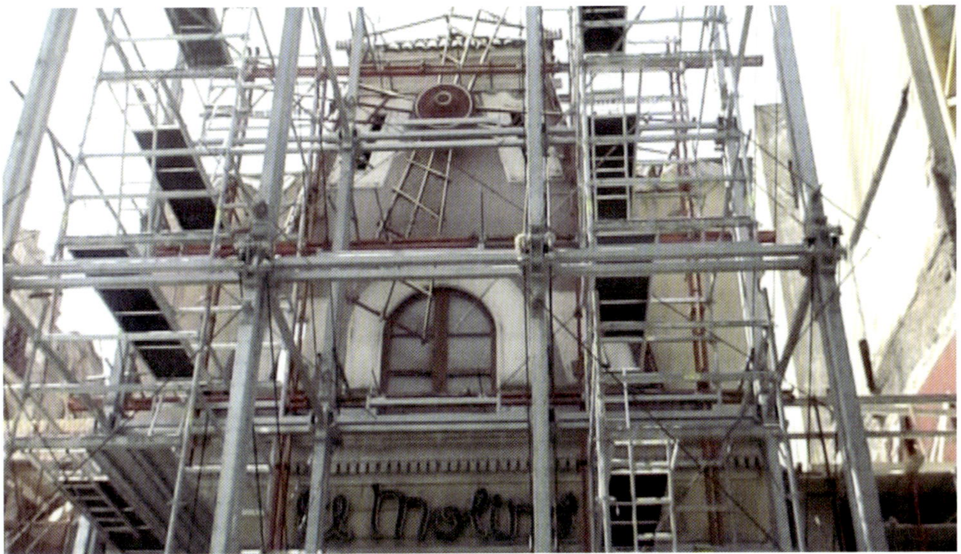
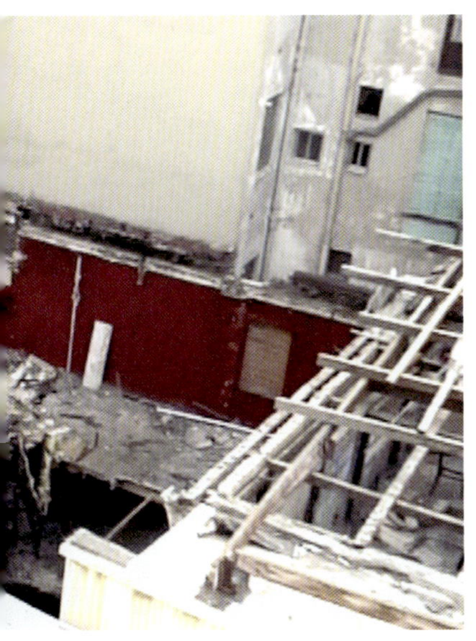
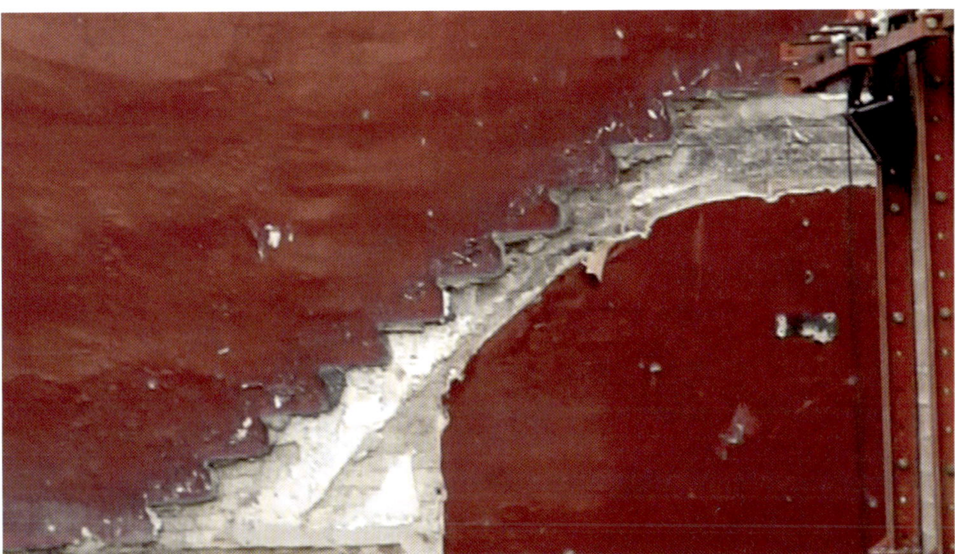
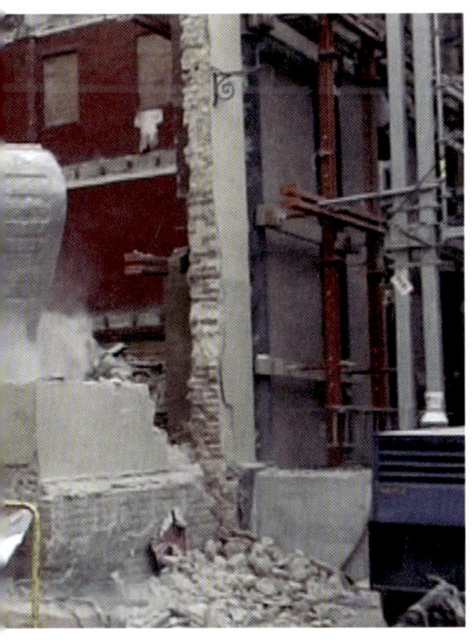
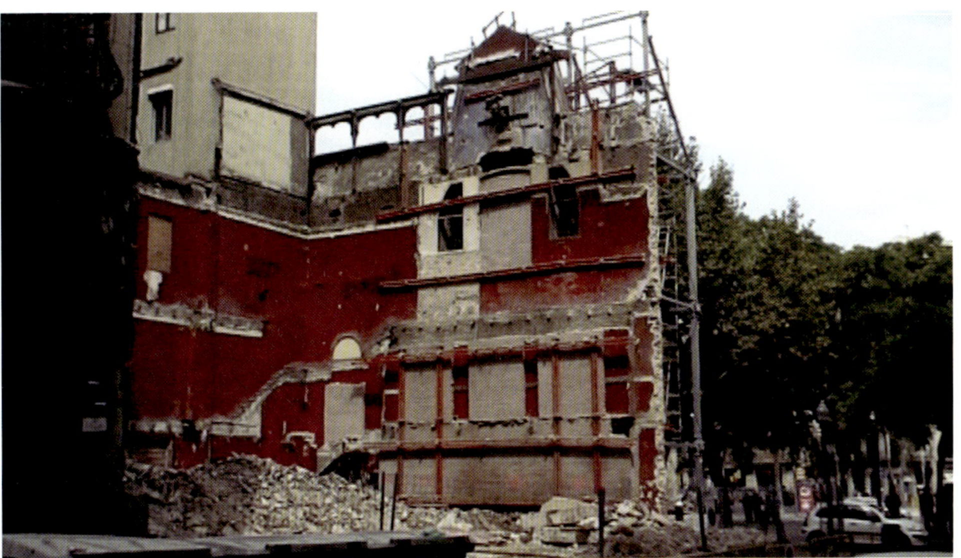

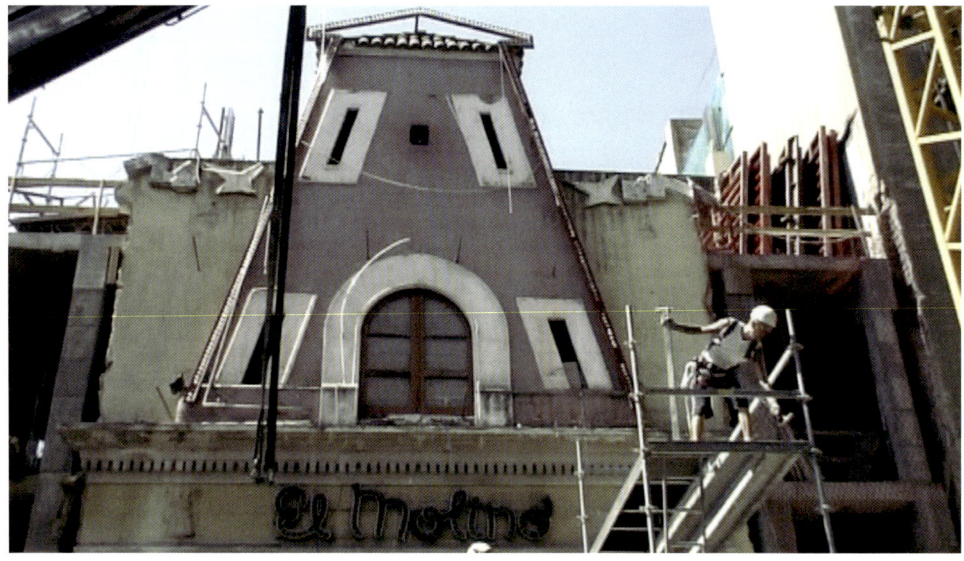
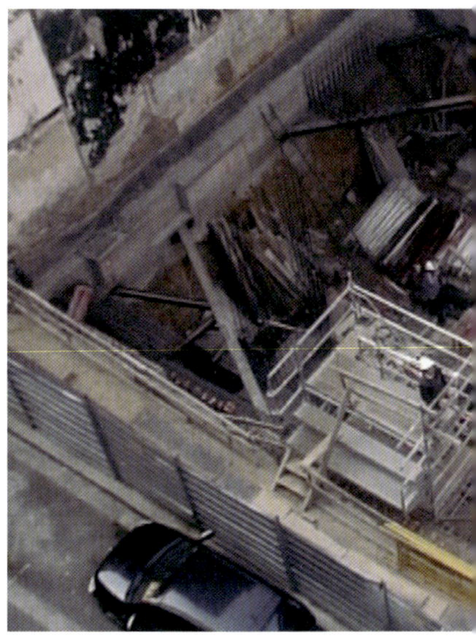
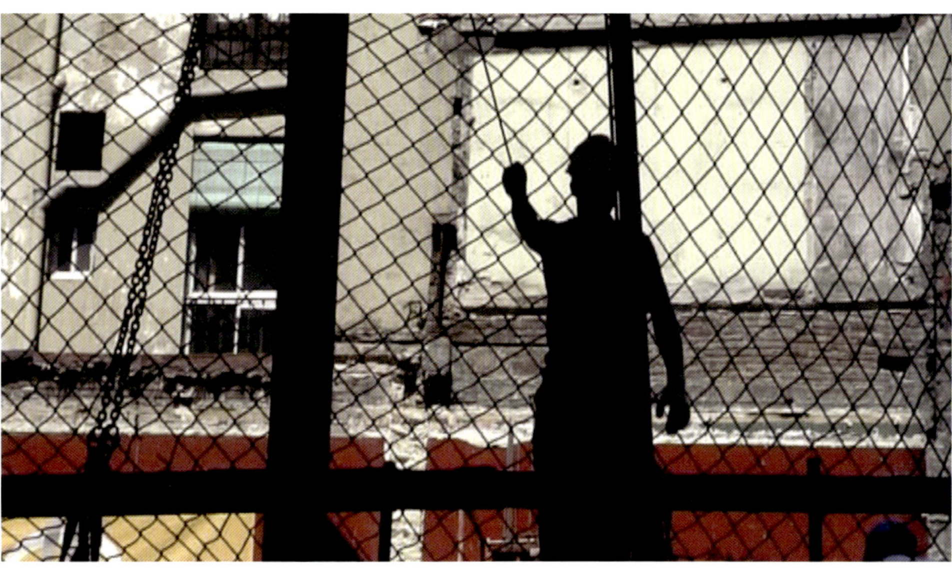
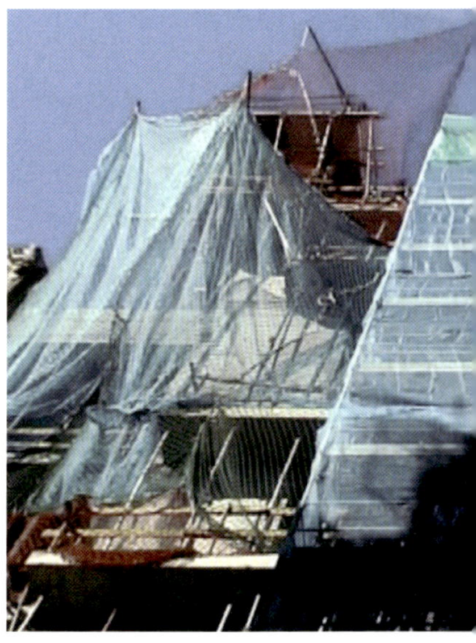
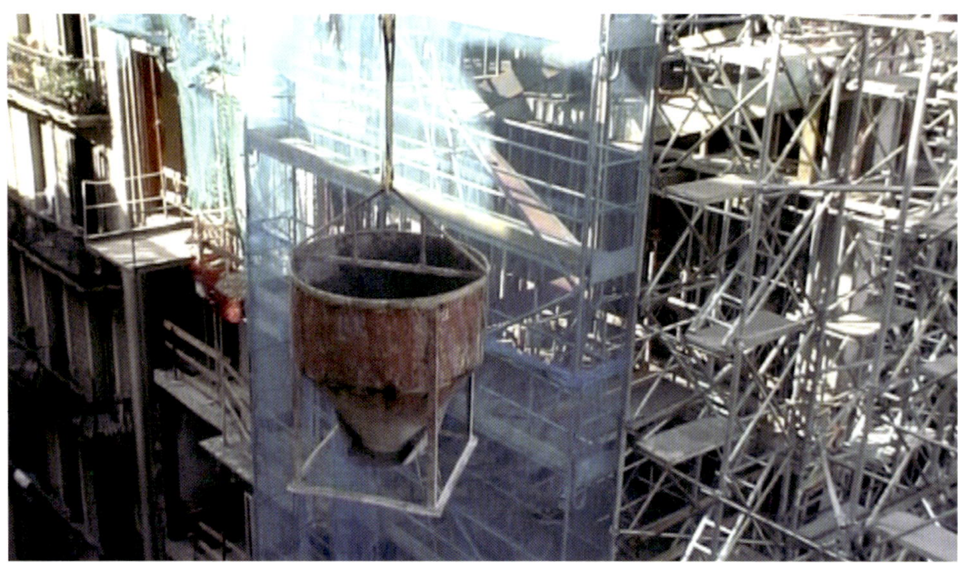
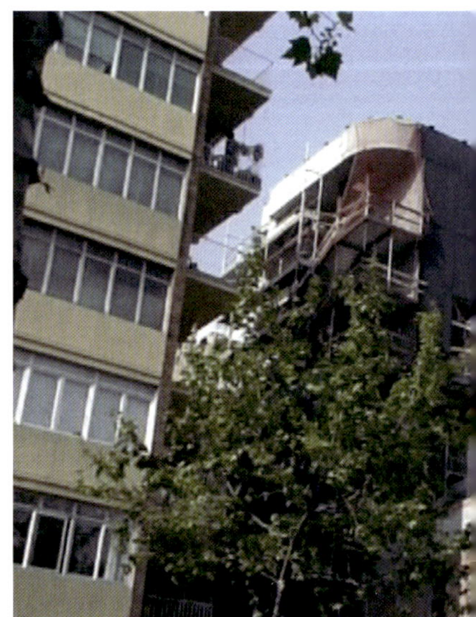

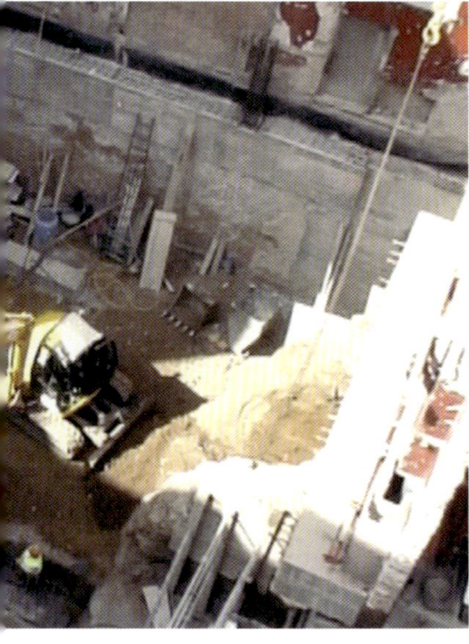
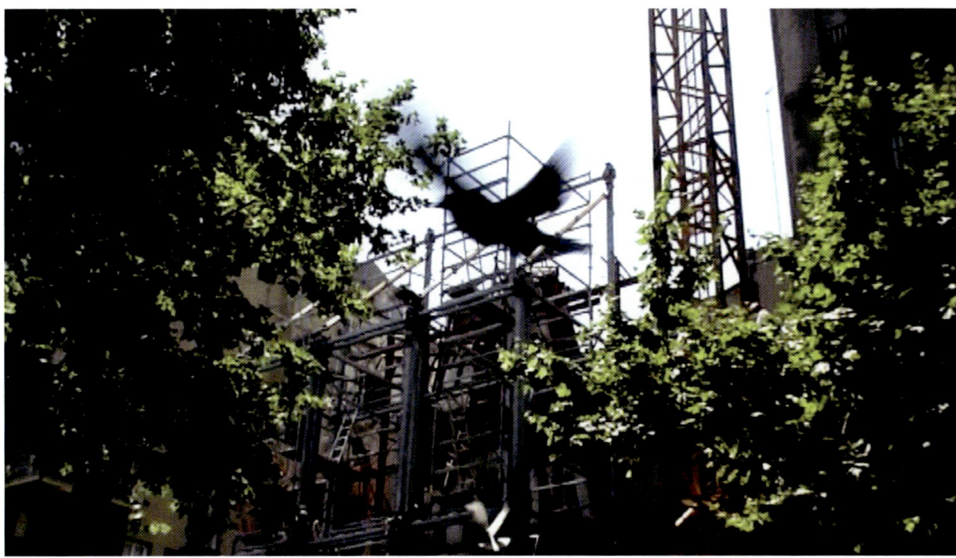
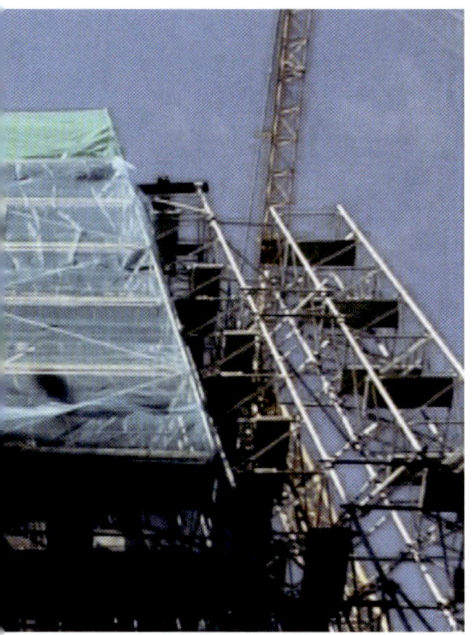
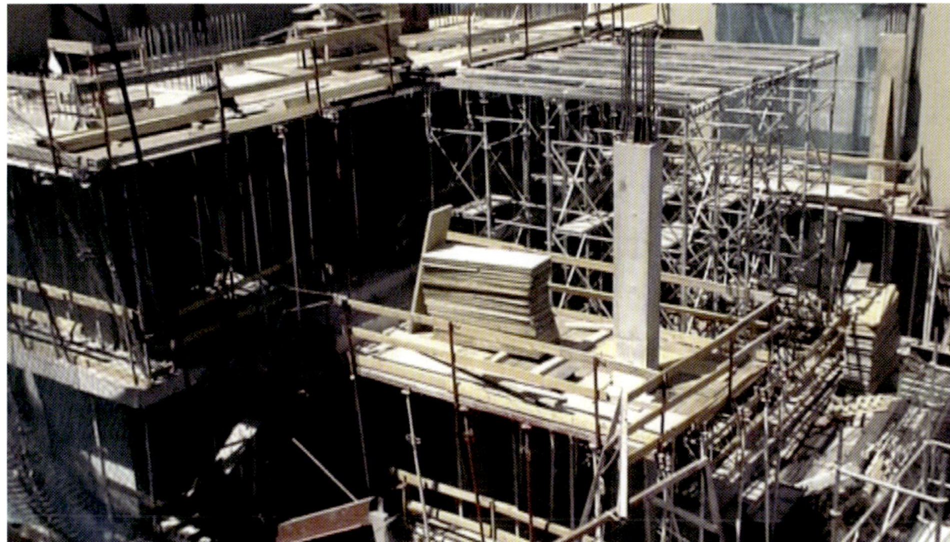
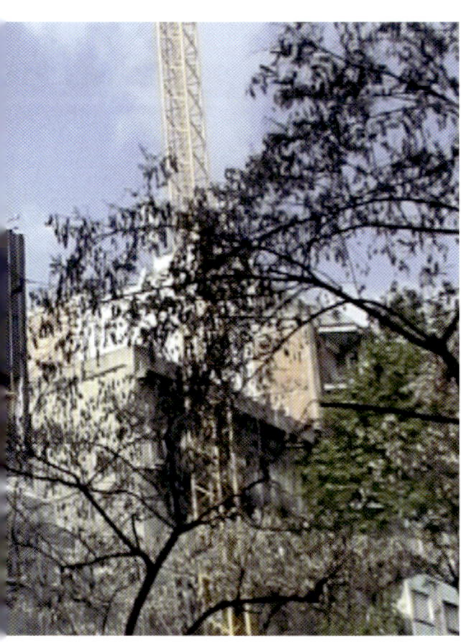
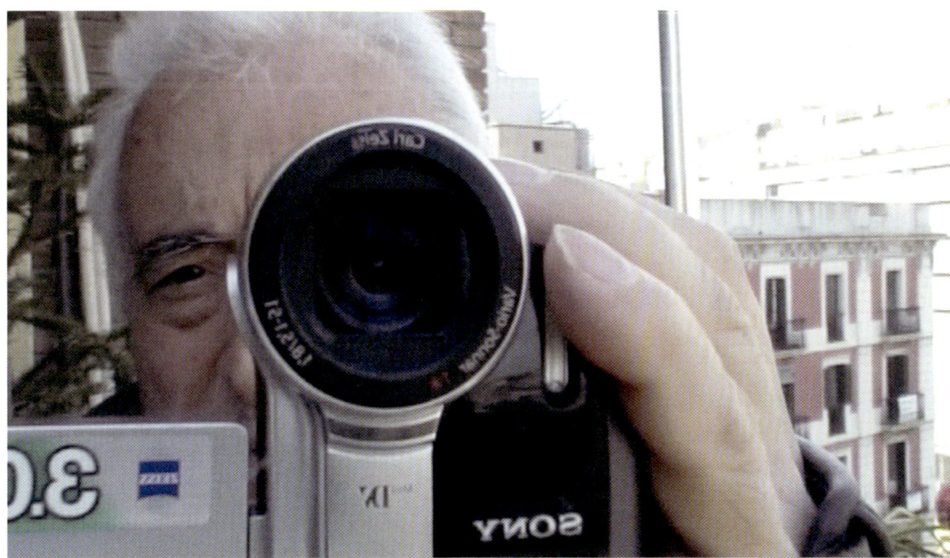

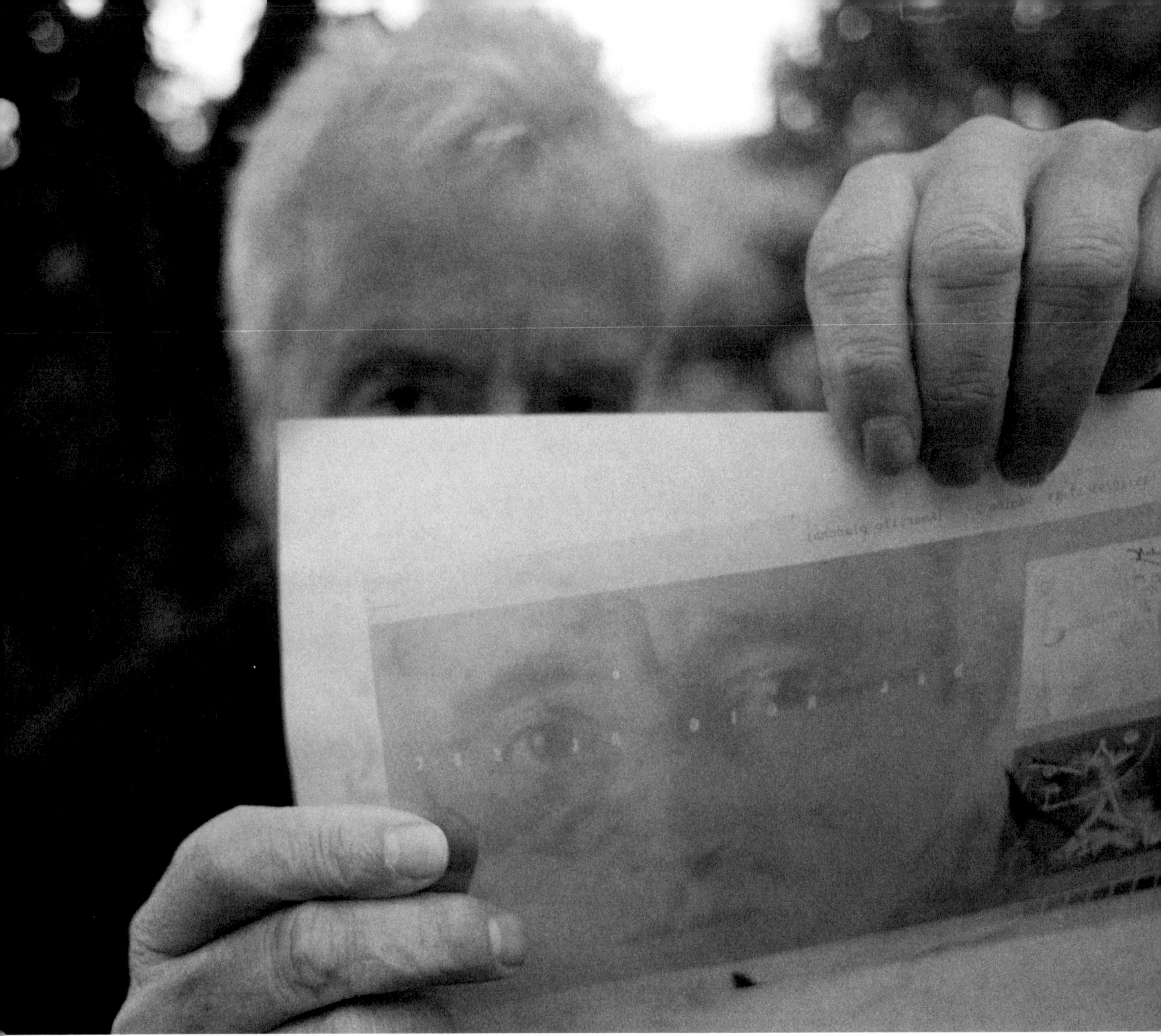

Benet Rossell, 2009

La vida de los signos

Hay una serie de artistas a los que se les ha podido definir como excéntricos, o por lo menos con una personalidad que les hace inconfundibles y en los que resulta difícil separar su vida de su obra. No es que sus vidas hayan sido necesariamente excepcionales, sino su visión radical del mundo, su rechazo de las convenciones, su percepción y su sensibilidad se convierten en un estado perpetuo de asombro y de creación. No es esta una figura que abunde en nuestra sociedad, moldeada por el conformismo y por el arte considerado como una mercancía, y es por eso mismo por lo que su presencia se hace más admirable y necesaria.

Aparentemente, nada en los primeros veinticinco años de la vida de Benet Rossell presagiaba al artista que hoy conocemos. Como tantos de los que crecieron en la inmediata posguerra, le tocó conocer la pobreza, la injusticia social, la represión, el miedo, la dramática división de una sociedad en vencidos y vencedores, la fuerte censura en lo político, lo cultural, lo religioso y hasta en nuestra vida privada. En esta sociedad de dogmas y convenciones, la mayoría prefirió vivir en el miedo, aceptar el nuevo orden y esperar tiempos mejores, o simplemente resignarse, no esperar nada y conformarse con lo que les había tocado en suerte, si es que de suerte puede hablarse aquí. Sin embargo, olvidamos con frecuencia que el pasado nos marca, por mucho que creamos haberlo olvidado, con tanta fuerza o más fuerza que el presente. Fueron tiempos de libertad que no conocimos directamente pero sí los conocieron las personas (familia, vecinos, maestros) cercanas a nosotros. Tiempos también convulsos que anunciaban la tragedia que acabó por explotar. Para unos, la confusión fue catastrófica, para la mayoría una invitación a aceptar la paradójicamente llamada normalidad, y para otros, un rechazo visceral que invitaba a la concepción de un mundo de libertad y autenticidad, en el que las dudas y los conflictos eran más valiosos que la conformista aceptación de la realidad que nos rodeaba. Libertad, autenticidad y la necesidad de poner en entredicho las normas establecidas son las exigencias que han guiado a todo creador.

Podría decirse que, desde su nacimiento, Benet Rossell, entonces Benet Rosell, ha quedado marcado por esta dicotomía entre la dogmática y mezquina realidad social de la época y su percepción individual de la sociedad en la que le tocó vivir y donde el ambiente familiar y de amistades fue un estímulo que no le faltó nunca. Benet nació en Àger, en La Noguera ilerdense, en 1937. Tras su nacimiento la familia se refugió en La Coma, un huerto con su construcción rudimentaria en las afueras del pueblo, propiedad de la familia. El ruido de los aviones que sobrevolaban la finca fue, observa en las valiosas notas autobiográficas que ha escrito recientemente para mí, «la banda sonora de los primeros años de mi vida», es decir, una experiencia que marcará una de las facetas más importantes de su arte: el cine y el vídeo. Desde el principio, las ceremonias religiosas estuvieron condicionadas no por la fe sino por las circunstancias. Como tanta gente, la misa de los domingos era un tedioso acto social que solo se animaba al salir de la iglesia en lo que se llamaba «la hora del vermut». Una nueva nota que marca la singularidad del personaje: «Al parecer —escribe—, a mi bautizo

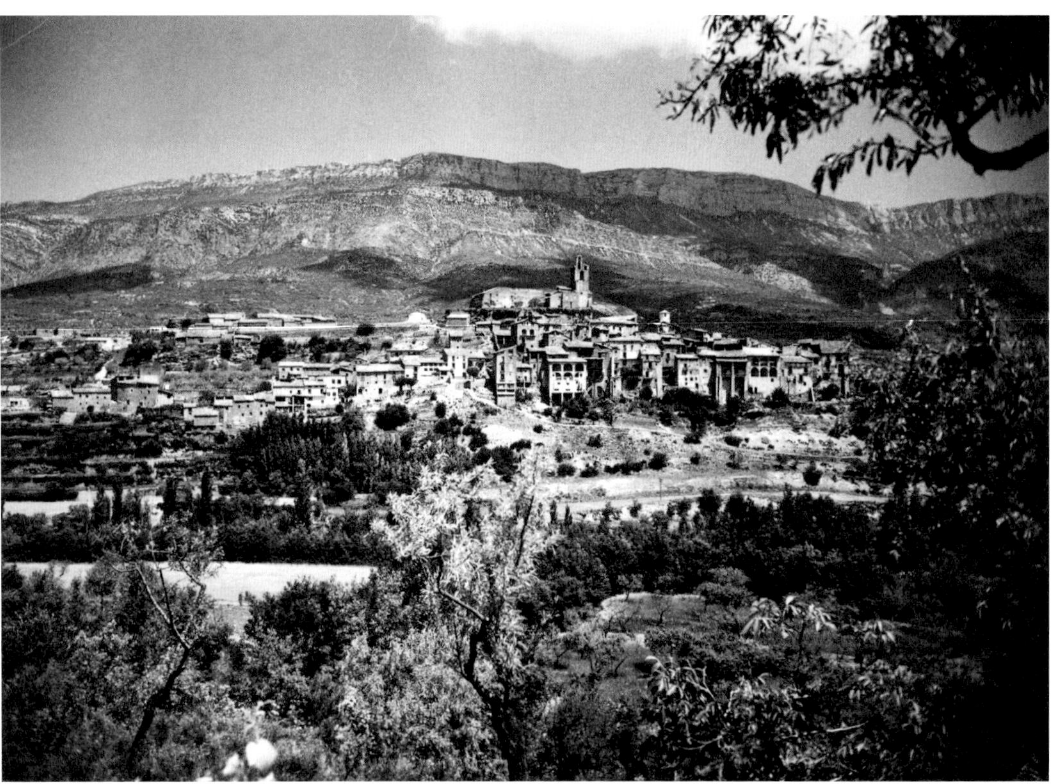

Àger, Lérida, años treinta

en Àger fui andando, o sea que no fue exactamente prematuro a causa de la guerra.»

El episodio más importante apenas acabada la guerra se refiere a la condena a muerte de su abuelo paterno. Una de sus actividades había sido la de salvaguardar la ermita de Colobor. Al empezar la guerra, escondió la talla románica de la Mare de Déu de Colobor para evitar que fuera saqueada, alguien lo denunció y fue condenado a muerte. Su hijo y padre de Benet, Joan, consiguió que le indultasen, reuniendo avales y con la ayuda de cargos importantes de la comarca. Más tarde, en vista del deterioro de la ermita, Joan decidió construir cerca de allí una vivienda, La Cova, lugar de refugio de la familia en las vacaciones.

De los cinco hermanos de la familia Rosell, dos optaron por el bando nacional, uno por el republicano, uno fue desertor y otro exiliado. Una diversidad a veces más circunstancial que ideológica, que sin duda fue una lección para el niño Benet que estudió en un colegio seglar de Tremp y fue uno de los privilegiados que pudo vivir de espaldas a la religión oficial. Curiosamente, la sordidez espiritual de la época le llevó más tarde a sentirse atraído por una espiritualidad más auténtica y sin vínculos con el poder.

Es inevitable que quienes han vivido parecidas experiencias y hayan sentido la misma necesidad de liberarse de las convenciones sociales acaben por encontrar en la amistad una expresión de solidaridad. Benet y yo nos matriculamos en Preuniversitario en el Instituto Balmes de Barcelona, en septiembre de 1955. Él vivía en una pensión de la calle Enric Granados, cerca de la plaza Doctor Letamendi, con su hermano Jaume, que estudiaba para ingeniero industrial, y su hermano Joan, desde pequeño aficionado a las ciencias naturales y más tarde catedrático de Geología de la Universidad de Barcelona, y profesor de Pilar Sanz, la que sería esposa del escritor norteamericano Robert Coover, con el que tanto Benet como yo mantenemos una estrecha amistad. A ambos nos unía, en cierto modo, nuestro origen, nuestro contacto directo con la naturaleza y con la experiencia que suponía entonces vivir en un pueblo: el mío, El Masnou, a escasos kilómetros de Barcelona, y el de Benet, el lejano Àger, con una distancia marcada por un

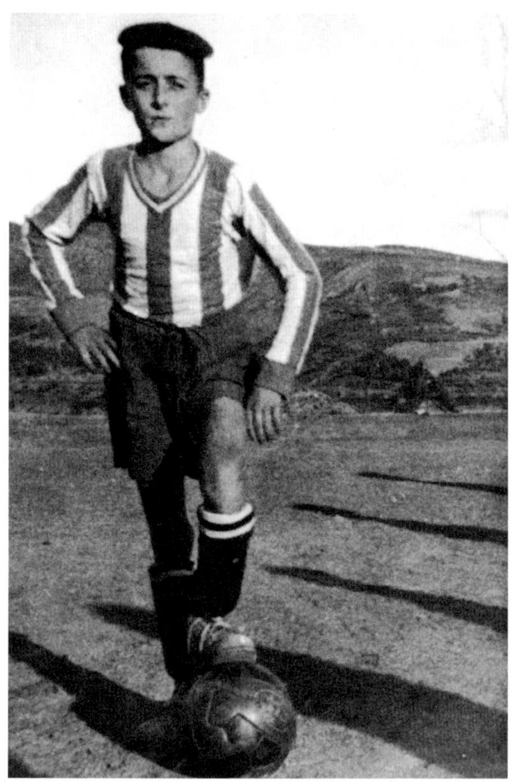

Benet Rossell, 1948

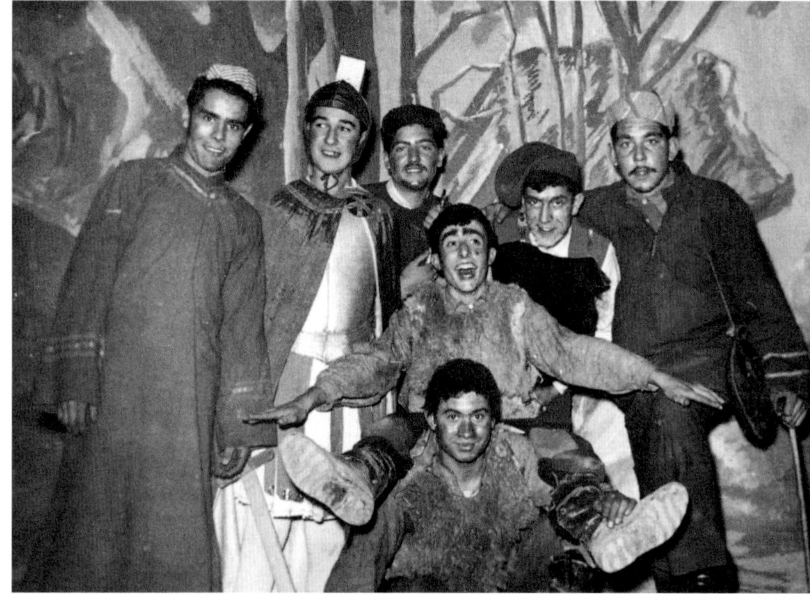

En el centro: Benet Rossell, Tremp, Lérida, 1950

largo viaje en un autocar de la Alsina Graells. El Masnou está obsesivamente presente en mis obras de ficción y en mi poesía, como Àger lo estará en la obra de Benet, entonces para nosotros Beni: baste mencionar la presencia de los rastrojos, de la algarroba, de la almendra, de la gavilla o del pan en algunas de sus obras más significativas, pero, sobre todo, el ingrediente artesanal que hay en su arte, el sentido del ritual y de la fiesta, tan presente en los pueblos, y la excentricidad de los personajes que pululan en toda su producción, del cine a la poesía, del dibujo al vídeo, de la pintura a la escultura.

El Preuniversitario fue el año de iniciación a nuestra vida de amistad, que compartimos muy especialmente con Mario Páez-Centella, de una acomodada familia madrileña, siempre cuidadosamente vestido y con aspecto de galán de la pantalla, justificado por su afición al teatro, un magnífico actor sin obra que representar. A nuestro recorrido por los bares hoy históricos de la ciudad, se añadían las visitas al teatro como *claque*, una *claque* que no dudaba en mostrar su ruidoso desacuerdo cuando una obra no nos gustaba. El teatro está, como el dibujo, en la raíz de la obra entera de Benet: sus personajes gesticulantes, los «decorados» de sus instalaciones, su cine y hasta él mismo, hombre de original gesticulación, mimo o payaso, en una pasión que nació cuando representaba *Els Pastorets*. Nostálgicos del pan —una nostalgia estimulada por el hambre— solíamos ir a su casa de Gràcia, en el número cinco de la calle Santa Teresa, muy cerca de la Diagonal, donde siempre encontrábamos la ruidosa acogida de una familia muy unida, a la que yo frecuenté en mis visitas a Àger, especialmente cuando, viviendo ya en Londres, me instalé en la masía propiedad de Benet. Esta era un espacio único, de difícil acceso en coche. Un día que su hermano Jaume recuerda con frecuencia, en el que caminé hasta La Cova, había oscurecido cuando me perdí en el camino de regreso, hasta que gracias a mis gritos de espanto acudieron a rescatarme los Rosell, me curaron el susto con una buena dosis de coñac y dormí plácidamente en una de las camas de aquel refugio de pecadores. Mi amistad con Benet se extendió a toda la familia, una familia mucho más abierta y tolerante que la mía, que solo encontraba la tolerancia en mi laica madre, nacida en Xert, un pueblo del Alto Maestrazgo.

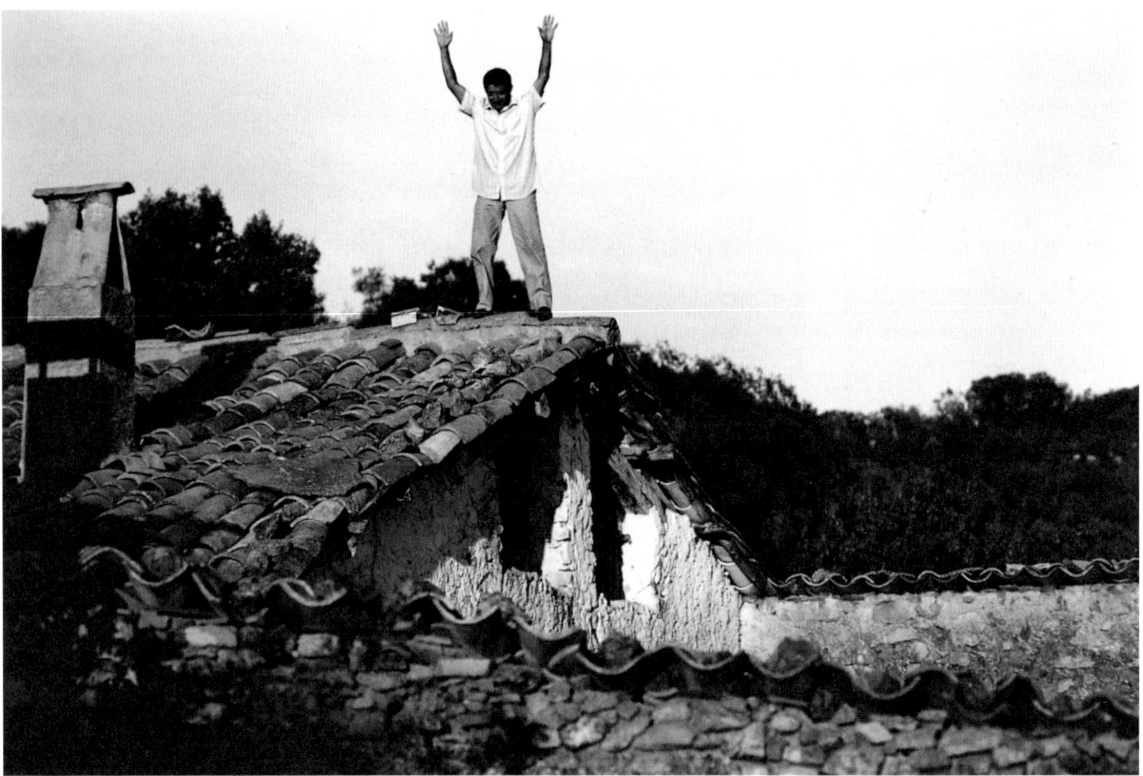

Benet Rossell sobre el tejado de su masía de Àger,
Lérida, 1984

En febrero de 1957, estábamos entre los estudiantes de Derecho que
nos encerramos en el Paraninfo de la Universidad hasta que intervino la
policía, declaramos nuestra inocencia en comisaría y fuimos expedientados
y condenados a repetir curso. No deja de ser paradójico que haya tenido que
quedar eternamente agradecido a la represión franquista el haberme permitido
abandonar una carrera en la que me matriculé por decisión de mi padre,
para empezar mis estudios de Filosofía y Letras, siguiendo las huellas de mi tío
y maestro Juan Ramón Masoliver. Allí conocí entre otros a Luis Maristany, uno
de mis amigos más cercanos, amistad que compartiría pronto con Benet, en un
trío en el que lo teníamos todo en común, empezando por nuestro rechazo
categórico, divertido y sin agresividad de las convenciones sociales. Por suerte,
todos compartíamos el patio llamado de Letras y nuestra amistad prosiguió
ininterrumpida, hasta que yo decidí huir a Londres, en una vocación viajera que
habría de marcarnos a muchos de nosotros, y muy especialmente a Benet.
A él estas ansias viajeras se le despertaron, escribe, con la inauguración de la
estación de ferrocarril de la línea Lérida-La Pobla de Segur en el año cincuenta,
dos años después de que yo contemplase fascinado con mi padre el tren
de vapor con el que se celebraba el centenario de la inauguración de la línea
Mataró-Barcelona.

Pero para nosotros la pasión por el viaje (ninguno de los dos hemos
visitado un lugar por afán turístico, sino para vivirlo) se confundía con la
necesidad de huir. Mi cuarto año de carrera lo pasé en Génova y poco
después me instalaría en Londres, donde residí hasta hace seis años.
La relación con Benet no se rompería, porque pronto se iniciaría para él la
segunda etapa de su vida con una maleta de cartón comprada en la calle
Ancha, hoy carrer Ample, entonces famosa por su tienda de maletas,
elemento mítico que forma parte de algunos de los poemas objeto de Benet,
y por sus ajadas prostitutas, también presentes en los dibujos de humor
de su primera época. La calle, pues, del sexo prohibido, paradójicamente
tolerado en una época de represión sexual, y que, por su cercanía a la
estación de Francia, representaba la primera etapa de un viaje que nos
abriría las puertas al paraíso de la libertad.

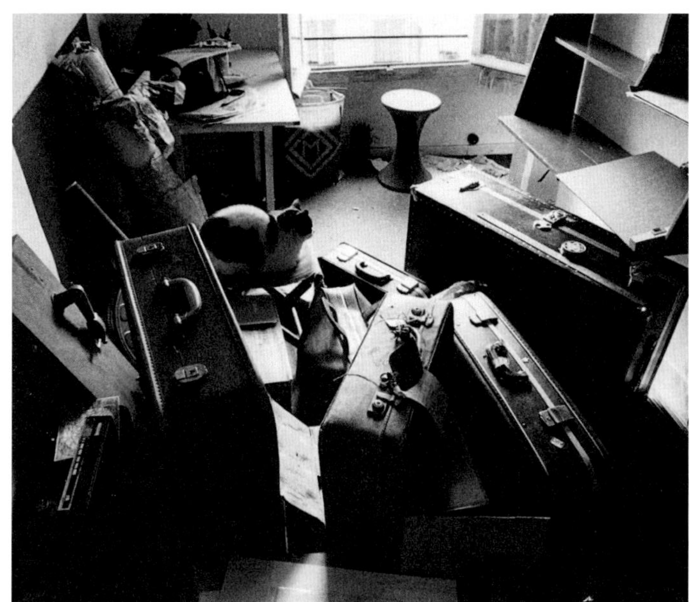

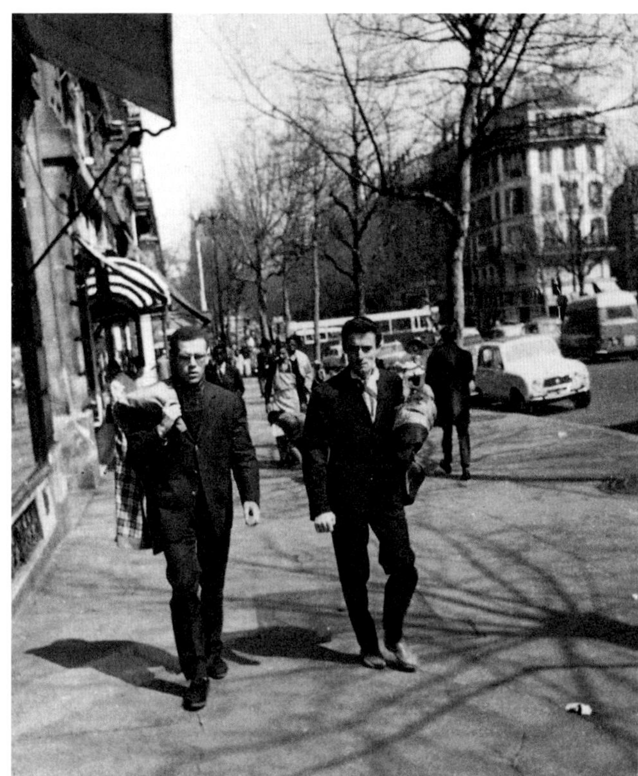

Estudio de París, 1973

Carles Andreu y Benet Rossell en el Boulevard
Saint-Michel, París, 1965

Beni, más Benet Rossell, de la entrañable familia Rosell, había elegido
como carrera la de eterno estudiante: licenciado en Derecho, estudió también
Ciencias Económicas (compartí con él las clases del filósofo marxista Manuel
Sacristán, tan brillante como intransigente, a las que yo asistía como oyente)
y se diplomó en Sociología en el Consejo Superior de Investigaciones Científicas,
en Madrid. En 1963, año en el que yo partía para Londres, fue invitado a París
a un Congreso Internacional de Economistas como representante de los
estudiantes de económicas de la Universidad de Madrid. *El Plan Badajoz* —este
era el tema de su ponencia, un tema del que lo ignoraba todo— le cambió
radicalmente la vida. Tras una breve estancia en Barcelona, regresa a París
como *assistant d'espagnol* en el Lycée Pierre d'Ailly, de Compiègne. Prosigue
su vocación de estudiante: se inscribe en el Comité du Film Ethnographique,
que dirigía Jean Rouch en el Musée de l'Homme, y en la Université du Théâtre
des Nations, donde por primera vez oye hablar de teatro total, que incluye la
fiesta y el ritual. La Ópera de Pekín, el teatro No, Kabuki y Bunraku de Japón,
las máscaras de los Dogones de Malí pueden ser el revulsivo de algo latente
en él desde su infancia: la pasión por lo oriental y por los signos en sus distintas
expresiones: iconos, micrografías, caligramas o benigramas, un lenguaje
inconfundible que marca la trayectoria de un recorrido sin márgenes ni horizonte,
que solo tiene como meta el infinito.

Conviene señalar que, en nuestros años de estudiantes, Benet hablaba de
cine y de teatro, pero pocas veces de arte. Recuerda la pasión de su hermano
Joan por el dibujo, pero no se recuerda dibujando él. Y, sin embargo, queda
como único y extraordinario documento un dibujo de 1949, ejecutado con
sorprendente seguridad y con una ligereza poética que ha de ser la constante
de toda su obra. Será en París donde coinciden la persona y el artista para no
separarse nunca más. Carles Andreu, compañero nuestro de Preuniversitario
y pronto cantautor y hombre de teatro, le invita a compartir su *chambre
de bonne* y le anima a quedarse en París. Cae en sus manos *L'Inde secrète* de
Paul Brunton, que relata un viaje por los *ashrams* de la India y decide seguir sus
pasos, atraído por la utopía hippy y su atracción por el budismo y el hinduismo.
Visita los centros espirituales más reputados, practica la meditación budista

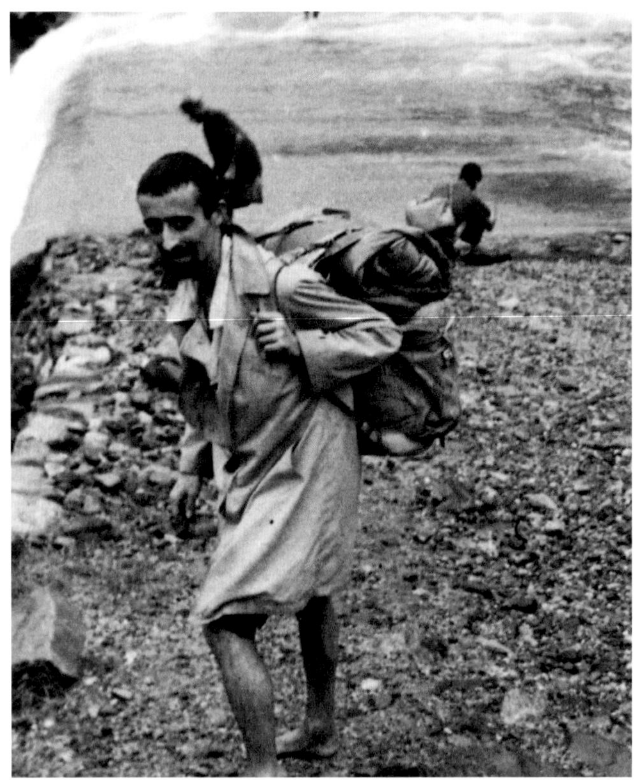

Benet Rossell en el norte de la India, 1966

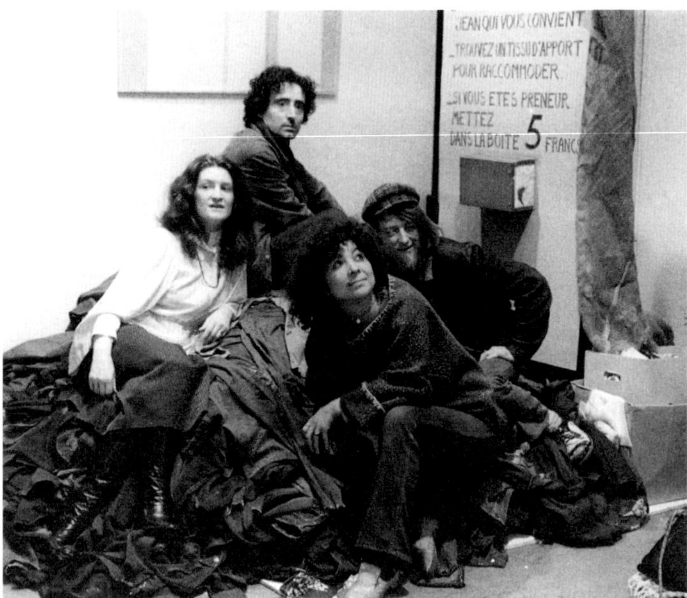

Prêt-à-porter, instalación, Salon de la Jeune Peinture, París, 1974 (de izda. a dcha.: Nicola Jones, Benet Rossell, Monique Alain y Jean-Pierre Béranger)

y entra en contacto con los trovadores indios, los baul, en Santiniketan, la universidad fundada por Rabindranath Tagore, poeta admirado por nosotros en nuestra época de estudiantes como respuesta a la zafiedad ambiental y a una religión esclerotizada por el franquismo. En Nueva Delhi conoció a Pandit Pran Nath, uno de los grandes maestros de la escuela de música kirana gharana y del que llegó a ser telonero. Su tío Antón, el único músico profesional de la familia, al estallar la Guerra Civil se fue a Calcuta, donde tocó en la Filarmónica con Jehudi Menuhin y fue ocasionalmente contrabajista de Grapelli y Djiando Reinhard. De allí se trasladó al Nepal y es así como Benet inició un azaroso recorrido, tres días de marcha a pie a través del Terai, hasta llegar a Katmandú, una estancia de la que quedan como testimonio unos dibujos fechados en 1965. Parecía inevitable que a su regreso a París, trece meses más tarde, se matriculase en la École des Hautes Études de Sciences Religieuses.

Esta primera década en París se completa con tres hechos decisivos. El primero es su irrupción en el mundo del arte con una primera exposición individual en Barcelona, en el IDIAP, auspiciada por el señor Prats, quien lo bautizaría como el «Paul Klee catalán», y en el Club 49, embrión del actual Museu d'Art Contemporani de Barcelona (MACBA), y su ya habitual participación en los salones de arte experimental del París de la época. El segundo, su contacto con el círculo de teóricos —muchos de los cuales escribieron sobre su obra— como Michel Butor, con su grado cero, válido también para pintura, Gilbert Lascault, Jean-Clarence Lambert, Alain Jouffroy o Pierre Restany, prestigioso crítico y verdadero gurú. El tercero, el encuentro con un grupo de artistas catalanes (Antoni Miralda, Antoni Muntadas, Joan Rabascall, Jaume Xifra y, su cómplice francesa, la entonces compañera de Miralda, Dorothée Selz) con los que comparte la necesidad de romper con la tiranía del arte tradicional. Son los años de mi reencuentro con él, ya sea en Londres, donde le invité a participar en 1971 en una exposición colectiva en el Instituto de España que me sirvió para escribir mi primer y breve texto dedicado a él, o en París, ya sea en su casa de la Rue Lebouteux o en el Grand Hôtel Saint-Michel de la Rue Cujas, en el que se habían alojado conocidos escritores latinoamericanos, entre ellos Nicolás Guillén y Pablo Neruda, en el que Enric Fuster —más tarde

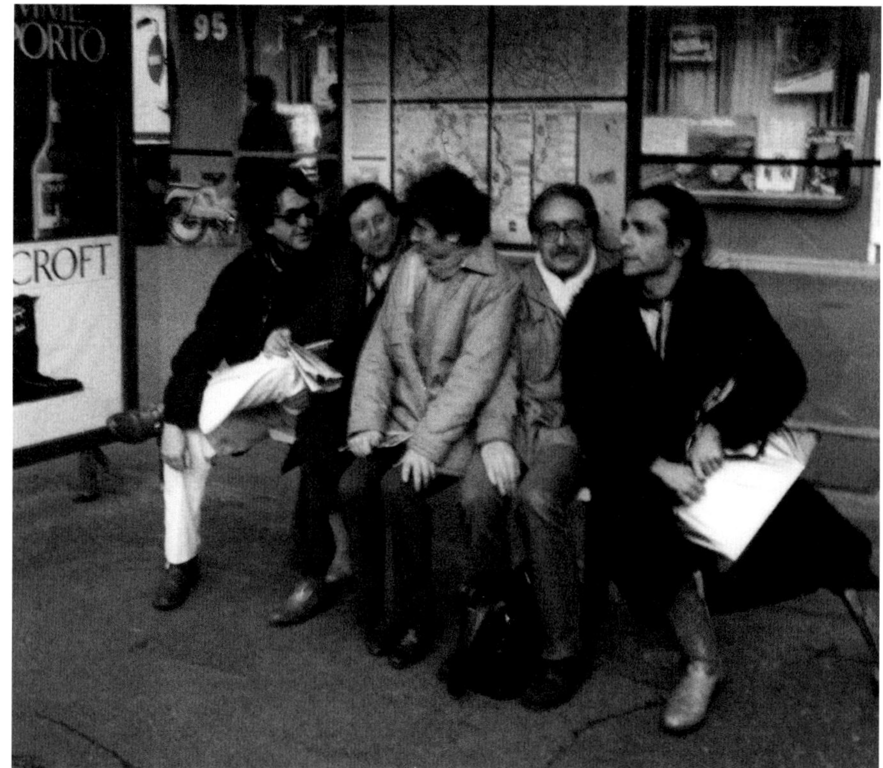

De izda. a dcha.: Antoni Muntadas, Jaume Xifra,
Benet Rossell, Joan Rabascall y Antoni Miralda,
París, 1982

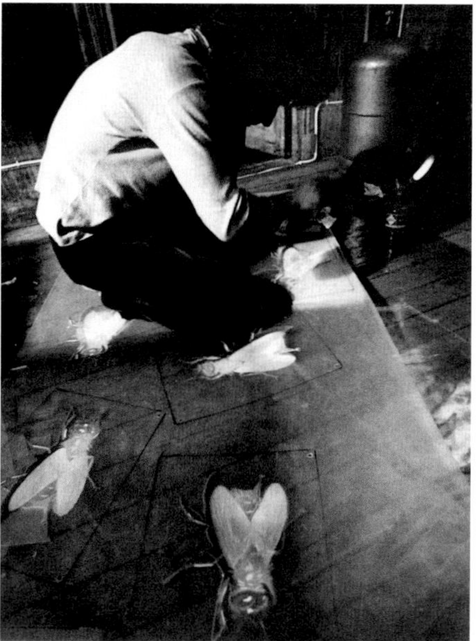

Benet Rossell en su estudio de París, 1971

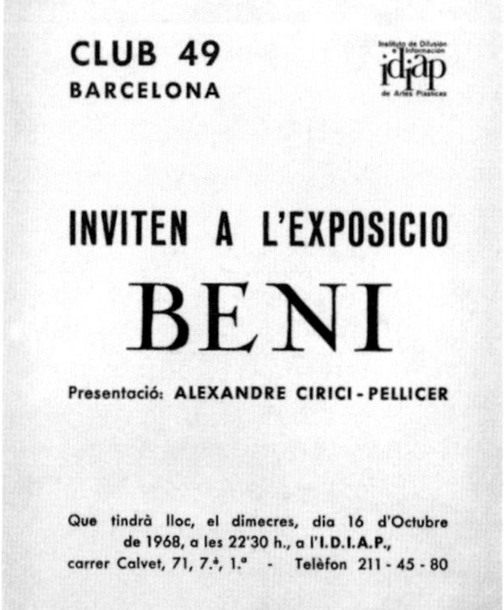

Programa de la primera exposición individual,
IDIAP, Barcelona, 16 de octubre de 1968

gestor y personaje en la serie de Carvalho de Manuel Vázquez Montalbán,
compañero mío de universidad y más tarde amigo de Benet— trabajaba como
recepcionista nocturno. Fue así como recorrí algunas de las casas y talleres
del grupo y me familiaricé con su obra.

Si en Francia encontraron el apoyo incondicional de Restany, en Barcelona
fue uno de los críticos más influyentes del momento, Alexandre Cirici Pellicer,
el primero en interesarse por cada uno de ellos y también en hablar de los
«catalanes de París», del mismo modo que décadas atrás se había hablado de
una Escuela de París. La capital francesa fue desde el siglo XIX, un centro
de atracción como más tarde lo sería Nueva York. Pese a los muchos proyectos
en los que participaron juntos y a una amistad que no se ha roto jamás, no
se consideraron un grupo ni les unió ningún manifiesto. Por el contrario, dejaron
siempre muy clara su independencia. El propio Benet —que actuó como
«hombre-memoria», dejando testimonio con su cámara, de fiestas, rituales,
happenings y tantas otras celebraciones del instante frente a la inmovilidad
o pretendida «eternidad» del arte tradicional—, ha declarado, maestro de la
pirueta gráfica y verbal, que «el auténtico *ismo* es uno mismo». En todo caso,
sí que conviene dejar constancia del revulsivo que representaron el Mayo
del 68, la guerra de Vietnam, el pacifismo y un sentimiento de libertad que
encontrará su expresión en las distintas tendencias artísticas del momento:
la *nouvelle vague*, el nuevo realismo, la cultura *pop*, la vanguardia
norteamericana, el arte conceptual y el *arte povera*, que marcan decisivamente
a los «catalanes de París».

Definir la trayectoria artística de Benet Rossell es literalmente imposible,
como lo es definir su infinita variedad de expresiones. Resultaría, pues,
engañoso ceñirse a una cronología, a una evolución, como lo sería imponer
límites a lo que carece de fronteras. Más iluminador, en todo caso, acudir
a los breves comentarios de algunos escritores que expresan todo lo que hay
en él de obra abierta. Así, el narrador y poeta cubano residente en París
Severo Sarduy habla de una pintura «abigarrada y sin amo» y, a propósito de
sus ideogramas o, como los llama él, antropogramas, subraya lo que hay
de alfabeto gesticulante, para concluir que Rossell es un poeta «a quien no

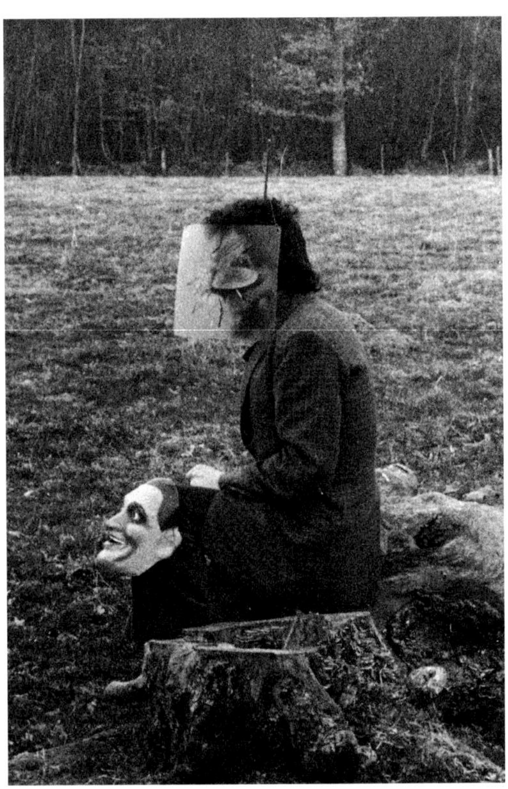

Benet Rossell, *Débarquement de Normandie 3*, 1970

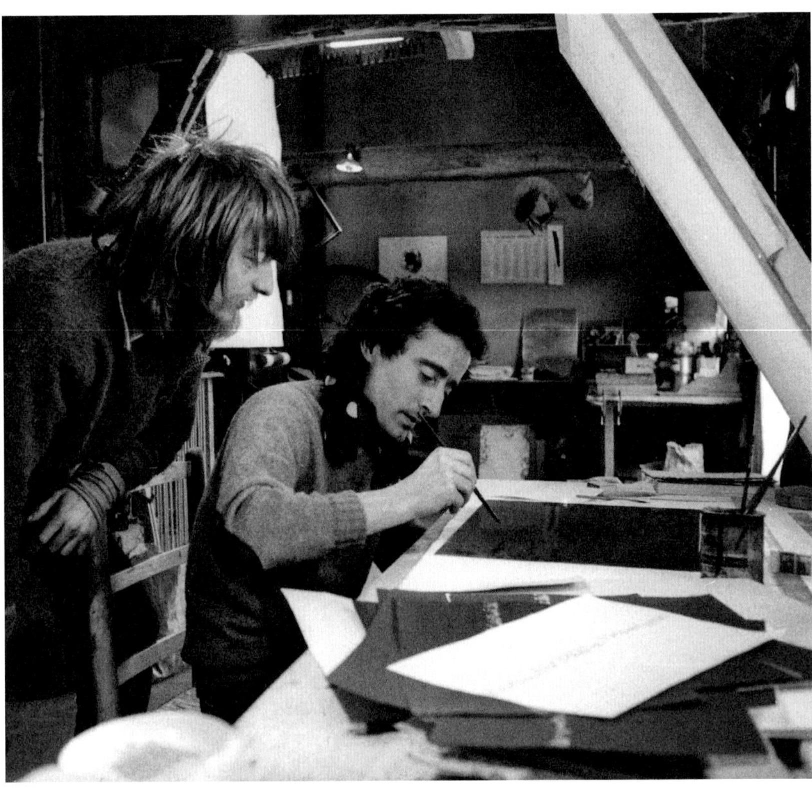

Jean-Pierre Béranger y Benet Rossell en el taller de
grabado de Alain Controu, Normandía, 1970

conformó ningún código, ninguna convención, y terminó inventando, a partir
de la silueta humana en movimiento, su propia sintaxis figurativa, su alfabeto».
Por su parte, el poeta José Hierro nos invita a imaginar «a un calígrafo oriental
sentado en la terraza de un café». Pero tal vez es la propia poesía de Benet
—poeta que ha encontrado la fiel complicidad de su amigo y editor el también
poeta Toni Clapés— la que mejor nos puede orientar en el misterio y la
complejidad de un arte paradójicamente tan cercano al espectador. El punto
de partida y la esencia de su obra se encuentra, como he dicho, en el trazo
y el signo: «Cuatro líneas / Hacen signo / Realidad oculta.» En *Road Poetry* se
identifica con el humo, «enamorado y nebuloso de la distancia, / acróbata de
los silencios / parece un signo bobo / pero no lo es». Hace referencia explícita
a aspectos de su obra, como la plastomaquia, o a obras concretas, como a
L'ametlla com balla y sus singulares cubitos en los que «pintem la claretat /
aire endins» y donde «El espacio horizontal / no es el espacio / Es un polvillo
retenido de vaguedades». Y hay, asimismo, un homenaje al papel, tan
frecuente en su obra, al que ve como un «blanc / territori actiu».

El arte de Benet Rossell ha nacido bajo el signo de los signos, un lenguaje
infinito que no responde a ningún código, un homenaje a la libertad, si bien
es difícil saber si sus personajes se agitan abandonados en el vacío del espacio,
se buscan unos a otros o, simplemente, con sus agitados movimientos, ellos
mismos dibujan vida. Formas en movimiento pero también acrobacias y gestos
creados por líneas que muchas veces se convierten en laberintos o en
interrogante. Los cubitos tratan de crear un espacio limitado, pero la misma
transparencia del material utilizado elimina todo marco o límite. Por su parte,
el caleidoscopio apunta a una continua metamorfosis, aparentemente sometida
al azar, y explica precisamente, como el movimiento y el gesto, las distintas
técnicas y variedad de géneros en lo que constituye un verdadero microteatro
donde la naturaleza se incorpora a la ciudad y nos recuerda nuestro origen
—el del propio Rossell— en el caos de la civilización. E incorpora asimismo
un lenguaje que puede ser el signo de las antiguas culturas, las figuras
mágicas, ancestrales de Klee y Miró, el trazo de Tàpies, la poesía experimental
de Brossa, con quien mantuvo estrechos lazos de amistad desde finales de

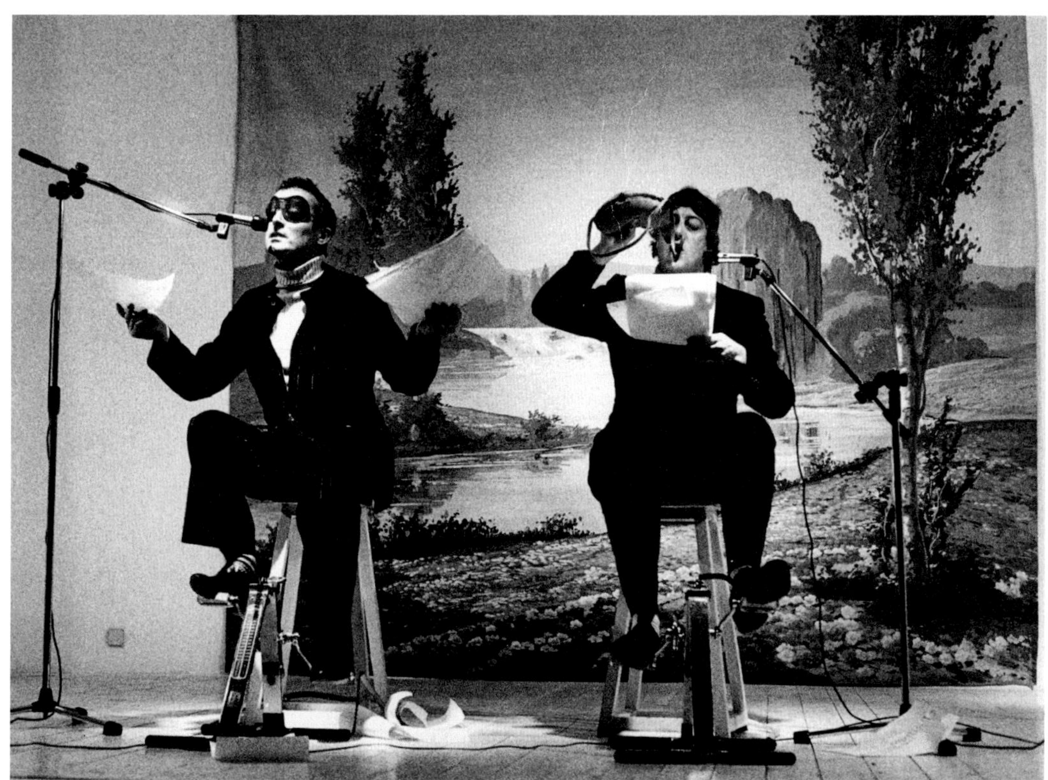

Benet Rossell y Carles Hac Mor durante la acción
Paraparèmies i garrofes, Metrònom, Barcelona, 1985

los sesenta, la mirada minimalista de Rouch o de Cage, pero es también un alfabeto sin fin y una partitura. Su dibujo se integra en la escritura, en la pintura, en la escultura, en el vídeo, en las instalaciones, visión microscópica y macroscópica. El ojo se desplaza continuamente no solo en el espacio sino en el recorrido interior de cada dibujo o de cada pieza, y en lo que podríamos denominar el interior espiritual. Es una obra que rechaza la apariencia, donde lo presente sugiere también lo que no está allí, el origen de todas las cosas, lo anterior al movimiento y al signo, el vacío, la nota que se repite insistentemente para sugerir otras notas que son la misma nota, allí donde coinciden el sonido y el silencio. Y una vez hemos intuido este mundo interior regresamos a las formas que nos han revelado su secreto. Hemos experimentado, por así decirlo, una especie de *karma* por el que se establece una relación entre causa y efecto en una incesante trasmigración o metamorfosis. Y es así como los orígenes cósmicos se encuentran con nuestro propio origen. Benet Rossell, procedente de un espacio rural y de una familia de campesinos y de músicos de raíces catalanas jamás perdidas, ha conocido la opresión y la represión, la injusticia social y la aridez espiritual, se ha integrado a la ciudad, ha viajado, como sus personajes, en busca de Godot y se ha encontrado en el ritual y la celebración, en la soledad y en medio de una multitud pululante de seres anónimos y entrañablemente parte de sus propias experiencias. Un viaje que hemos recorrido en gran medida juntos y que ha ido marcando a modo de tatuaje mi propia concepción del mundo. Catalanes sin fronteras, cercanos a la naturaleza, fieles siempre a nuestros orígenes y fieles asimismo a una ética social y artística.

Lo demás es historia conocida por todos. Benet regresó a Barcelona en 1983 como una figura consagrada, acompañado por su primera mujer, la crítico de arte Annemieke Van de Pas, colaboradora eficaz durante los años compartidos. Su obra ha recorrido las galerías y los museos más prestigiosos, las grandes filmotecas del mundo han dedicado retrospectivas a su obra cinematográfica y videográfica —el National Film Theatre de Londres, en 1979, o el Anthology Film Archives de Nueva York, en 1990—, algunos de sus proyectos de escultura pública se han materializado en Lérida, Palma de

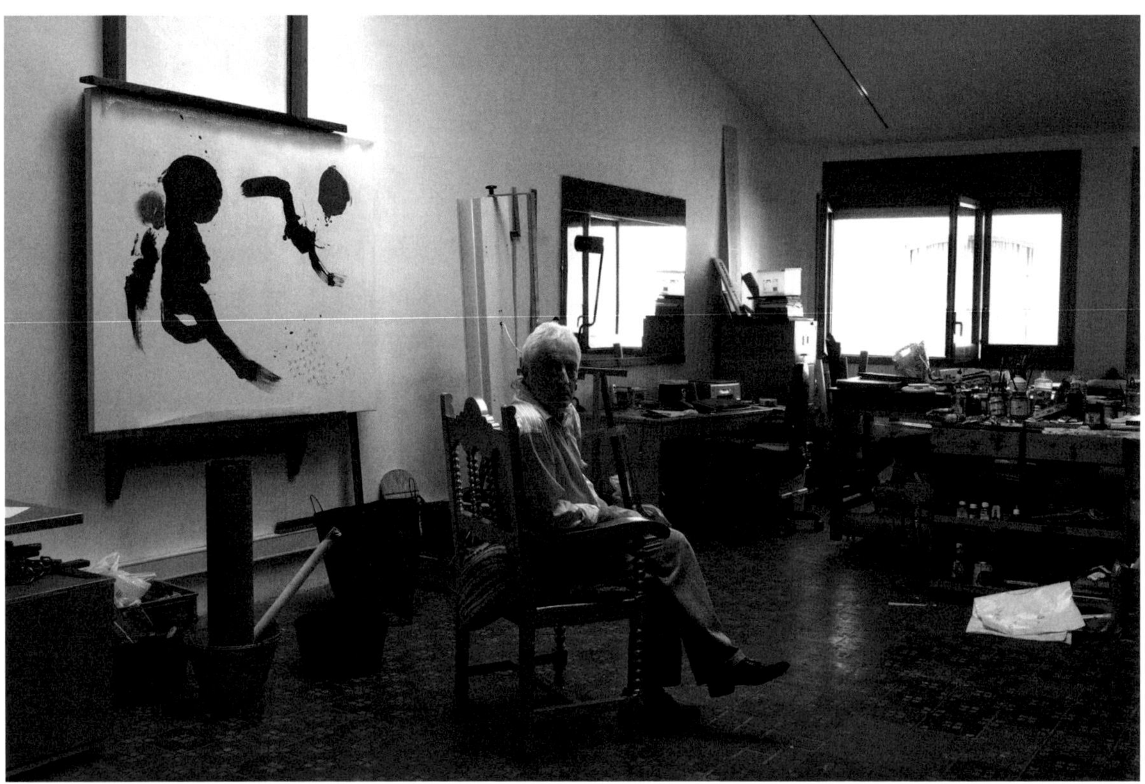

Estudio de Barcelona, 2008

Mallorca y en la estación de metro de Canyelles, en Barcelona. Hemos vuelto
a compartir mesa con los amigos de siempre, Joan Reverter, Enric Fuster, Antoni
Miralda, Robert Coover y tantos otros, y por supuesto con Cristina Giorgi, que
ha añadido su gota de intransigencia, extravagancia y generosidad. En su piso
de la Gran Vía, antes de trasladarse a su actual domicilio, cometí una torpeza
que sigo sin perdonarme por lo que respeto su obra y aquel cuadro que
admiraba especialmente y en el que dejé como huella un siete digno de una
mesa de billar. Por suerte, Benet me absolvió mucho antes de que cometiera
el pecado, una prueba más, la más dolorosa, de una amistad que se ha
consolidado desde que regresé también yo a Barcelona, en marzo de 2004.
He recuperado su obra, visitando fielmente su taller y sus exposiciones, hemos
vuelto a Àger para leer nuestra poesía y me he instalado con Sònia, la modelo
de mis poemas, en El Masnou, cerca de la casa donde nací.

Benet, para mí todavía Beni, me abrió las puertas al arte contemporáneo
en su ruptura con la tradición sin rechazar nunca las tradiciones renovadoras, en
su ilimitada voluntad de renovación, en su ayudarme a salir de las telas para
regresar, por así decirlo, a las cuevas, en este caso a las calles de las ciudades
del mundo. Queda como testimonio de mi deuda y de nuestra amistad creadora
mi dedicatoria de *La puerta del inglés* «a Alberto Blecua, Benet Rossell y Luis
Maristany, ángeles en tiempos de escoria»; la carpeta con un grabado
y poemas míos dedicados a Luis, tan presente siempre entre nosotros desde su
ausencia; o el acta notarial de Don Bartolomé Masoliver Ródenas con fecha
del 7 de enero de 1996, pieza crucial de su obra *Acta*, concebida con motivo de
su instalación *Diari residual*, celebrada en el Palau de la Virreina de Barcelona
y en el Museu d'Art Jaume Morera de Lérida, y que en la actualidad forma
parte de la colección permanente del MACBA. Una instalación que abría
L'ametlla com balla, hoy reinterpretada en la ciudad de Lérida, la almendra que
celebrará *Mandorla*, una edición de ocho grabados-almendra acompañados
por un largo poema de nuestro común amigo Manuel Vázquez Montalbán,
como Mario Páez, como Luis Maristany, como Pierre Restany también cercano
a nosotros más allá de la muerte. Razones todas para que celebremos juntos
esta exposición retrospectiva organizada por el MACBA. Y como expresión

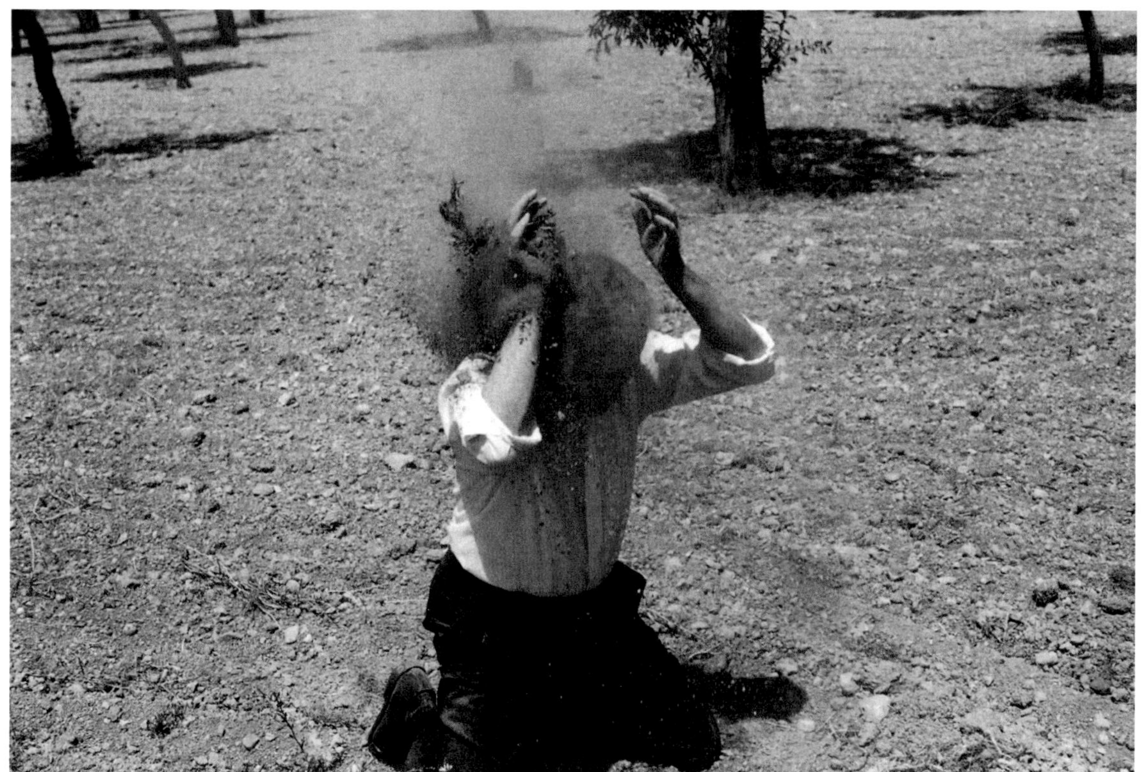

Benet Rossell durante la grabación del vídeo
Tirant lo món, 1999

sublime de esta celebración, volvemos a nuestros años de iniciación y de afirmación de la extravagancia: las grabaciones de los rituales callejeros con «los catalanes de París», los trabajos cinematográficos como *París, la Cumparsita*, realizada con Miralda en 1973, la vídeo-instalación *Rambla 24 h,* realizada con Muntadas en 1981, o su crónica neoyorkina, el vídeo *Carob Way*, que acompaña la serie de dibujos *Carob Bean, an American Dream*, que datan de 1986, y, como culminación, la vídeo-instalación sobre El Molino en la que ha trabajado desde que una noche, al regresar de su taller de Poble Sec, se topó, para su indignación, con un contenedor del que desbordaban decenas de decorados originales y toda la documentación del mítico cabaret. Un molino cuyas aspas nos recordarán las de los molinos de viento de la Mancha, verdaderos gigantes para este mago de la metamorfosis, don Quijote, a quien Rossell rindió homenaje en su vídeo *Lo Quixon* en el que aparecen su compañera Cristina Giorgi y su amigo de aventuras parisinas Antoni Miralda, con la gran cacerolada de Barcelona contra la guerra de Irak como fondo sonoro que nos remite al ronquido sordo de los aviones que marcaron sus primeros meses de vida. Se cierra así un círculo que es al mismo tiempo una línea infinita.

Lista de obras de la exposición

Full del *Journal Résiduel*
Hoja del *Diario residual*
1965
Tinta china y collage sobre papel
quemado
14,7 × 10 cm
Colección del artista

Full del *Journal Résiduel*
Hoja del *Diario residual*
1965
Collage sobre papel
25 × 17,6 cm
Colección del artista
p. 20

A priori
1965-1979 / 2009
Videoinstalación: *storyboard*, 1965-1979
(dibujo, fotocopia y fotografía), y vídeo,
2009 (original vídeo HD, color, sonido,
18' 19"; proyectado en DVD)
Música de Benet Rossell
Dimensiones variables
Colección del artista
pp. 32-33

Instal·lació retrospectiva
Instalación reptrospectiva
1966 / 2000
Técnica mixta (10 elementos)
Dimensiones variables
Colección del artista
pp. 134-135

Carrer
Calle
1967
Tinta china sobre papel
50 × 77,5 cm
Colección particular
pp. 10-11

Dos costums
Dos costumbres
1967
Tinta china sobre papel
65 × 50 cm
Colección del artista

Matèria de so, imatge i papel
Materia de sonido, imagen y papel
1967
Técnica mixta sobre papel
24 × 50 cm
Colección del artista

Observador
1967
Tinta china sobre papel
49,6 × 65 cm
Colección del artista

Point de vue
Punto de vista
1967
Tinta china y grattage sobre cartón
48,6 × 63,6 cm
Colección del artista

Setrill
Aceitera
1967
Tinta china sobre papel
50 × 65 cm
Colección del artista

Chaussure
Zapato
1969
Papel maché y films de diferentes
formatos
Dimensiones variables
Colección del artista
p. 155

Full del *Journal Résiduel*
Hoja del *Diario residual*
1969
Collage sobre papel
31,4 × 23,4 cm
Colección del artista
p. 19

Full del *Journal Résiduel*
Hoja del *Diario residual*
1969
Collage sobre papel
30,7 × 24 cm
Colección del artista
p. 21

Full del *Journal Résiduel*
Hoja del *Diario residual*
1969
Collage sobre papel
30,7 × 24 cm
Colección del artista

Le lendemain matin
Al día siguiente por la mañana
1969
Fotocopia
33 × 21 cm
Colección del artista

Teoria d'unes coses
Teoría de unas cosas
1969
Tinta china sobre papel
50 × 65 cm
Colección del artista

Sin título (de la serie «**L'âge du collage**»
[El tiempo del collage])
1969-1970
Tinta china y collage sobre papel
29,7 × 21 cm
Colección del artista
p. 12

Sin título (de la serie «**L'âge du collage**»
[El tiempo del collage])
1969-1970
Tinta china y collage sobre papel
29,7 × 21 cm
Colección del artista
p. 13

Sin título (de la serie «**L'âge du collage**»
[El tiempo del collage])
1969-1970
Tinta china y collage sobre papel
29,7 × 21 cm
Colección del artista
p. 13

Sin título (de la serie «**L'âge du collage**»
[El tiempo del collage])
1969-1970
Tinta china y collage sobre papel
21 × 29,7 cm
Colección del artista
p. 13

Sin título (de la serie «**L'âge du collage**»
[El tiempo del collage])
1969-1970
Tinta china y collage sobre papel
29,7 × 21 cm
Colección del artista

Sin título (de la serie «**L'âge du collage**»
[El tiempo del collage])
1969-1970
Tinta china y collage sobre papel
29,7 × 21 cm
Colección del artista

Holes
Agujeros
1969 / 2007
Cine sin cámara
4 tiras de película 16 mm veladas
y perforadas (copia) y película original
16 mm, color, sin sonido; proyectada
en 16 mm (copia)
Tira entera: 107 × 0,16 cm; película: 3' 6"
Colección del artista
pp. 72-73 / 74-75

Glaçó-curtmetratge _Doble camí_
Cubito-cortometraje _Doble camino_
1970
Película 16 mm dentro de resina
de poliéster y copa de cristal
2 × 4,2 × 4,2 cm
Colección MACBA. Procedente del Fondo
de Arte de la Generalitat de Catalunya
p. 29

Quête de réalité
A la búsqueda de la realidad
1970
Tinta china, collage y troquel sobre
cartón ondulado
48 × 50 cm
Colección del artista
p. 60

Un soir, un homme
Una tarde, un hombre
1970
Tinta china y rotulador sobre papel
50 × 65 cm
Colección del artista

Calidoscopi
Caleidoscopio
(coautor Jaume Xifra)
1971
Película original 16 mm, b/n, sonido;
proyectada en DVD
10'
Música de Carles Santos
Colección del artista
pp. 44-45

Double timidité
Doble timidez
1971
Técnica mixta sobre cartón
29,3 × 39,5 cm
Colección del artista

Fait évoqué
Hecho evocado
1971
Técnica mixta sobre papel
50 × 65 cm
Colección del artista

Gent
Gente
1971
Tinta china sobre papel
32,2 × 24,2 cm
Colección particular
p. 9

Glaçó-alter ego
Cubito-alter ego
1971
Fotografía dentro de resina de poliéster
y copa de cristal
3,5 × 2 × 2,5 cm
Colección MACBA. Procedente del Fondo
de Arte de la Generalitat de Catalunya
p. 29

Glaçó-sauvage
Cubito-salvaje
1971
Texto dentro de resina de poliéster
y copa de cristal
2,5 × 2,5 × 1,5 cm
Colección MACBA. Procedente del Fondo
de Arte de la Generalitat de Catalunya
p. 29

Off rideau i societat d'apuntadors
Off rideau y sociedad de apuntadores
1971
Tinta china y troquel sobre cartón
ondulado (cara y dorso)
19 × 29,5 cm
Colección MACBA. Fondo del
Ayuntamiento de Barcelona
p. 61 (cara y dorso)

Salle d'attente
Sala de espera
1971
Tinta china y troquel sobre cartón
ondulado
65 × 120 cm
Colección particular

The Same Message
El mensaje de siempre
1971
Técnica mixta y collage sobre papel
28,7 × 45,4 cm
Colección del artista

Amortisseur 1-2
Amortiguador 1-2
1971-1973
Díptico. Tinta china y collage sobre
cartón ondulado
54 × 54 × 3 cm c/u
Colección MACBA. Fondo del
Ayuntamiento de Barcelona
pp. 88-89

Chantier-masques
Derribo y máscaras
1971/2009 (edición digital)
Película original 16 mm, color, sonido;
proyectada en DVD
3' 23"
Música: «Vesti la guibba» (aria),
I Pagliacci, Ruggiero Leoncavallo,
interpretada por Mario Lanza
Colección del artista
pp. 58-59

Atrapafilms
1972
Cinta atrapamoscas y fotogramas
72 × 4 cm
Colección del artista

**Empremta del peu de Benet Rossell
sobre plànol de París (itinerari quotidià
de l'artista)**
Huella del pie de Benet Rossell sobre
plano de París (itinerario cotidiano
del artista)
1972
Serigrafía (20/35)
65 × 50 cm
Colección del artista
p. 18

En una raconada
En un rincón
1972
Tinta china sobre cartón ondulado
80 × 120 cm
Colección particular

Entre lignes
Entre líneas
1972
Tinta china y percloruro sobre papel
50 × 65 cm
Colección particular
pp. 38-39

Microfàcies (1)
Microfacias (1)
1972
Tinta china y collage sobre fotografía b/n
24,3 × 30 cm
Colección del artista
p. 110

Microfàcies (2)
Microfacias (2)
1972
Fotografía b/n
47,7 × 39,3 cm
Colección del artista
p. 111

Microfàcies (3)
Microfacias (3)
1972
Fotografía b/n
39 × 49 cm
Colección del artista

Opopanax
1972
Tinta china y collage sobre papel
30 × 54 cm
Colección del artista

Terra i elements
Tierra y elementos
1972
Tinta china sobre papel
45 × 59 cm
Colección del artista

X, d'autodomini
X, de autodominio
1972
Tinta china sobre papel
52 × 65 cm
Colección del artista

Économie d'énergie
Ahorro de energía
1973
Tinta y tinta china sobre papel
52 × 65,4 cm
Colección particular
p. 69

Glaçó-tinta clivellada
Cubito-tinta agrietada
1973
Tinta china dentro de resina de poliéster
y copa de cristal
2,5 × 2,2 × 2,2 cm
Colección MACBA. Procedente del Fondo
de Arte de la Generalitat de Catalunya

Glaçó-empremta
Cubito-huella
1973
Huella dentro de resina de poliéster
y copa de cristal
2,5 × 2,2 × 2,2 cm
Colección MACBA. Procedente del Fondo
de Arte de la Generalitat de Catalunya

Glaçó-*promenade*
Cubito-paseo
1973
Micrografías dentro de resina de
poliéster y copa de cristal
2 × 4,2 × 4,2 cm
Colección MACBA. Procedente del Fondo
de Arte de la Generalitat de Catalunya
p. 29

I Don't Want Any Coffee
No quiero café
1973
Tinta y tinta china sobre papel
52 × 65,4 cm
Colección particular
p. 68

J'accepte d'être un peu à l'étroit
Acepto vivir en la estrechez
1973
Tinta china sobre papel
50 × 65 cm
Colección del artista
pp. 62-63

Le H et le cosmos
La H y el cosmos
1973
Tinta y tinta china sobre papel
50 × 65,4 cm
Colección particular

Lo cel, digui
El cielo, dígame
1973
Tinta china sobre papel
70 × 100 cm
Colección del artista

Scotch
Celo
1973
Técnica mixta y collage sobre papel
50 × 65 cm
Colección particular
pp. 40-41

Totes les ratlles es comuniquen
Todas las rayas se comunican
1973
Tinta china sobre papel
70 × 100 cm
Colección particular

Referents
Referentes
1973 / 2007
Original vídeo digital, color, sonido;
proyectado en DVD
45"
Música de Benet Rossell
Colección del artista
pp. 92-93

Emocionalment
Emocionalmente
1974
Tinta china y troquel sobre cartón
ondulado
100 × 205 cm
Colección del artista
pp. 86-87

Equilibri determinat
Equilibrio determinado
1974
Tinta china sobre papel cuadriculado
50 × 65 cm
Colección particular
pp. 76-77

Factícia
Facticia
1974
Tinta china sobre papel
70 × 100 cm
Colección particular

Glaçó-sageta
Cubito-flecha
1974
Letraset, tintas y dibujos dentro
de resina de poliéster y copa de cristal
3,5 × 2 × 2,5 cm
Colección MACBA. Procedente del Fondo
de Arte de la Generalitat de Catalunya

La femme du joueur du stade
La esposa del jugador del estadio
1974
Tinta china y collage sobre papel
cuadriculado
50 × 65 cm
Colección del artista

Lingams
1974
Tinta china sobre papel
88 × 112 cm
Colección particular

Sin título (de la serie «**Les pas perdus**»
[Los pasos perdidos])
1974-1975
Tinta china y rotulador sobre papel
(10 unidades)
Texto del *Diario íntimo* de Kafka
29,7 × 21 cm c/u
Colección del artista
pp. 24-25

Autant de mots que de choses
Tantas palabras como cosas
1975
Tinta china sobre papel
50,5 × 65,5 cm
Colección particular

**Página del cuaderno *La mort est hors
de prix* [La muerte no tiene precio]**
1975
Técnica mixta sobre papel
29,7 × 21 cm
Colección del artista
pp. 26-27

Je n'ai pas horreur des pointillés
No aburro los puntos
1975
Tinta china sobre papel cuadriculado
50 × 65 cm
Colección del artista

La rencontre qu'il fait
Un encuentro
1975
Tinta china y collage sobre papel
cuadriculado
50 × 65 cm
Colección del artista

Sin título
1975
Tinta china sobre cartón ondulado
(4 unidades)
100 × 130 cm c/u
Colección del artista

Signes du cumulus
Signos del cúmulos
1975
Tinta china sobre cartón ondulado
43 × 75 cm
Colección particular

Site archéologique de photocopies
Yacimiento arqueológico de fotocopias
1975
Tinta china y collage sobre cartón
ondulado
43 × 75 cm
Colección particular

Averany i fumera 1-2
Augurio y humareda 1-2
1976
Díptico. Tinta china sobre papel
24 × 29 cm c/u
Colección del artista
p. 84

El món de l'aixella
El mundo de la axila
1976
Tinta china y percloruro sobre papel
doblado
48 × 80 cm
Colección del artista
pp. 82-83

L'enfant solitaire
El niño solitario
1976
Tinta china y collage sobre papel
29,7 × 21 cm
Colección del artista

Sin título (de la serie «Manuscrit blanc»
[Manuscrito blanco])
1976
Tinta china sobre papel (11 unidades)
29,7 × 21 cm (6 unidades)
29,7 × 42 cm (3 unidades)
42 × 29,7 cm (2 unidades)
Colección del artista

No pensem pas
No pensamos
1976
Tinta china sobre papel craft
44 × 57 cm
Colección particular

Sin título
1976
Tinta china sobre cartón ondulado
101 × 165 cm
Colección Rafael Tous
pp. 66-67

T'escoltem
Te escuchamos
1976
Tinta china sobre papel
70 × 105 cm
Colección particular

Comme toujours
Como siempre
1977
Tinta china y collage sobre papel
24,5 × 34,5 cm
Colección del artista
pp. 34-35

Encuny d'un forat
Troquel de un agujero
1977
Tinta china sobre cartón ondulado
troquelado
57 × 77 cm
Colección del artista

Encuny de dos forats
Troquel de dos agujeros
1977
Tinta china sobre cartón ondulado
troquelado
50 × 75 cm
Colección del artista
pp. 78-79

Frou-frou
Frufrú
1977
Tinta china y percloruro sobre papel
50 × 65 cm
Colección particular

HUN
1977
Técnica mixta sobre papel encolado
sobre tela
75 × 100 cm
Colección particular

Les films suivants
Las películas siguientes
1977
Tinta china y collage sobre papel
34,5 × 24,5 cm
Colección del artista
p. 51

Perclorur punt i seguit
Percloruro punto y seguido
1977
Tinta china y percloruro sobre papel
50 × 65 cm
Museu d'Art Jaume Morera, Lérida
pp. 80-81

Text context
Texto contexto
1977
Tinta china sobre papel doblado
80 × 212 cm
C.A.C. Tilifor, S.L.-Museo Patio
Herreriano, Valladolid
pp. 94-95

Dibuixos amagats
Dibujos escondidos
1978
Tinta china sobre papel doblado
51 × 80 cm
Colección del artista
pp. 96-97

Plec empapelat
Pliegue empapelado
1978
Tinta china sobre papel doblado
52 × 75 cm
Colección particular

Seguiment tres
Seguimiento tres
1978
Tinta china sobre papel doblado
79 × 52 cm
Colección particular
p. 85

Teatrí Saint Denis 1-2-3
Teatrín Saint Denis 1-2-3
1978
Tríptico. Tinta china sobre papel doblado
37 × 68 cm (1 unidad); 40 × 60 cm
(2 unidades)
Colección particular

U
1978
Técnica mixta sobre papel encolado
sobre tela
96,5 × 130 cm
Colección particular

À double tour (de la sèrie «Frissons»)
Cerradura de dos vueltas (de la serie
«Temblores»)
1979
Tinta china sobre papel
32 × 44 cm
Colección del artista

Cul-de-sac (de la sèrie «Frissons»)
Callejón sin salida (de la serie
«Temblores»)
1979
Tinta china sobre papel
32 × 44 cm
Colección del artista

Deixar anar una espècie
Soltar una especie
1979
Tinta china sobre cartón
30 × 42 cm
Colección particular

Microthéâtre d'identité
Microteatro de identidad
1979
Tinta china sobre papel doblado
80,2 × 113 cm
Colección del artista

Miserere
(coautor Antoni Miralda)
1979
Película original 16 mm, b/n y virado,
sonido; proyectada en DVD
11' 18"
Con Jaume Xifra. Suite musical
de Antoni Miralda
Colección MACBA. Fundació Museu
d'Art Contemporani de Barcelona
p. 16

Empremtes del Montsec
Huellas del Montsec
1979
Fotocopia de negativo fotográfico
(7 unidades)
21 × 30 cm (3 unidades); 21 × 33 cm
(2 unidades); 20,5 × 29 cm (2 unidades)
Parte de la instalación *Montsec és sec*
Colección del artista

Pas de panique (sèrie «Frissons»)
Sin pánico (serie «Temblores»)
1979
Tinta china sobre papel
32 × 44 cm
Colección del artista

Sincronia microteatral lila
Sincronía microteatral lila
1979
Tinta y tinta china sobre cartón
20 × 82 cm
Colección particular

Alicorn
Unicornio
1980
Técnica mixta sobre papel encolado
sobre tela
96 × 130 cm
Colección particular

Partitura Micro-òpera 1-2-3
Partitura Micro-ópera 1-2-3
1980
Tríptico. Técnica mixta sobre papel
encolado sobre tela
60 × 73 cm c/u
Colección del artista

Persona no automàtica
Persona no automática
1980
Técnica mixta sobre papel encolado
sobre tela
78 × 112 cm
Colección particular

Saber-ne un niu
Saber mucho
1980
Técnica mixta sobre papel encolado
sobre tela
130 × 195 cm
Colección particular
pp. 130-131

Oum (de la sèrie «Procés i escriptures»)
Oum (de la serie «Proceso y escrituras»)
1980-1983
Técnica mixta y collage sobre papel
100 × 70 cm
Colección del artista
p. 105

Rambla 24 h
(coautor Antoni Muntadas)
1980/2010
Original U-MATIC y vídeo HD, color,
sonido; doble proyección sincronitzada
en DVD. DVD con 9 secciones
consultables
Dimensiones variables. Doble proyección:
12' c/u
Producción MACBA
Colección de los artistas
pp. 170-173

16 jutges
16 jueces
1981
Libro de artista
Técnica mixta sobre cartulina
14,8 × 10,5 cm
Colección del artista

À coup sûr
Sobre seguro
1981
Técnica mixta sobre papel encolado
sobre tela
100 × 81 cm
Colección del artista
p. 129

Acotaciones
1981
Técnica mixta sobre papel encolado
sobre tela
115 × 89 cm
Colección del artista
p. 133

Demostratiu
Demostrativo
1981
Tinta china sobre papel
70 × 100 cm
Colección particular

Geste au pied
Gesto en el pie
1981
Técnica mixta sobre papel encolado
sobre tela
114 × 163 cm
Colección del artista

Goût pimenté
Sabor picante
1981
Técnica mixta sobre papel encolado
sobre tela
81 × 100 cm
Colección del artista

La confusion des sentiments
Confusión de los sentimientos
1981
Técnica mixta sobre papel encolado
sobre tela
97 × 130 cm
Colección del artista

Le retour de l'animal
El retorno del animal
1981
Técnica mixta sobre papel encolado
sobre tela
81 × 100 cm
Colección del artista

Microcine
1981
Tinta china sobre fotogramas de 35 mm
24 × 35 mm c/u
Colección del artista
p. 71

Miriade
Miríada
1981
Técnica mixta sobre papel encolado
sobre tela
100 × 81 cm
Colección del artista
p. 132

One Minute
Un minuto
1981
Tinta china sobre papel
70 × 100 cm
Colección particular

Paysage aux points
Paisaje con puntos
1981
Técnica mixta sobre papel encolado
sobre tela
100 × 81 cm
Colección del artista

Articles i noms 2
Artículos y nombres 2
1982
Tinta china y gofrado sobre papel
31 × 38 cm
Colección del artista
pp. 90-91

Fris del restaurant M.G.
Friso del restaurante M.G.
1982
Tinta china sobre cartulina,
mondadientes y plástico
16,3 × 57,5 cm
Colección Montse Guillén

Tallamots
Cortapalabras
1982
Guillotina de madera y hierro y tinta
china sobre papel
13 × 31,7 × 23,5 cm
Colección del artista

Estratègia de manteniment
(de la sèrie **«Procés i escriptures»**)
Estrategia de mantenimiento
(de la serie «Proceso y escrituras»)
1983
Técnica mixta y collage sobre papel
100 × 70 cm
Colección del artista
p. 107

Gest i gest
Gesto y gesto
1983
Caja de luz con 40 miniaturas; tinta china
sobre fotogramas de 35 mm
35 × 70 cm
Colección del artista

Original del libro *Micro-òpera*
1983
Tinta china, acrílico, aceite de oliva y sal
sobre papel
56 × 43 cm
Colección del artista
p. 48

Original del libro *Micro-òpera*
1983
Tinta china y acrílico sobre papel
56 × 43 cm
Colección del artista

Original del libro *Micro-òpera*
1983
Tinta china sobre papel
56 × 43 cm
Colección del artista

Panhumà (de la sèrie **«Procés
i escriptures»**)
Panhumano (de la serie «Proceso
y escrituras»)
1983
Técnica mixta y collage sobre papel
100 × 70 cm
Colección del artista
p. 106

Descartar l'analogia superficial
Descartar la analogía superficial
1984
Acrílico y tinta china sobre papel
50 × 70 cm
Colección del artista
p. 103

Micro-òpera 2
Micro-ópera 2
1984
Instalación: 2 cajas de luz con
80 miniaturas c/u, 2 vitrinas con objetos,
8 fotos b/n, y 1 vídeo 3/4" PAL, color,
sonido, 13'; proyectado en DVD
Cajas de luz: 89 × 29 cm c/u; vitrinas:
92 × 42 cm c/u; fotos: 18 × 24 cm c/u
Música de Benet Rossell
Colección Rafael Tous
pp. 120-123

Mimetisme i màscara
Mimetismo y máscara
1984
Acrílico y tinta china sobre papel
50 × 65 cm
Colección del artista

No pintar-hi res
No pintar nada
1984
Balanza, letras de imprenta y tubos
de pintura
68 × 106 × 56 cm
Colección del artista
p. 50

Dibutext
Dibutexto
1985
Tinta china sobre papel
100 × 65 cm
Colección particular

«Triptych»
«Tríptico»
1985
Acrílico y tinta china sobre papel impreso
74 × 136 cm
Colección particular
pp. 136-137

Pound
1985 / 2009
Original vídeo 3/4" PAL y Mini DV, color,
sonido; proyectado en DVD
10' 57"
Música de Eduardo Polonio
Colección del artista
pp. 142-143

Sin título (de la serie **«Carob Bean,
an American Dream»** [Algarroba,
un sueño americano])
1986
Tinta china y rotulador sobre papel
(40 unidades)
21 × 29,7 cm; 29,7 × 21 cm
Colección del artista
p. 116-117

Carob Way
Camino de algarrobas
1986
Original vídeo 3/4" NTSC, color, sonido;
proyectado en DVD
18' 3"
Música de Benet Rossell
Colección del artista
pp. 118-119

Ombra transparent (1)
Sombra transparente (1)
1986
Tinta china y collage sobre acetato
32 × 38,5 cm
Colección del artista
p. 36

Ombra transparent (2)
Sombra transparente (2)
1986
Tinta china y collage sobre acetato
32,2 × 48,6 cm
Colección del artista

Ombra transparent (3)
Sombra transparente (3)
1986
Tinta china y frottage sobre acetato
18,5 × 21 cm
Colección del artista

Ombra transparent (4)
Sombra transparente (4)
1986
Tinta china, frottage y collage
sobre acetato
20 × 27 cm
Colección del artista
p. 37

L'art de Dreyer
El arte de Dreyer
1987
Tinta china sobre cartulina negra
29,6 × 21 cm
Colección del artista

L'art de Keaton
El arte de Keaton
1987
Tinta china sobre cartulina negra
29,6 × 21 cm
Colección del artista

L'art de Mizogushi
El arte de Mizogushi
1987
Tinta china y lápiz blanco sobre cartulina
negra
19,2 × 15 cm
Colección del artista
p. 128

Dos fulls i 80 miniatures al llom
Dos páginas y 80 miniaturas en el lomo
1987-1988
Técnica mixta sobre papel hecho a mano
y fotogramas de 35 mm
110 × 200 cm
Colección particular
pp. 124-125

L'equivalent simulacre
El equivalente simulacro
1992
Revista *Vèrtex* 103/191
29,7 × 21 cm
Colección del artista
pp. 114-115

FocFocàsFocarràsFocarrimeu
1994
Tinta, lápiz, quemado y collage
sobre papel hecho a mano
56 × 46 cm
Colección particular

Acta
1996
Instalación: 5 bocoys, 5 portalámparas
con bombillas de 25 W, caja de luz con
plancha de poliéster «El rastreador
de rincones», acta notarial, pantalla LCD
y vídeo (*The Infinit Trip*)
Dimensiones variables
Colección MACBA. Consorcio Museu
d'Art Contemporani de Barcelona.
Donación del artista
p. 54

Sin título
1997
Técnica mixta sobre papel mongol
(16 unidades)
52 × 52 cm c/u
Colección del artista
pp. 138-141

Icono i Grafia
Icono y Grafía
2000
Díptico. Gofrado sobre papel hecho
a mano (10/25)
65 × 50 cm c/u
Colección del artista

Apollinaris 1953 de Joseph Cornell
2001
Tinta china, bolígrafo y lápiz sobre postal
15,2 × 10,2 cm
Colección del artista

Valors esperats:
2+1=<f(x)>=∫f(x)ψ²(x)dx≈2+2
Valores esperados:
2+1=<f(x)>=∫f(x)ψ²(x)dx≈2+2
2006
Original vídeo digital, color, sonido;
proyectado en DVD
55"
Música de Benet Rossell
ARTIUM de Álava, Vitoria-Gasteiz
pp. 126-127

Sin título (de la serie «**Poilus**» [Peludos])
2007
Tinta china y rotulador sobre papel
(6 unidades)
42 × 29,7 cm c/u
Colección del artista
p. 14-15

Vetlla
Velatorio
2007
Videoinstalación: sillas, recordatorio
y vídeo original digital, color, sin sonido;
proyectado en DVD
3' 25"
Colección del artista
p. 17

Agenda 2007
2008
Original vídeo digital, color, sonido;
proyectado en DVD
56' 39"
Narración de Benet Rossell
Colección del artista
pp. 168-169

Auto di ritratto
Auto de retractación
2008
Original Mini DV, color, sonido;
proyectado en DVD
13' 2"
Recitado de Benet Rossell
Sonido de Ferran Fages
Efectos de sonido de Mercè Capdevila
Colección del artista
pp. 108-109

Frameman
El hombre fotograma
2009
Original vídeo 3D y vídeo HD, color,
sonido; proyectado en Blu-ray
54"
Música de Benet Rossell
Colección del artista
pp. 166-167

Llum a l'ull
Luz en el ojo
2009
Original vídeo HD, color, sonido;
proyectado en Blu-ray
4' 14"
Música de Benet Rossell
Colección del artista
p. 6

No Comment
Sin comentarios
(coautor Eugeni Bonet)
2009
Original Mini DV, color, sonido;
proyectado en Blu-ray
8' 46"
Música de Benet Rossell
Colección de los artistas
p. 148/164-165

Nocturnal U
2009
Original vídeo 3D y vídeo digital, color,
sonido; proyectado en Blu-ray
4' 8"
Música de Benet Rossell
Colección del artista
pp. 22-23

L'hòstia Kúbika
La hostia Kúbica
2010
Original 3D y vídeo HD, color, sonido;
proyectado en Blu-ray
4' 33"
Música de Benet Rossell
Colección del artista

Microfàcies
Microfacias
2010
Original vídeo 3D y vídeo HD, b/n,
sonido; proyectado en Blu-ray 3D
1' 49"
Música de Benet Rossell
Recitado de Cristina Gàmiz
y Benet Rossell
Colección del artista
pp. 112-113

Paral·lel, paral·lel. L'escena
Paralelo, paralelo. La escena
2010
Pintura sobre tela o papel craft
(18 elementos escenográficos originales
de El Molino), cinta perimetral y aerosol
biodegradable
Dimensiones variables
Colección del artista

Paral·lel, paral·lel. L'espectacle
Paralelo, paralelo. El espectáculo
2009-2010
Original Mini DV, color, sonido;
proyectado en DVD
Duración por determinar (obra en
proceso)
Música de Benet Rossell
Producción MACBA
Colección del artista
pp. 180-183

Paral·lel, paral·lel. A quatre passes
1-2-3
Paralelo, paralelo. A cuatro pasos 1-2-3
2010
Serigrafía sobre papel Sanders de 425 gr
(1/3)
105 × 75 cm c/u
Colección del artista
pp. 176-177

Penso amb la punta del pinzell
Pienso con la punta del pincel
2010
Instalación: madera, pintura sobre
madera y sobre tela de Benet Rossell
(408 obras), tisú, plástico de burbujas
y cinta adhesiva
Dimensiones variables
Colección del artista
pp. 144-147

Selección bibliográfica

1968

CHÉRY, Christian: «Quand il a chaud dans ses chaussures», *Les Lettres Françaises*, n.º 1246 (28 de agosto de 1968).

1970

BORRÀS, Maria Lluïsa: «Allà els dos éssers i la sabata de Benet Rossell», *Destino*, n.º 1690 (21 de febrero de 1970).
——: «Grupo catalán de París», *Destino*, n.º 1712 (25 de julio de 1970).
CHÉRY, Christian: «Benet Rossell». París: Galerie Bazarine, 1970 [cat. exp.].
——: «Un autre humoriste», *Les Lettres Françaises* (febrero de 1970).
CIRICI, Alexandre: «Beni, a la Bazarine», *Serra d'Or*, n.º 125 (15 de febrero de 1970), p. 73.
——: «Metallenguatges de Santos, Portabella, Beni», *Serra d'Or*, n.º 134 (15 de noviembre de 1970), pp. 61-62.
FINLANDIA, Gianni: «Beni», *La Codorniz* (26 de abril de 1970).
LACHIZE, Samuel: «Un humoriste catalan, place des Vosges», *L'Humanité Dimanche* (enero de 1970).

1971

CIRICI, Alexandre: «Beni, més enllà de les aparences», *Serra d'Or*, n.º 136 (enero de 1971), pp. 41-43.
CORREDOR-MATHEOS, José: «Avantguarda catalana», *D'Ars*, n.º 56-57 (10 de noviembre de 1971), pp. 78-83.
MASOLIVER RÓDENAS, Juan Antonio: «Beni», *Benet Rossell*. Londres: Spanish Institute, 1971 [cat. exp.].

1973

BORRÀS, Maria Lluïsa: «Últimas tendencias», *Historia del Arte Salvat*. Vol. 10. Barcelona: Salvat, 1973.
HIERRO, José: «Beni», *Nuevo Diario* (27 de mayo de 1973).
R.M.L.: «Beni, en la Galeria Seiquer, de Madrid», *La Estafeta Literaria*, n.º 518 (15 de junio de 1973).

1976

BORRÀS, Maria Lluïsa: «Tendences actuelles», *Histoire de l'Art Alpha*, n.º 157 (1976).
CIRICI, Alexandre: «Art enllà», *Serra d'Or*, n.º 197 (15 de febrer de 1976), pp. 49-50.
COMBALIA, Victoria: «Agafa lupa». Barcelona: Llibres del Mall, Col·lecció Art Enllà, 1976. Texto de presentación de 10 postales.

1977

BROSSA, Joan: «L'espiral». Barcelona: Galeria G, 1977 [cat. exp.].
COMBALIA, Victoria: reseña de la exposición en la Galeria G, *Batik*, n.º 32 (marzo de 1977), p. 62.
DOLS RUSIÑOL, Joaquim: «La normalización del conceptualismo en Cataluña», *Artes Plásticas*, n.º 16 (marzo-abril de 1977), pp. 95-97.

1978

BONET CORREA, Eugeni: «There is an Independent Cinema in Spain, but...», *Millennium Film Journal*, n.º 2 (1978).
CIRICI, Alexandre: «Arte de los medios alternativos», *Artes Plásticas*, n.º 26 (septiembre-noviembre de 1978), pp. 20-24.
GIRALT-MIRACLE, Daniel: «Benet Rossell», *Avui* (16 de julio de 1978).
IGLESIAS DEL MARQUET, Josep: «Benet Rossell, el ludismo como visión liberadora», *Diario de Barcelona* (9 de julio de 1978).
NAVARRO, Mariano: «Benet Rossell», *El País* (16 de marzo de 1978).

PICAZO, Glòria: «Caligrafía sígnica de Benet Rossell», *Batik*, n.º 45 (noviembre de 1978).

1979

VEILLON, Olivier René: «Benet Rossell dans son langage et dans le nôtre», *Benet Rossell*. París: Galerie Découvertes, 1979 [cat. exp.].

1980

EBLÉ, Guus y Anita: «Presentación», *Benet Rossell*. La Haya: Galerie Ivnaser, 1980 [cat. exp.].
LASCAULT, Gilbert: «Benet Rossell», *L'Amérique aux indépendants*. París: Grand Palais, 1980 [cat. exp.].
VAN DE PAS, Annemieke: «Le dessinématographe Benet Rossell», *+ - 0*, n.º 31 (diciembre de 1980).

1981

BONET CORREA, Eugeni: «El cine experimental en Barcelona», *Muestra de Cine Experimental Español*. Madrid: Aula de Cine de la Universidad Complutense de Madrid, 1981 [cat. exp.].
GORINA, Alejandro: «Woody Allen y las Ramblas frente a la España de después de Franco en la XXIII Semana Internacional de Cinema de Barcelona», *El Noticiario* (14 de octubre de 1981).
GUTIÉRREZ, Fernando: «Benet Rossell en Joan Prats», *La Vanguardia* (6 de junio de 1981).
JOUFFROY, Alain: prefacio, *Le papier du dessin*. Estocolmo: Franska Institutet, 1981 [cat. exp.].
NOGUEZ, Dominique: «8 cortometrajes presentados por Benet Rossell», *Filmarte*. Pamplona: Sala de Cultura CAN, 1981.

1982

ALTAIÓ, Vicenç: «De mil homens u», en Benet Rossell: *Microteatre U*. Sabadell: Èczema, 1982.
COMBALIA, Victoria: «El papel es la piel de la pintura», *El País* (4 de septiembre de 1982).
FITÉ, Francesc: «Benet Rossell, el pintor del Montsec», *Segre* (17 de noviembre de 1982).
GARCÍA, Josep Miquel: «Benet Rossell, d'Àger a París», *Segre* (14 de noviembre de 1982).
——: «Taques del temps», *Fons i sol*. Lérida: L'Ereta Taller, 1982 [cat. exp.].
GIRALT-MIRACLE, Daniel: «Benet Rossell», *Art Press*, n.º 56 (febrero de 1982).
PALAU, Dolors: «De la mà de Benet Rossell, el Montsec a la Galeria Trece», *Diario de Barcelona* (15 de septiembre de 1982).
PICAZO, Glòria: «MDCCCXCII o el monument a Colom de Benet Rossell i Antoni Miralda», *Avui* (2 de mayo de 1982).
QUERALT, Rosa: «Benet Rossell», *Barcelona-vuit-dos*. Pamplona: Pabellón de Arte Ciudadela, 1982 [cat. exp.].
VAN DE PAS, Annemieke: «Des signes pris au passage», *Les Temps de l'écriture*. Montluçon: Ayuntamiento de Montluçon, 1982 [cat. exp.].
——: «Riant, chantant et gesticulant», *É Que É*. Sabadell: Èczema, 1982.

1983

BONET CORREA, Eugeni; Palacio, Manuel (eds.): *Práctica fílmica y vanguardia artística en España 1925-1981*. Madrid: Universidad Complutense de Madrid, 1983 (edición bilingüe castellano-inglés), p. 45.
DUNOYER, Jean-Marie: «Classiques de demain, Benet Rossell», *Le Monde* (20 de enero de 1983).
FERRER, Esther: «Los signos gráficos de Benet Rossell», *El País* (19 de febrero de 1983).

GARCÍA, Josep Miquel: «Benet Rossell, de la Noguera a París»,
  Avui (16 de enero de 1983).
GOURRIER, Georges-Henry: «Les calligraphies incantatoires
  de Benet Rossell», *L'Indépendant* (16 de mayo de 1983).
HAC MOR, Carles: «Un escalaborn, per a en Benet Rossell»,
  Ampit, n.º 7-8 (verano-otoño de 1983).
NOGUEZ, Dominique: «Di qualche criterio aprioristico sul cinema
  sperimentale», *Il Gergo Inquieto, trent'anni di Cinema
  Sperimentale Francese, 1950-1980*. Génova: Bonini, 1983
  [cat. exp.].
VAN DE PAS, Annemieke: «Montsec és sec», *Montsec és sec*.
  Barcelona: Galeria Trece, 1983 [cat. exp.].
——: «Identification d'une vie», *Benet Rossell*. París:
  Bibliothèque Cité Air France - Bibliothèque Aérogare C.D.G. 2A,
  1983 [cat. exp.].
——: «Microtheater und micro-operas von Benet Rossell»,
  Benet Rossell. Karlsruhe: Prinz-Max-Palais, 1983 [cat. exp.].

1984
BORRELL, Joan: «R» «Rossell», *Écritures dans la peinture*. Vol. 1.
  Niza: Centre national des arts plastiques, Ville Arson, 1984,
  p. 40 [cat. exp.].
CAYLEFF, Susan: «Micro by Benet Rossell», *Impact*. Texas:
  Universidad de Texas, Galveston, 1984.
GARCÍA, Josep Miquel: «Benet Rossell, una pràctica
  individualitzada», *Artistes de Ponent*. Barcelona: Palau Marc,
  Servei d'Arts Plàstiques de la Generalitat de Catalunya a
  l'Institut d'Estudis Ilerdencs, 1984 [cat. exp.].
LAMBERT, Jean-Clarence: «Notes sur l'émergence d'une
  imagination scripturale dans l'art actuel», *Écritures dans la
  peinture 2*. Niza: Centre national des arts plastiques, Ville
  Arson, 1984 [cat. exp.].
SARDUY, Severo: «El hombre es un alfabeto (Sobre la pintura
  de Benet Rossell)», en Benet Rossell: *Micro-òpera*. Barcelona:
  Àmbit, 1984.
VAN DE PAS, Annemieke: «Identificació d'un món», en Benet
  Rossell: *Micro-òpera*. Barcelona: Àmbit, 1984.
VILA, Francesc: «Micro-òpera 2», *Micro-òpera 2*. Barcelona:
  Fundación Joan Miró, 1984 [cat. exp.].

1985
BORRÀS, Maria Lluïsa: «Els catalans de París», *Barcelona-París-
  New York*. Barcelona: Palau Robert, 1985 [cat. exp.].
BRETEAU SKIRA, Gisèle: *Abécédaire des films sur l'art moderne
  et contemporain, 1905-1984*. París: Centre Pompidou,
  1985.
BRIOT, Marie-Odile: «Intersignes mutants», *Barcelona-París-New
  York*. Barcelona: Palau Robert, 1985 [cat. exp.].
BUTOR, Michel: «Chimères catalanes», *Benet Rossell, obra
  recent*. Barcelona: Galeria Maeght, 1985 (en catalán,
  castellano y francés) [cat. exp.].
COMBALIA, Victoria: «Diálogo en la abstracción», *El País*
  (6 de julio de 1985).
FITÉ, Francesc: «El metallenguatge de Rossell», *La Mañana*
  (15 de mayo de 1985).
GARCÍA, Josep Miquel: «Nueva serie pictórica de Benet Rossell»,
  Segre (10 de mayo de 1985).
——: «Benet Rossell», *Benet Rossell*. Lérida: Galeria Alfós,
  1985 [cat. exp.].
HAC MOR, Carles: «Paraparèmies per a un microteatre»,
  Metrònom, n.º 2 (enero de 1985).
PARCERISAS, Pilar: «El llenguatge microfiguratiu de Benet
  Rossell», *Avui* (20 de enero de 1985).
PUIG, Arnau: «Dels ideogrames a la pintura de Benet Rossell»,
  Avui (23 de junio de 1985).

RESTANY, Pierre: «El París dels anys 1960-80 i la nova generació
  catalana», *Barcelona-París-New York*. Barcelona: Palau
  Robert, 1985 [cat. exp.].

1986
BALSACH, Maria Josep: «Benet Rossell. Escriptures i paisatges».
  Reus: Escola Taller d'Art, 1986.
GARCÍA, Josep Miquel: «Benet Rossell o Nueva York
  recontemplada», *Segre* (31 de octubre de 1986).
GOURRIER, Georges-Henry: «Écritures et peintures de Benet
  Rossell», *L'Indépendant* (29 de mayo de 1986).
HAC MOR, Carles: «Garrofa way of life», *El País*. Sección
  «De cua d'ull» (24 de agosto de 1986).
PARCERISAS, Pilar: «Barcelona-París-New York: l'opció
  internacional de dotze artistes catalans», *Avui* (12 de enero
  de 1986).
——: «Benet Rossell: de les micrografies al llenguatge
  seqüencial», *Avui* (7 de agosto de 1986).
PEDROSA, Jordi: «Carob Way: New York-Barcelona», *Carob*.
  Bellaterra: Universidad Autónoma de Barcelona, 1986
  [cat. exp.].
VAN DE PAS, Annemieke: «Adesiara», *Benet Rossell*. Barcelona:
  Colegio Oficial de Aparejadores y Arquitectos Técnicos de
  Barcelona, 1986 [cat. exp.].

1987
BORRELL, Joan: «Toujours là-bas. Là-bas où? Ici, Les bestioles
  pressées de Benet Rossell», *Benet Rossell*. Céret: Musée
  d'Art Moderne de Céret, 1987 [cat. exp.].
ECHAUZ, Pau: «Benet Rossell o la multiplicitat», *Segre*
  (10 de mayo de 1987).
FITÉ, Francesc: «Benet Rossell, la reflexió abstreta», *Segre*
  (10 de mayo de 1987).
——: «Benet Rossell exposa a Àger», *La Cabanera*. Àger:
  Ayuntamiento de Àger, 1987.
GARCÍA, Josep Miquel: «Benet Rossell, Medalla Morera 86»,
  Segre (8 de mayo de 1987).
——: «Retorno a las raíces de Benet Rossell», *Segre*
  (14 de agosto de 1987).
——: «Projecte de guió per a un curtmetratge biogràfic sobre
  Benet Rossell», *Benet Rossell*. Lérida: Museu Morera, 1987
  [cat. exp.].
JEANNET, Fréderic-Yves: «Para Benet Rossell», *Artics*, n.º 8 (1987).
SALA-SANAHUJA, Joaquim: «Benet Rossell a l'hora crepuscular»,
  Benet Rossell. Céret: Musée d'Art Moderne de Céret, 1987
  [cat. exp.].

1988
JOVÉ, Jordi: «Macro-Beni-entrevista», *Làtex*, n.º 3
  (enero de 1988).
PALLARÉS, Marta: «Benet Rossell», *Làtex*, n.º 3 (enero de 1988).

1989
«Benet Rossell, Antoni Tàpies and Joan Brossa», *Fine Arts
  Magazine* (diciembre de 1988 - enero de 1989).
CASTILLO, David: «Mots en llibertat, poesia sonora i *dub poetry*»,
  Avui (9 de abril de 1989).
ECHAUZ, Pau: «Un viatge a les arrels», *Segre* (19 de marzo
  de 1989).
FALGÀS, Jordi: «L'art contemporani es troba dins del gran imperi
  de la subjectivitat», *Punt Diari* (23 de mayo de 1989).
HAC MOR, Carles: «El deliri d'una geometria guiada per l'atzar,
  per una lectura insòlita de l'obra de Benet Rossell»,
  Benet Rossell. Gerona: Galeria Expoart, 1989 [cat. exp.].

1990

BORRÀS, Maria Lluïsa: «Dibujos que evocan el arte oriental», *La Vanguardia* (diciembre de 1990).

CLAPÉS, Antoni: «Raapstelen», *Artilletres*, n.º 10 (diciembre de 1990).

COOVER, Robert: «The Early Life of The Artist», *Benet Rossell*. Barcelona: Àmbit de Dibuix, 1990.

FONTRODONA, Óscar: «Benet Rossell», *ABC* (29 de noviembre de 1990).

GARCÍA, Josep Miquel: «Rossell i Miralda: de pintures i núpcies», *Segre* (14 de octubre de 1990).

——: «2.000 més 2 signografies de Benet Rossell», *Segre* (4 de noviembre de 1990).

LETELLIER, Pascal: «Benet Rossell», *Les Allumées*. Nantes: Ayuntamiento de Nantes, 1990.

PARCERISAS, Pilar: «Un poeta de la imatge en totes les seves possibilitats», *Avui* (29 de agosto de 1990).

PICAZO, Glòria: «Art concepte, la década de los setenta en Catalunya», *Art Concepte*. Barcelona: Galeria Alfonso Alcolea, 1990 [cat. exp.].

SANTOS TORROELLA, Rafael: «Benet Rossell», *ABC* (20 de diciembre de 1990).

ÚBEDA, Jordi: «Homenatge de Nova York al cine de Benet Rossell», *Diari de Lleida* (2 de mayo de 1990).

VAN DE PAS, Annemieke: «A Few Questions for Benet Rossell», *Benet Rossell, An American Exhibition*. Nueva York: Anthology Film Archives, 1990 [cat. exp.].

XARGAY, Esther: «A Àger un àngel», *Benet Rossell*. Castell d'Aro: Castell de Benedormiens, 1990 [cat. exp.].

1991

BONET CORREA, Eugeni: «VV AA: Las vanguardias artísticas en la historia del cine español» (Actas del III Congreso de la AEHC). San Sebastián: Filmoteca Vasca, 1991.

LAMBERT, Jean-Clarence: «Le règne imaginal», vol. II. París: Éditions Cercle d'Art, 1991.

MACIÀ, Albert: «Benet Rossell», *Avui Art* (4 de septiembre de 1991).

SALA-SANAHUJA, Joaquim: «Vida i obra de Benet Rossell», en el Coloquio *Literatures Submergides*, Barcelona: KRTU, Departamento de Cultura, Generalitat de Catalunya, 1991.

SCHNEIDER, Joseph-Paul: «L'énergie d'un langage», *Luxemburger Wort* (17 de julio de 1991).

XARGAY, Esther: «A fum de sabatots», *Papers d'Art* (mayo de 1991).

1992

BONET CORREA, Eugeni: «Cinema i vídeo experimental i d'artistes a Catalunya», *Idees i actituds: entorn de l'art conceptual a Catalunya, 1964-1980*. Barcelona: Centre d'Art Santa Mònica, Departamento de Cultura, Generalitat de Catalunya, 1992 [cat. exp.].

FIGUERES, Abel: «L'art conceptuel catalan, l'art conceptuel du sud», *Catalònia* (marzo de 1992).

MACIÀ, Albert: «Benet Rossell», *Idees i actituds: entorn de l'art conceptual a Catalunya, 1964-1980*. Barcelona: Centre d'Art Santa Mònica, Departamento de Cultura, Generalitat de Catalunya, 1992 [cat. exp.].

PARCERISAS, Pilar: «A l'altra banda del mur», *Idees i actituds: entorn de l'art conceptual a Catalunya, 1964-1980*. Barcelona: Centre d'Art Santa Mònica, Departamento de Cultura, Generalitat de Catalunya, 1992 [cat. exp.].

PICAZO, Gloria: «It is difficult to bungle a good idea», *Idees i actituds: entorn de l'art conceptual a Catalunya, 1964-1980*. Barcelona: Centre d'Art Santa Mònica, Departamento de Cultura, Generalitat de Catalunya, 1992 [cat. exp.].

SCHNEIDER, Joseph-Paul: «Art catalan d'aujourd'hui», *Luxemburger Wort* (15 de enero de 1992).

VAN DE PAS, Annemieke: «1964-1980. Moments d'acció en les trajectòries dels artistes catalans», *Idees i actituds: entorn de l'art conceptual a Catalunya, 1964-1980*. Barcelona: Centre d'Art Santa Mònica, Departamento de Cultura, Generalitat de Catalunya, 1992 [cat. exp.].

1993

BONET CORREA, Eugeni: «La apropiación es robo», *Desmontaje: film/vídeo, apropiación/reciclaje*. Valencia: Institut Valencià d'Art Modern, 1993 (edición bilingüe castellano-inglés) [cat. exp.].

BORRÀS, Maria Lluïsa: «Tradición y modernidad, Benet Rossell. 1.000 a Miró», *La Vanguardia* (10 de diciembre de 1993).

GARCÍA, Josep Miquel: «Benet Rossell, Mil a Miró», *Segre. Dominical* (14 de noviembre de 1993).

HAC MOR, Carles: «Benet Rossell, mestre en vells i nous mitjans», *Papers d'Art*, n.º 57 (diciembre de 1993).

LAMBERT, Jean-Clarence: *El reino imaginal*. Vol. II. Barcelona: Ediciones Polígrafa, 1993, p. 151 y 159.

OLIVER, Conxita: «Benet Rossell a Miró», *Avui* (19 de diciembre de 1993).

SALVO, Ramón: «Les etapes de la poesia experimental catalana entre 1951-1983», *Poesia experimental catalana*. Bellaterra: Instituto de Ciencias de la Educación, Universidad de Barcelona, 1993 [cat. exp.].

SUNYOL, Víctor: «Entre el no-res i el sublim», *El 9 Nou* (15 de noviembre de 1993).

1994

PARCERISAS, Pilar: «The Last Utopia of Catalan Art», *Idees and attitudes*. Southampton: Cornerhouse/John Hansard Gallery, 1994 [cat. exp.].

PICAZO, Glòria: «La col·lecció Tous: de l'aventura personal a l'aventura col·lectiva», *Fragments*. Barcelona: Palau de la Virreina, Ayuntamiento de Barcelona, 1994 [cat. exp.].

RENZI, Miquel de: «Micrografies i cadències», *Benet Rossell*. Barcelona: Àmbit, Col·lecció Agenda, 1994.

1995

CÒNSUL, Isidor: «Dibuixar la paraula, escriure el traç», *Avui* (23 de marzo de 1995).

1996

ANTICH, Xavier: «Cenizas en el Macba, ante Notario», *El País* (27 de noviembre de 1996).

BORRÀS, Maria Lluïsa: «El hombre como alfabeto», *La Vanguardia* (2 de febrero de 1996).

BRIOT, Marie-Odile: «Journal résiduel», *Diari residual*. Barcelona: Palau de la Virreina, Ayuntamiento de Barcelona, 1996 [cat. exp.].

CASTILLO, David: «Benet Rossell: la velocitat gestual de la memòria», *Avui. Dominical* (febrero de 1996).

CORREDOR-MATHEOS, José: *Història de l'art català*. Vol. IX. Barcelona: Edicions 62, 1996, p. 90, 92, 95, 98, 120, 145 y 223.

ECHAUZ, Pau: «Benet Rossell, les pàgines en blanc», *Segre* (marzo de 1996).

GARCÍA, Josep Miquel: «Benet Rossell, Diari residual», *Segre. Dominical* (4 de febrero de 1996).

——: «Benet Rossell, gravoris», *Segre. Dominical* (22 de septiembre de 1996).

GIRALT-MIRACLE, Daniel: «Benet Rossell y el valor de lo residual», *ABC* (2 de febrero de 1996).

HAC MOR, Carles; Xargay, Esther: «Retrat paraparèmic de Benet
    Rossell», *Diari residual*. Barcelona: Palau de la Virreina,
    Ayuntamiento de Barcelona, 1996 [cat. exp.].
——: «Benet Rossell: una explosió de fertilitat», *Papers d'Art*
    (febrero-marzo de 1996).
OLIVER, Conxita: «Benet Rossell: la reflexió de tota una
    trajectòria», *Avui* (29 de febrero de 1996).
SÁEZ, Anna: «Benet Rossell», *Segre* (7 de abril de 1996).
SASTRE, Eva: «Sigo buscando la reflexión para contar historias»,
    El Mundo (27 de enero de 1996).
SUNYOL, Víctor: «Mots i traços subtils i densos», *El 9 Nou*
    (5 de enero de 1996).
UBERQUOI, Marie-Claire: «El Palau de la Virreina recoge una
    antología de Benet Rossell», *El Mundo* (24 de enero de 1996).

1997
ALSINA, Mercè: «El signe és infinit», *El signe és infinit*. Cardedeu:
    Sant CorneliART, Ayuntamiento de Cardedeu, 1997 [cat. exp.].
BONET CORREA, Eugeni: Seminario *Cercles de confusió:
    el cinema dels artistes visuals*. Barcelona: Mediateca de la
    Fundación "la Caixa", 1997.
ECHAUZ, Pau: «Nuevo símbolo inspirado en los cuatro *paers*»,
    La Vanguardia (30 de diciembre de 1997).
ESCALA, Albert: «La almendra "com balla"», *La Vanguardia*
    (18 de diciembre de 1997).
SÁEZ, Anna: «Àger en la memoria de Benet Rossell», *Segre*
    (28 de noviembre de 1997).
SCHNEIDER, Joseph-Paul: «Dynamisme et poesie – Benet Rossell
    à la Galerie Schweitzer», *Luxemburger Wort* (25 de marzo
    de 1997).

1998
ALTAIÓ, Vicenç: «El tanguista dels signes», *El Mundo*
    (25 de enero de 1998).
ARTIGUES, Jaume; Giorgi, Cristina; Rossell, Benet: «Arbre paer»,
    Dau, n.º 6 (otoño de 1998).
BUFILL, Juan: «Personajes caligráficos e inquietos»,
    La Vanguardia (12 de junio de 1998).
GARCÍA, Josep Miquel: «L'arbre paer», *Segre. Dominical*
    (11 de enero de 1998).
GIRALT-MIRACLE, Daniel: «Benet Rossell», *ABC* (12 de junio
    de 1998).
HAC MOR, Carles: «L'art viu als racons», *Avui* (26 de marzo
    de 1998).
PIZZA, Antonio: «Espaces publics et monumentalité dans
    l'architecture contemporaine de Barcelone», *Mégalopole. Art,
    Architecture, Urbanisme*, n.º 17 (1998).
«Benet Rossell expone en Barcelona sus dibujos, grabados
    y "gravori" más recientes», *La Vanguardia* (10 de junio
    de 1998).

1999
FIGUERES, Abel: «Els Benets Rossells de Benet Rossell o Tirant
    lo món i recollint l'art o les múltiples vides artístiques de
    l'artista Benet Rossell», *Tirant lo món*. Palma de Mallorca:
    Centro de Cultura Sa Nostra, 1999 [cat. exp.].
GARCÍA, Josep Miquel: «Benet Rossell, L'ametlla com balla»,
    Segre. Dominical (11 de julio de 1999).
JAEGER, Chantal de: «Une histoire en engendre une autre»,
    Luxemburger Wort (16 de junio de 1999).

2000
BARRAL, Xavier: «Reprendre el fil», *Avui* (31 de octubre de 2000).
RATÉS, Esther; García, Josep Miquel: «Benet Rossell», *El segle
    de Cristòfol*. Lérida: Fundación "la Caixa", 2000 [cat. exp.].

SANUY, Carles Maria: «La matèria escrita», *La matèria escrita*.
    Lérida: Institut d'Estudis Ilerdencs, 2000 [cat. exp.].
XIMÉNEZ, Marga: «Sospita», *Sospita-Tapissos*. Barcelona:
    Mx Espai, 2000 [folleto].

2001
BARRAL, Xavier: «H2O + B.R.= CV», *Avui* (17 de abril de 2001).
BORRÀS, Maria Lluïsa: «El camino de Benet Rossell»,
    La Vanguardia (30 de marzo de 2001).
HAC MOR, Carles: «El carro amb la inspiració va dins el
    Concorde», *Transversal*, n.º 16 (2001).
——: «El sol i el mar dins el metro», *Avui* (8 de noviembre
    de 2001).
——: «La poesia de Benet Rossell», *Avui* (15 de marzo
    de 2001).
OLIVA, Lydia: «Benet Rossell, el poeta, l'artista, el cal·lígraf,
    el guionista, el viatger, el patafísic de la patata», en Benet
    Rossell: *Road Poetry*. Lérida: Pagès, 2001.
PUIG, Arnau: «10 artistes pel 700 aniversari de la Universitat de
    Lleida», *10 artistes pel 700 aniversari de la Universitat
    de Lleida*. Lérida: Universidad de Lérida, 2001 [cat. exp.].
RESTANY, Pierre: «Cartes Creuades», *Transversal* (2001).

2002
BUFILL, Juan: «Generación conceptual», *La Vanguardia*
    (12 de abril de 2002).
COMBALIA, Victoria: «La col·lecció Tous en el si de l'art
    conceptual català», *L'art conceptual espanyol en la col·lecció
    de Rafael Tous*. L'Hospitalet de Llobregat: Tecla Sala, 2002
    [cat. exp.].
MAS, Ricard: «Èczema / Microteatre U: Benet Rossell», *Èczema.
    Del textualisme a la postmodernitat. 1978 / 1984*. Sabadell:
    Museu d'Art de Sabadell, 2002 [cat. exp.].

2004
FIGUERES, Abel: «Benet Rossell al museu de Cardedeu», *Avui*
    (noviembre de 2004).
RENZI, Miquel de: «Reflexions sobre algunes obres de Benet
    Rossell», *El traç de mil garbes*. Cardedeu: Museu Arxiu
    Tomàs Balvey, 2004 [cat. exp.].

2005
ADRIÀNOMADA: «El rastre del silenci», *Sobre Dalí o la Metàstasi
    de l'inconscient*. Mollet del Vallès: Museo Municipal Joan
    Abelló, Ayuntamiento de Mollet del Vallès, 2005 [cat. exp.].
COMBALIA, Victoria: «El arte conceptual español en el contexto
    internacional», *El arte sucede. Origen de las prácticas
    conceptuales en España, 1965-1980*. Madrid: Museo
    Nacional Centro de Arte Reina Sofía / Sant Sebastián: Sala
    de Exposiciones del Koldo Mitxelena Kulturuneai, 2005-2006
    [cat. exp.].
FIGUERES, Abel: «El Kitschot de Benet Rossell», *Avui* (octubre
    de 2005).
MAS, Ricard: «L'explosió del videoart», *La Vanguardia*
    (5 de noviembre de 2005).
MASOLIVER RÓDENAS, Juan Antonio: «Benet Rossell, el prisionero
    de la libertad», *Lo Quixon*. Montcada i Reixac: Ayuntamiento de
    Montcada i Reixac, 2005 [cat. exp.].
QUERALT, Rosa: «Ninguna idea existe sin un soporte que la
    sostenga», *El arte sucede. Origen de las prácticas
    conceptuales en España, 1965-1980*. Madrid: Museo Nacional
    Centro de Arte Reina Sofía / Sant Sebastián: Sala de
    Exposiciones del Koldo Mitxelena Kulturuneai, 2005-2006
    [cat. exp.].

2006
BRETEAU SKIRA, Gisèle: «Bio Dop», *Primera generación. Arte e imagen en movimiento (1963-1986)*. Madrid: Museo Nacional Centro de Arte Reina Sofía, 2006 [cat. exp.].
SALA-SANAHUJA, Joaquim: «El llibre-maleta», *L'escriptura i el llibre en l'era digital*. Lérida: Universidad de Lérida / KRTU, Generalitat de Catalunya, 2006.

2007
COMBALIA, Victoria: «L'art conceptuel espagnol dans le contexte international». Saint Paul de Vence: Fondation Marguerite et Aimé Maeght, 2007 [cat. exp.].
GARCÍA, Josep Miquel: «Benet Rossell, una salut de ferro», *Segre. Dominical* (14 de enero de 2007).
PARCERISAS, Pilar: *Conceptualismo(s) poéticos, políticos y periféricos*. Madrid: Akal, 2007.

2008
VÁZQUEZ MONTALBÁN, Manuel: «Construcción y deconstrucción de una Teoría de la Almendra de Proust complementaria de la construcción y deconstrucción de una Teoría de la Magdalena de Benet Rossell», a Manuel Vázquez Montalbán: *Poesía completa 1963-2003*. Barcelona: Península, 2008.

2009
PARCERISAS, Pilar: *Il·luminacions, Catalunya visionària*. Barcelona: Centre de Cultura Contemporània de Barcelona, 2009 [cat. exp.].
SALA-SANAHUJA, Joaquim: «Apuntar», *I'm*. Vilafranca del Penedès: Galeria Palma Dotze, 2009 [web exp.].
SESÉ, Teresa: «Benet Rossell, deconstruyendo El Molino», *La Vanguardia* (29 de septiembre de 2009).
——: «La desaparición del "ramblaire"», *La Vanguardia* (9 de agosto de 2009).

2010
BONET CORREA, Eugeni: «El *Atrapafilms*: imágenes que escapan de la jaula», *Paralelo Benet Rossell*. Barcelona: Museu d'Art Contemporani de Barcelona, 2010 [cat. exp.] (edición bilingüe castellano-inglés).
GRANDAS, Teresa: «Taxonomías imposibles y ficciones inciertas en la obra de Benet Rossell», *Paralelo Benet Rossell*. Barcelona: Museu d'Art Contemporani de Barcelona, 2010 [cat. exp.] (edición bilingüe castellano-inglés).
MARÍ, Bartomeu: «Paralelo Benet Rossell», *Paralelo Benet Rossell*. Barcelona: Museu d'Art Contemporani de Barcelona, 2010 [cat. exp.] (edición bilingüe castellano-inglés).
LAMBERT, Jean-Clarence: «Benet Rossell, *artor*. O cómo y por qué nos encontramos en París hace casi treinta años», *Paralelo Benet Rossell*. Barcelona: Museu d'Art Contemporani de Barcelona, 2010 [cat. exp.] (edición bilingüe castellano-inglés).
MASOLIVER RÓDENAS, Juan Antonio: «La vida de los signos», *Paralelo Benet Rossell*. Barcelona: Museu d'Art Contemporani de Barcelona, 2010 [cat. exp.] (edición bilingüe castellano-inglés).
MERINO, Olga: «Benet Rossell i el llibre "El Molino. Un segle d'història" reivindiquen la memòria lúdica i transgressora del Paral·lel», *El Periódico* (6 de febrero de 2010).

Publicaciones y ediciones de arte de Benet Rossell

1968
Edición de 12 postales. Institut de Difusió i Informació d'Arts Plàstiques, Barcelona.

1977
Agafa lupa. Barcelona: Llibres del Mall, Col·lecció Art Enllà. Texto: Victòria Combalia. Edición de 10 postales.

1979
Edición de 4 postales. Texto: Olivier René Veillon. París: Galerie Découvertes.
3 x 8. París: edición del artista. Carpeta de 8 grabados.

1982
Microteatre U, texto: Vicenç Altaió. Sabadell: Edicions Èczema (edición bilingüe catalán-francés).

1983
Le théâtre du carnage, *Micro* y *Esvaïment encisador*. París: Fête de la Lettre. Edición de 3 postales.

1984
Micro-òpera de Benet Rossell, textos: Severo Sarduy y Annemieke Van de Pas. Barcelona: Àmbit.

1986
Blauw, poema: Benet Rossell. Barcelona: edición del artista. Caja de 3 grabados.

1989
Quattuor. Barcelona: edición del artista. Caja de 4 grabados.
Noviluni, pórtico: Joan Perucho. Lérida: Diputación de Lérida. Caja con serigrafías y poemas de varios autores.

1990
Dona, Another Woman, en Bosch i De Kooning. Barcelona: Cafè Central, *plaquette* 6.
Benet Rossell, texto: Robert Coover, «The Early Life of The Artist». Barcelona: Àmbit de Dibuix (edición trilingüe inglés-catalán-castellano).

1991
The Dice, con Jordi Torrent. Barcelona: Cafè Central, *plaquette* 22.
Epigrafies / Epigramies, con Antoni Clapés. Barcelona: Cafè Central.

1992
L'equivalent simulacre. Mataró: Vèrtex, *plaquette* 14.
«La donzellota», con Carles Hac Mor, *L'avioneta*, n.º 7.
Màrius Torres, texto: Jaume Pont. Lérida: Ateneu Popular de Ponent. Carpeta de 5 serigrafías de varios autores.
Art i Sanitat. Barcelona: Consorcio Sanitario de Barcelona. Carpeta de 16 litografías de diferentes autores y catálogo.

1993
A fum de sabatots, textos: Antoni Clapés, Carles Hac Mor, Joaquim Sala-Sanahuja y Esther Xargay. Barcelona: Cafè Central.
Mil a Miró, poema: Antoni Clapés. Barcelona: edición del artista. Carpeta de 4 grabados.

Art i reumatologia, texto: Miquel Martí i Pol. Barcelona: Lliga
    Reumatològica Catalana. Carpeta de 3 grabados de varios
    autores.
Poemas a Luís, poemas: Juan Antonio Masoliver Ródenas.
    Barcelona: edición de los autores. Carpeta de 1 grabado.

1994
Espais intransitables a Benet Rossell, textos: Antoni Clapés,
    Jordi Domènech, Carles Hac Mor, Joaquim Sala-Sanahuja
    y Víctor Sunyol. Barcelona: Cafè Central, *plaquette* 57.
A frec, con Antoni Clapés. Barcelona: Cafè Central.
Laberint, con Antoni Clapés. Barcelona: Albert Ferrer Edicions.
LO, texto: Carles Hac Mor. Lérida: Art Itinerant. Carpeta de
    6 grabados de varios autores.
Cent anys, texto: Ignasi Riera. Barcelona: Colegio Oficial
    de Médicos. Carpeta de obra gráfica de varios autores.

1995
Agenda: Benet Rossell, texto: Miquel de Renzi. Barcelona: Àmbit.

1996
L'avidité de leurs yeux, con Gilbert Lascault. Barcelona:
    Cafè Central.
Lo robatori de la tinta. Barcelona: edición del artista. Caja
    de 8 grabados y carpeta de 2 grabados.

1997
«Acta Canis», *Cave Canis*, Barcelona.
Mandorla, poema: Manuel Vázquez Montalbán, «Construcción
    y deconstrucción de una Teoría de la Almendra de Proust
    complementaria de la construcción y deconstrucción de una
    Teoría de la Magdalena de Benet Rossell». Barcelona: edición
    del artista. Caja de 8 grabados.

2000
Ballo in maschera, con Carles Maria Sanuy. Lérida: Editorial
    Milenio y Produccions Morphosi.

2001
Road Poetry, prólogo: Lydia Oliva. Lérida: Biblioteca de la Suda
    y Pagès.

2003
El viatger no sap, con Antoni Clapés. Vic: Emboscall, Col·lecció
    El Taller de Poesia, 92.

2004
Encara no hi som tots. Barcelona: Cafè Central, Col·lecció
    Els Ulls de Tirèsies, *plaquette* 9.

2005
Ratlles horitzontals. Lérida: Produccions Morphosi, Els Quaderns
    de Mahalta, 2.
Una existència nòmada, texto: Manuel Guerrero. Barcelona:
    Tinta Invisible. Carpeta de obra gráfica de varios autores.
Kitschot, texto: Miguel de Cervantes. Vic: Emboscall, Col·lecció
    El Taller de Poesia, 127.

2006
Ayera, poema: Carles Maria Sanuy. Lérida: Produccions
    Morphosi. Carpeta de 1 grabado.
París, la Cumparsita, con Antoni Miralda. Barcelona: edición
    de los autores. Libro de artista. Diseño gráfico: Edicions de
    l'Eixample.

2007
De les llacunes ermes, poema: Carles Maria Sanuy;
    ilustraciones: Benet Rossell. Gerona: CCCG Edicions.
    Col·lecció P... poesia al cànter.
Miro de veure-hi, con Antoni Clapés. Vic: Emboscall, Col·lecció
    El Taller de Poesia, 162.

2008
Boum ! Boum ! En avant la musique !, con Antoni Miralda.
    Barcelona: edición de los autores. Libro de artista. Diseño
    gráfico: Edicions de l'Eixample.
Edición especial Estampa 2008. Lérida: Galeria Edere. Caja
    de 6 grabados de varios autores.

2009
Un sol punt, con Antoni Clapés. Vic: Emboscall, Col·lecció
    El Taller de Poesia, 184 / Barcelona: Cafè Central.
1.000 a Miró. Barcelona: edición del artista. Libro de artista.
    Diseño gráfico: Edicions de l'Eixample.

Parallel Benet Rossell

BARTOMEU MARÍ
Parallel Benet Rossell

> *What happens when a new work of art is created is something that happens simultaneously to all the works of art which precede it. The existing monuments form an ideal order among themselves, which is modified by the introduction of a new (the really new) work of art among them...*
>
> *The past should be altered by the present as much as the present is dictated by the past...*
>
> *He [the poet, the artist] must be quite aware of the obvious fact that art never improves, but that the material of art is never quite the same.*
>
> T. S. Eliot, *Tradition and the Individual Talent*, 1920

Neither the work of an artist, nor a museum's collection, nor even history itself – a written account of events and developments – are static or immutable. This is not because the subject matter that artists manipulate, transpose and transform is in constant movement, but because the way in which this subject matter is perceived, read and positioned in relation to itself and ourselves is in a state of constant development and flux.

When the artist in question is Benet Rossell, this situation is still more complex. At the beginning of the last century, T. S. Eliot formulated an idea reminiscent of classical Greek culture (if what we call 'art' existed for the ancient Greeks). Is the art of the twentieth century made up of a series of masterpieces, each one an improvement on the last? I doubt it, for in art there is no such thing as improvement, the excelling of precedents, nor substitution, the eradication of them; what does exist, though, is accumulation: almost genetic in nature, it blends without necessarily corrupting, and creates inventions that do not simply arise from nothing. When he adds to it the 'micro-gestures' that explain the development of his work, Rossell does not seek to change the history of art, but he does endeavour to make it more complex and compact. Rossell is like a Renaissance artist working at the end of the last century, cultivating a whole range of techniques, disciplines and subject matters, which in his hands become complimentary to each other. He does not start with a previously considered definition of an artwork, but is constantly inventing one. To a certain degree we can now see that Rossell's most relevant contribution to the avant-garde of the second half of the twentieth century, which carries over into the new century, is by its very nature discreet. In trying to be discreet, he runs the risk of going unnoticed, of falling foul of certain local conventions. In Catalonia, being an artist meant being a painter. And painting was abstract, gestural and material. The 'artistry of the gesture' evinced the quality of the work and was considered to be representative of an individual artist's genius.

Rossell appeared on this scene with no formal training as an artist, but with degrees in law, economics and sociology, and with the calling to become an artist. And to do this he had to invent a language with its own grammar. In Paris, which he first visited with a delegation of economics students from Madrid, he would find like-minded people, and would study the basic principles of the artistic media he felt the greatest affinity for, such as film and music. In an age of monumental self-aggrandisement, Rossell looked for the discretion of the undefined, be it in writing, theatre, film or music; and it was the basic components of film – image and time – that informed the first decades of his artistic production. First the image becomes words, then time becomes narration. Between them lies speech, which is where all living writing arises and ends. Languages and cultures that are not spoken are dead. It is for this reason that Rossell's work constitutes a self-portrait in progress, one that is subject to a constant process of refinement. It is also why Rossell came to study *kirana* music from the north of India, appearing in concerts as a backing singer to Pandit Pran Nath in the mid-sixties. And it is also why Rossell is an actor, although he remains silent. In the video portrait and interview that he made with Eugeni Bonet, he appears swathed in film: its title, tellingly enough, is *No Comment*.

Rossell devised a self-contained poetic script when he realised that other techniques and material were not to be relied on; from celluloid to the pages of a notebook, all tools are suitable, so long as they serve the artist, and not vice versa. Rossell demands, and is driven by, freedom of choice, the freedom to be immoderate, and the freedom of material and of format. We find him in Paris researching the grammar of documentary film with Jean Rouch, while at the same time collaborating with his artist colleagues Jaume Xifra, Joan Rabascall, Antoni Miralda and Dorothée Selz, and filming the rituals and actions they performed collectively. He worked with Miralda on *París, la Cumparsita*, an urban, anti-monumental and anti-militaristic lampoon, and later on other joint productions, such as *Boum! Boum! En avant la musique!* which has recently been mounted and edited in digital form. He also worked alongside Joan Rabascall on *Biodop*, a satirical look at early television adverts, edited using digital technology. At the same time, he produced humorous drawings and created the characters and signs for a vigorous graphic universe with its own grammar and precise metre. In this theatre of micro-actions, sign, character and word are all at work.

Rossell's work is fragile, and it settles into its fragility with the same discretion that it uses to survive in the diffuse space reserved for the reception of art, where artists' work is often confused with artists' behaviour. This is something that we have inherited from Salvador Dalí, and which Andy Warhol knew how to handle well. Rossell's work interests us today for the imprecision it brings to a system accustomed to looking for rules that will provide solidity and permanence. This is why, as part of the museum's mission constantly to review the recent past, we are now interested in exhibiting the undefined, that which seeks a category while avoiding becoming restricted to one. Looking at the work of Rossell means looking at many different things simultaneously, some incongruous, all necessary, and most, more often than not, of genius.

Parallel Benet Rossell is an attempt to explore points of entry into a body of work that is both written and recited; poetry without rhythm, but with a unique metre. Despite burrowing back through time and different periods in the artist's work, it aims to look forward as well as back. It speaks to us of painting that is writing, and provides an overview of an attempt to change images into words, and words into imagination.

TERESA GRANDAS

Impossible Taxonomies and Uncertain Fictions in the Work of Benet Rossell

No discussion of the work of Benet Rossell can ignore the extraordinary number of languages and modes of expression that he has developed since the 1960s, and which, we may expect, he will continue developing over the coming decades. These include poetry, drawing, painting, music and song, theatre, prints, actions, performance, ceramics, tapestry, visual poetry, object-poems, public sculpture, comics, cartoons, installations and retrospective installations; they also cover commercial, experimental and documentary cinema, in the various guises of scriptwriter, cameraman, artistic director and even actor. In addition to these, there are the ones he has invented, including different kinds of micro-languages, *cendrisme* (ash-ism), *teatrot* (theatrot) and *POTATO*, to name but a few.[1] The inventory would be left very much incomplete if we did not mention that the languages exist both independently of one another and interact, making it very difficult to treat them separately in his body of work. In this sense, the wordplay behind the title of Rossell's exhibition *Poésure/Peintrie – d'un art, l'autre*[2] – could apply to his work in general. It takes the French words *poésie* (poetry) and *peinture* (painting) and swaps their endings to form nonexistent, overlapping words that refer to the cross-fertilisation between the fields of poetry and the plastic arts. The cross-breeding of words and wordplay can readily be found in to Rossell's work; at the same time, his output constantly swings between drawing, writing and the moving image, using all the formal resources of film, and linking calligraphy with sequential processes and elements. This constant transformation, this interleaving of genres and the contamination of one medium by another, are fundamental to this artist's work. His work combines notions of film and painting, and goes beyond image and poetics to become something that cannot be reduced to mere text. If the calligrapher produces 'beni'-grams, then the poet produces 'beni'-phonemes. In the same way that his work always solicits the viewer's complicity, the viewer needs to be receptive to the polysemy of an art that aims at cultivating a unique language through different supports and media, enriching it at each step. Like an ethnographer of the society around him, he takes the pulse of reality, its gestures and behaviour. Every place, every individual, is an excuse to start a new story; for Rossell is an indefatigable narrator.

The student of a thousand subjects, his time at the Université du Théâtre des Nations in Paris was crucial. It was there that he first heard of 'total theatre, as a theatre that brought the concepts of celebration and ritual to the stage', of experiences 'closer to semiotic than textual representation. The contact with languages whose syntaxes were a closed book to me, and therefore languages that, as far as I was concerned, did not have syntaxes, fascinated me. This was probably the origin of the language I have been developing my whole artistic career; based on an infinity of signs, icons, micrographs, calligrams or *benigrams* without syntax, unrepeated and unrepeatable, which co-exist, which are articulated and displayed in a way that is always unique, that is constantly reinvented and that ends up being part of a micro-theatre, or calligraphic representation of the giant micro-theatre of the world…'[3]

Calligraphy in Rossell's work is in many ways living pulsation, respiration, musical rhythm and notation. His drawings and penwork are linked to gesture, a kind of semiotic choreography or tango performed on paper – 'action writing', as he himself calls it. Given a variety of different names – micrographs, ideograms, *benigrams*, anthropograms and so on – these 'scriptions' are not part of any linguistic code but make up a kind of written language. To a certain degree they evoke the linguistic games and typographs or calligrams of the early avant-garde, such as those made by Apollinaire, Mallarmé and the Dadaists, from whom he has borrowed a lucid and playful element. In Rossell's case they show the artist playing with the aesthetic periphery, steering a representable detail towards abstraction; but unlike abstraction they denote a fascination for form, an articulated narrative outside the bounds of traditional conventionalism. Writing, Rossell's form of drawing, whether in ink or sound, 'is more a voyage of the line itself towards the unknown than an illustration', according to the author, a journey that can also lead us to music and to scores for sounds that already exist. While many of his first drawings were humorous – a ready and poetic source of reality – or wordless comics, a fusion with a more cinematic language that soon produced sequential drawings like those in *Carob Bean, an American Dream* (1986), there are many other types, such as the hidden or blind man's drawings, which cannot be seen or need a magnifying glass to be seen, or the folded papers and miniature theatres, where the folds in the paper prevent us from seeing if there is more calligraphy or not.

In 1964 Jacques Lacan gave a seminar on the four fundamental concepts of psychoanalysis, in which he stressed the importance of the pre-existence of the gaze. 'What I look at is never what I want to see,'[4] Lacan tells us, and he goes on to talk about the game that is established between the painter and the viewer, a game of *trompe l'oeil*, which always deceives us. The allure of the hidden, of that which hides or even that which is on show but is not perceived – such as Poe's purloined letter – is one of the characteristic features of Rossell's work. It involves a deliberate revealing to the world of the micro-world (gesture and drawing), which in no way implies that everything is seen. He plays with the uncertainty provoked by simplicity, with the complexity of the simplest gesture, with the sense of ridiculousness that runs through it, with this discreet art that he insists on practicing and living. Throughout his career he has investigated the imaginative possibilities of reconstructing meanings through sight or blindness. 'Not seeing', in his case, cannot be interpreted in a merely literal sense; it may be to see partially or fragmentarily, to see that which hides itself or is positioned where we do not usually concentrate our gaze, or in what is minute ('small is big,' he says), but also to stop seeing what has been hidden. Different types of optical devices can help us – kaleidoscopes and magnifying glasses, among others – and a whole array of optical instruments appears in his works. They all demonstrate the weaknesses of sight and at the same time help us to see better, to see differently; but they also prevent us from seeing certain things. The kaleidoscope was the first device he used to make images move, not long before he started using a film camera: '…his kaleidoscope and the limitless number of symmetrical and ever-changing pictures it provided with the positioning of its mirrors.' [5]

Iconoclasms

Like the fragmentary images we see mirrored in a kaleidoscope, his work is a polyhedral and polyphonic construction, a succession of artistic modes that interchange and alternate but which have the same ideas in common. 'I think art is a way of thinking, feeling and living. I like to combine the arts, to bring them together. I see art as a form of awareness and knowledge, as a useful instrument against the contamination of reality and information...'[6]

This way of understanding and making art does not reject images in the manner of traditional iconoclasm, but is based, as the artist himself puts it, on combining media, on breaking away from the dogmas and conventions of language. It is in this more daring figurative sense, closer to the spirit of Rossell's work, that we embark upon a short inventory of his iconoclasms.

Ice cubes melt as they absorb heat: '...a frozen ice cube / whose quick face / to water melts / in the middle of the Seine.'[7] But the ice cubes that Rossell has made since his early period do not melt; they are containers for objects and images. Made of polyester resin, they are transparent and of the same dimensions as normal ice cubes. The artist subverts the natural order, and an ephemeral object becomes permanent. While in recent years we have seen them in glasses of water, in the 1960s he carried them around in the pockets of his raincoat and would take them out to show people; his own travelling exhibition. It was a portable museum, like Enrique Vila-Matas's *Historia abreviada de la literatura portátil*, where one of the requirements, for the work on display was that it had to fit into a suitcase. Rossell would like to have the history of literature on a postage stamp, abridged to absolute synthesis and minimal expression. Not only does he have his suitcases filled with the ashes of art works, Rossell even has art works inside ice cubes. But like Vila-Matas, he is not able to believe in the verisimilitude of history nor the metaphorically historical character of narrative. Rossell very literally translates the aspect of performance into every miniature or tiny detail he can find; he can turn a drawing into a micro-opera, a theatre performance, an action or an installation. In the same way that he plays with decontextualisation, he also plays with the polysemy it generates. The micro-performances of the *Gran guinyol* (Big Puppet Show) ice cubes at 24 Rue Chaptal, or at the Cité des Arts, are evidence of this.

One interesting work that Rossell describes as 'micro-autoethnographic' is *Micro-òpera 2* (1984). It consists of a detailed narration of the process and execution of a work, including the use of his own hair as a brush, and the manual preparation of the equipment; it is a step-by-step description of the making of his *benigrams* imparted through the medium of film. It is a journal of an action and a film about gesture, manufacture and technique; it is the story of a miniature, and a reflection on theatre, the process and the remains or residue. It also points up the duality inherent in the process of filming drawing and, at the same time, of drawing or painting film.

Rossell is the inventor of 'plastomàquia', which treats painting as an action of the instant, and applies it to the word or the space, without any intention of creating a 'finished' or lasting work. '...Poetry and "plastomàquia" on the stage / come on, come on / the group reading aloud / comes from a poetic I don't know where / and I invented "plastomàquia" / while the bell falls apart / as the ashes chime / and shattered lapses / as a start / to focus the artistic mind / colour, gesture and scratching / on the desires for echoes.'[8] 'Plastomàquia' culminated in an action that took place in 1997 at the Teatre del Sol in Sabadell. It consisted of a pictorial intervention in conjunction with a reading of poems by Lu Chun given by Rosa Novell, Mingo Ràfols, Ramon Vila and Oriol Broggi. The limits of time and space were important to this event because the work was what was being produced in the auditorium at that precise moment in time; however, they are also important in works that persist over time, such as the retrospective installations. These are collections of drawings, objects and paintings that Rossell establishes relationships between simply by bringing them together in a single container, forming an installation within a defined space and a specific time; a parenthesis which includes a cyclical time bracketed by the margins of the piece.

According to Rossell, painting is the calligraphy of colour and light, and a tool for thinking. His video *1.000 a Miró* (1,000 to Miró, 1993) is a synthesis of his ideas about painting movement. It is a pictorial performance in which a thousand drawings and images referring to Miró are manipulated by the artist and transformed by the act of filming, a form of painting in movement where the brush stroke is painting's minimum expression. But painting can also be suggested by its negation, as in the object *No pintar-hi res* (No Painting Here, 1984), which is a set of scales that balance used tubes of paint against a set of printing blocks with letters making up the words of the title, 'no painting here'.

His most radical offering, in this sense, is the installation *Penso amb la punta del pinzell* (I Think with the Tip of the Brush, 2010). Devised for the exhibition at the Museu d'Art Contemporani de Barcelona (MACBA), it consists of an exhibition of all his paintings that subverts conventional methods of presentation; the works are not hung on the walls as they normally would be, but are shown literally as the artist keeps them in his store room, wrapped up and sitting on shelves, marked with inventory numbers that can be looked up on a computer database. Consulting the database provides technical information on each piece, but no images are available. The paradox of showing his paintings without them being visible questions the role of painting in contemporary art as well as the part painting plays in museums. More than a conclusion, it is an open invitation to reflect on how 'the viewer confronts the absence of images by becoming a type of voyeur of the proceedings, something that in turn helps give priority to concept over object, thought over consumption.'[9]

Rossell defines himself as a calligrapher with a camera. For him film is a personal way of creating calligraphies from movement; it allows him to get closer to the human element, and requires an attentive response in the viewer. Cinema is also a field for experimentation, where he sometimes uses a projector, and sometimes not (such as in *Micro-cinema*, edited in 2007), and where he sometimes uses a camera or a support, and sometimes not. Among these are works made directly onto the cinematic support, that is, painted and drawn directly onto celluloid, either as a continual film or individual film stills; they include a film with holes (*Holes*, 1969), and *Film blanc* (White Film, 1970), where he sprinkled drops of water onto a blank loop of film and projected the randomly created shapes. Another important work is *Calidoscopi* (Kaleidoscope, 1971), made in collaboration with Jaume Xifra and with a soundtrack by Carles Santos, in which drawings were filmed unfolding and showing multiple facets in a kaleidoscope. 'A series of transparencies of line drawings of organic forms are viewed through a kaleidoscope. The camera turns with the kaleidoscope so that the mirror system seems to be still while the drawings appear to be moving. The gyrating movement, the slight slips and slides, and the final falling-away of each drawing appear to be inherently linked to its symmetry. The result is an irregular rhythm charged with a rising nervousness that results in an impressive sensuality, despite the abstraction of the pictorial subject matter. The effect is obtained by nothing more than movement and rhythm, not by the image itself.'[10] The piece *Pound* (1985) is, according to the artist, almost like a boxer sparring with the contradictory character of the writer Ezra Pound, and combines photographs with drawings, paintings, graffiti and signs applied directly onto the film.

In cinema, Rossell emphasises the 'influence of artists who talk about themselves and from whom the realisation of existence itself enriches reality... I not only defend the *maudits*, but also certain expressive parts in films by Mizogushi or Rossellini, or the classic directors who worked more with the limits of cinema like Ozu or Welles.'[11] There is a series of drawings in homage to filmmakers that contains many of his cinematographic references, and which he calls *camera obscura*. He uses the language and technical resources of film in other media; montage in collages, travelling shots in the paths of lines in his graphics, sequences in the construction of images or zoom in drawings with magnifying glasses.

His urge to document was already clearly evident in his early years in Paris, when his friends organised festive events they called ceremonials, and which Rossell recorded with his camera. As well as documentary films like the ones he made about different artists at the École de Beaux-Arts in Paris, or for the Hara Institute in Tokyo, he has several unfinished projects, such as an anti-nuclear project mentioned in an article by Esther Ferrer: 'an anti-nuclear short of which only a few drafts exist, done on paper with felt tips and wax crayons.'[12] In the same text she also mentions what was at the time still only a project, *A priori* (1965–79/2009), a 'free animation of drawings by the author himself, drawn variations that were taken from real life forms that persisted in the retina and which evolve semi-abstractly in the spirit of the viewer'. Until recently, this project was nothing more than a set of storyboard drawings that he'd been working on since 1965. They culminated in a video that was made from them.

Self

Rossell has also developed a genre of documentary that shows other points of view. He documents his everyday life when he draws his daily routes on a map of the city, collects newspapers, and when he notes down everyday activities in his diary. He also documents his exhibitions in a curriculum vitae. But, as is so often the case with what he chooses to show us, or lets us look at – things that are different from what we see – this detailed narration of the facts tells us nothing about his life or his work. He is, in fact, playing between the limits of maximum explanation and minimum information that he offers the viewers, between the life he narrates and lives as they are lived.

The promenades, the routes and the itineraries that appear in his work are testimony to the everyday, as is his *Journal résiduel* (Residual Diary), which he has kept since the end of the 1960s. At first it consisted of a miscellaneous collection of references to the everyday; pages with collages, photographs, stamps, miniature drawings, pieces of writing by the author and other writers, including, among others, Kafka and Shakespeare – all affirming a chronology of the everyday based on an accumulation of elements, a cameraless travelling shot. A year later, in 1996, he used the same title for an exhibition at the Virreina in Barcelona, *Diari residual*.

Agenda (Diary, 2007) is the diary of a whole year filmed page by page. It could almost be a musical score for a composition consisting of 365 movements, with an infinite number of notes to be played. What we note in a diary is a subjective selection of our everyday experiences, and the fact of putting it on display adds an insolent and irreverent element: 'it is the self-portrait of an impostor, of a liar,' says the author. A game of truth or dare, of the un-said, it is a self-portrait with some of the possible lives lived. The video *Auto di ritratto* (2008) is a tour, in close-up, of different parts of the artist's own body, which are masked by the exaggerated proximity of the lens to the object being filmed. The key is to be found in the verse that he recites: 'looking glasses never reveal themselves.'

In the explicitly titled exhibition *I'm*[13] he showed *C.V.* (2001). The artist's curriculum is caged-in and would seem to offer us a complete account of his artistic activity, but it is nothing more than paper, on which the nuances and richness of experience are lost, and which, indeed, is not even a record of his real work. Several of his works are accompanied by affidavits that legally testify to their existence, the different stages of their production, and the places they have been kept. They act almost as curriculum vitae of the work, but use the legal language and requirements characteristic of an affidavit. These affidavits combine both legal and artistic language; they assert the history of a piece, albeit a partial history, and they constitute a documentary element in the work, as well as actually being part of it.

Over the last fifteen years Rossell has worked with magnetic resonance scans of his own brain, the *Memogrames* (Memograms), which are both semiotic and gestural explorations. They show the brain inside the shell, 'the thinking walnut' as he calls it, in allusion to the similarity between the two objects. He also uses musical semitones to relate his investigations into the human brain; these are, according to him, a search for the lost, forgotten, graphic and gestural semitone. 'The artist's brain as a metaphor that banishes any fantasy about the possible magic or occult origins of the creative act,' is how he explains it in his project *Ressonàncies* (Resonances).

In his work there is no dichotomy between town and country, but there is a symbiosis reflecting the two branches and sources of expression. The cultivation of art is the task he has set himself with his art and film crops. His is a stratified body of work with different levels of meaning, like geological layers of the earth to which he so often refers. The land and the fruits of the land (carob beans, walnuts, almonds, salt, sugar, potatoes, et cetera) are constantly featured in his work. So too are screen prints with geological micro-veins, or the fossilised remains of an action which is cinders. One of the most paradigmatic examples of this kind was exhibited at the Galeria Trece in Barcelona and entitled *Montsec és sec* (Montsec is Dry, 1982). It was an installation connecting land, cultivation and the symbolic element of art with an ethnographic tour of the geology, botany, topography and orography of the mountains of Montsec, which are close to his home village of Àger. The work was part of a repertoire of references to his roots that culminated in his artistic crops, where he literally planted his work in the ground, and included the *Cultius cinematogràfics* (Film Crops, 1968), his planting of loaves of bread, and his planting of mushrooms in shoes. This art of planting was most recently expressed in works like *Creu i rostoll* (Cross and Stubble, 1996), a forest of stubble with a diversity of calligraphies, surrounded by blown up photographs of the face of the artist with his index fingers crossed; or *Transgènics? Cultius d'art* (Transgenics? Crops of Art, 1999), four cultivation tables of art with a selection of graphisms done in different techniques: screen printing, original, stippling and *goffrage*.

Urban phantasmagorias

Rossell's travels in the world of art are reminiscent of the story about a phantasmagorical character that 'lived in an institution, centre, space... and – why not? – time. Its director (here the artist) turned his breakfasts into Situationist wanderings, which started in nearby bars, though never the same one twice, and always took him further and further afield, until in the end he ended up in such faraway places as New York...'[14] There is a parallel between these Situationist wanderings and the man who investigates the ins and outs (the character who goes around the barrels and escapes the affidavit that verifies his movements in *Acta* from 1996), the bar customer, the cabaret *claques*, the village clowns in India, infinite music, and the person who 'drinks in' the sights and scenes of people on the street. Rossell is all these things and more, because he has never stopped believing in himself.

Carob Way (1986) not only incorporates the influence of travel common to his work, but is also a metaphorical game based on tours of different tourist attractions in the city of New York. It is a sideways look at the city's downtown, which takes as its starting point a carob bean picked in the gardens of the Miró Foundation in Barcelona, and which, having been smuggled into the United States, has to be 'illegally' planted on Roosevelt Island. The sequential drawings *Carob Bean, an American Dream* (1986) document what he calls 'the reel that's got your name on it', the film that each one of us makes, as a chronicle of everyday life in New York. The playful tour, the random journey, and an element of play constantly recur in Rossell's work. He works with chance in a perfectly pre-established and calculated way, never taking us to the expected place, but producing enriching diversions in the manner of *divertimentos* – as happens in the grand game of snakes and ladders played out in the streets of Barcelona in the films *El dau* (The Die, 1990) and *El fòrum de les oques* (The Forum of the Geese, 2004). There is, however, also a sociological factor. A group of people wearing masks with more than one face are walking through ruined buildings, while the soundtrack plays the aria *Vesti la guibba,* sung by Mario Lanza; *Chantier-masques* (Quarry-Masks, 1972) was filmed in the Parisian neighbourhood of Les Halles just before the buildings surrounding the famous market were pulled down to make way for one of the most important cultural installations in Paris, the Pompidou Centre. The multiple faces of the masks echo the various readings that can be made of a city development of this type: the social transformation of the area, the removal of its inhabitants to overspill areas on the outskirts of the city, the financial speculation arising from the rise in property prices, the 'sanitising' of the area's reputation, and so on. Years later, this development would be replicated on a different scale in Barcelona, with the creation of a cultural nucleus in the city's former Barrio Chino, renamed the Raval. This involved the relocation of the Centre de Cultura Contemporània in the city's old poorhouse, the construction of a nine-storey building for the city's contemporary art museum and, more recently, the arrival of several different university faculties. *L'equivalent simulacre* (The Equivalent Simulacrum, 1996), filmed a year after the opening of the Museu d'Art Contemporani de Barcelona (MACBA), consists of fixed shots of the museum's facade taken from three corners of the square outside, and an ice cube containing a photograph of the artist up to his neck in water; both recreate the artist's unfulfilled expectations for the new institution, and the initial lack of citizen participation in a development so political in nature. On 17 January 2009 he filmed an exact copy of the original shots as a testament to the transformation in the use of the square. There is a difference of exactly thirteen years between the first recording and the most recent one, which shows the metamorphosis of the relationship between the institution and the city and the changing status of the artist's relationship with the museum. The city is the scene of everyday life, where the populace performs the intricate tango of the daily round in its streets, and where stories begin in its bars.

Rossell is an artistic ethnographer of the city, and it provides a continual source of study for him. In 1981 he and Muntadas made *Rambla 24 h*, a video installation that was shown for the XXIII International Cinema Week in Barcelona. Understood as an exercise in social and civic communication, it centres on the figure of the *ramblaire*, the Barcelona *flâneur* who would stroll up and down the city's main avenue of las Ramblas. Initially it was composed of split images of typical *ramblaires* walking up and down the street, filmed with fixed cameras for twenty-four consecutive hours, and shown on different monitors (the head, body and feet walking). In September 2009 he repeated the filming in order to contrast the later with the earlier film. There was no connection between the film and the local protests happening at the time against the worsening conditions in the area, and no attempt to 'pass moral judgements or engage in sociological analysis. We observed and showed the reality of the situation from an artistic point of view.'[15] It is more an account of the changes taking place around this emblematic Barcelona thoroughfare; the disappearance of the *ramblaire* together with the idea of the leisurely walk, and the appearance of new figures such as immigrants, people posing as statues in the street, and tourists.

One of his most recent projects, conceived specially for this exhibition, is *Paral·lel, paral·lel* (Parallel, Parallel, 2010). Both a sentimental journal and a socio-political analysis, it takes as its starting point the filming of the destruction and reconstruction of El Molino, a legendary city music-hall, and develops into a wider analysis of the Avinguda Paral·lel. The film is a portrait in three parts of the city neighbouring what used to be the Barrio Chino, Poble Sec and the Raval, with a human element running through its narrative. The first part shows the activity of all the different cabarets, cafes, circus numbers, singers, bar musicians, showgirls and artistes, the party atmosphere and the 'depravity' of the 1950s and 1960s – the 'degenerate' Barcelona that survived, thanks to the bourgeois hypocrisy that tolerated debauchery in the time of Franco's repression and strict Catholicism, as a bulwark of liberty. The second part is set in the 1980s with the gradual closing down of bars and nightclubs and the exodus of artists. The third is concerned with the current fashion for repackaging Barcelona as a brand and a centre for design, with the renovation and reconstruction of El Molino by private companies under the auspices of the city council, which is sweeping away the more idiosyncratic and outlandish elements and replacing them with consumerist leisure environments. If *Paral·lel, paral·lel* is a portrayal of a shift in the parameters of the life of the city through the lens of these areas (from cabaret and circus to sightseeing, from culture to leisure, from public and unrestricted to cultural tourism), then the video *Nocturnal U* (2009) is a tour of the gestures of the city. 'In the city, Benet Rossell focuses on elements related to mobility; not only shoes and paving slabs, but also a whole range of objects that we step on, accidentally kick, move or push aside with our feet without really taking any notice of them. For Rossell every aspect of city life is poetic material, *objet trouvé, chef-d'œuvre*.

'A taxi, getting in and getting out of a taxi, can be, as far as he is concerned, a stunning performance.'[16]

Play and reality
The outlandish elements that so attract Rossell, the grotesque and the farfetched as well as the celebratory element, were already present during his stay in India, when he performed as a clown, mime artist and singer, or when he participated in the *Music Circus* organised by John Cage – as well as, obviously, in the ice cube micro-performances. On the other hand, all his

pieces that revolve around military paraphernalia – such as the over-the-top outfits the of the First World War field marshals – are entertainments, playful exercises at odds with the tragic fact of war. *París, la Cumparsita* (1972), which was originally to be entitled *Peace Is for Love*, and *Miserere* (1979), both in collaboration with Antoni Miralda, delve into the contradiction of play and war, recreating the absurd nature of all things military. *Vetlla* (Wake, 2007) is an installation that draws on this ironic spirit. A film shows a corpse on its deathbed whose face changes into the faces of different tyrants, creating a collage of faces of generals and dictators who have died in their beds. One of the elements of the installation is the remembrance card *El General morí al llit* with the lyrics to *Le déserteur* by Boris Vian, where he politely explains his reasons for deserting. *Boum! Boum! En avant la musique!* (Boom! Boom! Forward Music!, 1974/2007), also in collaboration with Antoni Miralda, is defined by Rossell as trench or camouflage cinema. It uses the signs and symbols of war, and plays with the sense of dislocation and ridiculousness they provoke. The military iconography of war with all its braid and tassels (the juxtaposition of drama and tragedy), is emphasised through parody.

In the art of rhetoric, irony and the affectation of ignorance state the opposite of what is meant; they are a way of making the opposite of what one has said understood. Rossell's work has a certain element of the Baroque, in the sense that it is constantly folded, unfolded and re-folded. But although Leibniz's ideas on the fold allow things to be seen clearly from the darkest edges, Rossell makes use of light to produce infinite folds, creating interrelated networks that are so reminiscent of the hypertexts by his friend Robert Coover. It is not surprising that Rossell uses his brain to invoke the bond between the individual and art. There is a certain correspondence between reality and our subjective perception of it which we call real. But in the same way that we cannot detect the sleight of hand of a magic trick, though we may be watching intently, what we see is not what we perceive. Our visual illusions form part of our mental construction of the world around us. One of the examples which Lacan used in his seminar was the fable of Zeuxis and Parrhasius, two painters who staged a competition to see who was the better artist. Zeuxis painted a bunch of grapes so well that a bird flew down and pecked at them. But Parrhasius won. When he showed his picture to his rival, Zeuxis asked him to pull the veil covering it aside; but the painting was of the veil itself, and Parrhasius had deceived Zeuxis's eye. To a certain degree, it is this veil that Rossell shows us, a veil which can be opened to reveal unknown stories. It is a symbolic articulation that avoids conventional intellectual discourse and plays with the possibility of manipulating or transforming the perception of the viewer and their surroundings. 'Magic is that great facility that culture lends to individuals and groups in order to combat the uncertainty which originates from the sensation of fragmentation in our experience of the world.'[17] From an anthropological perspective, far removed from superstition, magic acts as a way of ordering and controlling the real, and throughout history has helped man to think about himself and the world around him. In Rossell's case this is achieved by a minimum of artistic expression, by indirect criticism, by constant doubt, and by humour and irony, to mention but a few examples. Referring to the prehistoric inhabitants of the caves at Lascaux and El Cogul, the artist reminds us that 'painting was for them, and I too am one of them, a tool for thinking that allowed them to see themselves as they were; as beings perfectly integrated into a mysterious and inexplicable natural world.'[18]

1 Chief among his micro-languages are micro-opera, micro-performance and micro-theatre. On 1 August 1996, with the ritual incineration of his sculpture *L'ametlla com balla*, he founded *cendrisme*, the latest *-ism* in contemporary art, which he defines as, 'Hey! Come on! Cast the ashes to the wind and watch!' as part of the 'creative process of art and the incessant transformation of forms and ashes'. (In a special issue of the magazine *Cave Canis*, Barcelona, February 1997, 600 copies). He also invented *theatrot*; unrepresentable fragments, dialogues and monologues: *POTATO*; a literary genre that 'has practically no content but a lot of plot, that is to say, starch. Anyone can understand it if they have learnt the barest abstract parameters.' (Benet Rossell, *Road Poetry*, Lleida, Pagès Editors, 2001, p. 61).
2 Centre Vieille Charité, Marseille, 1993. Exhibition curated by Bernard Blistène. A reference to the wordplay that Marcel Broodthaers used on a political map of the world. He transformed the title by crossing out two letters of the word 'political' (li) and inserting a single 'e', so as to transform it into a 'poetical' map of the world.
3 Benet Rossell, 'París signo a signo' (2001). Presentation for a symposium on Jacques Lacan, organised by the Escuela Lacaniana de Psicoanálisis del Campo Freudiano en España, in collaboration with the Institut Francès de Barcelona, and published in *Coloquio Jacques Lacan 2001*. Buenos Aires, Barcelona, México, Ediciones Paidós, 2002, pp. 122–23.
4 Jacques Lacan, Seminar XI. *Los cuatro conceptos fundamentales del psicoanálisis*, Chapter 6: 'La esquicia del ojo y la mirada', Buenos Aires, Barcelona, Mexico, Ediciones Paidós, 1987, p. 109.
5 Joan Brossa, *L'Espiral*, Barcelona, Galeria G, 1976.
6 *Benet Rossell: An American Exhibition*, Anthology Film Archives, New York, May 1990. Interview with Benet Rossell by Annemieke Van de Pas, Barcelona, April 1990.
7 '...un glaçat glaçó / que té el rostre ràpid / a l'aigua es fon / al si del Sena.' Benet Rossell, 'Resina de glaçó', *Road Poetry*, p. 38.
8 '...Poesia i plastomàquia a l'escena / au vinga va / que les tertúlies en veu alta / provenen d'un no sé on poètic / i la plastomàquia l'he inventada jo / mentre la campana es desfà / a toc de cendra / i oblits esmicolats / d'antuvi / per posar esment gràfic / de color, gest i garranyics / a les ànsies dels ressons.' Rossell, 'Un bri de plastomàquia', *Road Poetry*, p. 45.
9 Benet Rossell, *I Think with the Tip of the Brush*, unpublished text of October 2009, of which revised version has been published on page 221 of this volume.
10 Alexandre Cirici, 'Metallenguatges de Santos, Portabella, Beni', *Serra d'Or*, no. 134, November 1970, p. 62.
11 *Idees i actituds. Entorn de l'art conceptual a Catalunya, 1964–1980...*, Barcelona, Centre d'Art Santa Mònica, 1992, p. 208, interview by Albert Macià.
12 Esther Ferrer, 'Los signos gráficos de Benet Rossell', *El País*, 19 February 1980.
13 Exhibition *I'm*, Galeria Palma Dotze, Vilafranca del Penedés, September–October 2009.
14 From a short story by Antonio Molina Flores read in Barcelona on 28 April 2009 to mark the presentation of the book *Archivo F.X.: La ciudad vacía. Política*, a project by the artist Pedro G. Romero, was organised by the Antoni Tàpies Foundation at the Teatre Tantarantana.
15 Coments by the artists in an article by Teresa Sesé, 'La desaparición del *ramblaire*', *La Vanguardia*, 29 September 2009.
16 Joaquim Sala-Sanahuja, 'Apuntar', introductory text to the catalogue of the exhibition *I'm*.
17 Manuel Delgado, *La magia. La realidad encantada*, Barcelona, Montesinos, 1992, p. 114.
18 Rossell, *I Think with the Tip of the Brush*.

JEAN-CLARENCE LAMBERT

Benet Rossell, *artor*
Or How and Why We Met in Paris
Nearly Thirty Years Ago

(But if feels like only *yestertoday* – a manner of speaking that amounts simply to this: that the time of the work, of the artistic act, is a present that is constantly being begun anew; I would venture even to say: a perennial present, for what with the cosmic chaos we are now wading through, if there's one notion that seems hardly relevant, it has to be longevity...)

So, Benet and me. We had hardly spoken since the last century, since the late seventies and early eighties, in Paris, when I invited him to the exhibitions I was organising at the time with Bernard Quentin (a semiotic painter-sculptor-environment-maker): *Art/Script* at Galerie de Seine, and *Les lettres sont des choses* at Espace Alternatif Créatis. They were followed by the inauguration of the Villa Arson in Nice, in April to June of 1984, of the extensive panorama that locates the scriptural sign as a major visual element in the art of the twentieth century: *Écritures dans la peinture*, which was a collective undertaking generated by Michel Butor.

The ensemble that I brought together, in alphabetical order (which, as we know, is an easy way of fudging questions of incompatibility), was made up of twelve artists, representing every generation and aesthetic, but to me all undeniably important: Jochen Gerz, Anton Heyboer, René Magritte, Merkado, Jean Messagier, Henri Michaux, Georges Noel, Claes Oldenburg, Roman Opalka, Bernard Quentin, Benet Rossell and Joe Tilson.

With 'my' twelve artists I was illustrating the particular use of the imaginative faculty that I proposed to call the *scriptural imagination*. This was a reference to genetic psychology, according to which, and following Julián de Ajuriaguerra, 'writing is made up of visible traces of actions that are more or less conscious, more or less individualised, as a function of maturative, organic and functional factors'.

Regarding the micro-chronicles by Benet Rossell, I quoted the Surrealist poet Robert Desnos. In his great oneiric narrative from 1924, *La liberté ou l'amour*, Desnos speaks of the 'magical phenomenon of writing as an organic and optical manifestation of the marvellous' and imagines 'drops of ocular water through which words are passed so that they come back in a visual form to match with a memory'.

Did not these words herald Benet's 'mutant intersigns' – for example, that *O mounted on two legs acting the humanoid* or the *E expelled and becoming a cannibal mouth?*... These were *anthropograms*, as another poet would say – not a Surrealist but a neo-Baroque poet: the Parisian Cuban Severo Sarduy, who saw Benet as 'an unquiet, breathless individual swept up in the ambulatory errantry of an incessant haste'.

It will surprise no one, therefore, that these *anthropograms* eventually crossed paths with that other 'ambulatory' personage, Don Quijote de la Mancha, who is never far from the back of Spanish minds.

And so all this was thirty years ago, in Paris and Nice. And now in this curiously summery autumn of 2009, Benet has driven from Barcelona to the farm in Dracy, Burgundy, where I live (it is also a place of inter-artistic events), and he is here, with Cristina, having brought documents, catalogues, DVDs and videos... And so little less young! And even more multifaceted than I remembered... 'A construction site of a person.' Never repeating himself.

Experimental

Certainly, the artistic activity of the second half of the twentieth century, if we consider it overall, was experimental, mainly experimental. Triumphantly so. It used audacity and tranquillity, negation and provocation. And often, very often, it appeared caught up in the spin of the new and a headlong flight from the old.

But it also had a kind of nostalgia for a distant origin. For getting back to the hidden sources of the *desire* for art... The cave recently discovered at Chauvet in Ardèche is ten thousand years older than Lascaux – 25,000 years old, they tell us.

All things considered, and now that we have the necessary hindsight, is not the experimental in art the equivalent of revolution, that driving myth of the twentieth century?

Change society by changing art. Or even, as Constant imagined in *New Babylon*: change society (or at least the city) by making the resources of art available to all.

For me, Benet, means the city: Paris and the Catalans of Paris... And yet now, here, in the heart of the Puisaye region with its farms, châteaux, rivers and forests, he surprises me by saying, 'I am of peasant stock. Art, it's something I plant in the earth. My calligraphic signs are vegetation, they spread like grass or weeds, they germinate...'

Breaking with the age-old traditions that the twentieth century emptied of all vitality, experimentalism (among other things) made possible the emergence of those *art operations* of the kind that Benet Rossell (and others) practised in Paris in the 1970s and beyond. Of the kind that are still commonly practised all around the world.

The transition from *artwork* to *art operation* was one of my obsessive concerns as an art critic, that is to say, as a committed witness, a fellow traveller. To map it and name it, to grasp it in its ungraspable movement. In a special issue of the journal *Opus International*, I suggested the neologism *arteur* (*artor*), a portmanteau word combining *artiste* (artist) and *acteur* (actor).

It is, I think, particularly fitting for Benet.

But rather than transition or passage (a one way journey, as is the case for most *artors*), no doubt we need to speak (as one does with Benet) of *oscillation*. The *operation* in the artistic field does not exclude the *work*. He runs between the two. He has never abjured painting, a fact recalled by the *Agenda* from 1995, which followed up the all-painting exhibition at the Museu Morera, Lleida. Nor does it rule out sculpture, as is attested by the monumental letters of the *Una salut de ferro* (An Iron Greeting), a 'sculptural visual poem' for the garden of the university hospital at Lleida.

It's a way of staying free. And freedom means the knowledge and ability to go back to art's *old ways*, free of false scruples or a bad conscience, if and when one feels an inner necessity to do so. I'm thinking of Joan Brossa, whom I welcomed to Paris for the festival *Le Feu des Mots*. Wasn't there a time when he switched, quite playfully, from the *visual poem* (his *Oda a Joan Miró* [Ode to Joan Miró], as experimental as they come!) to the medieval sestina and Petrarchan sonnet? *Ni cap camí pot ser tancat amb normes*, we read in *Perruques* – a sonnet.

Historically, the experimental in art was initiated and then developed by Dadaism, Futurism (before it degenerated), Surrealism and Duchamp, who, in the sixties – as I can somewhat reluctantly testify – was elevated into a universal totem. The experimental has manifested itself in a thousand different ways, often difficult to detect at the beginning. For example, right after the Second World War, the CoBrA movement trumpeted itself as 'the internationale of experimental artists'. CoBrA works (Constant, Jorn, Appel, Corneille, Pedersen, Alechinsky, Tajiri, Heerup, et cetera), which were nevertheless painting-paintings and sculpture-sculptures, aspired to escape the sphere of art, to get back to a more authentic everydayness. Thus Jorn, CoBrA's theoretician, wanted to 're-establish the kind of relations between art and life that existed for the Italian primitives, and that were severed and destroyed in our modern society, much to the detriment of humanity and culture'.

CoBrA advocated spontaneity and even 'being simplistic'. As experimentalists, they rejected labels used commonly both then and now such as 'expressionism' and 'abstraction'. This was a truly *revolutionary* attitude. And when CoBrA began to wind down (1951), Constant made revolution his priority. He transposed his ideas into an utopian urban concept and into hyper-architecture. The result was *New Babylon*, as seen at Museu d'Art Contemporani de Barcelona's (MACBA) *Situationists* exhibition in November 1996. Benet Rossell assures me that he has not forgotten the talk I gave at the time with Constant in attendance. I didn't know it, but this must have been particularly resonant for Benet, as its subject was 'going beyond art', in the spirit of the book I wrote in 1974, *Délivrer l'art de l'artistique*.

One of CoBrA's experiments consisted in reducing the distance between drawing and writing – and I can see this, too, as anticipating Benet's *micro operas*. 'Writing and painting are one and the same thing,' argues Jorn. 'It can be said that there is writing, graphology, in every image, just as an image can be found in all writing.' This spirit gave rise to the *logograms* by Christian Dotremont, who himself suggested that we 'see their exaggeratedly natural, excessively free writing as drawing, non-naturalist drawing, certainly, but at any rate of a material kind, of my cry or my song, or the two together'.

The *logograms* can also be taken as an attempt to revalue the *manuscript*, which in our postmodern times is linked to the *fate of the hand*. It is indeed this formulation, coined by the great pre-historian Leroi-Gourhan, that provided me with the theme for the exhibition, in between *Art/Script* and *Les lettres sont des choses*, that I organised at Galerie Kôryô, Paris, in 1982. This gallery was directed by the wife of the Korean painter and calligrapher Ung No Lee. He had been living in Paris. Korea was under the control of a harsh military dictatorship that had no qualms about flouting international law and kidnapping and forcefully repatriating him. Condemned (to death, I believe), he was saved *in extremis* by the energetic action of the AICA supported by the French government, and was able to return safe and sound to Paris. His calligraphy, his scriptural imagination, had been deemed a criminal activity.

'The writing hand, which creates human magic,' I noted at the time, 'can be seen giving ground everywhere... It is no longer a sign of social mobility, nor the best way of storing information, nor even of developing speculative thought. More and more, professional writing makers are making use of machines... My hypothesis is that artists, these super-manual workers, are increasingly guided by an unconscious reflex to save the hand; to save writing, trace and mark.'

On the Parisian scene, trace and mark had become the privileged means of pictorial creation. For common sense (and linguistics), the trace becomes a sign when it is linked to a *meaning*. Usually, before looking for signs, painters began with the *meaning* that happened to be the motif that they were representing: the subject. Here, though, they had taken to proceed the other way round: starting with the trace, the sign, and then finally finding it – or not finding it – a meaning. Sign and trace had become self-sufficient.

This happened partly in following the example (or under the impact, experienced by some as enlightenment, a *satori*) of Far Eastern calligraphy. Artists started looking at it 'from the outside', considering it as a composition made up of free signs, of gestural traces, and in this they were not totally wrong, since in Japan itself a form of 'abstract calligraphy' had begun to develop in the fifties with the *Bokubi* (Men of Ink).

And so it was that Paris (and Europe, not to say the whole world) witnessed a proliferating art of the trace, with countless works being made of forms or formlessnesses that had no stability, programme or references, and wanted none, or maybe even feared them. There was a great reversal in this 'event outside the ordinary, which has something miraculous about it, this passage from the simple trace to the figure', to quote the linguist Robert Laffont who, also an anthropologist, knew that 'the flat surface makes the trace alien to the natural world, for the latter has depth'.

The *motion-full writing* of the great poet Henri Michaux is paradigmatic as regards this new situation of the sign. As a method, Michaux advocates speed, 'the essential phenomenon of our age, but up to now it has not been accepted for what it is... Personally, I make little packets that are representative of the movements of this speed. One should never lose this rapidity.' I imagine that Benet might say something similar, what with all the work he has done with an utterly cinematographic mobility that, of course, came to him from his practice of cinema.

Thinking about it, I am surprised (very belatedly, I grant you) that the need was not felt to designate something called *tracism* – which would have been a valuable semantic tool, since for marks (the *tache*) we already had the word Tachism. 'The word Tachism is no worse than Cubism or Fauvism,' observed the painter Georges Mathieu at the time. 'The adjective "Tachist" does at least have the advantage of indicating direct painting.' And this, according to Mathieu, who remains one of its most brilliant proponents, is characterised by 'the primacy of speed, by the absence of pre-existing forms, the absence of premeditated gesture and a state of ecstasy'.

The critic Charles Estienne, who assumed the role of lyrical propagandist of Tachism, compared it to Surrealism, and managed to win over André Breton who, in the first *Surrealist Manifesto* of 1924, designated automatism as one of the basic procedures of Surrealism. Breton spoke of writing poems 'Dictated by thought, in the absence of any control exercised by reason, exempt from any aesthetic or moral concern'. Breton soon recognised that automatic writing was merely a 'continuous misfortune'.

The situation was very different in painting, where automatism proved much more productive. Right up to his death in 1966 Charles Estienne made this a personal cause, producing writings to accompany many landmark exhibitions in Paris that, while theoretical, were no less 'passionate', and even 'ruthless'. Few critics have sought to work so closely to artists. In 1953 he invited several painters to spend the summer in Brittany 'in order to experiment with the influence on their work of natural, cosmic elements'. It is understandable that, after his death, artists should have wished to pay homage and show their gratitude. The result was the exhibition *Charles Estienne et l'art à Paris 1945–1966*, put on at the Fondation nationale des arts plastiques in 1984, and which I was asked to curate. The extensive catalogue brought together Estienne's writings, garnered from other catalogues and newspapers. For example, in an issue of *L'Observateur* dated 19 November 1953, he pointed out that 'Automatism is no more laxity (daubers take heed) than it is an applied mechanics (wall-coverers take heed). It is the search for the true psychological and aesthetic structure, which is always there in the depths, and is not interested in ideas or intentions.'

Automatism has generated an impressive number of works of all types. This was conclusively demonstrated by an exhibition that I worked on, *Automatismos paralelos*, held at the Centro Atlántico de Arte Moderno de Las Palmas de Gran Canaria from February to March 1992. Subtitled 'Experimental Movements in Europe', it showed how automatism and experimentalism are linked, and how they opened the path to the transformation of artistic activity, the path taken by Benet Rossell's generation, by the 'Catalans in Paris', by some of the Nouveaux Réalistes: in a word, by *artors* in all countries'!

In an age as uncertain in its principles as ours, a retrospective *exhibition/explodition* of the work of Benet Rossell comes as a reminder that art is born of precariousness.

Freedom.

A choice must be made: rest or be free.

I Think with the Tip of the Brush

My artistic career began in the late sixties, but let's go back 40,000 years deep into the earth, its resins and pigments...

The caves of El Cogul are to be found at coordinates 41° 28′ 7″ N, 0° 41′ 26″ E, with their prehistoric paintings, not only depicting men, women and animals, but also groups of hunters and abstract expressions created with points, lines, splashes...

'Regarding calligraphy,' says François Cheng, 'we should state, above all else, that the very formation of ideograms led the Chinese to perceive physical objects by means of the essential features that characterise them.'[1] But earlier he holds, 'painting is no longer content with reproducing the external appearance of things, it attempts to discern their internal lines and mark the hidden relationships between them' and then he goes on to quote Zong Bing, 'furthermore, the spirit does not have its own specific shape; it is shaped by things. So it is a question of sketching the internal lines of things with brushstrokes inhabited by light and shadow.'[2] These reflections on the origins of Chinese pictorial language, lead us to consider the role of verbalisation and the spoken or written word in the production of thought.

Painting is also to be found on the parallel Benet Rossell: drawing, inscribing, painting on stone, earth, iron, paper, cloth, nails and skin. Painting/thinking about experiences, dreams, desires, fears, uncertainties, music and formulae, like someone branding a lamb to establish ownership. Painting is what I do when I want to find out what exactly a hair hidden under the hat of an early twentieth-century, tango-dancing sailor from Buenos Aires is like. Painting to conceive and understand, because now I am certain that I think with the tip of my brush.

In the opening text of the exhibition catalogue, Bartomeu Marí writes, 'in Catalonia, being an artist meant being a painter. And painting was abstract, gestural and material. The "artistry of the gesture" evinced the quality of the work and was considered to be representative of an individual artist's genius.'[3] This omnipresence of painting, here and elsewhere, the secular imperialism of the pictorial, has resulted in painting being discredited in the most progressive circles of contemporary art, which has finally and for the better, allowed other alternatives to enter the art world – and market – on equal terms.

Something Marcel Duchamp said comes to mind: 'I believe that a picture, after a certain number of years, dies just like the man who painted it; later this is called history of art. Men are mortal, pictures too.'[4]

And what we now call contemporary art is also mortal, ready to crumble into dust under the gaze of the new historians!

'Death will come and will have your eyes.'[5]

It was a spindly, soft horsehair brush that suggested I install my picture storage at the Museu d'Art Contemporani de Barcelona (MACBA). The idea is to keep the works properly packaged and referenced, and make the inventory available so that the public can consult the full details on each piece – everything except for the images that will not be available because the pieces were not conceived to be viewed on a computer screen. This will point up notions of the object, of freedom regarding consumption and fashion.

Another virtue of this concept, which is for me essential, is to maintain the respect due to the *regardeur*, who is, as is well known, the person who completes the work. Allowing them access to a private area such as an artist's storage, with their hands tied, so to speak, since in a museum nothing can be touched, and confronting them with the impossibility of seeing the work, I will turn them into a voyeur, i.e., a person trying to see for their own intimate and secret satisfaction; a person for whom the partial revealing of a line, of a thickness that is merely hinted at, of a hue that shows through the layers of packaging, will be infinitely more satisfying than the simple consumption of images that would be immediately swept away by the maelstrom of today's, all-consuming, visual saturation.

A great lover of the theatre, I need to keep my distance from our society's predilection for making a spectacle of the lowest common denominator. Rather than the flashy firework display, I opt for the burial of the sardine to which I invite everyone, and in particular that unmarried sewing machine of French origin.

Benet Rossell

1 François Cheng, *Vide et plein, Le langage pictural chinois*, Paris, Éditions du Seuil, 1979, p. 45.
2 Ibid., p. 133. Zong Bing (375-444 AD), Chinese painter and musician, author of the first text on landscape painting.
3 Bartomeu Marí, 'Parallel Benet Rossell', see page 212 of this volume.
4 Pierre Cabanne, *Entretiens avec Marcel Duchamp*, Paris, Éditions Pierre Belford, 1967, p. 124.
5 Cesare Pavese, 'Verrà la morte e avrà i tuoi occhi', *Poesie edite e inedite*, Turin, Einaudi Editore, 1962.

EUGENI BONET / BENET ROSSELL

Atrapafilms: The Film Catcher: Images Flying the Birdcage

I am going to start at the end, which in this case means at a time before writing, transcribing and editing what follows. About a year ago I was asked to conduct an interview with Benet Rossell that was to be recorded on video to accompany a collection of his audiovisual works. After a few preliminary meetings I drew up a list of questions I thought would fill out a line of conversation. But what happened was that on the day of the recording Benet surprised us with a script for a silent interview. More than a script, it was a collection of doodles and scribbled notes on a piece of paper. A silent interview where my questions were to be left unanswered, but where we were to maintain an exchange of rehearsed movements on either side of a film rewinder. This was loaded with a roll of found film that could be described as a frame counter – with hand-scrawled numbers and frames separating each one. It was to represent the thousand and one possible questions and answers in the sequence of our conversation. Benet, with strips of film wrapped around his head, was to reply silently to my questions, which is why this action, this video, was given the rather emphatic title *No Comment* (2009). However, he agreed to do a repeat interview in a different format, which is what we are working on now. We've started by putting words to images that didn't have any (except on the title cards). Or, as Benet put it, we have gone from silent cinema to the talkies.

I remember Benet, towards the end of the 1970s, describing his films as the fruit of a succession of friendships and associations. He said he had made a film with each of his friends. The first, *La Seine* (1969), was made with Carles Andreu, and has been lost in the course of Rossell's migrations. Jaume Xifra, Antoni Miralda and Joan Rabascall together with Benet and the Catalanophile Dorothée Selz – the 'Catalans in Paris' to use a phrase coined by Alexandre Cirici i Pellicer in his writings – made others, the titles of which follow below. And with Jean-Pierre Béranger, a close friend of all of them, he made *Le cœur est un plaisir* (1975). Benet made another film that brought almost all of them together: *Cerimonials* (Ceremonials, 1973), a document of the fiestas and rituals put on by Miralda, Xifra, Selz, Rabascall and Beni himself (as he was then known). Yet another, which he directed alone although plenty of other people were involved in its making, was titled *Atrás etíope* (Away, Ethiopian, 1977). About this time he started using video to make documentaries about various artists commissioned by the Hara Foundation in Tokyo and the École des Beaux-Arts in Paris.

This collaborative streak to his audiovisual work continued with other 'two-headed' or 'four-handed' productions. With Lluís Maristany he made a piece for the collective film *En la ciudad* (In the City, 1976–77). He worked most often with Miralda, on projects such as the installations *Dreamlike* (1979) and *Monument a Colom* (Monument to Columbus, 1982), to mention only two. With Muntadas he made the installation *Rambla 24 h* (1981, recently revised and updated). With Jordi Torrent he made *El dau* (The Die, 1990). And with *No Comment*, mentioned above, I can add my own name to this list of collaborators. To keep this introduction to a reasonable length, the long list of collaborations with other talented musicians and technicians from the professional audiovisual world will have to be cut short. Likewise, in the stream of videos he has done over the years, Benet has shown himself to be a multifaceted artist who thinks, writes, creates images (drawn, painted, animated, photographed, recycled, digitally produced, in 3D, et cetera) which he processes or manipulates, and puts to his own music, as well as acting, reciting, singing and dancing. If we add that he puts at well over fifty the number of audiovisual pieces that he has lost, thrown away or simply never edited, the conversation that follows might well, time and space permitting, range over subjects we have so far overlooked. And as he finds and revises material and projects that have been abandoned, some of them could take on new forms; rather as he has done recently with pieces such as *A priori* and *Chantier-masques* (Quarry-Masks), using material from the seventies and even earlier. It is, then, a body of work that is expanding, both backwards and forwards, as a result of Benet Rossell's hugely multifaceted activity.

Around 1824, Dr John Ayrton Paris invented the thaumatrope, a philosophical toy used to demonstrate the principle of persistence of vision. The sparrow went into the cage and the cinema was thus founded. Benet, what for you is the cinema?
For me, cinema is an extraordinary place for experimentation, for subverting the visual language *par excellence*, which is the moving image.

Cinema consists of the dreams of the filmmaker being received by the viewer so that both can go beyond the mirror, each on their own side.

But let me put off answering this question fully until the end of our conversation.

In 1964 you arrive in Paris: you study theatre and cinema and later begin to exhibit. What took you to Paris? And which came first, the chicken or the egg?
I first went to Paris to attend a congress as a representative of economics students in Madrid. In fact, I offered to take the real student representative's place; he couldn't make it, and the thing I wanted above all else was to go to Paris. A year later I went back to live there and enrolled to do a doctorate in law, which allowed me to officialise my situation. Needless to say, I didn't go to a single law class, but straightaway signed up for cinema courses run by Jean Rouch, as well as some theatre courses.

I went to Paris because I wanted to see and live life, because the situation here was too restricted and grey, and I ended up staying there for over fifteen years. So I can say that the chicken came first; that is the chicken-filmmaker[1] who was the boss around here for forty years!

Was the kaleidoscope, in 1968, your first optical device? A way of approaching the moving image?
Not really. The first optical device operated by me that I remember was the Cine Nic,[2] a toy projector my parents gave me when I was a kid. It gave me the opportunity

to build up a huge collection of short films on vegetable paper.

For me, as a village boy, the cinema was vital. I remember the film sessions in Àger and Tremp. In Àger they were held at the Café Pepito, which doubled up as a soda-siphon filling factory and meeting point for all the smugglers in the valley, and where they also put on plays and concerts. In Tremp there was a real cinema; La Lira. The person who recommended which films be shown was the town cobbler, and his shoe shop was a kind of film club *avant la lettre*. When they played a Ronald Colman film the place was packed out and you had to be quick off the mark to get tickets, largely because people claimed Colman had been born in the nearby market town of Talarn, making him the undisputed heartthrob of the whole area. Another formative experience was the variety shows that they put on at the Café Salàs de Pallars during the county fair. The flashing of fine Catalan thighs was sheer image in movement, and the optical device used was the steamed-up windows behind which we hid and were initiated into the exhilarating inactivity of the voyeur.

Later, when I went to Barcelona to study the pre-university course, I became a regular at all the theatres, mainly as a *claquer*, as well as all the film clubs I could find: the Claret, the Monterols and the one at the School of Engineers, amongst others. This is how I came to discover Italian Neo-Realism, Free Cinema, the *Nouvelle Vague*, Dreyer, Bergman, Stroheim and Welles, as well as Busby Berkeley – not a million miles from the shows back at the Café Salàs! I had by that time met Francesc Betriu and we frequented the film clubs together.

When I arrived in Paris I immediately enrolled at the Comité du Film Ethnographique, where the idea for *Chronique d'un été* was hatched. It was there where I first got my hands on a 16 mm camera and came into contact with *cinéma vérité*.

But to get back to optical devices: they went from the Cine Nic to the projector at Àger, and from there to the zoetrope that so fascinated me in the foyer of the Cinémathèque Française. Just as kaleidoscopes fascinated me.

The kaleidoscope interested me for two reasons: it is a fairly simple device that is cheap to construct, something very important in those times of economic hardship. Apart from this practical consideration the kaleidoscope is a marvellous device into which all kinds of things fit: objects (old shoes, musical instruments, ice cubes, erotic drawings, etc.), substances (smoke, incense, dust, fingernails, hair, pigments, etc.), and even living things (flies and frogs, which were later released). Its radial and fragmentary symmetries enable reality to be observed differently to the way we humans normally see it; it's imaginative, random, unrepeatable and animal, less appropriated by humans.

Man with a Movie Camera was one-eyed. So too was *Man with a Kaleidoscope*! And looking through a hole is a way of catching sight of something we can't normally see. Neighbours, spies, voyeurs, children – and of course naturalists, biologists, astronomers and mariners – have always looked through a hole, it is something that both saved them and condemned them, because you look with two eyes, but with one you really see! Super-wide angle lenses, fisheyes, gun sights, kaleidoscopes, telescopes and microscopes are all tools for perceiving other realities – diminutive or large-scale. The paradox of micro and macro is another one of my recurrent themes. And out of all these devices, I have a soft spot for the dandy's monocle and the kaleidoscope – the precursor of 'very' special effects.

Turning to your micrographs, micro-cinema, micro-theatre and your whole micro-cosmos: what is your philosophy, aesthetic or poetic, on reduced dimensions?
The term 'reduced dimensions' suggests a reduction owing to a lack or shortage of something, but what I do is always of the appropriate size. My work often focuses on the relationship, the paradox, or the counterpoint that is established between the micro and the macro. For me art is life, and when it isn't we are getting into the realm of mannerism, virtuosity and reproduction instead of creation, and this is a dead end. In art, as in life, the most important thing is not that which is big, impactful, spectacular or so easy to perceive that we don't even have to really look at it.

In my case, my interest in the micro-universe has several origins. One has to do with my congenital shyness. Another definitely comes from habits learned in childhood. Being a village boy from a poor family, born during the war, my childhood games revolved around two crucial elements: unlimited nature with its macro-elements, bounded only by the horizon; and all the tiny treasures to be found in it: stones, fossils from the quarry in Rúbies, pieces of shrapnel, shot and empty cartridges that we picked up on the mountain of Sant Corneli in Conca de Tremp. And our pets, as children who lived in close contact with nature, were the insects, lizards and frogs that we caught in the country. This means that this duality between the micro and the macro is something I have had with me since the cradle, as well as a fascination for small hidden objects, mysterious and de-contextualised, as well as for ephemeral and fleeting existences.

A third origin undoubtedly had to do with the opportunities that I had to hand when I first lived in Paris, in a *chambre de bonne* whose dimensions exactly doubled those of my trunk (and which I luckily could fit under the bed, thus affording myself a slightly less *bijou* living space). My time of residence in diminutive spaces lasted many years, and has probably left its

mark on my work. But, since I was used to small things,
I never regarded it as a restriction. What is more, I have
never had any problems in doing larger format works.

'Stop and take a look': this is another theme I have
cultivated throughout my work, whether in the almost
microscopic *dibuixos de cec* (blind drawings), like the ones
I exhibited at the Galerie Bazarine in 1970 that had to
be looked at through a magnifying glass, or in *L'ametlla
com balla* (The Dancing Almond),[3] which I conceived for
my exhibition at the Virreina gallery in 1996. The latter
involved an almost six-metre-high egg/fountain, on top
of which a real almond danced on a jet of water; viewers
could observe its almost imperceptibly small jumps on
a monitor positioned below.

The inattention that is such an integral part of the
spectacular culture in which we are immersed is something
that disgusts me. The 'lowest common denominator'
is indiscriminate, while artistic practice, despite
all appearances, is curiously selective. Paul Klee said,
'drawing and writing are the same thing,' and my
language is a kind of writing without grammar or syntax.
And in the case of writing, it's obvious that the bigger
the print, the closer you get to the headline, the slogan
or the party line. The real content, however, is always
lower down: the essence has a tendency to conceal itself!

Regarding the macro element: it's a crucial counterpoint,
and relates to the concept of micro the same way as a word
relates to silence, as light relates to darkness, as movement
to stasis, as you to me, as the beginning to the end,
and even the same way as Hardy relates to Laurel.

Stop, take a good look and a good breath: that's my
philosophy. Or I should say, my micro-philosophy.

**You have often created cinema without any of the usual
equipment, projectors, screens, et cetera. For example, you
have done projections of holes or drops of water. Georges
Maciunas, the leader of Fluxus, would have positioned your
work in what he called 'poor-man's cinema'.**
Maciunas was always spot-on! I mentioned before my
rather precarious existence in Paris. It was a time in
which I self-produced, something that I continue to
do since it guarantees me the liberty of expression
needed for immediacy, although it is to the detriment of
more sophisticated means of production. I said that I
self-produced; well, this meant that when I was involved
in some other type of filming I always made it my
business to bag the unused reels of film. Sometimes these
reels were even my payment. The cameras were lent to
me by the audiovisual centre at the Sorbonne, successor
of the Comité du Film Ethnographique, with which
I stayed in close contact for many years.

Holes is from 1969. I took a thirty-metre roll of virgin
colour reversible film, which I then partially exposed
and took to be developed; a process which resulted in a
combination of flashes and bluish dark patches. With

a perforator, which was in fact an olive-stoner, I made
holes in the film, and the work was ready.

Film blanc (White Film) was, more than a film, an
event. In *Fête en blanc* (White Party), organised by
Miralda, Rabascall, Selz and Xifra in Verderonne in 1970,
I projected onto the walls of the Hans Müller dome
a clear film loop of 16 mm film, on to which I sprinkled
drops of water that the heat of the projector instantly
evaporated. The result was a wealth of translucent shapes
that animated the ceiling of the cupola.

Fifteen years later I made, on video, *Micro-òpera* 2
(1984), a video installation which I exhibited at the Miró
Foundation in Barcelona. The video showed how I made
a photogram, 24 x 36 mm, the first in a series of 160,
using Chinese ink, saliva, hairs, a piece of fingernail...
In this sense, working with resources provided by my
own body, we can definitely say that I am the poorest
filmmaker in the history of cinema.

But a dearth of means can be a source of inspiration for
me. Right now a 'micro-performance' comes to mind
that I did for the Festival de Arte Viva in Almada in 1982,
where I went around the attendees with my hand out
asking 'a film frame for charity!' Along the same
lines I have a work called *Atrapafilms* (Film Catcher);
it's a mobile that looks like flypaper, one of those strips
of sticky paper that were hung from the ceiling near
a light source to catch flies. I always have it hanging up
in my studio, to catch all the imaginary film stills flying
about in my mind.

I have always used frames and pieces of film in my
object poems. *Cultius cinematogràfics* (Film Crops) is from
1968 and consists of a bed of earth with pieces of film,
film-reel cans and other cinematographic odds and ends
planted in it. In 1970 I presented an installation in Paris,
Chaussure (Shoe), consisting of a giant papier mâché shoe
from the inside of which protruded strips of 16 and
35 mm film, which were also arranged around the wall
it was hung on. The ice cubes I made from polyester resin
are also from the early seventies. Many of them contain
film stills drawn or manipulated by me. Other objects,
such as *Brotxes-films* (Paintbrush-Films) and *Triturafilms*
(Film Crusher), are from the late seventies, as well as
several compositions on paper that evoke an imaginary
film through the use of drawings, glued-on film frames
and handwritten notes.

**There is often an idea sequence in your micrographs.
Are they not also a type of cinema on paper? Or like story
boards for imaginary films?**
In 1973 I had an exhibition in Madrid at the Galeria
Seiquer where I hung a series of micrographs done in
Chinese ink on paper, one linked to another, forming
a continual line that wasn't interrupted even by obstacles
such as the main door, which had a strip of characters
running across it. It was in fact a take, a sequence, a loop

on paper. My micrographs have a strong narrative
content; they tell stories that emerge spontaneously from
association. Joaquim Sala-Sanahuja spoke about 'feelers',
and these feelers or tags have the virtue of bringing
together unconnected individuals who, under certain
circumstances, are connected by the intrinsic character
of the feeler. And this allows one to establish, in a
relatively short time, connections that would be
inconceivable in other contexts, chance relationships
that bring about a whole range of stories: love affairs,
murders, robberies, conspiracies, sexual abuses,
unexpected meetings and so on.

In 1981, in the catalogue for an exhibition entitled
Filmarte held in the gallery of the Navarra Savings Bank
in Pamplona, I included the plans for a project called
A priori. They were a type of storyboard with notes for
animation that I'd drawn up in preparation for a film
I wanted to make in 16 mm. The project was relegated to
the bottom of a drawer and forgotten until last year,
when I shot it on video, using the drawings I had done
in 1981 and animating some of the sequences.

In 1986, while I was recording the video *Carob Way* in
New York, I did a series of drawings called *Carob Bean,
an American Dream*, which were very similar to a comic
strip. It again had the character of a take or sequence,
and it captured the multicultural identity of the metropolis.
I presented it at the Anthology Film Archives for the
retrospective of my work they held in 1990.

In Barcelona I recently exhibited an art book I'd just
finished, *1.000 a Miró* (1,000 to Miró), which consists of a
thousand screen captures from a video of the same title
dating back to 1993. These screen captures are presented
as index cards, with captions for each one forming a
poetic script for the video. Text and image become
a storyboard, made after the fact, in a journey from the
original video shot with digital technology to a support
such as paper. This idea of a journey, of going from
one medium to another, provided the concept for this
work which I call *Story Abroad*.

The idea of sequence is present in a lot of my work,
for instance *Microfàcies* (Microfaces, 1978), which I showed
at the Galerie Shandar in Paris. This work is a series of
rubbings of fossils trapped in different geological strata
in the Àger Valley, *objets trouvés* that illustrate the series of
'sequences' that shaped the land I trod as a child.

It's also there in a later work made in 2001 for the
Canyelles metro station in Barcelona. This is the
first element of the diptych *Tir al món amb mar de fons*
(Shooting at the World with the Sea behind, 2001),
and consists of a series of four Olympic-sized targets
with the satellite picture of a different continent
superimposed on each one. The series is then repeated
four times to create a 'firing range' that engages the
interaction of the metro passengers.

**You were 'the man with a movie camera' of the so-called
Catalans in Paris, as well as of other artists of your
acquaintance. Was film a bond of friendship among you all?**
Of course! The so-called Catalans in Paris never existed
as a group, if we are to understand a group as a voluntary
association with the aim of doing something together.
We never declared ourselves to be a group either verbally
or in writing. Each one of us had very different and
divergent artistic affiliations, interests, work and careers.
Our collaborations were more the fruit of enjoying time
and experiences together. The undeniable individuality
of each of us is almost definitely what has kept our
friendship going over the years without conflicts or clashes.
Of the four, I was the only one immediately connected with
film, which was enough for me to become 'the man
with a movie camera', as you say. I was also 'the Moviola
man', since I had a 16 mm Moviola in my studio that
I used to prepare the editing that was later finished in the
annex of the Musée Guimet. We were good friends and
often shared our equipment.

**Your audiovisual work is quite diverse compared with that
which typifies you as a visual artist. Is this a consequence
of collaborating with other artists, or was it deliberate on
your part?**
I don't think my audiovisual work is any more varied
than my other visual work, which is pretty varied as well.
What has always interested me is the process, because
therein lies the real road to knowledge, a road that
I find captivating and completely involving. The finished
work, in fact, is simply an outcome of the process. The
thing is, my work is so multifaceted that it is not easily
accessible. I'm a kind of quick-change artist who is
sometimes a painter, other times ventures into the purely
poetic and literary, and at others tries to approach the
world as it is – something I've represented unceasingly in
my micrographs. Other times I partake of the possibilities
offered by public, monumental sculpture – the
possibilities of playing with scale, material and concepts –
in order to pack content into a space without distorting it.

Whenever I've collaborated on films with friends I've
never felt the need to impose any kind of iconography
that would identify me. This cannot be seen as a method,
but I believe my signature is always present: in the way
I film or insert a sequence, capture a space or light, or pull
in on a detail. Rightly or wrongly, I have never thought
to make use of a signature image that would identify me
straight away. This has resulted in my work being
characteristically multifaceted.

**How did you get into filmmaking on a more professional
basis, such as the organisational side and working in crews?
Was there ever a moment when you thought you had a
future in the film industry?**
If I had ever seen myself working in the film industry,
I would have chucked my camera off the Canal de

l'Embut[4]! Precisely what horrifies me about professional cinema is the industry and all its crude methods that I can't relate to. Although contact with professional filmmakers has been very beneficial for me, in the sense that I have picked up some invaluable knowledge.

I could mention Jean Rouch; his practice of filmmaking – so minimalist – is what got me hooked on this language. Because at one level it allowed me to create my own with the resources I had at my disposal at any given moment, and at another his way of making films, devoid of any artificiality, is something I deeply appreciate. Years after having finished my studies at the Comité du Film Ethnographique I accompanied Rouch in a seminar, and he flattered me with the following comment: 'There are only two people capable of capturing movement well, Néstor Almendros and Benet Rossell!' I owe it to Rouch and his collaborators that my urge to make films has come out the way it has.

I have always been great friends with Betriu and I have collaborated on his films as artistic director, scriptwriter and even actor. Paco is a man who knows professional filmmaking inside out and I have a lot to thank him for. I also took part in the experience that was the In-Scram production company that Betriu started in Madrid – a breeding ground for a lot of important filmmakers such as Antonio Drove, José Luis García Sánchez and Manuel Gutiérrez Aragón, among others. Being around them provided me with plenty of food for thought, which has definitely influenced my work.

Carles Andreu and I are authors of the plot and script of *Despertaferro* (Iron Awakener, 1990), an animated film directed by Jordi Amorós. Learning about the world of animation was a great experience.

With Antoni Verdaguer we are getting back to the realm of friendship and proximity, since he lives next door to us. He had a project for a film about the Raval, the area of Barcelona where we live, and he asked Cristina and me to participate with a section about us. It was a very enjoyable experience and I think that the film *Raval, Raval* (2006) offers an honest and committed view of our neighbourhood.

You once told me that you had invented the 'video-print', a combined print and video, and I see that a lot of your recent pieces are 'video-drawings', extensions of or complimentary creations to your artwork.
The 'video-print' that you're talking about was quite a few years ago, and I'd almost forgotten about it. It was a project that consisted of encrusting a VHS cassette that had been crushed in a printing press onto a series of eight monochrome grounds of resin that correspond to the eight bars of colour that head a video tape. The rudimentary content of each video was a loop of the same colour as the printed ground colour. Once again a paradox can be inferred: the stasis of the colour bar code versus the dynamism of the videographic colour. For years I had a mock-up hanging around in my studio, but in the end it fell apart and got lost, as so often happens with my pieces.

What you refer to as 'video-drawings' is something that has always been present in my work, although they aren't video-drawings in the strictest sense; more like ways of dreaming up dynamic spaces of expression. When I did *Pound* (1985) I used for the first time a graphic palette – very rudimentary, pure archaeology, in fact – and I used it to evoke an individual, the poet Ezra Pound, employing three modes of expression that are part of me: video, drawing and poetry. If we take *Nocturnal U* (2009), my graphisms, calligrams and *benigrams* retain their schematic quality but are written in space; they become corporeal, they move, and in the end they respond to us. I've always been fond of migrating from one support to another, from one technique to another, from one mode of expression to another. Perhaps this is why I invented an open-ended alphabet that approaches the utopia of infinite expression, an alphabet as rich and full of nuance as a painter's palette. In 1996 I did *Arbre paer* ('Paer' Tree), my first public sculpture. It is a tree of lights which originated from one of my micrographs, becoming three-dimensional. Its top branch is more than twelve metres high. I have always engaged in these types of transpositions and combinations in an attempt to explore the deeper nature of my morphemes.

There is a very musical element to your audiovisual creations, especially the ones you've done with Miralda. Could it be said, then, that the music (or the musical soundtrack) takes the place of the storyline?
The music doesn't so much take the place of the storyline as supplant the narrator, who, when we are talking about fiction, never drives the story along but is more like the oil that binds the mayonnaise. In the films I've made with Miralda the music is always very 'Miraldaesque', despite the fact that in some he made the greater contribution (*París, la Cumparsita, Miserere*), while in others the selection was more up to me. For *París, la Cumparsita* (1973) it was a case of presenting Miralda's sculptural expression (the soldiers, the postcards, the parades) from the point of view of a filmmaker, namely me. The way in which space, light and movement are calligraphed is my great contribution to these films. Without Miralda I would never have made them, because they correspond more to his mythic universe than mine, but without me they would never have come into existence in their present form. I contributed my way of seeing since I was the cameraman, the one who looked through the eyepiece, who decided on the framing, the light, the length of the takes, the movement of the camera, the filmic rhythm and so on.

The case of *Boum! Boum! En avant la musique!* (Boom! Boom! Forward Music, 1974) is different. This project began when I came across a book at the Paris flea market in Montreuil called *En écoutant le maréchal Foch*, a collection of quotes by Field Marshal Foch compiled by a certain Commandant Charles Bugnet who had been his secretary. At first *Boum! Boum!* was going to be a sound film. Since I was the scriptwriter I had written the dialogue, based in great part on Foch's pithy phrases. Because we didn't have direct sound equipment, the dialogues were to be recorded afterwards in the studio, something we never got round to doing. So when finally we re-edited the material in digital format in 2007, we put together a soundtrack evoking the period in which the action takes place, complete with the outrageous statements made by those blimps (we included original speeches from the First World War), the bombast and frivolity of these people, all set against the humour running through the whole tape. In this case the choice of music was more my concern. Although Miralda chose the Cumbia – which is priceless!

Let's look at *Biodop* (1973), which I did with Joan Rabascall. I filmed the works in his studio while I was preparing a film project, *Rabascall, horoscope personnel* (Rabascall, Personal Horoscope), on the Joan's work. By the way, I just recently came across the images, which I had never edited. One day, at the Clignancourt flea market, I found some short advertising films for Biodop and tubes of that brilliantine, which was still being sold on the market. With this material, plus some takes that I filmed of my parents' TV in Barcelona and which I thought fitted in well with Rabascall's universe, I finished the film. The soundtrack is a collage of the soundtrack of those short films and the sound of the projector; advertising, motor and collage seemed to me the ideal elements with which to construct a Rabascall-like micro-symphony.

As you well know, kaleidoscopes were one of my recurrent motifs for quite a while. I had photographed images from my kaleidoscopes before, but Jaume Xifra came up with a way we could make a film; in his studio on the Passage des Grands Augustins he fixed to the end of a three-mirror kaleidoscope a kind of transparent box, driven by a small motor that made it revolve. I put drawings of mine in the box, and we filmed them from the other end using a 16 mm Beaulieu.

I wrote a letter to Carles Santos explaining what sound I wanted for the soundtrack to this film, called *Calidoscopi* (Kaleidoscope, 1971). We met in Barcelona and went over to Anna Ricci's house; she was the only person we knew at the time who had a reel-to-reel tape recorder. Santos stuck the mike in his mouth and repeated the word *calidoscopi* over and over again. Then he cut the tape into ribbons and we stuck it back together at random. I took this material to a studio in Barcelona to transfer it onto magnetic tape. With the help of García Sánchez, we finished editing it a few months later in Madrid, at the production company In-Scram, of which I was a member. It was then copied as optic sound and transferred to 35 mm.

The soundtracks for my solo productions are different to those I did for the collaborations with Miralda and Rabascall; I would say they are more like the one for *Calidoscopi*. I did the soundtrack for the video *Micro-òpera 2* by becoming a kind of one-man band at the studio of the composer Eduardo Polonio, who recorded it and later did the mixing. This is a way of working that I have used again for several videos over the last few years. I did it for *Micro-òpera 2* because the piece corresponded to a concept I called 'micro-autoethnography', so it needed a soundtrack done by oneself. When I did the same thing recently it was for a different reason: I, who am a Jack of all trades – and therefore master of none – can't resist experimenting with sound as well.

Atrás etíope (1977) belongs to a genre that I would call *film-hasard*. A group of young friends suggested that I should accompany them on a trip to Afghanistan to film the journey, but one of the cars was involved in a minor accident in Turkey and so the trip stopped there. I made the most of it by filming what I could: the shots of camels we used in *París, la Cumparsita*, the vaginal-looking tree we can see at the beginning of *Biodop*, a short about the Galata Bridge which I still haven't put together; and I still had plenty of stuff left over. When I got back to Barcelona I wanted to keep it, and Betriu offered to store the reels in his mother's fridge. This was a good solution until the day Betriu's mother wanted the full run of her fridge back, almost a year after my encroachment. I had to look sharp to avoid the film being ruined. In those days Betriu, Gustau Hernández and I used to hang out with film people, and Paco persuaded me to make a short with some friends of his, one of whom was José María Cañete, a professional actor. In no time at all everything was ready to start; we only needed a script. Then I found a copy of *A Midsummer Night's Dream* in Spanish that was kicking around Betriu's place. I opened it and found a passage that said something like, 'O me! what news, my love! / Am not I Hermia? are not you Lysander? / I am as fair now as I was erewhile. / Since night you loved me; yet since night you left /me: / Why, then you left me – O, the gods forbid! – / In earnest, shall I say? And this is how I got the script ready in less than a minute. As a backing track to the actors' voices I incorporated a passage from the *Carmina Burana*, which I found quite Shakespearean; I also used the text as the lyrics for a song, which I wrote with the help of the pianist from the dance hall in Calella de la Costa where we used to go during filming.

Carob Way, the video I made in New York, has direct sound. It is a kind of 'sonic map', free of any sophistication. To paraphrase José Maria Carrascal, he of the ties,[5] who lived in the same boarding house as me when I came from

Tremp to Barcelona to study pre-university, 'This is how
New York sounds, and this is how we have shown it!'

1.000 a Miró, the video I made in 1993 to mark the Year
of Miró in Barcelona and which now in the digital era is
also a museum piece, has a musical suite by Jaume Aiats
as its soundtrack. He is a good friend of mine and we
used to see a lot of each other in those days. I filled him
in on the project and he composed the suite, which in this
case is an example of one of those collaborations I enjoy
so much with a creative artist on the same wavelength.

**From 2007 you've produced a string of works using digital
equipment where you yourself are the motor for the action in
a very corporeal way. And where the language of action has
become the expressive base of your plastic, poetic, micro-
theatrical and meta-cinematographic universe, and of a
residual diary consisting of swiftly resolved thoughts. What
can you tell us about this most recent period?**
Many of the concepts you use are as equally valid for my
most recent videographic work as they are for what I've
always done. These reflections are applicable to the whole
body of my work. We have spoken extensively about the
presence of movement in my drawings. My poetry often
evokes the 'micro-performances' that we all engage in
every day. My sculptures, often born of the immediacy of
a micrograph, evade all symmetry, and change depending
on how they are viewed. In this sense they seem to move.
Likewise, all the calligraphic and gestural elements of my
work live and breathe this immediacy that you refer to.
But it has to be remembered that to perform a gesture or
action, you have to have interiorised it first. And that is
a process that can take a lifetime.

It is true that my performative interventions are more
frequent, but we shouldn't forget that *Carob Way* and
Micro-òpera 2 already pointed to this approach in the
mid-eighties. But I think, in the end, this is only a
coincidental aspect. Especially if we consider the work
I am doing at the moment concerning the *Molino* music-
hall, where a more documentary approach is being used.

Now, let's go back to your first question, which
I left unanswered. Film is a means of expression, of
communication, which has the special quality of being
able to reproduce the moving image. The first films
were silent, but they were films nevertheless because
the moving image is the essence of cinematographic
expression. This image, apparently real, articulates a
story just as a dream does. In this way, reality and fiction
are fused together in an eternal and shared present.
This always happens, especially in the most direct cinema.

Now the time has come to turn the mirror around.
I exit the scene, your image appears on the other side,
and a voice off-camera asks, 'Eugeni, what for you is
the cinema?'

**My turn to be silent and stay in the birdcage? Now's not the
time for this...** *No comment!*

1 *Pollastre-cineasta* (chicken-filmmaker). In colloquial Catalan the term
pollastre or 'chicken' is used to talk about a disreputable person.
In this case the expression 'chicken-filmmaker' refers to the dictator
Franco who fancied himself as a filmmaker to such an extent that,
under the pseudonym Jaime de Andrade, he wrote the script for the
film *Raza* (Race), directed by José Luis Sáenz de Heredia in 1942.
2 Cine Nic is a toy film projector, patented in Barcelona in 1932, which
was very popular in Spain up until the sixties. Production was recently
resumed. Strips of translucent paper are used with two lines of drawings,
which, through a simple shutter mechanism, produce basic animation.
3 *L'ametlla com balla* is a reinterpretation of the Catalan tradition of
L'ou com balla (The Dancing Egg), which stretches back to the sixteenth
century and celebrates the Feast of Corpus Christi. It consists of making
an empty egg shell 'dance' on the water jet of the fountains in cloisters,
courtyards and gardens, which are festooned with flowers and fruit.
4 *La Canal de l'Embut* (The Funnel Gully) is the local name for the
highest escarpment of the Montsec mountain range, which looks like
a funnel.
5 José María Carrascal is a journalist who, with the liberalisation
of television in Spain, presented the first news broadcast on a commercial
television channel. He became famous for, amongst other things, the
loud ties he wore.

Paral·lel, paral·lel

Virtual lines underpin the modern city. Avenue Paral·lel, which had already appeared under this name in the Cerdà plan approved in 1859, runs from the medieval shipyards to Plaza Espanya along the global parallel 41° 22′ 34″ N.

It was not until 1929, with the final incorporation of Monjuïc Mountain into the life of the city with the International Exposition, that Paral·lel was developed as a major thoroughfare both dividing and connecting the neighbourhoods of Poble Sec, the Raval – the old Barrio Chino, and Eixample.

In the seventy years between the plan and its execution, which encompassed the Roaring Twenties, the coal yards and the factory chimneys had become surrounded by theatres, cafés and night clubs.

The ephemeral Teatro Olimpia, the largest theatre in Spain with a capacity of 6,000, which enlivened Barcelona night-life from 1901 to 1909, lives on in memory; as do the Nuevo (1901), Masini (1904), Cómico (1905), Lírico (1906) and Las Delicias (1900) theatres. This last, renamed the Talía in 1924 and later the Martínez Soria, continued doing business until 1988 when it finally closed down after a fire.

Around the theatres grew a profusion of cabarets and music halls: the Pompeya (1900), La Puda Seca (1901), the Novelty (1902) – becoming the celebrated Bataclan in 1924 – the Gran Salón del Siglo XX (1905), the Petit Palais (1910), the Trianon (1913), the Madrid Concert (1915), as well as dance halls such as the Barbarroja and the Royal Concert (1912).

The Salón Arnau, which replaced the old Folies Bergère, was a theatre and music hall from 1894 until 2004, and is today owned by a Chinese group who are planning to convert it into a place of worship, while the City Council, urged on by many people in Barcelona, are trying to reclaim it.

The Circo Español Modelo, opened in 1892, was renamed after a year as the Teatro Circo Español, and went on to be called the Teatro Español until it became Studio 54 in the early eighties. There was a last-ditch attempt to convert it into a theme-restaurant – called Scenic Barcelona – but it closed down for good in 2007. Today there is talk of it being reconverted back to its original use, as a space for dance, circus, theatre and music.

La Pajarera Catalana opened in 1899 and became the Petit Moulin Rouge in 1908. In 1939 there was a name-change from French to Spanish and the adjective rouge (deemed politically incorrect by Franco's victorious forces) was dropped. It was called El Molino until it finally went out of business in 1997. It is now undergoing conversion work.

All these, as well as dozens of other theatres, cabarets, music halls, night clubs, cafés and restaurants, made the Paral·lel the centre of Barcelona entertainment, on a par with Pigalle in Paris, London's West End or New York's Broadway.

Still going strong today are the Teatre Apolo, the Victòria and the Condal, all privately owned and aimed at the general public; the celebrated Sala Bagdad with its live sex shows; and on the fringes, legendary bars such as El Rincón del Artista, the London Bar, the Marsella, the ever-nostalgic Pastís, and Casa Leopoldo, the city's most literary restaurant on calle de Sant Rafael, a short step from the new Rambla del Raval.

Paralelo and its environs, classless, cosmopolitan and popular with all types of people, has been the Barcelona area of choice for entertainment right through from its origins to its decline, closely tracking the establishment of democracy. An area for transgression; it kept going during the darkest periods of Barcelona's history, in particular during the never-ending dictatorship, as a bastion of freedom vigorously opposing the rule of 'long live death!'

Throughout my life, I have lived for long periods in three cities: the first was Barcelona, where I soon discovered Paral·lel and the possibility of going to the theatre for free by joining the *claque*. Many years later, in the mid-eighties, I moved back to Barcelona and finally set up my studio in Carrer Roser, exactly 257 meters from El Molino. Exactly 479 meters separated El Molino Rojo in Madrid from the Madroños boarding house, located at 13 Calle Bachero Baltasar, today Calle Salitre, where I lodged while studying sociology and maintaining contact with professional film-making. Shortly after, I went to Paris, where I stayed in a *chambre de bonne*, typically minuscule, at number 24 Rue Chaptal, which again put me 402 meters from the real Moulin Rouge. My daily itineraries have always taken me past a cabaret called Molino or Moulin, Rojo or Rouge, a coincidence that now seems a portent of this work I am presently engaged in.

Of these itineraries, the only one left is the one that leads me from my workshop past El Molino, a route I take several times a day. One day I was coming home at dusk when by El Molino I saw two skips full of original stage-backdrops, many of them hand-painted by the Salvador brothers, mixed in with papers and documents from that hundred-year-old cabaret. There was a crowd of people from Poble Sec milling around the skips, some people had even climbed on top, rescuing as best they could the memory of that neighbourhood icon unscrupulously torn apart by the new owners. I joined them, outraged as well by such an excess of vandalism on the part of the speculators.

And that evening when I became the guardian of more than fifteen sets from El Molino, I decided to launch a project that would allow me to invite mass participation in a utopian, inspirational and grass-roots design, a *Parallel, Parallel* to fill this global parallel 41° 22′ 34″ N with life, all local, diverse, open and of top quality.

Let living in Barcelona be a pleasure!

This is an art project, and as I believe Paral·lel is part of the city's heritage, seeking, in its own way, a place in the modern world, I think the whole city should care for it. This is why I decided to put at the public's disposal computers and a blog (http://blogs.macba.cat/parallel-parallel) with an email address, the latest homage to the famous mail-art of the early sixties, to which all kinds of proposals, documentation, texts, images and creations can be sent, and from which I will feed off as the exhibition progresses.

The following day the skips had gone, in their place there was only a flower with a sprinkling of gold glitter. I picked it up; the last flower of El Molino! I remembered the commotion of the night before and on the ground saw the pale silhouette of a container, reminiscent of the chalk outline drawn around the body of a murder victim to mark the exact place where the crime had been committed. Since then I have been observing the demolition and reconstruction of the theatre through the viewfinder of my camera, from a neighbour's balcony in Carrer Roser that overlooks the building site. I have established that now the building work is the show; people look on puzzled, intrigued and distrustful, watching the erection of the new building, modern and suited to new needs while preserving only the faintest reminder of the original façade.

That evening around the skips in which over a century's worth of history had been unceremoniously dumped with total impunity, stories were told; they said that the demolition workers had sold the piano from El Molino for a carton of American blend cigarettes on which could be read, 'smoking causes sexual impotence'.

Benet Rossell

JUAN ANTONIO MASOLIVER RÓDENAS
The Life of Signs

There are certain artists who are defined as eccentric, or at least as possessing a personality which makes them instantly recognisable, and it is often difficult to separate their lives from their work. It is not necessarily that they have led exceptional lives, but that their radical vision of the world, their rejection of convention, their perception and their sensitivity produce a perpetual state of wonder and creation. In a society shaped by conformism and the commodification of art, this is not the kind of person one meets very often. That is why their existence today is all the more admirable and necessary.

There was, to all intents and purposes, nothing in the first twenty-five years of Benet Rossell's life to indicate that he would become the artist that we know today. Like so many of us who grew up in the postwar period, he experienced poverty, social injustice, repression, fear, the dramatic division of society into winners and losers, ruthless censorship in the political, cultural and religious spheres – even the censorship of people's private lives. In this society dominated by dogma and convention, the majority preferred to live with fear, accept the new order and wait for better times; or simply to give in, hope for nothing and make do with whatever luck threw their way – if one can talk of luck in such circumstances. But it is easy to forget that, however much we may try to ignore it, the past affects all of us; often as much as, if not more than, the present. There were periods of freedom that we did not experience ourselves but which people near us – family, neighbours and teachers – did. There were also troubled times that heralded the tragedy that later unfolded. For some the confusion was catastrophic; for the majority it was an inducement to accept so-called normality, while for others it produced an instinctive rejection, inviting the conception of a free and authentic world, in which doubt and conflict were more important than the conformist acceptance of the reality we lived in. Freedom, authenticity and the urge to challenge established norms are the guiding principles of all those who create.

It could be said that since his birth, Benet Rossell, then Benet Rosell, was shaped by a sharp division between the mean-spirited and rigid social reality of the times, and his personal experience of the actual society in which he lived, where the influence of family and friends remained an abiding a source of encouragement. Benet was born in 1937, in the village of Àger, in the county of La Noguera in the province of Lleida. Shortly afterwards his family took refuge in La Coma, a small vegetable farm composed of some rudimentary buildings, that they owned on the outskirts of the village. The noise of planes flying overhead was, as he observed in the invaluable autobiographical notes that he recently wrote for me, 'the soundtrack to the first years of my life'. That is to say, an experience that was to profoundly affect one of the most important facets of his art: filmmaking and video. Right from the outset, religious observance was conditioned not so much by faith as by circumstances. For many people, Sunday Mass was a tedious social occasion made bearable only by the prospect of leaving the church for a pre-lunch drink, a custom known as 'vermouth time'. Another note of his that reveals the uniqueness of his upbringing: 'It would seem,' he wrote, 'that I walked to my baptism in Àger, which means that the war must have postponed it for some time.'

The war was barely over when his paternal grandfather was found guilty of a capital crime. One of his deeds was to protect the hermitage of Colobor. When war broke out, he hid the Romanesque carving known as the Virgin and Child of Colobor to prevent it from being looted. Someone reported him to the authorities, and he was sentenced to death. His son, Benet's father Joan, managed to get him a reprieve by offering references of his good character, and enlisting the help of people in important positions in the county. Later, in view of the deteriorated state of the hermitage, Joan decided to build a house nearby, La Cova, as a place for the family to stay during the holidays.

Of the five brothers of the Rosell family, two were on the side of the Nationalists, one joined the Republicans, one was a deserter and the other went into exile. An assortment that probably owed more to circumstances than ideology; it undoubtedly offered a lesson for the young Benet, who went to a lay school in Tremp and was one of the lucky few who could turn their backs on official religion. Interestingly, the spiritual sordidness of the time was later to instil in him an affinity for a more authentic spirituality, free from any ties with authority.

It is inevitable that people who have lived through similar experiences and have felt the same urge to free themselves from social convention end up regarding friendship as an expression of solidarity. Benet and I enrolled in the pre-university course at the Balmes Institute in Barcelona in September 1955. He lived in a boarding-house on the Carrer Enric Granados, close to Plaza Doctor Letamendi, with his brother Joan, who had been interested in the natural sciences from an early age, and was later to become Chair of Geology at the University of Barcelona; and Pilar Sanz, who later married the American writer Robert Coover, with whom both Benet and I developed a close friendship. To a certain degree we were brought together by our shared backgrounds, our direct contact with nature and by what it meant at the time to live in a village: mine, El Masnou, just a few kilometres from Barcelona, and Benet's, the far-away Àger, at a distance measured by a long coach ride on the Alsina Graells line. El Masnou is obsessively present in my poetry and works of fiction, just as Àger would be in Benet's work, then known to us simply as 'Beni'. Proof of this is the presence of fields of stubble, carob beans, almonds, corn sheaves and bread in some of his most important works, but especially the artisan ingredient in it, the sense of ritual and fiesta so present in village life, and the idiosyncrasy of the characters that inhabit his output; from film to poetry, drawing to video, painting to sculpture.

The pre-university year was the beginning of our life of friendship, and we shared it especially closely with Mario Páez-Centella, the son a wealthy Madrid family, whose immaculate dress and matinee idol appearance were vindicated by his love of theatre; a magnificent actor without a play to perform. To our circuit of bars, today classics in the city, we added trips to the theatre as *claqueurs*; *claqueurs* who would not hesitate to express their noisy disapproval if the play did not entertain. Theatre, like drawing, is at the root of Benet's entire output. It can be seen in his gesticulating characters, the 'sets' of his installations, his filmmaking, even in the man himself and his highly original gesticulation, either as mime or clown. It is a passion that was born when he first performed in nativity plays. Nostalgic for bread – a nostalgia brought on by hunger – we used to go to his house in Gràcia, at number 5 Carrer Santa Teresa, near Diagonal avenue, where we were always greeted by the noisy welcome of a close family, the family I would visit on my trips to Àger – especially when, settled in London, I stayed at the farmhouse that Benet owned. It was a unique place, difficult to get to by car. His brother Jaume likes to recall a particular incident that occurred when I was out walking. It had got dark and I got lost on my way back to La Cova. Thanks to my frantic cries for help, the Rosells came to my rescue, cured my fright with a stiff brandy, and I slept peacefully in one of the beds in that shelter for sinners. My friendship with Benet extended to all his family; a family much more open and tolerant than my own, whose only tolerant member was my non-religious mother, a native of Xert, a village in the Alt Maestrat.

In February 1957, we were among the law students who shut themselves in the auditorium of the university until the police intervened. At the police station we declared our innocence, were disciplined and sentenced to repeat the academic year. There is rich irony in the fact that I should be eternally grateful to the repression of Franco's regime for allowing me to abandon the university course I had enrolled in at my father's insistence, and start studying arts, following in the footsteps of my uncle and teacher Juan Ramón Masoliver. There I met, among others, Luis Maristany, one of my closest friends. It was a friendship I was quick to share with Benet, and we became a trio that had everything in common, starting with our playful, non-aggressive but categorical rejection of social conventions. Luckily we all shared the quadrangle of the arts faculty, and our friendship proceeded without interruption until I decided to make my getaway to London, driven by the wanderlust that must have been in all of us – especially Benet. In him, he writes, this desire to travel awoke with the opening of the railway station on the Lleida to La Pobla de Segur line in 1950; two years after I watched fascinated with my father the steam train celebrating the centenary of the inauguration of the Mataró to Barcelona line.

But for us this passion for travel – neither of us have ever visited a place as tourists, but only to live there – was mistaken for a need to escape. I spent the fourth year of my course in Genoa and shortly afterwards I moved to London, where I resided until six years ago. The move did not interrupt my friendship with Benet, because he was soon to start the second stage of his life with a cardboard suitcase bought in Calle Ancha, today Carrer Ample, a street then famous for its suitcase shop – a mythical element that forms part of some of Benet's object poems – as well as for its down-at-heel prostitutes, also present in the humoristic sketches of his early period. It was a street of forbidden sex, strangely tolerated in an era of sexual repression, and, due to its proximity to Francia railway station, it also represented the first stage on a journey that would open the gates to the glory of liberty.

Beni, or rather Benet Rossell, from the likeable Rosell family, had chosen to be a perpetual student: with a degree in law he also studied economics (we went to the same classes given by the Marxist philosopher Manuel Sacristán, as brilliant as he was intransigent, which I only sat in on), and he graduated in sociology at the Spanish National Research Council in Madrid. In 1963, the year I left for London, he was invited to an international congress of economists in Paris as a representative of the economics students at the University of Madrid. *The Badajoz Plan* was the subject of his presentation, a subject about which I know nothing. It radically changed his life. After a brief stay in Barcelona, he returned to Paris as an *assistant d'espagnol* at the Lycée Pierre d'Ailly in Compiègne. There he continued his career as a student: he enrolled at the Comité du Film Ethnographique, run by Jean Rouch at the Musée de l'Homme, and at the Université du Théâtre des Nations, where he first came across total theatre, a form that includes elements of fiesta and ritual. The Pekin Opera, Noh, Kabuki and Bunraku from Japan, and the Dogon mask dances from Mali, may have been the catalysts that brought out something latent in him since childhood: a passion for all things oriental, and for signs in their different forms: icons, micrographs, calligrams and *benigrams*; an unmistakeable language that follows a limitless route, and has only infinity as its destination.

It is worth mentioning that during our student years Benet often spoke of film and theatre, but rarely of art. Although I remember his brother Joan's passion for drawing, I do not remember Benet drawing. And yet there remains a unique and extraordinary document; a drawing from 1949, done with the surprising deftness and poetic lightness that is a constant in all his work. It was in Paris that the man and the artist met, never to be separated again. Carles Andreu, whom we knew from the pre-university course and who was soon to become a singer-songwriter and all-round man of the theatre, invited him to share his *chambre de bonne* and encouraged him to stay in Paris. A copy came into his possession of *L'Inde secrète* by Paul Brunton, which gives an account of a tour of the ashrams of India, and he decided to follow suit, drawn by the promise of a hippy utopia and his interest in Buddhism and Hinduism. He visited the most renowned spiritual centres, practiced Buddhist meditation, and made contact with the Indian troubadours, the Bauls, in Santiniketan and the university founded by Rabindranath Tagore – a poet we greatly admired in our student years as an antidote to the all-enveloping philistinism and a religion ossified by Franco's regime. In New Delhi he met Pandit Pran Nath, one of the great teachers at the Kirana Gharana School of music, for whom he would later play supporting artist. His uncle Antón, the only professional musician in the family, went to Calcutta after the outbreak of the civil war, where he played in the Philharmonic with Yehudi Menuhin and was occasional double bass player for Stephane Grappelli and Django Reinhardt. From there he moved to Nepal, which is how Benet came to make the hazardous three-day journey on foot through the Tarai region to arrive at Kathmandu. A number of drawings from 1965 bear witness to his stay there. It seemed inevitable that, on his return to Paris three months later, Benet would enrol in the École des Hautes Études de Sciences Religieuses.

His first decade in Paris was rounded off by three decisive events. The first was when he burst onto the art scene with

his first one-man show in Barcelona at the IDIAP, organised
by Joan Prats, who christened him 'the Catalan Paul Klee',
as well as at Club 49, embryo of the present-day Museu d'Art
Contemporani de Barcelona (MACBA), and his already habitual
participation in the salons of experimental art in Paris at the
time. The second was the contact he made with theoreticians
– many of whom wrote about his work – such as Michel Butor,
with his zero degree writing, also valid for painting, Gilbert
Lascault, Jean-Clarence Lambert, Alain Jouffroy and Pierre
Restany, a prestigious critic and true guru. The third was his
encounter with a group of Catalan artists: Antoni Miralda,
Antoni Muntadas, Joan Rabascall, Jaume Xifra and his French
accomplice, then Miralda's partner, Dorothée Selz, who also
felt the need to break away from the tyranny of traditional art.
We saw a lot of each other again over these years; sometimes
in London, when I invited him in 1971 to participate in a
collective exhibition at the Instituto de España and took the
opportunity to write my first, brief, text on him, and sometimes
in Paris, either at his house on Rue Lebouteux or at the Grand
Hôtel Saint-Michel on Rue Cujas, lodgings for well-known
Latin-American writers such as Nicolás Guillén and Pablo
Neruda. It was here that Enric Fuster, who later became a
lawyer and a character in the *Carvalho* series by Manuel
Vázquez Montalbán – a friend of mine from university and later
a friend of Benet's – worked nights as a receptionist. This
was how I came to visit some of the houses and studios of the
group, and became familiar with their work.

In France they enjoyed the untiring support of Restany;
in Barcelona it was one of the most influential critics of the
day, Alexandre Cirici Pellicer, who was the first to show
interest in each of them, as well as to use the term 'Catalans
in Paris' – in much the same way as, decades earlier, people
had spoken of the Parisian School. The French capital had
been the centre of interest since the nineteenth century, much
as New York would later become. Despite the many projects
in which they participated together, and the ties of friendship
which were never broken, they did not consider themselves
part of a group, nor did they have any common manifesto.
On the contrary, they always proclaimed their independence.
Benet himself – who acted as the 'memory man', capturing
on camera parties, rituals, happenings and many other
celebrations of the moment, as opposed to the immobility
or supposed 'timelessness' of traditional art – declared, in
the typical fashion of the master of the graphic and verbal
pirouette, that 'the real -*ism* is individualism'. In any case, it
must be pointed out that the upheavals brought about by
May 68, the Vietnam war and pacifism, as well as the sense
of freedom expressed in the various artistic trends of the
day – the Nouvelle Vague, New Realism, Pop art, the American
avant-garde, Conceptual art and *arte povera* – all left their
mark on the 'Catalans in Paris'.

Defining Benet Rossell's artistic career is literally
impossible, just as it is impossible to define his infinite range
of expression. It is, therefore, misleading to adhere to a
chronology of developments, just as it is deceptive to impose
limits on something that is devoid of frontiers. It is, rather,
far more illuminating to consult the short commentaries made
by some writers that portray his work as unclassifiable.

For example, the Cuban storyteller and poet living in Paris,
Severo Sarduy, talks of paintings that are 'multicoloured and
with no master'. Writing of his ideograms, or as he calls
them *anthropograms*, he emphasises the element of gestural
alphabet, and concludes that Rossell is a poet 'who didn't
conform to any code or convention and ended up creating,
from the human silhouette in movement, his own figurative
syntax, his alphabet'. The poet José Hierro asks us to imagine
'an oriental calligrapher seated at a pavement cafe'. But it is
probably the poetry of Benet himself – a poet who found
the loyal support of friend and editor, also a poet, Toni Clapés –
that best helps us find our bearings when faced by the
mystery and complexity of an art which is, paradoxically, so
immediate to the viewer. The origins and the essence of his
work are to be found, as I have mentioned, in the stroke and
the sign: 'Four strokes / Make a sign / Hidden reality.' In *Road
Poetry* he identifies himself with smoke, 'in love and hazy in
the distance, / acrobat of silences / it seems a sign without
voice / but it is not.' He makes explicit references to aspects
of his work, such as *Plastomàquia*, as well as to specific works
such as *L'ametlla com balla* (The Dancing Almond) and his
singular ice cubes, of which he writes, 'we paint lightness /
in the air' and 'Horizontal space / is not space at all / It is a
suspended spray of ambiguities.' In much the same vein he
offers a tribute to paper, so present in his work, which he sees
as 'white / active territory'.

Benet Rossell's art was born under the star of signs; an
infinite language which does not come under any code,
a tribute to liberty. It may be impossible to know whether his
characters are writhing about, abandoned in the emptiness
of space, searching for each other – or are simply drawing life
themselves by their agitated movements. Forms in movement,
but also acrobatics and gestures created by lines that, more
often than not, become labyrinths and riddles. The ice cubes
attempt to create a delimited space, but the actual transparency
of the material used eradicates all frames or limits. For its
part, the kaleidoscope points to a continual metamorphosis,
apparently subject to chance, and explains precisely, through
movement and gesture, different techniques and a variety
of genres that constitute a true micro-theatre, where nature
joins the city and reminds us of our origin – and that of Rossell
himself – in the chaos of civilisation. And in this way it
incorporates a language that could be the signs and symbols
of ancient cultures; the magic, ancestral figures of Klee
and Miró, the marks of Tàpies, the experimental poetry of
Brossa – with whom he became firm friends at the end
of the seventies – and the minimalist visions of Rouch and
Cage. It is also an alphabet without end, a musical score.
His drawing fits seamlessly with writing, painting, sculpture,
video and installations, with their simultaneously microscopic
and macroscopic vision. The eye wanders around not only
the space but also the interior path of each drawing and piece,
in what we could call the spiritual core. It is work that rejects
appearances, where what is present suggests what is absent,
the origin of all things, preceding movement and signs, the
vacuum, the incessantly repeated note suggesting other notes
that turn out to be identical to the first, there in the place
where sound and silence coincide. And once we have intuited

this interior world, we return to the forms that have revealed their secret to us. We, in a manner of speaking, undergo a kind of karmic change that establishes a connection between cause and effect in a never-ending transmigration or metamorphosis. And this is how the origins of the cosmos can be found in our own origins. Benet Rossell, originally from a rural environment and a family of farm labourers and musicians who never lost their Catalan roots, has endured oppression and repression, social injustice and spiritual poverty, has been assimilated into the city, has travelled, like his characters, in search of Godot, and has experienced ritual and celebration, solitude and being amid a crowd teeming with beings at once anonymous and intimately part of his own experience. It is a journey we have, to great degree, made together; and it has left its mark, like a tattoo, on my own idea of the world. Catalans *sans frontiers*, in contact with nature, ever loyal to our roots and accordingly loyal to our social and artistic principles.

The rest is common knowledge. Benet returned to Barcelona in 1983 an acclaimed artist, accompanied by his first wife, the art critic Annemieke Van de Pas, his able collaborator during their years together. His work has toured prestigious galleries and museums, the great film libraries of the world have held retrospectives of his film and video work – the National Film Theatre in London in 1979, and the Anthology Film Archives in New York in 1990 – and some of his public sculpture projects have materialised in Lleida, Palma de Mallorca and in the Canyelles metro station in Barcelona. Once again we have sat down to eat with long-time friends; Joan Reverter, Enric Fuster, Antoni Miralda, Robert Coover and many others, not forgetting Cristina Giorgi who has contributed her own share of intransigence, extravagance and generosity. At his flat on Gran Via, before he moved to his present address, I – in a fit of clumsiness for which I still cannot forgive myself out of respect for his work – left a rip of the kind you might see on a bar-room pool table on a picture that I especially admired. Luckily, Benet forgave me almost before I had committed the sin, yet another proof, the most painful, of a friendship that has become stronger since I too returned to Barcelona, in March 2004. I have rediscovered his work by devotedly visiting his studio and exhibitions, we have been back to Àger to read our poetry and I have moved in with Sònia, the muse for my poetry, in El Masnou, close to the house where I was born.

Benet – still Beni to me – opened the doors to contemporary art for me by breaking from tradition without ever rejecting traditions that re-energise, by his limitless desire for renovation, and by helping me to break away from canvas and return, as it were, to the cave, or more exactly, the streets of the world's cities. There are several testaments to my creative debt to our friendship: my dedication in *La puerta del inglés* 'To Alberto Blecua, Benet Rossell and Luis Maristany; angels in infamous times'; the folder with an etching and poems of mine dedicated to Luis, so present in our thoughts since his absence; and the affidavit of Don Bartolomé Masoliver Ródenas, dated 7 January 1996 – a crucial part of his work *Acta*, created for his exhibition *Diari residual* (Residual Diary), held in the Palau de la Virreina in Barcelona and in the Museu d'Art Jaume Morera in Lleida, and which is now part of the MACBA's permanent collection. The exhibition opened with *L'ametlla com balla*, which is now recast in bronze and on display in the city of Lleida. The almond is also to be celebrated in *Mandorla* (Almond), in an edition of eight almond prints accompanying a long poem by our mutual friend Manuel Vázquez Montalbán, who, like Mario Páez, Luis Maristany and Pierre Restany, is still in our thoughts despite having passed away. These are all good reasons to celebrate together this retrospective exhibition organised by the MACBA. And, as a sublime expression of this celebration, we return to our initial years and declarations of outrageousness: the recordings of street rituals with the 'Catalans in Paris', the cinematic works such as París, la Cumparsita, produced with Miralda in 1973, the video installation *Rambla 24 h*, produced with Muntadas in 1981, his New York chronicle on video, *Carob Way*, which accompanies the *Carob Bean* series of drawings, *An American Dream*, dating from1986, and finally, the video installation about El Molino (The Windmill) music-hall. Work started on this final piece after he came across, much to his indignation, a skip full of the original sets and documents pertaining to the legendary cabaret hall, on the way home from his studio in Poble Sec. A windmill whose sails remind us of the windmills of La Mancha, real giants to that conjurer of metamorphosis, Don Quijote, to whom Rossell pays homage in his video *Lo Quixon*. In the latter, his partner Cristina Giorgi and his friend from his Parisian adventures, Antoni Miralda, both appear, together with the noise of saucepans being banged together by people protesting against the invasion of Iraq as a backing track, taking us back to the deafening roar of the planes flying overhead, which marked the first few months of his life. And so a full circle is drawn with a line of infinite length.

Comments on some works
by Benet Rossell (2010)

p. 17
Miserere (1979) and **Vetlla** (2007)
In the seventies Miralda and I made three anti-war films
that parodied the two world wars: *París, la Cumparsita*
(Paris, 1972), *Boum! Boum! En avant la musique!* (Paris,
1974, featuring Jaume Xifra and Pierre Restany) and
Miserere (Paris, 1979, featuring Jaume Xifra).

Vetlla is an installation I did in 2008 to coincide with
the presentation of *Boum! Boum! En avant la musique!*,
at the Galeria Palma Dotze in Vilafranca del Penedès,
to remind us how all those belligerent blimps usually
died comfortably in their own beds.

p. 22
Nocturnal U (2009)
Writing as organic architecture. The letters are drawings
and urban characters that make up a metropolis.
The *artor* performs and directs this visual concert.

p. 28
Glaçon series (1970s)
The minimum expression; a transparent – invisible?
container containing objects, short films, photographs,
fingerprints and minimum life-forms. In Paris I carried
them around in the pocket of my raincoat, wrapped in
a handkerchief, and gave improvised exhibitions. I did
this at the Cité des Arts in Paris, in the Baltar Pavilion
at Les Halles and at John Cage's Music Circus, with Cage
himself present. Afterwards I'd leave each ice cube in
its own glass.

p. 30
The Galerie Bazarine, under the arches in the Place des
Vosges, was a gallery that specialised in cartoons and
humorous drawings. The best French cartoonists all
showed there (Siné, Reiser, etc) and I had my first solo
exhibition in Paris there. The drawings I presented
were all so small that they had to be looked at with a
magnifying glass. I called them 'blind man's drawings'
because anyone who wanted to study them closely
would end up ruining their sight.

p. 44
Calidoscopi (1971)
Kaleidoscopes were a constant in my early work, so it's
only to be expected that one of my films would be called
kaleidoscope.

I achieved the kaleidoscope effect by filming with a
zoom an axis of symmetry of a kaleidoscope in which
a series of graphic works combined and accumulated
following a scripted rhythm, creating a unique metaphor;
forms are forms, they always matter and arrive at exactly
the right time. Jaume Xifra played a vital part in the
production of this film; he devised and constructed
the viewing 'machine' in his invention workshop.
Carles Santos provided the music.

p. 110
Auto di ritratto (2008)
Auto di ritratto is at the same time a macro self-portrait
on film and a micro anthology of poems of the self, which
denies that which the images barely show. It is a mental
and physical nude, a kind of timid and clandestine
self-homage.

p. 112
Microfàcies (2010)
At the beginning of the seventies I discovered *microfacias*.
They are photographs of thin laminas of sedimentary
rock taken through a microscope, in which micro fossils
and all types of sediment can be seen. At first I simply
incorporated some of these images in my work as *objets
trouvés*, but I then included foreign elements such as
drawings, collages and inks – almost imperceptible
interventions which were in keeping with this reduced
and secular universe. Recently, after reviewing all this
material, I saw the possibility of making a video, which
I did in 3D, allowing me to delve into these accidental
and magical reliefs that create a timeless metropolis.

p. 122
Micro-òpera 2 (1984)
Micro-òpera 2 shows how to create a work of art live.
It uses a transparent 24 x 35 mm frames, and with
the tools and means provided by the still and my own
body, in a performance I call 'micro auto-ethnography'.

Besides the video, in which I treated the image with
digital effects to achieve the form and colour of the period
and played the music live, the installation includes
160 original miniatures, the tools used to produce them
as well as the rudimentary musical instruments I used
for the soundtrack.

p. 128
Valors esperats: 2+1=<f(x)>=∫f(x)ψ²(x)dx≈2+2 (2006)
There are usually unknown variables in mathematical
formulae, and the same goes for film. With 12 frames
from a 35 mm kung-fu film I found in Paris in 1978, and
which I storyboarded the same year – I decided, in 2006,
to make the film *Valors esperats*. The inaudible original
sound track of the film is visualised as well as the
iconographic elements on which the narrative is based;
the fight between the hero and the anti-hero under the
attentive gaze of the witness. I even propose, in the last
two frames, an erroneous ending. I performed the music
for the film's soundtrack.

p. 136
Instal·lació retrospectiva (1966/2000)
In all the places I have lived I have always been
accompanied by some kind of retrospective installation.
It simply consists of different elements, pieces of my work
and other objects, together in space, grouped together
on the basis of their own promxitiy to each other, which,
at the end of the day, are the criteria that inspire all my
work. This one shows us what Goya's *Dog* was thinking
when it poked its head up; I wonder what time it is?

p. 173
Rambla 24 h (1980/2010)
In 1981 Muntadas and I stayed in a hotel on La Rambla in
Barcelona to film what was happening in the street below,
as a testament to the life found in the city's most
cosmopolitan thoroughfare.
   We repeated the process in 2009 from the same balcony
of the same hotel; another 24 hours to sample the state of
the current situation.

Este catálogo se publica con ocasión de la exposición *Paralelo Benet Rossell*, organizada por el Museu d'Art Contemporani de Barcelona (MACBA) del 11 de junio de 2010 al 23 de enero de 2011.

EXPOSICIÓN

Director del proyecto
Bartomeu Marí

Comisarios
Bartomeu Marí
Teresa Grandas

Jefa de producción
Anna Borrell

Asistente de coordinación
Meritxell Colina

Registro
Denis Iriarte

Asistente de Registro
Eva López

Restauración
Samuel Mestre
Yasmine Margaleff

Arquitectura
Isabel Bachs
Eva Font
Toni Rueda

Servicios generales
Alberto Santos
Miguel Ángel Fernández
Neus Vives

Audiovisuales
Albert Toda
Miquel Giner
Jordi Martínez

Becario
Sabel Gabaldón

PUBLICACIÓN

Edición
Clara Plasencia

Coordinación y edición
Ana Jiménez Jorquera

Documentación gráfica
Lorena Martín
Gemma Planell

Documentación
Eva Rodríguez Sánchez

Diseño gráfico
Saura - Torrente

Maquetación
Edicions de l'Eixample

Traducción
Marta Alcaraz (del catalán)
Enric Berenguer (del francés)
Tom Butcher (del catalán
  y castellano al inglés)
Charles Penwarden (del francés
  al inglés)

Corrección del inglés
Nathaniel McBride
Keith Patrick

Fotomecánica e impresión
Nova Era

Editor
Museu d'Art Contemporani
de Barcelona
Plaça dels Àngels, 1
08001 Barcelona
publicacions@macba.cat
t:+ 34 93 412 08 10
f:+ 34 93 412 46 02
www.macba.cat

Distribución
ACTAR - D
Roca i Batlle, 2-4
08023 Barcelona
office@actar-d.com
t:+ 34 93 418 77 59
f:+ 34 93 418 67 07
www.actar-d.com

Tipografías: Helvética Neue y Palatino
Papel: Creator Vol 135 gr y Creator mate 300 gr

Cubierta: **A quatre passes 3**, 2010, serigrafía, 105 × 75 cm

Contracubierta: **Bye Bye Garrofa**, 2009, foto de Jordi Calafell Garrigosa

Patrocinador de comunicación

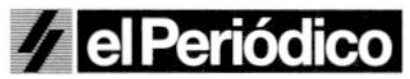

Con el apoyo de

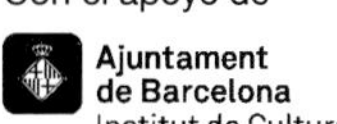

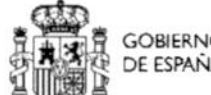

Agradecimientos

Queremos agradecer especialmente la colaboración de Cristina Giorgi, así como también de

Adolf Alcañiz
Jaume Artigues i Vidal
Eva Avilés
Georges Bénich
Montserrat Boixareu
Manuel J. Borja-Villel
Mariona Bruzzo
Jordi Calafell Garrigosa
Pilar Carbonell
Daniel Castillejo
François Cheng
Antoni Clapés
Ixone Ezponda
Cristina Fontaneda
Montse Guillén
Xavier Laparra
Corali Mercader
Antoni Miralda
Manuel Monzón
Pedro Monzón
Antoni Muntadas
Jesús Navarro
Magda Noguera
Lydia Oliva
Família Pallejà
Montserrat Parra
Beatriz Pastrana
Joaquim Pibernat
Pierrot
Antoni Pinent
Joan Rabascall
Emili Redondo
Iolanda Ribas
Jaume Rosell
Joan Rosell
Oriol Rosell
Sergi Rosell
Rebeca Sánchez
Carles Sanuy
Rosa Saz
Sabine Schröder
Francesco Scioli
Xavier Todó
Laura Trabal
Oriol Treserra
Pere Tresserra
Rafael Tous
Elvira Vázquez
Antoni Verdaguer
Toni Vidal
Jaume Xifra

ARTIUM Centro-Museo Vasco de Arte
  Contemporáneo, Vitoria-Gasteiz
Filmoteca de Catalunya, Barcelona
Galeria Palma Dotze, Vilafranca del
  Penedès
Galeria Senda, Barcelona
Galeria Joan Prats, Barcelona
Museu d'Art Jaume Morera, Lérida
Museo Patio Herreriano, Valladolid
Transportes Ester, Barcelona